Schriften zum Steuer-, Rechnungs- und Finanzwesen

Herausgegeben von Prof. Dr. Michael Wehrheim,
Philipps-Universität Marburg

Band 7

PETER LANG
Frankfurt am Main · Berlin · Bern · Bruxelles · New York · Oxford · Wien

Die Stiftung & Co. KGaA im Gesellschafts- und Steuerrecht

Matthias Gehrke

Die Stiftung & Co. KGaA im Gesellschafts- und Steuerrecht

PETER LANG
Europäischer Verlag der Wissenschaften

Bibliografische Information der Deutschen Nationalbibliothek
Die Deutsche Nationalbibliothek verzeichnet diese Publikation in der Deutschen Nationalbibliografie; detaillierte bibliografische Daten sind im Internet über <http://www.d-nb.de> abrufbar.

Zugl.: Marburg, Univ., Diss., 2006

D 19
ISSN 1610-983X
ISBN-10: 3-631-56291-8
ISBN-13: 978-3-631-56291-8

www.peterlang.de

Meinen lieben Eltern.

Meinem lieben Bruder.

Vorwort

Die vorliegende Monographie wurde unter dem Titel „Die Stiftung & Co. KGaA im Gesellschafts- und Steuerrecht“ im Oktober 2006 vom Fachbereich Wirtschaftswissenschaften der Philipps-Universität in Marburg als Dissertation angenommen.

An dieser Stelle möchte ich all denen danken, die mich in meinem Promotionsvorhaben unterstützt haben. Mein besonderer Dank gilt an dieser Stelle zunächst meinem Doktorvater, Herrn StB Prof. Dr. Michael Wehrheim, der mir nicht nur fachlich jederzeit bereitwillig als kompetenter Diskussionspartner zur Verfügung stand, sondern dem ich mich auch weit über die Lehrstuhltätigkeit hinaus persönlich verbunden fühle. Zudem bin ich meinen ehemaligen Kollegen am Lehrstuhl für Allgemeine Betriebswirtschaftslehre und Betriebswirtschaftliche Steuerlehre zu Dank für die freundschaftliche Zusammenarbeit und das angenehme Arbeitsklima verpflichtet, namentlich StB Dr. Gerrit Adrian, Dipl.-Kfm. Philipp Fischer, Dipl.-Kfm. Dipl.-Vw. Ingo Fross, LL.M., Dipl.-Kfm. Dipl.-Finw. (FH) Jan Hohensträter, Dr. Haiko Krause, Dipl.-Kfm. Thomas Lenz, Dipl.-Kffr. Katrin Nickel, Dipl.-Kffr. Gerda Ochs sowie Dr. Pascal Schäfer-Elmayer. Meinem Zweitgutachter, Herrn Prof. Dr. Joachim Krag, bin ich für wertvolle Anregungen und die zeitnahe Anfertigung des Zweitgutachtens überaus dankbar.

Besonderen Dank möchte ich darüber hinaus meinen Eltern, meinem Bruder und nicht zuletzt meiner Freundin aussprechen, die über die Dauer der Promotionszeit geduldig und verständnisvoll die zahlreichen Entbehrungen ertragen haben und durch fortwährenden Zuspruch mir eine große Unterstützung waren. Ohne sie wäre Vieles schwerer und Manches unmöglich gewesen.

Der Verfasser

Geleitwort

Während sich die Rechtsformen Stiftung & Co. KG und GmbH & Co. KGaA in den vergangenen Jahren großer Beliebtheit in der wissenschaftlichen Literatur erfreut haben, ist die Rechtsformalternative einer Stiftung & Co. KGaA bislang gänzlich unbeachtet geblieben. Dies vermag zu überraschen, zumal sich mit einer derartigen Kombination zum einen die Vorzüge des Stiftungsrechts in Anspruch nehmen lassen, zum anderen bietet sich mit einer Kommanditgesellschaft auf Aktien die Möglichkeit, Zugang zu einem organisierten Kapitalmarkt zu erhalten. Insofern stellt die Stiftung & Co. KGaA eine überaus interessante Rechtsformalternative dar, die vielleicht nicht für die breite Masse, jedoch sicherlich in speziell gelagerten Anwendungsfällen eine überaus erwägenswerte Option begründet.

Die vorliegende Monographie befasst sich mit den gesellschaftsrechtlichen und steuerrechtlichen Charakteristika einer Stiftung & Co. KGaA. In einem ersten Schritt werden zunächst die klassische Stiftung sowie die personalistische KGaA als Bausteine der Rechtsformkombination einer Stiftung & Co. KGaA vorgestellt. Danach wird die Frage der grundsätzlichen rechtlichen Zulässigkeit einer Kombination der beiden zuvor genannten Rechtsformen aufgegriffen und evaluiert. Dies geschieht sowohl aus stiftungsrechtlicher Sicht als auch aus der Perspektive des Gesellschaftsrechts. Im Anschluss wird die Stiftung & Co. KGaA im Hinblick auf die Haftung, Finanzierung, Leitungsbefugnis, Rechnungslegung, Prüfung und Publizität oder auch beispielsweise die Unternehmenskontinuität eingeordnet und beurteilt. In einem weiteren Schritt erfolgt die Analyse der Besteuerung der Stiftung & Co. KGaA, wobei ein Rekurs auf die als weitgehend gesichert anzusehende Besteuerung einer GmbH & Co. KGaA genommen wird. Den Abschluss der Untersuchung bildet ein Steuerbelastungsvergleich, mit dem in Form einer kasuistischen Veranlagungssimulation die Stiftung & Co. KGaA der Rechtsform einer klassischen Kommanditgesellschaft, einer personalistischen Kommanditgesellschaft auf Aktien sowie einer Stiftung & Co. KG gegenübergestellt wird. Hierbei wird deutlich, dass die steuerliche Belastung maßgeblich von den zuvor getroffenen Rahmenbedingungen und der momentanen Steuergesetzgebung abhängt, sodass Herr Gehrke zu Recht keine allgemein gültige Aussage über die steuerliche Vorteilhaftigkeit einer Stiftung & Co. KGaA trifft.

Die äußerst strukturierte Herangehensweise und die Tatsache, dass sowohl gesellschafts- als auch steuerrechtlich eine umfassende Analyse der Stiftung & Co. KGaA erfolgt, macht das vorliegende Werk nicht nur für die Theorie, sondern auch für die Praxis äußerst interessant. Dies gilt umso mehr, da sich Herr Gehrke dankenswerterweise nicht nur auf die laufende Besteuerung einer

Stiftung & Co. KGaA konzentriert, sondern ebenso Gründungs- und Beendigungsbelastungen erfasst.

StB Prof. Dr. Michael Wehrheim

Inhaltsverzeichnis

Vorwort IX

Geleitwort XI

Abbildungsverzeichnis XXI

Anhangverzeichnis XXIII

Abkürzungsverzeichnis XXV

1. Einleitung 1

1.1 Problemstellung 1

1.2 Gang der Untersuchung 3

2. Grundzüge des Gesellschaftsrechts und der Besteuerung einer klassischen Kommanditgesellschaft auf Aktien 9

2.1 Bedeutung und Entwicklung der Rechtsform einer KGaA 9

2.2 Die Rechtsform der KGaA im Gesellschaftsrecht 10

2.2.1 Die KGaA als hybride Rechtsform 10

2.2.2 Organe einer KGaA 12

2.2.2.1 Allgemeines 12

2.2.2.2 Komplementäre 12

2.2.2.3 Aufsichtsrat 13

2.2.2.4 Hauptversammlung 15

2.2.3 Ausgestaltungsspielräume des Gesellschaftsvertrages 16

2.2.3.1 Reichweite der Vertragsfreiheit 16

2.2.3.1.1 Attraktivität einer dispositiven Kapitalgesellschaft 16

2.2.3.1.2 Sicherung der Komplementärsmacht 17

2.2.3.2 Grenzen der Vertragsfreiheit – Satzungsstrenge 19

2.2.4 Finanzordnung ... 19

2.2.4.1 Kapitalaufbringung ... 19

2.2.4.2 Gewinnermittlung und -verwendung ... 21

2.2.4.3 Publizität ... 22

2.2.5 Haftung ... 22

2.2.6 Nachfolgeproblematik ... 23

2.3 Die Rechtsform der KGaA im Steuerrecht ... 24

2.3.1 Allgemeines ... 24

2.3.2 Ertragsteuerliche Behandlung der Gesellschaft ... 24

2.3.2.1 Körperschaftsteuer ... 24

2.3.2.2 Gewerbesteuer ... 27

2.3.3 Ertragsteuerliche Behandlung der Gesellschafter ... 29

2.3.3.1 Kommanditaktionäre ... 29

2.3.3.1.1 Einkommensteuer ... 29

2.3.3.1.2 Körperschaftsteuer ... 30

2.3.3.1.3 Gewerbesteuer ... 30

2.3.3.2 Komplementäre ... 31

2.3.3.2.1 Einkommensteuer ... 31

2.3.3.2.2 Gewerbesteuer ... 33

2.3.4 Erbschaft- und schenkungsteuerliche Aspekte der KGaA ... 33

2.4 Kritische Würdigung der KGaA ... 35

3. Stiftungen in Zivil- und Steuerrecht ... 37

3.1 Klassifikation unterschiedlicher Stiftungstypen ... 37

3.1.1 Zum Begriff der Stiftung ... 37

3.1.2 Klassifizierung nach der Rechtsfähigkeit ... 37

3.1.2.1 Rechtsfähige Stiftungen ... 37

3.1.2.2 Nichtrechtsfähige Stiftungen ... 39

3.1.3 Klassifizierung nach der Trägerschaft ... 40

3.1.3.1 Stiftungen des öffentlichen Rechts ... 40

3.1.3.2 Stiftungen des bürgerlichen Rechts ... 41

3.1.3.3 Kirchliche Stiftungen ... 41

3.1.4 Anwendungsformen von Stiftungen 42
3.1.4.1 Gemeinnützige Stiftungen 42
3.1.4.2 Familienstiftungen 44
3.1.4.3 Unternehmensstiftungen 47
3.1.4.3.1 Überblick 47
3.1.4.3.2 Unternehmensträgerstiftungen 47
3.1.4.3.3 Beteiligungsträgerstiftungen 49
3.1.5 Anmerkungen zur weiteren Vorgehensweise 50

3.2 Nichtsteuerliche Charakteristika rechtsfähiger Stiftungen des bürgerlichen Rechts 50

3.2.1 Haftung 50
3.2.2 Finanzierungsmöglichkeiten 52
3.2.2.1 Eigenfinanzierung 52
3.2.2.2 Fremdfinanzierung 55
3.2.2.3 Kontinuität der Liquidität 56
3.2.3 Leitungsbefugnis und Mitbestimmung 57
3.2.3.1 Organe der Stiftung 57
3.2.3.2 Mitbestimmungsrechtliche Aspekte der Stiftung 59
3.2.4 Ertragsverwendung 60
3.2.5 Rechnungslegung, Prüfung und Publizität 61
3.2.6 Rechtsformabhängige Aufwendungen 64
3.2.7 Stiftungskontinuität 65

3.3 Grundzüge der Besteuerung rechtsfähiger Stiftungen des bürgerlichen Rechts 67

3.3.1 Vorbemerkungen 67
3.3.2 Gründungsbesteuerung 68
3.3.2.1 Ertragsteuerliche Behandlung des Stifters 68
3.3.2.1.1 Sonderausgabenabzug 68
3.3.2.1.2 Besonderheiten bei der Übertragung von Betriebsvermögen 70
3.3.2.2 Erbschaft- und Schenkungsteuer 72
3.3.2.3 Umsatzsteuer 73
3.3.2.4 Grunderwerbsteuer 74

3.3.3 Laufende Besteuerung 75
3.3.3.1 Laufende Besteuerung der Stiftung 75
3.3.3.1.1 Die vier Sphären einer steuerbegünstigten Stiftung 75
3.3.3.1.1.1 Grundsätzliches 75
3.3.3.1.1.2 Ideeller Bereich 76
3.3.3.1.1.3 Vermögensverwaltung 76
3.3.3.1.1.4 Steuerbegünstigter Zweckbetrieb 79
3.3.3.1.1.5 Steuerpflichtiger wirtschaftlicher Geschäftsbetrieb 79
3.3.3.1.2 Körperschaftsteuer 81
3.3.3.1.3 Gewerbesteuer 83
3.3.3.1.4 Grund- und Umsatzsteuer 84
3.3.3.1.5 Exkurs: Erbersatzsteuer 84
3.3.3.2 Laufende Besteuerung der Destinatäre 86
3.3.3.2.1 Ertragsteuern 86
3.3.3.2.2 Erbschaft- und Schenkungsteuer 88
3.3.4 Aufhebungsbesteuerung 88
3.4 Kritische Würdigung 90

4. Begründung unternehmensverbundener Stiftungen 93
4.1 Zulässigkeit unternehmensverbundener Stiftungen 93
4.1.1 Auffassungen in der Literatur 93
4.1.2 Genehmigungspraxis der Stiftungsaufsichtsbehörden 97
4.2 Motive für die Errichtung unternehmensverbundener Stiftungen 98
4.2.1 Sicherung der Unternehmenskontinuität und Schutz des Unternehmens gegenüber Dritten 98
4.2.2 Außenwirkung einer Stiftungskonstruktion 100
4.2.3 Optimierung der Steuerbelastung 101

5. Die Stiftung & Co. KGaA im Gesellschaftsrecht 103
5.1 Zulässigkeit einer rechtsfähigen Stiftung des bürgerlichen Rechts als Komplementär einer kapitalistischen KGaA aus rechtssystematischer Sicht 103

5.2 Nichtsteuerliche Charakteristika der Stiftung & Co. KGaA......... 106

5.2.1 Haftung.. 106

5.2.1.1 Allgemeine Anmerkungen zur Haftungssituation in der Stiftung & Co. KGaA 106

5.2.1.2 Beschränkung der Haftungsmasse durch Vermeidung der unbeschränkten persönlichen Haftung einer natürlichen Person?................................ 108

5.2.1.3 Auswirkungen der Haftung auf die Qualifikation der geschäftsführenden Person... 110

5.2.1.4 Gewährleistung einer ausreichenden Haftungsmasse... 112

5.2.2 Finanzierungsmöglichkeiten.. 113

5.2.2.1 Zugang zu einem organisierten Kapitalmarkt.............. 113

5.2.2.2 Beteiligung der Komplementär-Stiftung an der Finanzierung der (Stiftung & Co.) KGaA 116

5.2.2.3 Auswirkungen der Einsetzung einer Komplementär-Stiftung auf die Finanzierung.. 117

5.2.3 Leitungsbefugnis und Mitbestimmung 118

5.2.3.1 Zur Problematik der Minderheitenherrschaft............... 118

5.2.3.2 Zur Problematik der unternehmerischen Mitbestimmung in der Stiftung & Co. KGaA.............. 124

5.2.4 Gewinnverteilung und -verwendung.. 126

5.2.4.1 Problematik einer zweistufigen Gewinnermittlung 126

5.2.4.2 Stiftungsrechtlich eingeschränkte Gewinnverwendung 128

5.2.5 Rechnungslegung, Prüfung und Publizität................................ 129

5.2.5.1 Anforderungen an die (Stiftung & Co.) KGaA............. 129

5.2.5.2 Verdoppelung der Rechnungslegungs-, Prüfungs- und Publizitätsaufwendungen durch Einsetzung einer Komplementär-Stiftung?...................................... 131

5.2.5.3 Firmierungserfordernis... 134

5.2.6 Rechtsformabhängige Aufwendungen....................................... 135

5.2.7 Unternehmenskontinuität.. 139

6. Die Besteuerung der Stiftung & Co. KGaA 145

6.1 Zur Anwendungsform der Komplementär-Stiftung 145

6.1.1 Allgemeines 145

6.1.2 Komplementär-Stiftung als Familienstiftung? 147

6.1.3 Gemeinnützigkeit der Komplementär-Stiftung? 151

6.2 Gründungsbesteuerung 154

6.2.1 Errichtung der Stiftung & Co. KGaA 154

6.2.2 Ertragsteuerliche Konsequenzen 155

6.2.3 Erbschaft- und Schenkungsteuer 160

6.2.4 Umsatzsteuer 161

6.2.5 Grunderwerbsteuer 163

6.3 Laufende Besteuerung 164

6.3.1 Vorbemerkung 164

6.3.2 Exkurs: Die laufende Besteuerung der GmbH & Co. KGaA und deren Gesellschafter 164

6.3.2.1 GmbH-Gesellschafter sind nicht zugleich Kommanditaktionäre 164

6.3.2.2 GmbH-Gesellschafter sind zugleich Kommanditaktionäre 168

6.3.3 Übertragung der Erkenntnisse auf die Stiftung & Co. KGaA ... 172

6.3.3.1 Allgemeines 172

6.3.3.2 Laufende Besteuerung der Komplementär-Stiftung und der (Stiftung & Co.) KGaA 173

6.3.3.2.1 Körperschaftsteuer 173

6.3.3.2.2 Gewerbesteuer 174

6.3.3.3 Laufende Besteuerung der Destinatäre 177

6.3.3.4 Laufende Besteuerung der Kommanditaktionäre 180

6.4 Auflösungsbesteuerung 181

7. Die Stiftung & Co. KGaA – eine optimale Rechtsform? 185

7.1 Kritische Würdigung der Charakteristika einer Stiftung & Co. KGaA 185

7.1.1 Einleitende Bemerkungen 185

7.1.2 Bewertung der nichtsteuerlichen Charakteristika 185

7.1.2.1 Positiva 185

7.1.2.2 Negativa 188

7.1.3 Bewertung der steuerlichen Charakteristika 191

7.2 Steuerbelastungsvergleich ausgewählter Rechtsformen 193

7.2.1 Einleitende Bemerkungen zur Vorgehensweise 193

7.2.2 Rahmendaten der Berechnungsbeispiele 195

7.2.3 Quantitativer Steuerbelastungsvergleich 196

7.2.3.1 Kommanditgesellschaft 196

7.2.3.1.1 Die Struktur der Kommanditgesellschaft im Beispielfall 196

7.2.3.1.2 Fall A: Handelsbilanzgewinn von 50.000 € 197

7.2.3.1.3 Fall B: Handelsbilanzgewinn von 1.000.000 € 202

7.2.3.2 Stiftung & Co. KG 202

7.2.3.2.1 Die Struktur der Stiftung & Co. KG im Beispielfall 202

7.2.3.2.2 Fall A: Handelsbilanzgewinn von 50.000 € 205

7.2.3.2.3 Fall B: Handelsbilanzgewinn von 1.000.000 € 210

7.2.3.3 Kommanditgesellschaft auf Aktien 210

7.2.3.3.1 Die Struktur der Kommanditgesellschaft auf Aktien im Beispielfall 210

7.2.3.3.2 Thesaurierung 212

7.2.3.3.2.1 Fall A: Handelsbilanzgewinn von 50.000 € 212

7.2.3.3.2.2 Fall B: Handelsbilanzgewinn von 1.000.000 € 217

7.2.3.3.3 Vollausschüttung ... 217
7.2.3.3.3.1 Fall A: Handelsbilanzgewinn von 50.000 € ... 217
7.2.3.3.3.2 Fall B: Handelsbilanzgewinn von 1.000.000 € ... 220
7.2.3.4 Stiftung & Co. KGaA ... 221
7.2.3.4.1 Die Struktur der Stiftung & Co. KGaA im Beispielfall ... 221
7.2.3.4.2 Thesaurierung ... 222
7.2.3.4.2.1 Fall A: Handelsbilanzgewinn von 50.000 € ... 222
7.2.3.4.2.2 Fall B: Handelsbilanzgewinn von 1.000.000 € ... 227
7.2.3.4.3 Vollausschüttung ... 228
7.2.3.4.3.1 Fall A: Handelsbilanzgewinn von 50.000 € ... 228
7.2.3.4.3.2 Fall B: Handelsbilanzgewinn von 1.000.000 € ... 231
7.2.4 Auswertung der Ergebnisse ... 232
7.2.4.1 Fall A: Handelsbilanzgewinn von 50.000 € ... 232
7.2.4.2 Fall B: Handelsbilanzgewinn von 1.000.000 € ... 237

7.3 Fazit ... 242

8. Thesenförmige Zusammenfassung ... 247

Anhang ... 249

Literaturverzeichnis ... XXXIII

Abbildungsverzeichnis

Abb. 1: GmbH & Co. KGaA ohne Beteiligung des GmbH-Gesellschafters an der (GmbH & Co.) KGaA ... 165

Abb. 2: GmbH & Co. KGaA mit Beteiligung des GmbH-Gesellschafters an der (GmbH & Co.) KGaA ... 168

Abb. 3: Stiftung & Co. KGaA ... 172

Abb. 4: Die Struktur der Kommanditgesellschaft im Beispielfall ... 197

Abb. 5: Die Struktur der Stiftung & Co. KG im Beispielfall ... 203

Abb. 6: Die Struktur der Kommanditgesellschaft auf Aktien im Beispielfall ... 211

Abb. 7: Die Struktur der Stiftung & Co. KGaA im Beispielfall ... 221

Anhangverzeichnis

Anhang 1: Zu Kapitel 7.2.3.1.3: Berechnung der Gesamtsteuerbelastung und der Steuerquote einer Kommanditgesellschaft bei einem Handelsbilanzgewinn von 1.000.000 € 249

Anhang 2: Zu Kapitel 7.2.3.2.3: Berechnung der Gesamtsteuerbelastung und der Steuerquote einer Stiftung & Co. KG bei einem Handelsbilanzgewinn von 1.000.000 € 252

Anhang 3: Zu Kapitel 7.2.3.3.2.2: Berechnung der Gesamtsteuerbelastung und der Steuerquote einer Kommanditgesellschaft auf Aktien bei einem Handelsbilanzgewinn von 1.000.000 € unter Annahme einer vollständigen Gewinnthesaurierung 256

Anhang 4: Zu Kapitel 7.2.3.3.3.2: Berechnung der Gesamtsteuerbelastung und der Steuerquote einer Kommanditgesellschaft auf Aktien bei einem Handelsbilanzgewinn von 1.000.000 € unter Annahme einer vollständigen Gewinnausschüttung 259

Anhang 5: Zu Kapitel 7.2.3.4.2.2: Berechnung der Gesamtsteuerbelastung und der Steuerquote einer Stiftung & Co. KGaA bei einem Handelsbilanzgewinn von 1.000.000 € unter Annahme einer vollständigen Gewinnthesaurierung 262

Anhang 6: Zu Kapitel 7.2.3.4.3.2: Berechnung der Gesamtsteuerbelastung und der Steuerquote einer Stiftung & Co. KGaA bei einem Handelsbilanzgewinn von 1.000.000 € unter Annahme einer vollständigen Gewinnausschüttung 265

Abkürzungsverzeichnis

A

a.A. .... anderer Auffassung
a.a.O. .... am angegebenen Ort
ABl. .... Amtsblatt (Zeitschrift)
Abs. .... Absatz
Abschn. .... Abschnitt
AcP .... Archiv für civilistische Praxis (Zeitschrift)
ADHGB .... Allgemeines Deutsches Handelsgesetzbuch
AEAO .... Anwendungserlass zur Abgabenordnung
a.F. .... alte Fassung
AG .... – Aktiengesellschaft
– Die Aktiengesellschaft (Zeitschrift)
AktG .... Aktiengesetz
AO .... Abgabenordnung
Art. .... Artikel
AStG .... Außensteuergesetz
Aufl. .... Auflage

B

BadWürttStiftG ...... Stiftungsgesetz für Baden-Württemberg
BAnz. .... Bundesanzeiger (Zeitschrift)
BayObLG .... Bayerisches Oberstes Landesgericht
BayStG .... Bayerisches Stiftungsgesetz
BB .... Betriebs-Berater (Zeitschrift)
Bd. .... Band
ber. .... berichtigt
BerlStiftG .... Berliner Stiftungsgesetz
BetrVG 1952 .... Betriebsverfassungsgesetz 1952
BFH .... Bundesfinanzhof
BFHE .... Sammlung der Entscheidungen des Bundesfinanzhofes (Zeitschrift)
BGB .... Bürgerliches Gesetzbuch
BGBl. .... Bundesgesetzblatt (Zeitschrift)
BGH .... Bundesgerichtshof
BGHZ .... Entscheidungen des Bundesgerichtshofes in Zivilsachen (Zeitschrift)
BMF .... Bundesministerium der Finanzen
BMG .... Bemessungsgrundlage

BörsG .... Börsengesetz
BörsZulV .... Börsenzulassungs-Verordnung
BrbgStiftG .... Stiftungsgesetz für das Land Brandenburg
BremStiftG .... Bremisches Stiftungsgesetz
bspw. .... beispielsweise
BStBl. .... Bundessteuerblatt (Zeitschrift)
BVerfG .... Bundesverfassungsgericht
BVerfGE .... Sammlung der Entscheidungen des Bundesverfassungsgerichts (Zeitschrift)
BVerwG .... Bundesverwaltungsgericht
bzgl. .... bezüglich
bzw. .... beziehungsweise

C

ca. .... circa
CM .... Consultant Magazin (Zeitschrift)
Co. .... Compagnie

D

DB .... Der Betrieb (Zeitschrift)
DBW .... Die Betriebswirtschaft (Zeitschrift)
DDR .... Deutsche Demokratische Republik
d.h. .... das heißt
Diss. .... Dissertation
DStR .... Deutsches Steuerrecht (Zeitschrift)
DStZ .... Deutsche Steuerzeitung (Zeitschrift)
DSWR .... Datenverarbeitung, Steuer, Wirtschaft, Recht (Zeitschrift)
DWir .... Deutsche Zeitschrift für Wirtschaftsrecht (Zeitschrift)
DZWir .... Deutsche Zeitschrift für Wirtschafts- und Insolvenzrecht (Zeitschrift)

E

€ .... Euro
eG .... eingetragene Genossenschaft
EL .... Ergänzungslieferung
ErbStG .... Erbschaftsteuer- und Schenkungsteuergesetz
ErbStR .... Erbschaftsteuer-Richtlinien
Erl. .... Erlass
erw. .... erweitert/e/er
EStG .... Einkommensteuergesetz
EStR .... Einkommensteuer-Richtlinien

et al. .... et alii
etc. .... et cetera
e.V. .... eingetragener Verein
evtl. .... eventuell

F

f. .... folgende
F. .... Fach
ff. .... fortfolgende
FG .... Finanzgericht
FinMin .... Finanzministerium
Fn. .... Fußnote
FR .... Finanz-Rundschau (Zeitschrift)
Frhr. .... Freiherr

G

GBl. .... Gesetzblatt (Zeitschrift)
GbR .... Gesellschaft bürgerlichen Rechts
GewStG .... Gewerbesteuergesetz
GewStR .... Gewerbesteuer-Richtlinien
GG .... Grundgesetz für die Bundesrepublik Deutschland
ggf. .... gegebenenfalls
GmbH .... Gesellschaft mit beschränkter Haftung
GmbHG .... Gesetz betreffend die Gesellschaften mit beschränkter Haftung
GmbHR .... GmbH-Rundschau (Zeitschrift)
grds. .... grundsätzlich
GrEStG .... Grunderwerbsteuergesetz
GrEStR .... Grunderwerbsteuer-Richtlinien
GrStG .... Grundsteuergesetz
GrStR .... Grundsteuer-Richtlinien
GVBl........................ Gesetz- und Verordnungsblatt (Zeitschrift)
GVNW .... Gesetz- und Verordnungsblatt Nordrhein-Westfalen (Zeitschrift)
GVOBl. .... Gesetz- und Verordnungsblatt (Zeitschrift)

H

Habil. .... Habilitation
HambAGBG .... Ausführungsgesetz zum Bürgerlichen Gesetzbuch Hamburg
HessStiftG .... Hessisches Stiftungsgesetz

HGB .... Handelsgesetzbuch
h.M. .... herrschende Meinung
Hrsg. .... Herausgeber
Hs. .... Halbsatz

I

i.A. .... im Allgemeinen
i.d.F. .... in der Fassung
i.d.R. .... in der Regel
IDW .... Institut der Wirtschaftsprüfer in Deutschland e.V.
i.e.S. .... im engeren Sinne
i.H.v. .... in Höhe von
INF .... Die Information über Steuer und Wirtschaft (Zeitschrift)
i.S.d. .... im Sinne der/des
IStR .... Internationales Steuerrecht (Zeitschrift)
i.S.v. .... im Sinne von
i.V.m. .... in Verbindung mit
i.w.S. .... im weiteren Sinne

J

JZ .... Juristen-Zeitung (Zeitschrift)
JuS .... Juristische Schulung (Zeitschrift)

K

KapCoRiLiG .... Kapitalgesellschaften- und Co-Richtlinien-Gesetz
KG .... Kommanditgesellschaft
KGaA .... Kommanditgesellschaft auf Aktien
Komm. .... Kommentar
KÖSDI .... Kölner Steuerdialog (Zeitschrift)
KStG .... Körperschaftsteuergesetz
KStR .... Körperschaftsteuer-Richtlinien

L

lit. .... litera

M

MecklVorPStiftG .... Stiftungsgesetz für das Land Mecklenburg-Vorpommern
MitbestG .... Gesetz über die Mitbestimmung der Arbeitnehmer
m.w.N. .... mit weiteren Nachweisen

N

NdsStiftG .... Nierdersächsisches Stiftungsgesetz
neubearb. .... neubearbeitet
n.F. .... neue Fassung
NJW .... Neue Juristische Wochenschrift (Zeitschrift)
Nr. .... Nummer
NRWStiftG .... Stiftungsgesetz für das Land Nordrhein-Westfalen
NWB .... Neue Wirtschaftsbriefe (Zeitschrift)
NZG .... Neue Zeitschrift für Gesellschaftsrecht (Zeitschrift)

O

oHG .... offene Handelsgesellschaft
OLG .... Oberlandesgericht
o.T. .... ohne Titel
o.V. .... ohne Verfasser

P

p.a. .... pro anno
PublG .... Publizitätsgesetz

R

RFHE .... Sammlung der Entscheidungen des Reichsfinanzhofs (Zeitschrift)
RG .... Reichsgericht
RGBl. .... Reichsgesetzblatt (Zeitschrift)
RGZ .... Entscheidungen des Reichsgerichts in Zivilsachen (Zeitschrift)
RhPfStiftG .... Stiftungsgesetz Rheinland-Pfalz
rkr. .... rechtskräftig
Rs. .... Rechtssache
RStBl. .... Reichssteuerblatt (Zeitschrift)
Rz. .... Randziffer

S

S. .... – Satz
– Seite
SaarlStiftG .... Saarländisches Stiftungsgesetz
SächsStiftG .... Sächsisches Stiftungsgesetz
SchlHolStiftG .... Stiftungsgesetz für das Land Schleswig-Holstein
sog. .... so genannte/n/r

StB .... Der Steuerberater (Zeitschrift)
Stbg .... Die Steuerberatung (Zeitschrift)
StbJb .... Steuerberater-Jahrbuch (Zeitschrift)
SteuerStud .... Steuer & Studium (Zeitschrift)
StuB .... Steuern und Bilanzen (Zeitschrift)
StuW .... Steuer und Wirtschaft (Zeitschrift)
StW .... Die Steuer-Warte (Zeitschrift)

U

u. .... und
u.a. .... unter anderem
UmwG .... Umwandlungsgesetz
UmwStG .... Umwandlungssteuergesetz
Univ. .... Universität
UStG .... Umsatzsteuergesetz
UStR .... Umsatzsteuer-Richtlinien
u.U. .... unter Umständen

V

v. .... von/vom
VAG .... Versicherungsaufsichtsgesetz
VGR .... Gesellschaftsrechtliche Vereinigung
v.H. .... vom Hundert
Vorb. .... Vorbemerkung
v.T. .... vom Tausend
VVaG .... Versicherungsverein auf Gegenseitigkeit

W

WiB .... Wirtschaftsrechtliche Beratung (Zeitschrift)
WiSt .... Wirtschaft und Studium (Zeitschrift)
WISU .... Das Wirtschaftsstudium (Zeitschrift)
WPg .... Die Wirtschaftsprüfung (Zeitschrift)

Z

z.B. .... zum Beispiel
ZEV .... Zeitschrift für Erbrecht und Vermögensnachfolge (Zeitschrift)
ZfB .... Zeitschrift für Betriebswirtschaft (Zeitschrift)
zfbf .... Schmalenbachs Zeitschrift für betriebswirtschaftliche Forschung (Zeitschrift)

ZGR .... Zeitschrift für Unternehmens- und Gesellschaftsrecht (Zeitschrift)
ZHR .... Zeitschrift für das gesamte Handelsrecht und Wirtschaftsrecht (Zeitschrift)
ZIP .... Zeitschrift für Wirtschaftsrecht (Zeitschrift)
ZRP .... Zeitschrift für Rechtspolitik (Zeitschrift)
ZSteu........................ Zeitschrift für Steuern & Recht (Zeitschrift)

1. Einleitung

1.1 Problemstellung

Die Wahl der Rechtsform, in der ein neu zu gründendes oder bereits bestehendes Unternehmen zukünftig betrieben werden soll, ist eine der zentralen konstitutiven Entscheidungen von Unternehmen.[1] Neben den klassischen Rechtsformen – hier ist insbesondere an die Gesellschaft bürgerlichen Rechts, an die oHG und die KG als Personengesellschaften und an die AG und die GmbH, aber auch die KGaA, als Kapitalgesellschaften zu denken – haben sich im Laufe der Jahrzehnte weitere Rechtsformen fest etabliert, die die betriebliche Praxis zur Erzielung spezifischer Vorteile entwickelt hat. Prominentestes Beispiel dieser gesetzlich nicht kodifizierten Mischformen ist sicherlich dic GmbH & Co. KG, mit der die Haftungsbegrenzung einer Kapitalgesellschaft und steuerliche Vorteile einer Personengesellschaft kombiniert werden soll. Doch auch die GmbH & Co. KGaA[2] erfreut sich seit einigen Jahren zunehmender Beachtung in der wissenschaftlichen Literatur und Praxis.[3]

Daneben haben sich in der jüngeren Vergangenheit Unternehmen für die Rechtsformkombination einer Stiftung & Co. KG entschieden, also für eine KG, bei der die Position des Vollhafters nicht von einer natürlichen Person, sondern von einer Stiftung ausgefüllt wird.[4] Dies erscheint vor dem Hintergrund sinnvoll,

---

[1] Darüber hinaus gehören bspw. die Gründung, Sanierung und Liquidation, die Standortentscheidung sowie Entscheidungen über Unternehmenszusammenschlüsse zu den konstitutiven Entscheidungen von Unternehmen; vgl. Bea, Franz Xaver, Entscheidungen, 2004, hier: S. 337 f.

[2] In der Literatur wird der Begriff *'GmbH & Co. KGaA'* nicht einheitlich verwandt: Einige Autoren subsumieren unter dieser Bezeichnung einzig eine KGaA, bei der eine GmbH & Co. KG die Position des persönlich haftenden Gesellschafters innehält; handelt es sich lediglich um eine Komplementär-GmbH, so sprechen sie von einer GmbH KGaA; vgl. z.B. Hesselmann, Malte, Kommanditgesellschaft, 1989, hier: S. 2344. Dieser Definition soll sich hier nicht angeschlossen werden, sodass bei der GmbH & Co. KGaA – der herrschenden Literaturmeinung folgend – eine GmbH die Komplementärfunktion ausübt. Vgl. hierzu auch die Begriffsbestimmungen bei Graf, Helmut Andreas, Kapitalgesellschaft, 1993, hier: S. 12 f., m.w.N.

[3] Vgl. anstelle vieler Ihrig, Hans-Christoph/Schlitt, Michael, Folgen, 1998, hier: S. 33-83, m.w.N.

[4] Dies hat zur Folge, dass die unbeschränkte Haftung von der nur mit ihrem Vermögen haftenden Stiftung übernommen wird; vgl. z.B. Hof, Hagen, Vermögensausstattung, 1992, hier: S. 1589. Beispiele hierfür finden sich bspw. in der Gustav + Grete Schickedanz Holding KG, Fürth, der Lidl & Schwarz Stiftung & Co. KG, Neckarsulm sowie der

dass Stiftungen ebenfalls die Begrenzung der Haftungsmasse auf das ihr übertragene Vermögen und den Ausschluss der unbeschränkten Haftung einer natürlichen Person ermöglichen und darüber hinaus Vorzüge aufweisen, die nur durch eine Stiftung erzielt werden können.[5] Aufgrund ebendieser spezifischen Charakteristika von Stiftungen verwundert es, dass bislang – im Gegensatz zu GmbH & Co. KG und GmbH & Co. KGaA – weder in der wissenschaftlichen Literatur noch in der Praxis der Übertrag dieser Eigenschaften von der Stiftung & Co. KG auf die Stiftung & Co. KGaA[6] Beachtung gefunden hat.

Um diesem Umstand zu begegnen, befasst sich die vorliegende Untersuchung sowohl aus gesellschaftsrechtlicher als auch aus steuerlicher Sicht eingehend mit der Rechtsformkombination einer Stiftung & Co. KGaA. Ziel dieser Untersuchung kann es keinesfalls sein, die Stiftung & Co. KGaA als *'optimale Rechtsform'* zu präsentieren. Rechtsformen weisen jeweils spezifische Vorzüge, aber auch Nachteile auf, die Pauschalurteile über deren absolute Vorteilhaftigkeit unmöglich machen. Der Umstand, dass hinsichtlich der Eignung einer Rechtsform für ein Unternehmen auf den jeweiligen Einzelfall abzustellen ist, ergibt sich bereits aus der Vielzahl der zu berücksichtigenden Einflussfaktoren. Neben Haftungs- und Finanzierungsaspekten spielen beispielsweise Leitungsbefugnis und Unternehmenskontinuität sowie nicht zuletzt auch die Auswirkungen auf die Besteuerung eine entscheidende Rolle. Je nach individueller Präferenz der betroffenen Unternehmen,[7] aber auch unter Berücksichtigung externer Faktoren,[8] ergibt sich aufgrund der jeweiligen Ausprägung dieser

---

VOKO Franz Vogt & Co. KG, Pohlheim; vgl. Wachter, Thomas, Steuerrecht, 2001, hier: S. 128.

5 Einer der ganz wesentlichen Vorteile von Stiftungen ist die annähernd uneingeschränkte Gewährleistung der Kontinuität im Sinne des Stifters; zu den zivilrechtlichen und steuerlichen Charakteristika einer Stiftung vgl. die Ausführungen in Kapitel 3.

6 Hier gelten die in Fn. 2 getroffenen Äußerungen analog, sodass folglich unter der Bezeichnung *'Stiftung & Co. KGaA'* eine KGaA mit einer Komplementär-Stiftung subsumiert wird.

7 Ein Familienunternehmer bspw. wird regelmäßig genaues Augenmerk auf die Leitungsbefugnis und Unternehmenskontinuität legen, wohingegen die Deckung des Kapitalbedarfs zwar wichtig, jedoch kaum Ausschlag gebend für die Wahl der Rechtsform sein dürfte.

8 Ein Großunternehmen, das einen hohen Kapitalbedarf zu decken hat, wird in aller Regel auf die Inanspruchnahme eines geregelten Kapitalmarktes und damit die Börsentauglichkeit ihrer Rechtsform nicht verzichten können, sodass – neben Mischformen – einzig die AG und die KGaA infrage kommen. Zudem dürfen nur Unternehmen einiger Branchen in gewissen Rechtsformen betrieben werden, so bspw. Unternehmen, die Versicherungsgeschäfte zum Gegenstand ihrer Geschäftstätigkeit haben, denen die Rechtsform eines Versicherungsvereins auf Gegenseitigkeit (VVaG) offen steht; vgl. § 7 Abs. 1 VAG i.V.m. § 1 Abs. 1 VAG.

Charakteristika das Ausmaß der Vorteilhaftigkeit einzelner Rechtsformen und Rechtsformkombinationen.

Folglich wird in dieser Untersuchung herauszuarbeiten sein, welche Vorzüge und welche Nachteile die Rechtsformalternative einer Stiftung & Co. KGaA den Unternehmen bietet. Anhand der in der Literatur durchgängig verwendeten Rechtsformwahlkriterien und unter gesonderter Berücksichtigung der steuerlichen Gesichtspunkte wird die hier behandelte Rechtsformkombination charakterisiert und analysiert. Die herauszustellenden Stärken und Schwächen werden schlussendlich eine Einordnung der Stiftung & Co. KGaA in den Katalog der den Unternehmen zur Verfügung stehenden Rechtsformalternativen ermöglichen, und die spezifischen Konstellationen, bei denen die Stiftung & Co. KGaA eine – anderen Rechtsformen überlegene und damit – vorteilhafte Alternative darstellt, werden identifiziert.

Anzumerken ist an dieser Stelle, dass bereits die Stiftung & Co. KG in der Literatur nicht unumstritten ist: Einige wenige, wenngleich namhafte Autoren sprechen sich vehement gegen eine derart enge Verbindung einer Stiftung mit einem privatwirtschaftlichen Unternehmen aus, da die Gefahr bestehe, "die bislang ebenso hochgeschätzte wie privilegierte Institution der Stiftung in Mißkredit zu bringen".[9] Dass ebendiese Autoren der Rechtsformkombination einer Stiftung & Co. KGaA in gleichem Maße – wenn nicht sogar noch verstärkt – mit Ablehnung gegenübertreten dürften, ist zu vermuten und wird bereits in Ansätzen deutlich.[10] Folglich wird nicht zuletzt der rechtlichen Zulässigkeit einer Stiftung & Co. KGaA Aufmerksamkeit zu widmen sein.

1.2 Gang der Untersuchung

Zunächst soll der Gang der Untersuchung in Gestalt einer Inhaltsübersicht anhand der jeweiligen Thematik der einzelnen nachfolgenden Kapitel kurz vorgestellt werden, um dem Leser einen Überblick über den Aufbau der Arbeit zu verschaffen. Im Anschluss wird detailliert auf die Struktur der einzelnen Kapitel einzugehen sein.

Der Gang der Untersuchung basiert auf einer systematischen Herangehensweise an die Rechtsformkombination der Stiftung & Co. KGaA: Nach dem ersten, in die Thematik einführenden Kapitel werden im zweiten und dritten Kapitel die beiden grundlegenden Elemente – auf der einen Seite die KGaA als Rechtsform des Unternehmensträgers und damit der Ort des eigentlichen wirtschaftlichen

---

9 Binz, Mark K./Sorg, Martin H., Renaissance, 1987/1988, hier: S. 158; vgl. hierzu die Ausführungen in Kapitel 4.1.

10 Vgl. Schmidt, Karsten, Deutschland, 2002, hier: S. 148.

Geschehens, auf der anderen Seite die Stiftung als Rechtsform des persönlich haftenden Gesellschafters der Stiftung & Co. KGaA – eingehend vorgestellt und analysiert. Im Anschluss liefert das vierte Kapitel eine Begründung für die Kombination der beiden zuvor dargestellten Bestandteile. Im fünften Kapitel wird die Stiftung & Co. KGaA aus gesellschaftsrechtlicher Sicht analysiert, bevor im sechsten Kapitel die Besteuerung einer derartigen Rechtsformkombination Gegenstand der Untersuchung ist. Das siebte Kapitel befasst sich schließlich mit der Frage, ob es sich bei der Stiftung & Co. KGaA um eine optimale Rechtsform handelt, indem diese einer Bewertung unterzogen und mithilfe eines quantitativen Steuerbelastungsvergleichs einer KG, einer KGaA sowie der Rechtsformkombination einer Stiftung & Co. KG gegenübergestellt wird. Den Abschluss der Untersuchung bildet eine thesenförmige Zusammenfassung, die die Kernaussagen nochmals aufgreift.

Das zweite Kapitel beginnt mit einer kurzen Einführung über die Bedeutung, Entwicklung und Struktur der personalistischen KGaA, also einer KGaA mit ausschließlich natürlichen Personen als persönlich haftenden Gesellschaftern, bevor auf die Rechtsbeziehungen zwischen den Organen dieser Rechtsform – Komplementäre, Hauptversammlung und Kommanditaktionäre – und deren Kompetenzen eingegangen wird. Zudem finden die Ausgestaltungsspielräume, die das Recht der KGaA im Hinblick auf die Machtverteilung innerhalb der Gesellschaft bietet, Beachtung. Die Kenntnis der Spezifika der Gesellschaftergruppen und der Vertragsfreiheit der KGaA stellt die Grundlage dar für die später im fünften und sechsten Kapitel vorzunehmende Charakterisierung der auf der KGaA aufbauenden Rechtsformkombination einer Stiftung & Co. KGaA. Ebendiesem Zweck dient auch die im zweiten Kapitel erfolgende Analyse der Finanzordnung sowie der Haftungs- und Nachfolgeproblematik.

Die Besteuerung der personalistischen KGaA wird schließlich in Kapitel 2.3 thematisiert. Hierbei wird zunächst die ertragsteuerliche Behandlung der Gesellschaft und im Anschluss diejenige der beiden Gesellschaftergruppen der Kommanditaktionäre und Komplementäre analysiert, bevor zuletzt auch zentrale erbschaft- und schenkungsteuerliche Spezifika der KGaA herausgearbeitet werden. Den Abschluss des zweiten Kapitels bildet eine kritische Würdigung der personalistischen KGaA.

Das dritte Kapitel befasst sich eingehend mit dem zweiten zentralen Bestandteil der Rechtsformkombination einer Stiftung & Co. KGaA, der Stiftung. In einem ersten einführenden Unterkapitel werden zunächst die unterschiedlichen existierenden Stiftungstypen vorgestellt, wobei nicht nur sowohl nach Rechtsfähigkeit als auch Trägerschaft differenziert wird, sondern auch die drei zentralen Anwendungsformen einer Stiftung – gemeinnützige Stiftung, Familienstiftung sowie Unternehmensstiftung – Berücksichtigung finden. In Kapitel 3.2 wird die Rechtsform der Stiftung anhand derjenigen Kriterien, denen bei der Entscheidung für oder gegen eine bestimmte Rechtsform Bedeutung zukommt, charakterisiert. Hierbei nimmt neben haftungs- und finanzierungsrechtlichen Aspekten sowie der Leitungsbefugnis und Mitbestimmung insbesondere die Kontinuität der Stiftung eine exponierte Position ein.

Wie bereits im zweiten Kapitel in Bezug auf die personalistische KGaA, so soll auch die Stiftung in Kapitel 3.3 anhand des Rechtsformwahlkriteriums der Besteuerung einer gesonderten Analyse unterzogen werden. Deren Aufbau orientiert sich an den drei Zeitabschnitten der Existenz einer Stiftung, sodass folglich zwischen der Gründungsbesteuerung, der laufenden Besteuerung und der Aufhebungsbesteuerung unterschieden wird. Bei der Gründungsbesteuerung wird neben erbschaft- und schenkungsteuerlichen Aspekten primär die ertragsteuerliche Behandlung des Stifters beleuchtet, während bei der laufenden Besteuerung zwischen der Stiftung auf der einen Seite und den Destinatären auf der anderen Seite zu differenzieren ist. In diesem Zusammenhang gebietet sich auch die Klassifikation der vier Sphären einer steuerbegünstigten Stiftung, von denen ausschließlich der wirtschaftliche Geschäftsbetrieb, nicht jedoch der ideelle Bereich, die Vermögensverwaltung und die steuerbegünstigten Zweckbetriebe der regulären Steuerpflicht unterliegen. Das Wissen um diese Sphärenbildung und deren steuerliche Konsequenzen ist Voraussetzung für die später im sechsten Kapitel vorzunehmende Wahl der Anwendungsform der Komplementär-Stiftung einer Stiftung & Co. KGaA. Ebendiesem Zweck dient auch die in Kapitel 3.3.3.1.5 erfolgende Berücksichtigung der Erbersatzsteuer, die bei Familienstiftungen im Sinne des Steuerrechts in Zeitabständen von 30 Jahren anfällt und die Ausgestaltung des Komplementärs einer Stiftung & Co. KGaA entscheidend beeinflusst.

Insgesamt betrachtet liefern das zweite und dritte Kapitel das Rüstzeug für die im fünften und sechsten Kapitel vorgenommene Untersuchung der nichtsteuerlichen und steuerlichen Charakteristika der Stiftung & Co. KGaA, indem die beiden zentralen Bausteine dieser Rechtsformkombination jeweils isoliert analysiert werden. Vor dem Zusammenfügen dieser Bausteine ist jedoch zunächst im vierten Kapitel die Frage nach der Zulässigkeit einer solch engen Verbindung einer Stiftung mit einem Unternehmen und den dafür Ausschlag gebenden Motiven zu stellen. Lange Zeit haben sich Teile der Literatur sowie die für die Genehmigung einer Stiftung zuständigen Landesstiftungsbehörden gegen die Anerkennung unternehmensverbundener Stiftungen ausgesprochen, sodass ein Eingehen auf die Genehmigungsfähigkeit dieser Stiftungsanwendungsform – und damit letztlich auch auf die Genehmigungsfähigkeit einer Stiftung & Co. KGaA – erforderlich ist. Dass aus Unternehmersicht ein Bedürfnis für unternehmensverbundene Stiftungen existiert, wird in Kapitel 4.2 anhand der zentralen Motive für deren Errichtung herausgearbeitet.

Das fünfte Kapitel analysiert die Stiftung & Co. KGaA aus gesellschaftsrechtlicher Sicht. In einem ersten Unterkapitel ist die Frage nach der Zulässigkeit einer derartigen Rechtsformkombination aus rechtssystematischer Sicht zu stellen. Während zuvor in Kapitel 4.1 die stiftungsrechtliche Seite der Genehmigungsfähigkeit einer Stiftung & Co. KGaA thematisiert wurde, steht nunmehr deren gesellschaftsrechtliche Akzeptanz zur Diskussion. Der über Jahre hinweg herrschende Literaturstreit über die Zulässigkeit einer kapitalistischen KGaA[11] fand mit einem wegweisenden Urteil des BGH aus dem Jahre 1997 sein Ende, mit dem derartige Mischformen für zulässig erklärt wurden, wenngleich vereinzelte Stimmen in der Literatur entsprechende Rechtsformgestaltungen auch weiterhin ablehnen. Die sich hieran anschließende Charakterisierung der Stiftung & Co. KGaA aus gesellschaftsrechtlicher Sicht greift die nichtsteuerlichen Rechtsformwahlkriterien auf, die bereits im zweiten und dritten Kapitel herangezogen wurden. Angewendet auf die hier zu analysierende Rechtsformkombination, lassen sich anhand der jeweiligen Merkmale die Vor- und Nachteile einer Stiftung & Co. KGaA herausarbeiten, die für die im siebten Kapitel zu treffende Beurteilung erforderlich sind.

Das sechste Kapitel thematisiert die Besteuerung der Stiftung & Co. KGaA, wofür zunächst die Bestimmung der Anwendungsform der Komplementär-Stiftung vonnöten ist. Je nachdem, ob es sich um eine Familienstiftung, um eine gemeinnützige Stiftung oder gar um eine Kombination beider Anwendungsformen handelt, ergeben sich divergierende Konsequenzen für die steuerliche Behandlung des persönlich haftenden Gesellschafters der Stiftung & Co. KGaA. Im weiteren Verlauf des sechsten Kapitels wird wieder auf die bereits an früherer Stelle getroffene Unterteilung in die Gründungsbesteuerung, die laufende Besteuerung und die Auflösungsbesteuerung zurückgegriffen. Bei der Analyse der steuerlichen Folgen der Gründung wird einleitend die Errichtung der Stiftung & Co. KGaA sowohl aus umwandlungsrechtlicher als auch aus umwandlungssteuerrechtlicher Sicht dargelegt. Hieran anknüpfend ergeben sich die ertragsteuerlichen, erbschaft- und schenkungsteuerlichen, umsatzsteuerlichen und schließlich auch grunderwerbsteuerlichen Konsequenzen der Gründung.

Um die laufende Besteuerung der Stiftung & Co. KGaA zu analysieren, erfolgt zunächst ein Rückgriff auf die artverwandte und in der Literatur bereits diskutierte Rechtsformkombination einer GmbH & Co. KGaA, die sich vornehmlich dadurch von der Stiftung & Co. KGaA unterscheidet, dass anstelle der Komplementär-Stiftung eine GmbH die Position des persönlich haftenden Gesellschafters ausfüllt. Folglich können hieraus wichtige Anhaltspunkte für die

---

[11] Als kapitalistische KGaA wird eine KGaA bezeichnet, deren Komplementär keine natürliche Person, sondern eine juristische Person ist; vgl. anstelle vieler Dirksen, Dirk/Möhrle, Florian, Kommanditgesellschaft, 1998, hier: S. 1377.

Ertragsbesteuerung der Stiftung & Co. KGaA gewonnen werden, welche in Kapitel 6.3.3 herausgearbeitet wird. Neben der laufenden Besteuerung der (Stiftung & Co.) KGaA und der Komplementär-Stiftung wird auch die ertragsteuerliche Behandlung der beteiligten Kommanditaktionäre und der Destinatäre aufgezeigt. Den Abschluss des sechsten Kapitels bildet die Besteuerung der Auflösung der Stiftung & Co. KGaA.

Das siebte Kapitel schließlich dient der Einordnung der im fünften und sechsten Kapitel gewonnenen Erkenntnisse, indem der Frage nachgegangen wird, inwiefern es sich bei der Stiftung & Co. KGaA um eine zweckdienliche, wenn nicht gar optimale Rechtsformalternative handelt. Zur Beantwortung dieser Frage werden zunächst deren nichtsteuerliche und steuerliche Charakteristika evaluiert, sodass bereits hier die Vorzüge, aber auch die Nachteile einer derartigen Konstruktion offen gelegt werden. Um aus steuerlicher Sicht die Stiftung & Co. KGaA in einem größeren Rahmen mit anderen Rechtsformen vergleichen zu können, erfolgt in Kapitel 7.2 ein quantitativer Steuerbelastungsvergleich. Dafür wird die Ertragsbesteuerung der hier analysierten Rechtsformkombination derjenigen einer Personengesellschaft (KG), einer Kapitalgesellschaft (KGaA) und auch der Stiftung & Co. KG gegenübergestellt. Die Ergebnisse dieses Steuerbelastungsvergleiches, die Rückschlüsse auf die steuerliche Vorteilhaftigkeit der verschiedenen Rechtsformen – unter den jeweils getroffenen Rahmenbedingungen – erlauben, werden im Anschluss einer eingehenden Analyse unterzogen, bevor das siebte Kapitel mit einem Fazit schließt.

Die Ergebnisse der Untersuchung werden im achten Kapitel thesenförmig zusammengefasst. Der Aufbau der Thesen orientiert sich dabei an der Struktur der einzelnen Kapitel, wodurch deren Stringenz gewährleistet ist.

2. Grundzüge des Gesellschaftsrechts und der Besteuerung einer klassischen Kommanditgesellschaft auf Aktien

2.1 Bedeutung und Entwicklung der Rechtsform einer KGaA

Bei der Rechtsform der KGaA handelt es sich keineswegs um eine Erfindung der jüngeren Rechtsgeschichte, auch wenn man diesen Eindruck angesichts der im vergangenen Jahrzehnt deutlich gestiegenen Anzahl der Unternehmen, die in dieser Rechtsform betrieben werden, gewinnen könnte. Bereits im 19. Jahrhundert existierten Unternehmen in der Rechtsform einer KGaA in Deutschland, jedoch verlor diese Rechtsformalternative im 20. Jahrhundert stetig an Bedeutung.[12] Erst mit dem wegweisenden Beschluss des BGH vom 24. Februar 1997,[13] mit dem auch juristische Personen – oder gar hybride Rechtsformen wie beispielsweise eine GmbH & Co. KG[14] – als Komplementäre einer KGaA für zulässig erklärt wurden, erfuhr die KGaA einen bemerkenswerten Bedeutungszuwachs.[15]

Dieses höchstrichterliche Urteil beendete einen Jahrzehnte andauernden Literaturstreit zugunsten der kapitalistischen KGaA. Die Befürworter[16] einer solchen Rechtsform vertraten stets die Auffassung, sowohl der Gläubiger- als auch der Gesellschafterschutz seien hinreichend gewährleistet, zumal Ersterer bei der – unstreitig zulässigen[17] – GmbH & Co. KG weniger stark ausgeprägt sei. Die erkennbar starke Position der Komplementär-GmbH im Falle einer kapitalis-

---

12 Vgl. Joens, Axel F., Gesellschafter, 1962, hier: S. 11-14; Priester, Hans-Joachim, Kommanditgesellschaft, 1996, hier: S. 253 sowie Sethe, Rolf, Kapitalgesellschaft, 1996, hier: S. 39-94.

13 Vgl. BGH v. 24.02.1997 II ZB 11/96, hier: S. 1012-1014.

14 In beiden Fällen spricht man von einer "kapitalistischen KGaA"; Hesselmann, Malte, Kommanditgesellschaft, 1989, hier: S. 2344.

15 Derzeit werden über 60 Kommanditgesellschaften auf Aktien im Handelsregister vermerkt, darunter als die bekanntesten vielleicht die Merck KGaA und die Henkel KGaA.

16 So bereits OLG Hamburg v. 05.12.1968, 2 W 34/68, hier: S. 1030; in der Literatur vgl. z.B. Hennerkes, Brun-Hagen/May, Peter, Überlegungen, 1988, hier: S. 539-541 sowie Priester, Hans-Joachim, Kommanditgesellschaft, 1996, hier: S. 254-262.

17 So bereits RG v. 04.07.1922 II B 2/22, hier: S. 104 f.

tischen KGaA könne zudem den Gesellschafterschutz ebenfalls nicht in einem Umfange gefährden, der ein Versagen der Zulässigkeit rechtfertige.[18]

Die Gegner[19] jedoch verneinten die Eignung einer den Gläubigern nur beschränkt haftenden Rechtsform für die Position des unbeschränkt haftenden Komplementärs einer KGaA, indem sie argumentierten, dass es sich bei der kapitalistischen KGaA – wenn nicht um eine unbekannte Rechtsform, so doch zumindest – um eine Überschreitung der zulässigen Typusgrenzen einer klassischen KGaA handele.[20] Dass im Gesetz kein explizites Verbot einer kapitalistischen KGaA zu finden sei, rechtfertige nicht, dem ständig wachsenden Bedürfnis der Praxis[21] nach einem praxisnahen Gesellschaftsrecht zu entsprechen.

Insbesondere auf diese Tatsache, dass es nämlich gerade keine explizite Gesetzesnorm gibt, die eine KGaA mit einer GmbH als alleinigem Komplementär untersagt, stützte der BGH seinen Beschluss. Zudem stünden Gläubiger- oder Anlegerschutzgesichtspunkte der Zulässigkeit einer kapitalistischen KGaA nicht entgegen, da das "von den Kommanditaktionären aufgebrachte, durch die aktienrechtlichen Kapitalaufbringungs- und -erhaltungsvorschriften geschützte Grundkapital die eigentliche Haftungsgrundlage für die Gesellschaftsgläubiger dar[stelle]".[22]

Im Ergebnis lässt sich festhalten, dass das Urteil den Weg für die kapitalistische KGaA freigemacht und dem Literaturstreit – zumindest bis zu einem möglichen Tätigwerden des Gesetzgebers – weitestgehend die Grundlage entzogen hat.[23]

2.2 Die Rechtsform der KGaA im Gesellschaftsrecht

2.2.1 Die KGaA als hybride Rechtsform

Das Aktiengesetz definiert die KGaA als eine "Gesellschaft mit eigener Rechtspersönlichkeit, bei der mindestens ein Gesellschafter den Gesellschaftsgläubigern unbeschränkt haftet (persönlich haftender Gesellschafter) und die übrigen an dem in Aktien zerlegten Grundkapital beteiligt sind, ohne persönlich

---

18 Vgl. hierzu auch die Ausführungen in Kapitel 2.2.5 sowie in Kapitel 5.1.

19 Vgl. nur Schmidt, Karsten, Deregulierung, 1996, hier: S. 276-282, m.w.N.

20 Vgl. Schmidt, Karsten, Deregulierung, 1996, hier: S. 269.

21 Schmidt spricht von in diesem Zusammenhang von "unersättlich"; Schmidt, Karsten, Deregulierung, 1996, hier: S. 268.

22 BGH v. 24.02.1997 II ZB 11/96, hier: S. 1013. Vgl. dazu auch Kapitel 2.2.4.

23 Vgl. ausführlich hierzu auch Kapitel 5.1.

für die Verbindlichkeiten der Gesellschaft zu haften (Kommanditaktionäre)."[24] Unmittelbar daraus ersichtlich ist, dass die KGaA als juristische Person auf einer dualen Rechtsstruktur basiert, indem sie sowohl Strukturmerkmale einer KG als auch solche einer AG aufweist: Für die Unternehmensführung orientiert sich die KGaA an den für die KG geltenden Rechtsregeln des HGB, wohingegen für die Struktur des Kapitals das Aktiengesetz greift.[25] Aufgrund dieser Hybridität ist die KGaA folglich als eigenständiger Typus und nicht als eine bloße Ausprägung der AG oder KG zu interpretieren.[26]

Damit liegen auch die entscheidenden Vorteile der KGaA gegenüber einer oHG, KG, GmbH & Co. KG, GmbH, eG auf der Hand: Der KGaA steht – wie der AG – der Gang an die Börse und damit der Zugang zu einem breiten Anlegerspektrum offen, der einer oHG, KG, GmbH & Co. KG, GmbH oder eG verschlossen bleibt. Folglich sind die Eigenfinanzierungsmöglichkeiten der KGaA weitaus günstiger als die der vorgenannten Rechtsformen, da der KGaA ein organisierter Kapitalmarkt zur Einwerbung Anlage suchender Finanzmittel bereitsteht.[27]

Gegenüber der AG zeichnet sich die KGaA zudem durch ihren weitaus höheren Gestaltungsspielraum im Hinblick auf die Ausgestaltung des Gesellschaftsvertrages aus. Da § 278 Abs. 2 AktG hinsichtlich der von den Komplementären ausgeübten Geschäftsführung und Vertretung der Gesellschaft sowie des Verhältnisses der Komplementäre untereinander und gegenüber den Kommanditaktionären auf die Vorschriften des HGB über die Kommanditgesellschaften[28] verweist, liegt der KGaA ein für Kapitalgesellschaften ungewohnt dispositives Recht zugrunde.[29] Wie im Folgenden zu zeigen sein wird, unterscheiden sich die Charakteristika der Gesellschaftsorgane und der Ausgestaltungsspielraum bei der Satzung zum Teil gravierend von denen anderer Kapitalgesellschaften.

---

24 § 278 Abs. 1 AktG.

25 Die Führungsstruktur ist mithin personengesellschaftsrechtlich, die Kapitalstruktur kapitalgesellschaftsrechtlich ausgerichtet; vgl. Hennerkes, Brun-Hagen/May, Peter, Überlegungen, 1988, hier: S. 539-541; Haase, Karsten, Vorteile, 1997, hier: S. 919; Kusterer, Stefan, Überlegungen, 1998, hier: S. 1412 sowie Herfs, Achim, Satzung, 1999, hier: S. 26 f.

26 Vgl. Priester, Hans-Joachim, Kommanditgesellschaft, 1996, hier: S. 259 sowie Kusterer, Stefan, Wandel, 2003, hier: S. 502 f. Schaumburg/Schulte weisen zudem darauf hin, dass die KGaA im ADHGB von 1861 als eine bloße Abart der KG und im HGB von 1897 als eine bloße Abart der AG bewertet wurde; erst mit der Kodifizierung im Aktiengesetz erlangte sie eine Normierung als eigenständige Rechtsform; vgl. Schaumburg, Harald/ Schulte, Christoph, Recht, 2000, hier: S. 3 sowie Schulte, Christoph, Wechsel, 2005, hier: S. 952.

27 Vgl. Haase, Karsten, Vorteile, 1997, hier: S. 919.

28 Dies sind insbesondere die §§ 161-177a HGB.

29 Vgl. Hennerkes, Brun-Hagen/Lorz, Rainer, Roma, 1997, hier: S. 1389.

2.2.2 Organe einer KGaA

2.2.2.1 Allgemeines

Zu den Pflichtorganen einer KGaA gehört neben den Komplementären und den in der Hauptversammlung vertretenen Kommanditaktionären der Aufsichtsrat. Darüber hinaus besteht aufgrund der in § 278 Abs. 2 AktG statuierten Vertragsfreiheit auch die Möglichkeit, weitere (Kontroll-)Organe einzurichten, denen gewisse Kompetenzen der Hauptversammlung oder der Komplementäre übertragen werden können. Diese mitunter als Beirat, Verwaltungs- oder auch Aktionärsausschuss bezeichneten Gremien können beispielsweise über Zustimmungsvorbehalte bei Beschlüssen der Hauptversammlung verfügen.[30]

2.2.2.2 Komplementäre

Zwingend notwendig für die Gründung einer KGaA ist das Beitreten eines oder mehrerer Komplementäre. Einzig diese uneingeschränkt persönlich und unmittelbar mit ihrem gesamten Vermögen haftenden Gesellschafter sind zur Geschäftsführung und Vertretung der Gesellschaft nach außen befugt. Dies ergibt sich aus § 278 Abs. 2 AktG i.V.m. § 164 HGB. Insofern gilt auch hier das bei Personengesellschaften übliche Prinzip der Selbstorganschaft.[31] Wenngleich es zulässig ist, einzelne Komplementäre durch eine entsprechende Bestimmung in der Satzung von diesen Befugnissen auszuschließen, ist es nicht zulässig, anderen Organen der Gesellschaft oder einem fremden Dritten diese abzutreten, mit der Folge, dass externe Manager als Komplementärgesellschafter eintreten müssen.[32]

Zudem bestimmt das Aktiengesetz, dass die Komplementäre nicht nur unbeschränkt, sondern auch unbeschränkbar für die Verbindlichkeiten der Gesellschaft haften; entgegenstehende Vereinbarungen sind Dritten gegenüber unwirksam.[33] Ebenso unwirksam sind Freistellungsvereinbarungen, die bestimmen, dass ein neu in die Gesellschaft tretender Komplementär nicht für die vor seinem Eintritt begründeten Verpflichtungen haftet.[34] Bei Austritt eines Komple-

---

30 Vgl. Schaumburg, Harald/Schulte, Christoph, Recht, 2000, hier: S. 9, m.w.N.

31 Vgl. Haase, Karsten, Vorteile, 1997, hier: S. 920.

32 Vgl. Mertens, Hans-Joachim, Kommanditgesellschaft, 1985, hier: § 278, Rz. 70, m.w.N. sowie Ladwig, Peter/Motte, Frank, Alternative, 1996, hier: S. 805, m.w.N. Vgl. hierzu aber auch BGH v. 29.11.2004 II ZR 364/02, hier: S. 433.

33 Vgl. § 278 Abs. 2 AktG i.V.m. §§ 161 Abs. 2, 128 HGB.

34 Vgl. § 278 Abs. 2 AktG i.V.m. § 128 S. 2 HGB.

mentärs haftet dieser noch für fünf weitere Jahre fort, sofern die Ansprüche nicht einer kürzeren Verjährung unterliegen.[35]

Im Ergebnis bedeutet dies, dass den Anlegern und Gläubigern nicht nur das gesamte Vermögen der KGaA, sondern zwingend auch das gesamte Vermögen der gegenwärtigen – und gegebenenfalls auch das bereits ausgeschiedener – Komplementäre zur Befriedigung etwaiger Ansprüche zur Verfügung steht.[36]

2.2.2.3 Aufsichtsrat

Ein weiteres obligatorisches Organ der KGaA ist der Aufsichtsrat, dem aus Gründen der Machtbalance keine Komplementäre angehören dürfen.[37] Verglichen mit dem Aufsichtsrat einer AG fristet der Aufsichtsrat einer KGaA jedoch ein vergleichsweise bedeutungsarmes Dasein: Aufgrund der unbeschränkten Haftung der Komplementäre kommt diesen eine überaus starke Position in der KGaA zu, was sich nicht zuletzt darin widerspiegelt, dass dem Aufsichtsrat die Personalkompetenz entzogen ist. Die Mitglieder des *'quasi-Vorstandes'* – die Komplementäre – werden nicht vom Aufsichtsrat bestimmt, sondern sind "geborene[s]"[38] Organ der Gesellschaft, über dessen Abberufung allenfalls die Hauptversammlung zu entscheiden vermag.[39]

Darüber hinaus sind dem Aufsichtsrat die Zustimmungs-,[40] Bilanzfeststellungs-,[41] Geschäftsordnungs-[42] und Mitbestimmungskompetenz[43] entzogen, mit

---

35 Vgl. § 278 Abs. 2 AktG i.V.m. §§ 161 Abs. 2 und 159 HGB; vgl. dazu auch Schaumburg, Harald/Schulte, Christoph, Recht, 2000, hier: S. 10 f., m.w.N.

36 Vgl. Semler, Johannes, Kommentierung, 1986, hier: § 278, Rz. 3, Rz. 11 und Rz. 41-50.

37 Vgl. § 287 Abs. 3 AktG.

38 Rödder, Thomas, Rechtsformwahl, 2004, hier: § 2, Rz. 159.

39 Vgl. Niedner, Jochen/Kusterer, Stefan, Sicht, 1997, hier: S. 1452 sowie Heineke, Matthias, Anlegerschutz, 2002, hier: S. 98 f. § 31 Abs. 1 S. 2 MitbestG hebt für Kommanditgesellschaften auf Aktien die Verpflichtung auf, dass sich die Bestellung der Mitglieder des zur gesetzlichen Vertretung berufenen Organs und deren Widerruf nach den §§ 84 und 85 AktG zu bestimmen habe, wodurch die Eigenschaft des persönlich haftenden Gesellschafters als geborenes Geschäftsführungsorgan der KGaA uneingeschränkt erhalten bleibt. Vgl. dazu auch Hennerkes, Brun-Hagen/May, Peter, Rechtsform, 1988/1989, hier: S. 309 sowie Haase, Karsten, Vorteile, 1997, hier: S. 920.

40 Für die KGaA greift § 111 Abs. 4 S. 2 AktG nicht, der dem Aufsichtsrat einer AG das Recht einräumt, bestimmte Arten von Geschäften als zustimmungspflichtig zu erklären; vgl. Schürmann, Walter/Groh, Elmar, Aspekte, 1995, hier: S. 685; Niedner, Jochen/Kusterer, Stefan, Instrument, 1997, hier: S. 2011 f. sowie Förl, Thomas, Unternehmen, 2003, hier: S. 9.

41 Der Jahresabschluss der KGaA wird gemäß § 286 Abs. 1 AktG von der Hauptversammlung mit der Zustimmung der persönlich haftenden Gesellschafter festgestellt, während bei der AG dies gemäß § 172 S. 1 AktG i.d.R. durch den Aufsichtsrat zu erfolgen hat.

der Folge, dass er vorwiegend über die Prüfungs-, Überwachungs- und Informationsrechte der §§ 90 und 111 Abs. 1 und Abs. 2 AktG verfügt.[44] Auf die Geschäftspolitik der KGaA kann er somit weder direkt noch – in Ermangelung der Personalkompetenz – indirekt Einfluss ausüben.[45] Daher wird der Aufsichtsrat einer KGaA in der Literatur zutreffend als ein schlichtes Informationsgremium bezeichnet, dem zwar Beurteilungsmöglichkeiten, jedoch keine Korrekturmöglichkeiten an die Hand gegeben sind.[46]

Speziell der Entzug der Mitbestimmungskompetenz in Verbindung mit der fehlenden Personal- und Zustimmungskompetenz hat Auswirkungen auf die unternehmerische Mitbestimmung der Arbeitnehmer: So unterliegt die KGaA zwar formell sowohl den Vorschriften des Mitbestimmungsgesetzes als auch denen des Betriebsverfassungsgesetzes von 1952, mit der Folge, dass ab einer entsprechenden Arbeitnehmerzahl deren Vertreter in den Aufsichtsrat aufzunehmen sind.[47] Allerdings fällt die Besetzung des Aufsichtsrates mit Arbeitnehmervertretern nicht sonderlich ins Gewicht, da diesem Gremium eine nur nachrangige Bedeutung beizumessen ist.[48]

---

42 Der Aufsichtsrat der KGaA darf nach h.M. – im Unterschied zur AG – keine Geschäftsordnung i.S.v. § 77 Abs. 2 AktG für die Geschäftsführung erlassen; vgl. Hennerkes, Brun-Hagen/May, Peter, Überlegungen, 1988, hier: S. 540, m.w.N.

43 So entbindet bspw. § 33 Abs. 1 S. 2 MitbestG die KGaA von der Pflicht, einen Arbeitsdirektor als gleichberechtigtes Mitglied in das zur gesetzlichen Vertretung der Gesellschaft berechtigte Organ zu bestellen; vgl. Raiser, Thomas, Mitbestimmungsgesetz, 2002, hier: § 33, Rz. 3. Vgl. hierzu auch die Ausführungen in Kapitel 5.2.3.

44 Binz/Sorg sprechen von einem "kastriert[en]" Aufsichtsrat; Binz, Mark K./Sorg, Martin H., KGaA, 1997, hier: S. 315. Vgl. dazu auch Hennerkes, Brun-Hagen/May, Peter, Überlegungen, 1988, hier: S. 539, m.w.N. sowie Heineke, Matthias, Anlegerschutz, 2002, hier: S. 101-103.

45 Vgl. Binz, Mark K./Sorg, Martin H., Ausweg, 1988, hier: S. 2043.

46 Vgl. Bayer, Wilhelm F., Anwendungsbereich, 1977, hier: S. 192-194 sowie Hennerkes, Brun-Hagen/May, Peter, Rechtsform, 1988, hier: S. 310.

47 So setzt das Mitbestimmungsgesetz mindestens 2000 Arbeitnehmer für eine hälftige Besetzung des Aufsichtsrates mit Arbeitnehmervertretern voraus, das Betriebsverfassungsgesetz von 1952 hingegen mindestens 500 Arbeitnehmer für eine Besetzung zu einem Drittel (bei Eintragung ins Handelsregister vor dem 10.08.1994 greift diese bereits ab dem ersten Arbeitnehmer); vgl. § 1 Abs. 1 MitbestG sowie § 76 Abs. 1 und Abs. 6 BetrVG 1952. Vgl. hierzu auch Theisen, Manuel R., Kommanditgesellschaft, 1989, hier: S. 152; Grafmüller, Frank, Familienunternehmen, 1994, hier: S. 192-197; Schmidt, Wolfgang/Levedag, Christian, Grundprofil, 1997, hier: S. 750; Ullrich, Thomas, Unternehmensmitbestimmung, 2002, hier: S. 27-29 sowie Wotschofsky, Stefan/Sauter, Markus, Zeitgeist, 2003, hier: S. 332 f.

48 Vgl. Schürmann, Walter/Groh, Elmar, Aspekte, 1995, hier: S. 685. Hierzu auch Fitting, Karl/Wlotzke, Otfried/Wißmann, Hellmut, Mitbestimmungsgesetz, 1978, hier: § 31, Rz. 50.

2.2.2.4 Hauptversammlung

Zu den Pflichtorganen einer KGaA gehört gemäß § 285 AktG die Hauptversammlung, in der vornehmlich die Kommanditaktionäre stimmberechtigt sind.[49] Sie erwerben ihre Rechtsstellung im Falle der Gründung der KGaA durch Übernahme oder später durch Erwerb von Aktien, z.B. über die Börse.[50] Das Auskunftsrecht der Kommanditaktionäre gegenüber den Komplementären umfasst sämtliche Tatbestände, deren Kenntnis für eine ordnungsgemäße inhaltliche Beurteilung der Tagesordnung der Hauptversammlung notwendig ist. Die Auskunftspflicht umfasst dabei auch die rechtlichen und geschäftlichen Beziehungen zu anderen, mit der KGaA verbundenen Unternehmen.[51] Ziel ist es, den Kommanditaktionären eine angemessene Teilnahme an der Hauptversammlung zu ermöglichen.[52]

Die Kompetenzen der Hauptversammlung einer KGaA sind jedoch im Vergleich zur AG deutlich beschnitten: Hinsichtlich der Geschäftsführung bei gewöhnlichen, aber speziell auch außerordentlichen Geschäften steht der Hauptversammlung kein Mitwirkungsrecht zu. Wesentliche Beschlüsse der Hauptversammlung – insbesondere solche über Satzungsänderungen – bedürfen gemäß § 285 Abs. 2 AktG der Zustimmung des persönlich haftenden Gesellschafters, sodass diesem ein umfassendes Vetorecht zusteht.[53] Wie bereits oben angesprochen, ist es Aufgabe der Hauptversammlung, unter Zustimmung der Komplementäre den Jahresabschluss festzustellen, und ihr obliegt auch der Beschluss über die Gewinnverwendung.[54]

Die Komplementäre sind nur in der Hauptversammlung stimmberechtigt, soweit sie Aktien der KGaA halten. Um Interessenkonflikte zu vermeiden, ist ihnen dieses Stimmrecht jedoch in einigen im Aktiengesetz aufgezählten Fällen entzogen, nämlich immer dann, wenn es um die Wahl und Abberufung des Aufsichtsrates, die Entlastung der Komplementäre und des Aufsichtsrates, die Bestellung von Sonderprüfern, den Verzicht auf Ersatzansprüche oder deren

---

49 Vgl. § 285 Abs. 1 S. 1 AktG.

50 Vgl. Ladwig, Peter/Motte, Frank, Alternative, 1996, hier: S. 805.

51 Vgl. § 278 Abs. 3 AktG i.V.m. § 131 Abs. 1 S. 1 und S. 2 AktG. Vgl. dazu auch Zätsch, Roger/Maul, Silja, Aktie, 2004, hier: § 4, Rz. 329.

52 Vgl. Ihrig, Hans-Christoph/Schlitt, Michael, Folgen, 1998, hier: S. 50. Das Bayerische Oberste Landesgericht geht dabei sogar soweit, dass es einem Kommanditaktionär für den Fall, dass über einen entsprechenden Tagesordnungspunkt kein Beschluss zu fassen ist, das Recht auf Auskunft einräumt; vgl. BayObLG v. 14.07.1999, 3Z BR 11/99, hier: S. 132.

53 Vgl. Hartel, Ulrich M., Umwandlung, 1992, hier: S. 2330.

54 Vgl. § 286 Abs. 1 AktG; dazu auch Hartel, Ulrich M., Umwandlung, 1992, hier: S. 2330 f. sowie Niedner, Jochen/Kusterer, Stefan, Sicht, 1997, hier: S. 1453 f.

Geltendmachung sowie die Wahl von Abschlussprüfern geht.[55] Zudem kann die Satzung weitere Fälle des Verbots der Ausübung von Stimmrechten von Komplementären vorsehen, bis hin zu einem vollständigen Stimmrechtsausübungsverbot.[56]

2.2.3 Ausgestaltungsspielräume des Gesellschaftsvertrages

2.2.3.1 Reichweite der Vertragsfreiheit

2.2.3.1.1 Attraktivität einer dispositiven Kapitalgesellschaft

Zahlreiche deutsche Unternehmen, die in einer Rechtsform ohne Zugang zu einem organisierten Kapitalmarkt betrieben werden, leiden unter einer zu geringen Eigenkapitalausstattung.[57] Ohne deutliche Stärkung stehen diese Unternehmen vor gravierenden Problemen: Das Eigenkapital übernimmt nicht nur eine Haftungs- und Finanzierungsfunktion, es hat darüber hinaus auch eine Signalfunktion in Bezug auf die unternehmerische Vertrauens- und damit Kreditwürdigkeit. Unternehmen mit einer dünnen Eigenkapitaldecke müssen gegebenenfalls auf – mit Risiken, aber auch – mit Chancen behaftete Investitionen verzichten oder können diese nur unter Inanspruchnahme übermäßig teurer Kredite tätigen, mit der Folge, dass ihre Wettbewerbsfähigkeit nachhaltig beeinträchtigt wird.[58]

---

55 Vgl. § 285 Abs. 1 S. 2 AktG. Dazu auch Ihrig, Hans-Christoph/Schlitt, Michael, Folgen, 1998, hier: S. 45-47.

56 Vgl. Reichert, Jochem, Hauptversammlung, 2004, hier: § 5, Rz. 319. Semler weist zutreffend darauf hin, dass der Aktie nicht das Stimmrecht genommen, sondern nur dessen Ausübung untersagt wird; mit Veräußerung der Aktie oder Ausscheiden des Komplementärs lebt das Stimmrecht wieder auf; vgl. Semler, Johannes, Kommentierung, 1986, hier: § 285, Rz. 7.

57 Vgl. anstelle vieler Claussen, Carsten P., Überlegungen, 1996, hier: S. 73 f. sowie Schwarz, Günter Christian, Unternehmensnachfolge, 2001, hier: S. 5 f.

58 Vgl. dazu mit empirischen Nachweisen Hennerkes, Brun-Hagen/May, Peter, Familienunternehmen, 1988, hier: S. 2394, m.w.N.

Speziell Familienunternehmen,[59] die sich mit dieser Problematik regelmäßig konfrontiert sehen, scheuen jedoch eine Umwandlung in eine AG aufgrund des damit einhergehenden Machtverlustes der Familie in der Unternehmung.[60] In diesen Fällen bietet sich mit der KGaA eine sinnvolle Möglichkeit zur Beschaffung neuen Eigenkapitals, da deren Attraktivität darin liegt, dass die KGaA den Familieneinfluss auf die Unternehmenspolitik deutlich nachhaltiger abzusichern vermag, als dies bei der AG möglich wäre.[61] Mit dem Verweis des § 278 Abs. 2 AktG auf die für Kommanditgesellschaften geltenden Vorschriften eröffnen sich hinsichtlich der Ausgestaltung der Unternehmensführung zahlreiche Spielräume, auf die insbesondere mittelständische Familienunternehmen angewiesen sind, um den persönlichen Belangen bei der Gestaltung des Gesellschaftsvertrages Rechnung tragen zu können.[62]

2.2.3.1.2 Sicherung der Komplementärsmacht

Den Komplementären ist es aufgrund ihrer uneingeschränkten, persönlichen und unmittelbaren Haftung gestattet, weitestgehend ohne Einfluss des Aufsichtsrates oder der Hauptversammlung die Geschäfte zu führen. Dies schlägt sich – wie in Kapitel 2.2.2.3 erläutert – in der weit reichenden Aushebelung der insbesondere "von Familienunternehmen traditionell als besonders störend empfunden[en]"[63] unternehmerischen Mitbestimmung nieder, sodass eine der zentralen Hürden der Inanspruchnahme der Rechtsform einer Kapitalgesellschaft deutlich abgemildert wird.

Weiter ausgebaut werden kann die Vormachtstellung der Unternehmerfamilie zusätzlich durch eine entsprechende Gestaltung der Satzung: So besteht auf-

---

59 Als Familienunternehmen werden Unternehmen bezeichnet, deren Gesellschafter durch verwandtschaftliche Beziehungen in einem so engen Verhältnis stehen, dass der Familiensinn der Gesellschafter das Unternehmen prägt. Die Führung dieser Unternehmen liegt regelmäßig in den Händen des Familienoberhauptes, häufig einer dominierenden Unternehmerpersönlichkeit. Die enge Bindung der Familie an das Unternehmen führt im Laufe der Zeit dazu, dass das unternehmerische Vermögen und die Führungsverantwortung allmählich auf die nachfolgende Generation übertragen werden müssen. Dabei soll der Bestand des Unternehmens als Ganzes erhalten bleiben, um die Fortführung des Lebenswerkes des Unternehmers durch die Nachkommen sicherzustellen; vgl. hierzu auch Ammenwerth, Michael, Kommanditgesellschaft, 1997, hier: S. 2, m.w.N.

60 Vgl. Lorz, Rainer, Börse, 1999, hier: S. 60-63.

61 Vgl. Hennerkes, Brun-Hagen/May, Peter, Familienunternehmen, 1988, hier: S. 2393 f., m.w.N.; ebenso Hartel, Ulrich M., Umwandlung, 1992, hier: S. 2329-2331; Biagosch, Patrick, Kommanditgesellschaft, 1996, hier: S. 3454 sowie Haase, Karsten, Vorteile, 1997, hier: S. 918 f.

62 Vgl. Hartel, Ulrich M., Umwandlung, 1992, hier: S. 2330.

63 Binz, Mark K./Sorg, Martin H., Ausweg, 1988, hier: S. 2043; ebenso auch Hennerkes, Brun-Hagen/May, Peter, Überlegungen, 1988, hier: S. 540.

grund der Tatsache, dass sich die Führungsstruktur der KGaA am Recht der Personenhandelsgesellschaften orientiert, die Möglichkeit, über den bereits bestehenden Rahmen hinaus die Position der Kommanditaktionäre zu schwächen. Das Recht der Hauptversammlung, dass außergewöhnliche Geschäfte nach § 278 Abs. 2 AktG i.V.m. § 164 S. 1 HGB nur mit ihrer Zustimmung vorgenommen werden können, kann auf den Aufsichtsrat übertragen oder gar abbedungen werden.[64] Darüber hinaus können sich die persönlich haftenden Gesellschafter ihrerseits einen generellen Zustimmungsvorbehalt für Beschlüsse der Hauptversammlung sichern, sodass ihnen nicht nur bei Grundlagenbeschlüssen ein Vetorecht zusteht.[65]

Schließlich stehen den persönlich haftenden Gesellschaftern einige – auch bei der AG vorhandene – Optionen der Absicherung des Einflusses auf die Hauptversammlung zur Verfügung, beispielsweise die Ausgabe von vinkulierten Namensaktien oder Vorzugsaktien und die Übernahme der Mehrheit der stimmberechtigten Kommanditaktien. Mittels dieser Maßnahmen können die Komplementäre zum einen das Unternehmen gegen den Einfluss Familienfremder absichern und zum anderen notwendige Beschlussfassungen in der Hauptversammlung aktiv verfolgen und in ihrem Interesse entscheiden.[66]

Eine derart weitgehende Machtverschiebung zu Lasten der Kommanditaktionäre lässt sich einzig dadurch rechtfertigen, dass die Komplementäre das Risiko der unbeschränkten Haftung nur zu tragen bereit sein werden, sofern ihnen die uneingeschränkte Geschäftsführung zusteht. Mit vorstehenden Gestaltungsalter-

---

64 Schürmann/Groh empfehlen sogar einen Ausschluss der Mitwirkung der Hauptversammlung; vgl. Schürmann, Walter/Groh, Elmar, Aspekte, 1995, hier: S. 685; dazu auch Hennerkes, Brun-Hagen/May, Peter, Überlegungen, 1988, hier: S. 540; Haase, Karsten, Vorteile, 1997, hier: S. 920; Hennerkes, Brun-Hagen/Lorz, Rainer, Roma, 1997, hier: S. 1389; Hommelhoff, Peter, Anlegerschutz, 1998, hier: S. 15 f. sowie Reichert, Jochem, Hauptversammlung, 2004, hier: § 5, Rz. 323. Einzige Ausnahme stellen hierbei die so genannten Grundlagengeschäfte dar, die das Gesellschaftsverhältnis sowie dessen Gestaltung betreffen und damit kein Teil der gewöhnlichen oder außergewöhnlichen Geschäftsführung sind; vgl. Hopt, Klaus J., Kommentierung, 2003, hier: § 116, Rz. 3; dazu auch Ladwig, Peter/Motte, Frank, Alternative, 1996, hier: S. 805; Schaumburg, Harald, Rechtsform, 1998, hier: S. 527 sowie Heermann, Peter W., Mitwirkungsrechte, 2000, hier: S. 66-68.

65 Vgl. § 285 Abs. 2 S. 1 AktG. Ausnahmen hiervon bilden Befugnisse, die der Hauptversammlung bei der Bestellung von Prüfern sowie der Geltendmachung von Ansprüchen der Gesellschaft aus der Gründung oder der Geschäftsführung zukommen; vgl. § 285 Abs. 2 S. 2 AktG; dazu auch Haase, Karsten, Vorteile, 1997, hier: S. 920 sowie Schaumburg, Harald/Schulte, Christoph, Recht, 2000, hier: S. 6 f.

66 Vgl. Hennerkes, Brun-Hagen/May, Peter, Überlegungen, 1988, hier: S. 537-540; Hartel, Ulrich M., Umwandlung, 1992, hier: S. 2331 sowie Ladwig, Peter/Motte, Frank, Alternative, 1996, hier: S. 807.

nativen gelingt es, die dominierende Rolle der bisherigen (Familien-)Unternehmenseigner auch nach einer Umwandlung der Gesellschaft in eine KGaA und einem etwaigen Börsengang abzusichern, obgleich sie der Gesellschaft fortan lediglich einen Teil des erforderlichen Eigenkapitals zur Verfügung stellen.[67]

2.2.3.2 Grenzen der Vertragsfreiheit – Satzungsstrenge

Jenseits der Grenzen des § 278 Abs. 2 AktG und der dispositiven Vorschriften über die Führungsstruktur der KGaA gelten die verbindlichen Regelungen hinsichtlich der Kapitalstruktur.[68] Daraus ergibt sich unmittelbar, dass der Abgrenzung zwischen § 278 Abs. 2 und Abs. 3 AktG Ausschlag gebende Bedeutung zukommt.[69]

Speziell die dem Gläubigerschutz dienenden aktienrechtlichen Grundsätze der Kapitalaufbringung und -erhaltung werden nicht von dem Grundsatz der Satzungsautonomie umfasst und sind folglich insoweit nicht dispositiv.[70] Darüber hinaus gelten beispielsweise die für die allgemeinen Rechtsverhältnisse, die Gründung oder auch die Auflösung der Gesellschaft gültigen Vorschriften des Aktiengesetzes unabdingbar fort, mit der Folge, dass dem Gläubigerschutz umfassende Beachtung geschenkt wird.[71]

2.2.4 Finanzordnung

2.2.4.1 Kapitalaufbringung

Das finanzielle Rückgrat der KGaA bildet das Grundkapital, welches gemäß § 278 Abs. 3 AktG i.V.m. § 7 AktG mindestens 50.000 € betragen muss. Es wird von den Kommanditaktionären – und den Komplementären, soweit sie Aktien der Gesellschaft erwerben – aufgebracht, denen damit die wesentliche Finanzierungsfunktion innerhalb der Gesellschaft zukommt.[72] Für Belange des Grundkapitals gelten die gleichen strengen aktienrechtlichen Vorschriften wie bei einer AG, so z.B. hinsichtlich der Kapitalaufbringung im Rahmen der

---

67 Vgl. Hesselmann, Malte, Zulässigkeit, 1988, hier: S. 473 sowie Ladwig, Peter/Motte, Frank, Alternative, 1996, hier: S. 807.

68 Vgl. § 278 Abs. 3 AktG i.V.m. § 23 Abs. 5 S. 1 AktG.

69 Vgl. Sethe, Rolf, Kapitalgesellschaft, 1996, hier: S. 108-122.

70 Vgl. Hennerkes, Brun-Hagen/Lorz, Rainer, Roma, 1997, hier: S. 1391.

71 Vgl. Priester, Hans-Joachim, Kommanditgesellschaft, 1996, hier: S. 258 sowie Schaumburg, Harald/Schulte, Christoph, Recht, 2000, hier: S. 8 f. Vgl. hierzu auch die Ausführungen in Kapitel 5.2.1.

72 Vgl. Ladwig, Peter/Motte, Frank, Alternative, 1996, hier: S. 805.

Gründung, einer Kapitalerhöhung,[73] einer möglichen Nachgründung[74] oder auch in Bezug auf das Gebot der Kapitalerhaltung.[75]

Den Komplementären steht es zudem frei, sich mittels Einlagen an der Finanzierung der Gesellschaft zu beteiligen.[76] Diese Einlagen gehen in das alleinige Vermögen der KGaA über und sind bilanziell gemäß § 286 Abs. 2 AktG nach der Position *'Gezeichnetes Kapital'* im Eigenkapital gesondert auszuweisen.[77] Entfällt ein Verlust auf den Kapitalanteil des Vollhafters, so ist dieser in dem entsprechenden Geschäftsjahr von der Einlage abzuschreiben.[78] Einlagefähig sind neben materiellen auch immaterielle Wirtschaftsgüter und Dienstleistungen, die gemäß § 281 Abs. 2 AktG in der Satzung nach Art und Höhe festzusetzen sind.[79]

---

73 Dazu gehören z.B. das Verbot der Unterpari-Emission (§ 9 Abs. 1 AktG), das Erfordernis einer Gründungsprüfung (§§ 32 Abs. 2, 33 Abs. 2 Nr. 4, 34 AktG) oder auch die Vorschriften über die Einlagenleistung (§ 36 Abs. 2 AktG i.V.m. §§ 54 Abs. 3, 36a AktG).

74 Vgl. § 278 Abs. 3 AktG i.V.m. §§ 52 f. AktG.

75 So z.B. das Verbot der Rückgewähr von Einlagen (§ 57 Abs. 1 und Abs. 2 AktG) oder des Erwerbs eigener Aktien (§§ 71-71e AktG); vgl. hierzu auch Fabritius, Andreas, Vermögensbindung, 1980, hier: S. 633 f. sowie Wiesner, Georg, Enthaftung, 1984, hier: S. 61. Ausführlich zur Vorteilhaftigkeit der KGaA im Hinblick auf die Finanzierung z.B. Theisen, Manuel R., Kommanditgesellschaft, 1989, hier: S. 162 f.

76 Haritz weist darauf hin, dass "traditionell .. die Komplementäre bei vielen Kommanditgesellschaften auf Aktien vermögensmäßig nicht beteiligt" sind; Haritz, Detlef, Verschmelzung, 1996, hier: S. 1192.

77 Der Ausweis erfolgt im Schema des § 266 Abs. 3 HGB unter "A.II. Kapitalanteil der persönlich haftenden Gesellschafter" und dient dem Gläubigerschutz; vgl. Semler, Johannes, Kommentierung, 1986, hier: § 278, Rz. 43 sowie Sethe, Rolf, Rechnungslegung, 1998, hier: S. 1046. Gesamthandsvermögen wie bei einer KG oder oHG gibt es bei einer KGaA nicht; vgl. Bacher, Hanns, Stellung, 1985, hier: S. 2117 sowie Kusterer, Stefan, Ergänzungsbilanz, 2004, hier: S. 78.

78 Vgl. § 286 Abs. 2 S. 2 AktG. Übersteigt der auf den Komplementär entfallende Verlust seinen Kapitalanteil, so ist der Differenzbetrag auf der Aktivseite als *'Einzahlungsverpflichtungen persönlich haftender Gesellschafter'* unter den Forderungen auszuweisen, sofern der Komplementär vertraglich zum Ausgleich verpflichtet ist; ohne eine derartige Ausgleichsverpflichtung ist der Differenzbetrag als *'Nicht durch Vermögenseinlagen gedeckter Verlustanteil persönlich haftender Gesellschafter'* am Ende der Aktivseite in der Bilanz auszuweisen; vgl. § 286 Abs. 2 S. 3 AktG sowie Hüffer, Uwe, Aktiengesetz, 2002, hier: § 286, Rz. 4.

79 Vgl. hierzu auch Ladwig, Peter/Motte, Frank, Alternative, 1996, hier: S. 805; Sethe, Rolf, Kapitalgesellschaft, 1996, hier: S. 186 sowie Wotschofsky, Stefan/Sauter, Markus, Zeitgeist, 2003, hier: S. 333, m.w.N.

2.2.4.2 Gewinnermittlung und -verwendung

Im Hinblick auf die Gewinnermittlung und -verwendung sind aufgrund der dualen Rechtsstruktur der KGaA sowohl die Rechnungslegungsgrundsätze der KG als auch diejenigen der AG zu beachten, mit der Folge, dass die Gewinnermittlung und -verwendung grundsätzlich zweistufig erfolgt: Auf der ersten Stufe wird ein Jahresabschluss nach den für die KG geltenden Vorschriften aufgestellt, um daraus den Gewinnanteil des persönlich haftenden Gesellschafters zu berechnen.[80] Dieser berechnet sich regelmäßig nach dem Verhältnis des Nennwertes der erbrachten Vermögenseinlage zum Nennwert des Grundkapitals der KGaA.[81] Auf der zweiten Stufe wird aus diesem Abschluss sodann ein für die Kommanditaktionäre maßgeblicher – zweiter – Jahresabschluss nach aktienrechtlichen Vorschriften[82] entwickelt, in dem der Gewinnanteil des Vollhafters als Verbindlichkeit auszuweisen ist.[83] Dabei bedarf die Entscheidung der Hauptversammlung über die Verwendung des verbleibenden Gewinns keiner Zustimmung des Komplementärs, sofern die Satzung dem persönlich haftenden Gesellschafter kein Vetorecht einräumt.[84]

Um eine solche zweistufige Gewinnermittlung zu umgehen, sollte die Satzung der KGaA bestimmen, dass die Ermittlung des Jahresüberschusses a priori nach den für Kapitalgesellschaften geltenden Regeln zu erfolgen habe. Dies ist zulässig, da die für die KG geltenden Vorschriften der ersten Stufe dispositives Recht darstellen und erst in Ermangelung abweichender Regelungen greifen.[85]

---

80 Vgl. Mathiak, Walter, Rechtsprechung, 1989, hier: S. 667, m.w.N.

81 Vgl. § 278 Abs. 2 AktG i.V.m. §§ 168 Abs. 1 und 121 HGB, soweit die Gesellschaftssatzung keine abweichenden Regelungen enthält.

82 Vgl. § 286 Abs. 2 bis 4 AktG sowie §§ 264-289 HGB.

83 Vgl. dazu ausführlich Semler, Johannes, Kommentierung, 1986, hier: § 286, Rz. 20-29, m.w.N. sowie Hesselmann, Malte, Zulässigkeit, 1988, hier: S. 476. Daneben wird in der Literatur von einer Minderheit eine monistische Gewinnermittlung gefordert, die nach aktienrechtlichen Grundsätzen zu erfolgen habe und zudem eine Ableitung des Gewinnanspruchs der Komplementäre ermögliche; vgl. z.B. Geßler, Ernst, o.T., 1973, hier: S. 1080; Mertens, Hans-Joachim, Kommanditgesellschaft, 1985, hier: § 288, Rz. 6-15, m.w.N. sowie Theisen, Manuel R., Kommanditgesellschaft, 1989, hier: S. 154. Schaumburg/Schulte zufolge entfaltet dieser Theoriestreit aber in der Praxis nur geringe Auswirkungen, da entweder der Komplementär keine Vermögenseinlage erbringt oder aber – im Falle einer solchen Vermögenseinlage – die Satzung eine entsprechende Regelung zur Gewinnverteilung beinhalten sollte; vgl. Schaumburg, Harald/Schulte, Christoph, Recht, 2000, hier: S. 20 f.

84 Vgl. Semler, Johannes, Kommentierung, 1986, hier: § 286, Rz. 44 sowie Sethe, Rolf, Kapitalgesellschaft, 1996, hier: S. 126 .

85 Vgl. Schaumburg, Harald/Schulte, Christoph, Recht, 2000, hier: S. 21.

2.2.4.3 Publizität

Im Hinblick auf die Publizität ergeben sich bei der KGaA keine Unterschiede im Vergleich zu einer AG oder GmbH: Gemäß § 264 Abs. 1 S. 1 HGB sind die gesetzlichen Vertreter der KGaA zur so genannten *'Registerpublizität'* verpflichtet, sodass sie den Jahresabschluss[86] und einen Lagebericht aufstellen und beim Handelsregister einreichen müssen.[87]

2.2.5 Haftung

Die weit reichende Vertragsfreiheit der KGaA muss jedoch erkauft werden mit der unbeschränkten, persönlichen und unmittelbaren Haftung der Komplementäre, die zwingend unter die Satzungsstrenge fällt, zumindest soweit es sich um eine gesetzestypische KGaA handelt.[88] Die Komplementäre haften gesamthänderisch, was bedeutet, dass der den Gläubigeranspruch befriedigende Komplementär einen Ausgleichsanspruch gegenüber der KGaA erwirbt.[89] Sofern die KGaA ihrer Ausgleichspflicht nicht entspricht, steht dem Komplementär ein Anspruch nach § 426 BGB auf Ausgleich gegenüber den übrigen Komplementären zu.[90]

Die Kommanditaktionäre sind hingegen nur verpflichtet, ihre Einlage zu erbringen.[91] Ein bedeutsamer Unterschied der KGaA gegenüber der KG besteht hinsichtlich der Haftung der Kommanditaktionäre für noch nicht bzw. nicht vollständig erbrachte Einlagen: Während sich gemäß § 171 Abs. 1 HGB bei der KG die Haftung der Kommanditisten persönlich und unmittelbar auch auf den noch nicht erbrachten Teil der Einlage erstreckt,[92] greift diese – da handelsrechtliche – Vorschrift für Kommanditaktionäre nicht. Dies resultiert

---

86 Bei der Erstellung des Jahresabschlusses sind die Vorschriften des § 286 AktG zu beachten.

87 Für kleine Kapitalgesellschaften i.S.d. § 267 Abs. 1 HGB entfällt die Verpflichtung, einen Lagebericht zu erstellen; vgl. § 264 Abs. 1 S. 3 HGB. Zudem muss die Gewinn- und Verlustrechnung nicht beim Handelsregister eingereicht werden; vgl. § 326 HGB. Eine große KGaA hat schließlich ihren Jahresabschluss und Lagebericht zusätzlich im Bundesanzeiger bekannt zu geben (sog. *'Vollpublizität'*); vgl. Wöhe, Günter, Einführung, 2002, hier: S. 301.

88 Vgl. hierzu Kapitel 2.2.2.2 sowie z.B. Hennerkes, Brun-Hagen/May, Peter, Familienunternehmen, 1988, hier: S. 2395 und Schürmann, Walter/Groh, Elmar, Aspekte, 1995, hier: S. 685.

89 Vgl. § 278 Abs. 2 AktG i.V.m. §§ 161 Abs. 2 und 110 HGB.

90 Vgl. Schaumburg, Harald/Schulte, Christoph, Recht, 2000, hier: S. 9 f. sowie Zätsch, Roger/Maul, Silja, Aktie, 2004, hier: § 4, Rz. 305.

91 Vgl. § 278 Abs. 3 AktG i.V.m. § 54 AktG.

92 Vgl. anstelle vieler Wöhe, Günter, Einführung, 2002, hier: S. 272.

daraus, dass § 278 Abs. 3 AktG bezüglich der Kapitalstruktur ausschließlich auf die aktienrechtlichen Vorschriften verweist. Folglich haften Kommanditaktionäre nicht, soweit sie ihre Einlagen nicht oder noch nicht vollständig erbracht haben.[93]

2.2.6 Nachfolgeproblematik

Neben der unbeschränkten Haftung der Komplementäre ist die Sicherung der Unternehmensnachfolge ein zentraler Nachteil der KGaA, da die Gesellschaft mit dem Ausscheiden des letzten Komplementärs grundsätzlich aufgelöst wird.[94] Speziell Familiengesellschaften mit nur einer natürlichen Person als Vollhafter sind bei dessen Ableben ohne entsprechende Nachfolgeregelung vor eine schwierige Entscheidung gestellt: Entweder übernehmen – möglicherweise junge, in wirtschaftlichen bzw. unternehmensspezifischen Fragen unerfahrene oder vermögenslose – Nachfahren des Verstorbenen oder deren Vormünder die Komplementärstellung, oder ein familienfremder Dritter wird als Nachfolger bestellt, wenngleich beides keine Ideallösungen sind.[95] Ebenso stellen auch die Umwandlung der KGaA in eine – diesbezüglich mit gravierenden Nachteilen behaftete[96] – AG oder die Auflösung der Gesellschaft keine wünschenswerten Alternativen dar.[97]

Zwar lässt sich durch entsprechende Regelungen in der Satzung das Nachfolgeproblem verringern, indem frühzeitig eine Nachfolgeregelung in der Satzung fixiert wird. Allerdings verbleibt auch hier ein nicht zu unterschätzendes Restrisiko, die Rechtsnachfolge in die mit erheblichen Haftungsrisiken verbundene Gesellschafterstellung des Verstorbenen adäquat sicherzustellen.[98] Eine vollständige Vermeidung gelingt erst bei Errichtung einer kapitalistischen KGaA mit einer juristischen Person als Vollhafter.[99]

---

93 Vgl. dazu auch Semler, Johannes, Kommentierung, 1986, § 278, Rz. 75.

94 Vgl. BGH v. 14.05.1952 II ZR 40/51, hier: S. 116; Semler, Johannes, Kommentierung, 1986, hier: § 289, Rz. 17, m.w.N. sowie Hüffer, Uwe, Aktiengesetz, 2002, hier: § 289, Rz. 9.

95 Vgl. Priester, Hans-Joachim, Kommanditgesellschaft, 1996, hier: S. 253 sowie Haase, Karsten, Vorteile, 1997, hier: S. 922.

96 Hier ist insbesondere an den Verlust der uneingeschränkten Unternehmenskontrolle – z.B. durch die bei der AG geltende Satzungsstrenge und eine ausgeweitete Mitbestimmung – zu denken.

97 Vgl. Hennerkes, Brun-Hagen/May, Peter, Rechtsform, 1988/1989, hier: S. 311 sowie Hesselmann, Malte, Zulässigkeit, 1988, hier: S. 473.

98 Vgl. Ladwig, Peter/Motte, Frank, Alternative, 1996, hier: S. 807.

99 Vgl. dazu die Ausführungen in Kapitel 5.2.7.

2.3 Die Rechtsform der KGaA im Steuerrecht

2.3.1 Allgemeines

Ähnlich wie im Gesellschaftsrecht, spiegelt sich die hybride Rechtsstruktur der KGaA auch in ihrer steuerlichen Behandlung wider. Komplementäre und Kommanditaktionäre werden gänzlich unterschiedlich besteuert, sodass im Folgenden zu differenzieren sein wird zwischen der Besteuerung der Gesellschaft, der Komplementäre und der Kommanditaktionäre. Dabei wird zunächst auf die Ertragsbesteuerung abgestellt, bevor im Anschluss auf erbschaftsteuerlich relevante Aspekte eingegangen wird.

2.3.2 Ertragsteuerliche Behandlung der Gesellschaft

2.3.2.1 Körperschaftsteuer

Die KGaA wird im deutschen Steuerrecht als Kapitalgesellschaft eingestuft und unterliegt als solche nach § 1 Abs. 1 Nr. 1 KStG der unbeschränkten Körperschaftsteuerpflicht, sofern sie den Ort der Geschäftsleitung[100] oder ihren Sitz[101] im Inland hat. Dies entspricht der gesellschaftsrechtlichen Charakterisierung der KGaA in § 278 Abs. 1 AktG als eine Gesellschaft mit eigener Rechtspersönlichkeit. Als Kapitalgesellschaft ist sie Formkaufmann i.S.d. § 6 Abs. 2 HGB und damit buchführungspflichtig gemäß §§ 238 ff. HGB. Durch vollständigen Betriebsvermögensvergleich gemäß § 5 EStG i.V.m. § 4 Abs. 1 EStG ergibt sich der Gewinn der KGaA. Dieser ist Ausgangsgröße für das zu versteuernde Einkommen, welches als körperschaftsteuerliche Bemessungsgrundlage nach den Vorschriften des EStG und KStG zu ermitteln ist.[102] Die Einkünfte der KGaA werden gemäß § 2 Abs. 2 GewStG i.V.m. § 8 Abs. 2 KStG in vollem Umfang als Einkünfte aus Gewerbebetrieb klassifiziert.[103]

Bei der Ermittlung des körperschaftsteuerlichen Gewinns ist "der Teil des Gewinns, der an persönlich haftende Gesellschafter auf ihre nicht auf das Grundkapital gemachten Einlagen oder als Vergütung (Tantieme) für die Geschäftsführung verteilt wird",[104] als abziehbare Aufwendung gewinnmindernd

---

100 Vgl. § 10 AO.

101 Vgl. § 11 AO.

102 Vgl. § 7 Abs. 1 und Abs. 2 KStG i.V.m. § 8 Abs. 1 KStG. Vgl. dazu auch Schlütter, Egon, Behandlung, 1978, hier: S. 298.

103 Vgl. Schaumburg, Harald/Schulte, Christoph, Recht, 2000, hier: S. 67 f.

104 § 9 Abs. 1 Nr. 1 KStG.

zu berücksichtigen und beim Komplementär nach § 15 Abs. 1 S. 1 Nr. 3 EStG zu den Einkünften aus Gewerbebetrieb zu rechnen.[105] Hiermit kommt zum Ausdruck, dass die persönlich haftenden Gesellschafter im Steuerrecht nicht bloß als Gewerbetreibende, sondern "in jeder Beziehung *'wie'* Mitunternehmer i.S.d. § 15 Abs. 1 [S. 1] Nr. 2 EStG"[106] behandelt werden. Folglich handelt es sich bei § 15 Abs. 1 S. 1 Nr. 3 EStG nicht nur um eine Qualifikationsnorm, die Einkünfte aus nichtselbstständiger Arbeit (§ 19 Abs. 1 S. 1 Nr. 1 EStG) bzw. Einkünfte aus Kapitalvermögen (§ 20 Abs. 1 Nr. 1 EStG) in Einkünfte aus Gewerbebetrieb umqualifiziert, sondern um eine echte Zurechnungsnorm.[107] § 9 Abs. 1 Nr. 1 KStG trägt letztlich der dualen Rechtsstruktur der KGaA Rechnung und dient der Vermeidung einer ertragsteuerlichen Doppelbesteuerung.[108]

Für die Abzugsfähigkeit der Vergütung des Komplementärs für seine – gegenwärtige oder frühere – Geschäftsführungstätigkeit spielt es keine Rolle, ob diese gewinnabhängig als Tantieme oder gewinnunabhängig gewährt wird; in beiden Fällen handelt es sich um nach § 9 Abs. 1 Nr. 1 KStG abzuziehende Gewinnanteile.[109] Ebenfalls unter vorstehende Vorschrift fällt eine an den Komplementär geleistete Haftungsvergütung für den Fall, dass dieser weder eine Vermögenseinlage i.S.d. § 281 Abs. 2 AktG erbracht hat, noch mit der Geschäftsführung betraut war.[110]

§ 15 Abs. 1 S. 1 Nr. 3 EStG fordert für Zwecke der Einkommensteuer – neben dem nicht auf das Grundkapital entfallenden Gewinnanteil und der Geschäfts-

---

105 Vgl. Ladwig, Peter/Motte, Frank, Alternative, 1996, hier: S. 806; Binz, Mark K./Sorg, Martin H., KGaA, 1997, hier: S. 316; Wehrheim, Michael, Einkünftequalifikation, 2001, hier: S. 947 sowie Schulte, Christoph, Wechsel, 2005, hier: S. 953.

106 Mathiak, Walter, Rechtsprechung, 1989, hier: S. 667. So auch – wenngleich missverständlich – BFH v. 04.05.1965 I 186/64 U, hier: S. 419 sowie – nun klarstellend – BFH v. 21.06.1989 X R 14/88, hier: S. 883, m.w.N.

107 Dies gilt seit Aufgabe der Subsidiaritätsthese mit dem BFH-Urteil vom 18.07.1979 I R 199/75, hier: S. 753; vgl. Wehrheim, Michael, Einkünftequalifikation, 2001, hier: S. 948; dazu auch Mathiak, Walter, Rechtsprechung, 1989, hier: S. 667.

108 Vgl. Hennerkes, Brun-Hagen/May, Peter, Rechtsform, 1988/1989, hier: S. 320; Kusterer, Stefan, Überlegungen, 1998, hier: S. 1412 f. sowie Hofmeister, Ferdinand, Kommentierung, 2003, hier: § 9, Rz. 3. Bezüglich der Geschäftsführervergütungen käme es auch ohne die Vorschrift des § 9 Abs. 1 Nr. 1 KStG zu keiner ertragsteuerlichen Doppelbelastung, da diese bei der KGaA – da Kapitalgesellschaft, bei der das Trennungsprinzip zum Tragen kommt – als Betriebsausgabe i.S.v. § 8 Abs. 1 S. 1 KStG i.V.m. § 4 Abs. 4 EStG abzugsfähig wäre; vgl. dazu Menzel, Arno H., Besteuerung, 1971, hier: S. 205-207.

109 Vgl. BFH v. 04.05.1965 I 186/64 U, hier: S. 418 sowie BFH v. 08.02.1984 I R 11/80, hier: S. 382. A.A. Menzel, Arno H., Besteuerung, 1971, hier: S. 205-207.

110 Gleiches gilt auch für Ruhegehälter der Vollhafter sowie Zuführungen zu den Pensionsrückstellungen aufgrund von Ruhegehaltszusagen; vgl. Krebs, Hans-Joachim, Kommentierung, 1983, hier: Rz. 53 sowie Hofmeister, Ferdinand, Kommentierung, 2003, hier: § 9, Rz. 16 f., m.w.N.

führervergütung – eine Zurechnung der Entgelte für die Überlassung von Wirtschaftsgütern oder die Hingabe von Darlehen zu den Einkünften aus Gewerbebetrieb des Komplementärs. Folgt man dem Wortlaut des § 9 Abs. 1 Nr. 1 KStG, so scheint zunächst eine steuerliche Doppelbelastung der Miet- oder Pachtentgelte sowie der Darlehenszinsen vorzuliegen, sofern diese nicht als Vermögenseinlage i.S.d. § 281 Abs. 2 AktG zu beurteilen sind. Diese wird jedoch umgangen durch die körperschaftsteuerliche Abzugsfähigkeit beider Vergütungen nach § 4 Abs. 4 EStG i.V.m. § 8 Abs. 1 S. 1 KStG als Betriebsausgaben, sodass im Ergebnis die dem Komplementär zufließenden Gewinnanteile und Vergütungen nicht auf Ebene der KGaA, sondern beim persönlich haftenden Gesellschafter steuerlich erfasst werden.[111]

Vorstehendes gilt für sämtliche Vergütungen, die der Komplementär von seiner Gesellschaft erhält, ungeachtet deren Angemessenheit, sofern der Komplementär nicht zugleich Kommanditaktionär ist. Ist der Vollhafter nicht zugleich am Grundkapital beteiligt, besteht hinsichtlich der Abzugsfähigkeit der nicht auf das Grundkapital entfallenden Gewinnanteile und Geschäftsführungsvergütungen keine Beschränkung, da § 9 Abs. 1 Nr. 1 KStG – im Unterschied zu § 9 Abs. 1 Nr. 2 KStG – nicht auf § 8 Abs. 3 S. 2 KStG und die Regelung über verdeckte Gewinnausschüttungen verweist.[112] Gegen den Tatbestand einer verdeckten Gewinnausschüttung spricht zudem, dass der Komplementär am Vermögen der KGaA nicht gesamthänderisch beteiligt ist.[113] Folglich kann bei einem nur außerhalb des Grundkapitals beteiligten Komplementär jede Vorteilszuwendung an ihn ihre Veranlassung ausschließlich in den nicht auf das Grundkapital gemachten Einlagen haben; diese Zuwendungen jedoch erklärt die Vorschrift des § 9 Abs. 1 Nr. 1 EStG explizit für abzugsfähig.[114]

Ähnlich verhält es sich bei überhöhten Entgelten für Darlehen oder die Überlassung von Wirtschaftsgütern, die an einen nicht am Grundkapital beteiligten Vollhafter entrichtet werden. Auch hier kommt der Tatbestand einer verdeckten Gewinnausschüttung nach § 8 Abs. 3 S. 2 KStG nicht in Betracht. Da sich die überhöhten Entgelte nicht mehr aufgrund schuldrechtlicher Beziehungen rechtfertigen lassen, muss ihre Bemessung in der Komplementärstellung begründet sein. Folglich ist hinsichtlich des überhöhten Entgeltes von einer zusätzlichen

---

111 Vgl. Menzel, Arno H., Entgelte, 1972, hier: S. 565; Hesselmann, Malte, Kommanditgesellschaft, 1989, hier: S. 2348; Fischer, Michael, Besteuerung, 1997, hier: S. 1519; Jost, Werner F., Kommentierung, 1997, hier: § 9, Rz. 42 f. sowie Hofmeister, Ferdinand, Kommentierung, 2003, hier: § 9, Rz. 18.

112 Vgl. Jünger, Paul, Stellung, 1988, hier: S. 1971; Schaumburg, Harald/Schulte, Christoph, Recht, 2000, hier: S. 69 f., m.w.N. sowie Hofmeister, Ferdinand, Kommentierung, 2003, hier: § 9, Rz. 25; a.A. Fischer, Michael, Besteuerung, 1997, hier: S. 1519.

113 Vgl. Semler, Johannes, Kommentierung, 1986, hier: § 278, Rz. 3, m.w.N.

114 Vgl. Wassermeyer, Franz, Gewinnausschüttungen, 1999, hier: S. 23.

Vergütung für die Geschäftsführertätigkeit oder einem weiteren Gewinnanteil auf die Vermögenseinlage auszugehen, die gemäß § 9 Abs. 1 Nr. 1 KStG unbeschränkt abzugsfähig ist.[115]

Anders stellt sich die Situation dar, wenn der Vollhafter neben seiner Stellung als Komplementär auch als Kommanditaktionär mit der KGaA verbunden ist: In diesem Fall ist die Vorteilszuwendung in einen nach § 9 Abs. 1 Nr. 1 KStG abzugsfähigen und in einen nach § 8 Abs. 3 S. 2 KStG nichtabzugsfähigen Betrag aufzuspalten.[116] Aufteilungsmaßstab hierbei sollte – unter Berücksichtigung des Verhältnisses des Nennwertes der Aktien des Vollhafters zum Gesamtnennwert des Grundkapitals – die Quote sein, nach der sich auch die Aufteilung eines Gewinnes oder Verlustes bestimmt.[117]

Schließlich ist noch darauf hinzuweisen, dass Ausschüttungen an die Kommanditaktionäre – wie bei der AG – in den Bereich der Einkommensverwendung verwiesen werden und sich damit nicht gewinnmindernd auswirken können.[118] Für die Kommanditaktionäre gilt somit das Trennungsprinzip, das zwischen Gesellschafts- und Gesellschafterebene – wie bei Kapitalgesellschaften üblich – strikt differenziert. Das Trennungsprinzip gilt hingegen nicht für den Gewinnanteil des Komplementärs auf dessen Vermögenseinlage, bei dem es sich zwar ebenfalls um den Tatbestand der Einkommensverwendung handelt, was sich allerdings – wie oben gezeigt – nicht in der steuerlichen Behandlung niederschlägt.[119]

2.3.2.2 Gewerbesteuer

Die KGaA unterliegt gemäß § 2 Abs. 2 S. 1 GewStG mit sämtlichen Einkünften der Gewerbesteuer. Bemessungsgrundlage ist der Gewerbeertrag i.S.d.

---

[115] Vgl. Krebs, Hans-Joachim, Kommentierung, 1983, hier: Rz. 54 sowie Hofmeister, Ferdinand, Kommentierung, 2003, hier: § 9, Rz. 18. A.A. ist Jünger, der – sofern eine betriebliche Veranlassung des überhöhten Teils nicht gegeben ist – von nichtabziehbaren Aufwendungen ausgeht, mit der Folge, dass der handelsrechtliche Gewinn für Zwecke der Besteuerung um den unangemessenen Teil zu erhöhen sei; vgl. Jünger, Paul, Stellung, 1988, hier: S. 1971.

[116] Vgl. Menzel, Arno H., Besteuerung, 1971, hier: S. 208; Krebs, Hans-Joachim, Kommentierung, 1983, hier: Rz. 54; Wassermeyer, Franz, Gewinnausschüttungen, 1999, hier: S. 23 sowie Hofmeister, Ferdinand, Kommentierung, 2003, hier: § 9, Rz. 18.

[117] Vgl. Wassermeyer, Franz, Gewinnausschüttungen, 1999, hier: S. 23 sowie Schaumburg, Harald/Schulte, Christoph, Recht, 2000, hier: S. 71.

[118] Sie fallen damit unter die Vorschrift des § 8 Abs. 3 S. 1 KStG.

[119] Vgl. Jünger, Paul, Stellung, 1988, hier: S. 1971 sowie Schaumburg, Harald/Schulte, Christoph, Recht, 2000, hier: S. 68.

§ 7 GewStG, der sich aus dem körperschaftsteuerlichen Einkommen ergibt, korrigiert um die Hinzurechnungen und Kürzungen der §§ 8 und 9 GewStG.[120]

Bei der Gewerbesteuer handelt es sich um eine Objektsteuer, sodass nicht in der Gesellschaft begründete Sachverhalte, die den körperschaftsteuerlichen Gewinn erhöht oder gemindert haben, für gewerbesteuerliche Zwecke zu eliminieren sind.[121] Somit sind bei der KGaA diejenigen Beträge wieder hinzuzurechnen, die bei der Ermittlung des Gewinns rechtsformspezifisch abgezogen wurden, jedoch objektiv zum Gewerbeertrag i.S.d. § 7 GewStG zu rechnen sind.[122] Folglich sind speziell die "Gewinnanteile, die an persönlich haftende Gesellschafter einer Kommanditgesellschaft auf Aktien auf ihre nicht auf das Grundkapital gemachten Einlagen oder als Vergütung (Tantieme) für ihre Geschäftsführung verteilt worden sind",[123] für die gewerbesteuerliche Bemessungsgrundlage wieder hinzuzurechnen. Bemerkenswert hierbei ist der annähernd gleiche Wortlaut des § 8 Nr. 4 GewStG und des § 9 Abs. 1 S. 1 KStG, sodass es nahe liegt, eine Korrektur um exakt die körperschaftsteuerlich abzugsfähigen Aufwendungen zu vermuten. Dafür spricht sich auch der BFH aus, indem er feststellt, dass neben den nicht auf das Grundkapital entfallenden Gewinnanteilen auch sämtliche Geschäftsführungsvergütungen unter die Hinzurechnungsvorschrift des § 8 Nr. 4 GewStG fallen, unabhängig davon, ob diese gewinnabhängig oder -unabhängig oder als Ruhegehälter oder ähnliche Bezüge gewährt wurden.[124]

Nicht unter die Hinzurechnungsvorschrift des § 8 Nr. 4 GewStG fallen hingegen die Entgelte für die Überlassung von Wirtschaftsgütern oder die Hingabe von Darlehen. Diese haben bei der KGaA als Betriebsausgabe i.S.d. § 4 Abs. 4 EStG i.V.m. § 8 Abs. 1 S. 1 KStG den Gewinn gemindert und sind gemäß § 8 Nr. 1 und Nr. 7 GewStG nur hälftig der Ausgangsgröße – dem körperschaftsteuerlich zu versteuernden Einkommen – wieder hinzuzurechnen.[125]

---

120 Vgl. Theisen, Manuel R., Besteuerung, 1989, hier: S. 2196 sowie Wehrheim, Michael, Unternehmensbesteuerung, 2002, hier: S. 65.

121 Vgl. Knobbe-Keuk, Brigitte, Unternehmenssteuerrecht, 1993, hier: S. 722 sowie Scheffler, Wolfram, Besteuerung, 2003, hier: S. 204.

122 Vgl. Theisen, Manuel R., Besteuerung, 1989, hier: S. 2196 sowie Wehrheim, Michael, Unternehmensbesteuerung, 2002, hier: S. 68.

123 § 8 Nr. 4 GewStG.

124 Vgl. BFH v. 08.02.1984 I R 11/80, hier: S. 382 sowie BFH v. 31.10.1990 I R 32/86, hier: S. 254 f. So auch Hesselmann, Malte, Kommanditgesellschaft, 1989, hier: S. 2348 und Schaumburg, Harald/Schulte, Christoph, Recht, 2000, hier: S. 77. Kritisch dazu Menzel, Arno H., Besteuerung, 1971, hier: S. 212 f.; Theisen, Manuel R., Besteuerung, 1989, hier: S. 2196; Knobbe-Keuk, Brigitte, Unternehmenssteuerrecht, 1993, hier: S. 742 sowie Fischer, Michael, Besteuerung, 1997, hier: S. 1520 f.

125 Vgl. Hesselmann, Malte, Kommanditgesellschaft, 1989, hier: S. 2348 sowie Theisen, Manuel R., Besteuerung, 1989, hier: S. 2196.

Hinsichtlich überhöhter Vergütungen an den oder die Vollhafter ergeben sich die Rechtsfolgen aus dem in Kapitel 2.3.2.1 Gesagten: Für den Fall, dass es sich bei dem Komplementär nicht zugleich um einen Kommanditaktionär handelt, sind die überhöhten Entgelte körperschaftsteuerlich über § 9 Abs. 1 Nr. 1 KStG abzugsfähig, mit der Folge, dass sie für Zwecke der Gewerbesteuer über § 8 Nr. 4 GewStG wieder hinzugerechnet werden müssen. Im Falle eines auch am Grundkapital der KGaA beteiligten Komplementärs kommt es in Höhe der einem Fremdvergleich nicht standhaltenden Beträge zu einer verdeckten Gewinnausschüttung gemäß § 8 Abs. 3 S. 2 KStG, sodass diese Beträge das körperschaftsteuerlich zu versteuernde Einkommen nicht mindern dürfen; demzufolge bedarf es für Zwecke der Gewerbesteuer keiner gesonderten Korrektur.[126]

2.3.3 Ertragsteuerliche Behandlung der Gesellschafter

2.3.3.1 Kommanditaktionäre

2.3.3.1.1 Einkommensteuer

Werden die Kommanditaktien im Privatvermögen der Kommanditaktionäre gehalten, erzielen diese bei Zufluss[127] der Dividenden Einkünfte aus Kapitalvermögen i.S.d. § 20 Abs. 1 Nr. 1 EStG.[128] Dies gilt unabhängig davon, ob die Kommanditaktionäre zugleich auch die Position eines Vollhafters bekleiden, da gemäß Urteil des BFH vom 21. Juni 1989 deren Kommanditaktien weder zum Betriebsvermögen noch zum Sonderbetriebsvermögen des Komplementärs bei der KGaA zählen.[129]

---

126 Vgl. Schaumburg, Harald/Schulte, Christoph, Recht, 2000, hier: S. 69 f. sowie die Ausführungen in Kapitel 2.3.2.1.

127 Vgl. § 11 Abs. 1 EStG.

128 Dies ergibt sich bereits aus der Formulierung des § 15 Abs. 1 S. 1 Nr. 3 EStG, der besagt, dass Gewinne nur einzubeziehen sind, soweit sie nicht auf Anteile am Grundkapital entfallen; vgl. Mathiak, Walter, Rechtsprechung, 1989, hier: S. 667; Fischer, Michael, Besteuerung, 1997, hier: S. 1522 sowie Schaumburg, Harald/Schulte, Christoph, Recht, 2000, hier: S. 88.

129 Dies gilt selbst für den Fall, dass der Komplementär durch die Kommanditaktien seine Stellung in der KGaA festigt und Einfluss auf die Hauptversammlung ausüben kann; vgl. BFH v. 21.06.1989 X R 14/88, hier: S. 886. A.A. ist Schlütter, der eine Zurechnung der Kommanditaktien eines Komplementärs zu dessen notwendigem Sonderbetriebsvermögen II bei der KGaA fordert, da die Beteiligung am Grundkapital der KGaA der Stärkung seiner Position – insbesondere in der Hauptversammlung – in der KGaA dient; vgl. Schlütter, Egon, Behandlung, 1978, hier: S. 298 f. Als Sonderbetriebsvermögen II werden Wirtschaftsgüter bezeichnet, die nicht Gesamthandsvermögen der Gesellschaft darstellen, sondern "unmittelbar zur Begründung oder Stärkung der Beteiligung des

Darüber hinaus gelten die üblichen Bewertungsgrundsätze der Besteuerung von Aktien, sodass die Kommanditaktionäre insoweit den Aktionären einer AG gleichgestellt werden: Veräußerungsgewinne oder -verluste sind grundsätzlich steuerfrei, es sei denn, sie unterliegen der Steuerpflicht der §§ 17 und 23 EStG.[130] Zudem kann eine Steuerverhaftung nach § 21 UmwStG infrage kommen, sofern es sich um einbringungsgeborene Anteile handelt, also solche Kommanditaktien, die der Veräußerer durch eine Sacheinlage unter deren Teilwert erworben hat.[131]

Sofern die Kommanditaktien in einem Betriebsvermögen gehalten werden, handelt es sich bei den Dividenden gemäß § 20 Abs. 3 EStG nicht mehr um Einkünfte aus Kapitalvermögen, sondern um Einkünfte aus Gewerbebetrieb i.S.d. § 15 EStG, die nicht bei Zufluss, sondern im Zeitpunkt der Veranlagung gemäß § 4a Abs. 1 EStG besteuert werden.[132]

2.3.3.1.2 Körperschaftsteuer

Ebenso denkbar ist, dass die Kommanditaktien im Vermögen einer Kapitalgesellschaft gehalten werden. Sofern dies der Fall ist, sind die von der Kapitalgesellschaft vereinnahmten Dividenden der KGaA gemäß § 8b Abs. 1 KStG steuerfrei; allerdings werden davon 5 v.H. als Ausgaben angesehen, die nicht als Betriebsausgaben abgezogen werden dürfen und somit steuerpflichtig sind.[133] Hinsichtlich möglicher Veräußerungsgewinne aus Kommanditaktien, die von einer Kapitalgesellschaft gehalten werden, gilt ebenfalls Steuerfreiheit, jedoch werden wiederum 5 v.H. als nichtabzugsfähige Betriebsausgaben definiert, sodass insoweit die vollständige Steuerfreiheit abermals aufgehoben wird.[134]

2.3.3.1.3 Gewerbesteuer

Gewerbesteuerpflicht besteht hinsichtlich der vereinnahmten Dividenden für den Fall, dass die Kommanditaktien in einem der Gewerbesteuer unterliegenden

---

Mitunternehmers an der Personengesellschaft eingesetzt werden sollen"; R 13 Abs. 2 S. 2 EStR.

130 § 17 EStG unterwirft Gewinne aus der Veräußerung von Aktien der Besteuerung, "wenn der Veräußerer innerhalb der letzten fünf Jahre am Kapital der Gesellschaft unmittelbar oder mittelbar zu mindestens 1 vom Hundert beteiligt war"; § 17 Abs. 1 S. 1 EStG. § 23 EStG schreibt die Steuerpflicht für Veräußerungsgeschäfte u.a. bei Wertpapieren vor, "bei denen der Zeitraum zwischen Anschaffung und Veräußerung nicht mehr als ein Jahr beträgt"; § 23 Abs. 1 S. 1 Nr. 2 EStG.

131 Vgl. Fischer, Michael, Besteuerung, 1997, hier: S. 1523 f. sowie Schaumburg, Harald/Schulte, Christoph, Recht, 2000, hier: S. 86.

132 Vgl. Scheffler, Wolfram, Besteuerung, 2003, hier: S. 92.

133 Vgl. § 8b Abs. 5 S. 1 KStG.

134 Vgl. § 8b Abs. 2 und Abs. 3 KStG.

Betriebsvermögen des Kommanditaktionärs gehalten werden. Wie oben gesehen,[135] unterliegen die Gewinne der KGaA bereits auf Gesellschaftsebene der Gewerbesteuer. Um eine gewerbesteuerliche Doppelerfassung zu vermeiden, gewährt § 9 Nr. 2a GewStG eine entsprechende Kürzung auf Gesellschafterebene, falls die Voraussetzungen dafür[136] erfüllt sind.[137]

2.3.3.2 Komplementäre

2.3.3.2.1 Einkommensteuer

Sofern Komplementäre am Grundkapital einer KGaA in Form von Kommanditaktien beteiligt sind, gelten für sie insoweit die gleichen Besteuerungsgrundsätze wie für die übrigen Kommanditaktionäre.[138] Dividenden aus ihren Kommanditaktien führen zwangsläufig zu Einkünften aus Kapitalvermögen.[139]

Wie bereits in Abschnitt 2.3.2 gesehen, erzielen natürliche Personen als Komplementäre mit ihren Gewinnanteilen – soweit diese nicht auf das Grundkapital entfallen – und ihren Sondervergütungen Einkünfte aus Gewerbebetrieb.[140] Der BFH fordert eine Behandlung der Komplementäre '*wie Mitunternehmer*',[141] die sich aus dem engen systematischen Zusammenhang von § 15 Abs. 1 S. 1 Nr. 2 und Nr. 3 EStG ergibt: "Beide Vorschriften folgen einander, gleichen einander im Aufbau und weitgehend im Wortlaut; sie qualifizieren Gesellschaftereinkünfte zu Einkünften aus Gewerbebetrieb."[142] Zudem führt gemäß § 16 Abs. 1 S. 1 Nr. 2 und Nr. 3 EStG die Veräußerung des gesamten Anteils eines Gesellschafters, der als Mitunternehmer an einer Personengesellschaft anzusehen ist, ebenso zu laufenden Gewinnen wie die Veräußerung des gesamten Anteils eines Vollhafters einer KGaA. Folglich haben die von der Rechtsprechung zu § 15 Abs. 1 S. 1 Nr. 2 EStG entwickelten Grundsätze zur Besteuerung von Gewinnanteilen und Sondervergütungen sowie zum Ansatz von

---

135 Vgl. Abschnitt 2.3.2.2.

136 So muss es sich um eine nichtsteuerbefreite inländische KGaA handeln, an der zu Beginn des Erhebungszeitraumes eine Beteiligung von mindestens 10 v.H. des Grundkapitals bestand und deren Dividenden bei der Ermittlung des Gewinnes angesetzt wurden; vgl. § 9 Nr. 2a GewStG.

137 Vgl. Theisen, Manuel R., Besteuerung, 1989, hier: S. 2194.

138 Vgl. Abschnitt 2.3.3.1.

139 Vgl. Fn. 129.

140 Vgl. § 15 Abs. 1 S. 1 Nr. 3 EStG.

141 Vgl. z.B. BFH v. 23.10.1985 I R 235/81, hier: S. 73.

142 BFH v. 21.06.1989 X R 14/88, hier: S. 884. Auch wenn der Gesetzgeber den Begriff '*Mitunternehmer*' zwar in § 15 Abs. 1 S. 1 Nr. 3 EStG vermeidet, so findet dieser doch Eingang in § 35 Abs. 2 S. 1 EStG, indem von "Mitunternehmerschaften im Sinne des § 15 Abs. 1 S. 1 Nr. 2 und 3 [EStG]" gesprochen wird; vgl. hierzu auch Behrens, Stefan/ Schmitt, Rainer, Mitunternehmerschaften, 2002, hier: S. 865.

Sonderbetriebsvermögen, Sonderbetriebseinnahmen und -ausgaben prinzipiell Eingang in die Besteuerung der persönlich haftenden Gesellschafter einer KGaA gemäß § 15 Abs. 1 S. 1 Nr. 3 EStG zu finden.[143] Bereits die Zurechnung der Vergütungen für die Hingabe von Darlehen oder die Überlassung von Wirtschaftsgütern zu den Einkünften aus Gewerbebetrieb des Vollhafters erfordert eine entsprechende Deklaration als Sonderbetriebsvermögen, da andernfalls § 15 Abs. 1 S. 1 Nr. 3 EStG in die Leere liefe.[144] Einer solchen Anlehnung an die Besteuerung von Mitunternehmerschaften kann auch nicht entgegenstehen, dass die mögliche Einlage des Komplementärs nicht Gesamthandsvermögen wird, sondern in das alleinige Vermögen der KGaA fließt.[145]

Der BFH fordert hinsichtlich der gewerblichen Einkünfte des Vollhafters einen vollständigen Betriebsvermögensvergleich gemäß § 5 EStG i.V.m. § 4 Abs. 1 EStG zur Ermittlung der steuerlichen Bemessungsgrundlage.[146] Da der Komplementär selbst keinen Gewerbebetrieb i.S.d. § 15 Abs. 2 EStG unterhält, lässt sich eine solche Gewinnermittlung nur über eine "doppelte Fiktion"[147] rechtfertigen, dass nämlich der Komplementär *'wie'* ein Mitunternehmer i.S.d. § 15 Abs. 1 S. 1 Nr. 2 EStG gestellt wird und im Rahmen dieser Vorschrift das zivilrechtlich einzig der KGaA zuzurechnende Vermögen steuerlich im Verhältnis zum Mitunternehmer wie gesamthänderisches Gesellschaftsvermögen aufgefasst wird.[148] Im Rahmen dieses Betriebsvermögensvergleiches führen auch Pensionsrückstellungen, die die KGaA für ihre Vollhafter bildet und die auf Gesellschaftsebene den Gewinn mindern, zu einem steuerpflichtigen Ertrag, den der Vollhafter zeitlich und der Höhe nach korrespondierend auszuweisen hat.[149]

Schließlich greift für den persönlich haftenden Gesellschafter einer KGaA auch die Steuerermäßigung des § 35 EStG: Diese Vorschrift mindert die tarifliche Einkommensteuer des Komplementärs in Höhe des 1,8fachen des Gewerbe-

---

143 Vgl. BFH v. 21.06.1989 X R 14/88, hier: S. 884 f., m.w.N. Vgl. dazu auch ausführlich Menzel, Arno H., Entgelte, 1972, hier: S. 563-566; Menzel, Arno H., Personengesellschaft, 1972, hier: S. 594-596 sowie Glanegger, Peter, Ergänzungsbilanzen, 2004, hier: S. 1687 f.

144 Vgl. Wehrheim, Michael, Einkünftequalifikation, 2001, hier: S. 947.

145 Vgl. Kapitel 2.2.4.1. Gleiches gilt für die Tatsache, dass der Gewinnbezugsanspruch des Komplementärs lediglich schuldrechtlicher Natur ist; vgl. Semler, Johannes, Kommentierung, 1986, hier: § 278, Rz. 11 und Rz. 43 sowie Schaumburg, Harald/Schulte, Christoph, Recht, 2000, hier: S. 88, m.w.N.

146 Vgl. BFH v. 21.06.1989 X R 14/88, hier: S. 885. Mit diesem Urteil hob der BFH die bis dato gültige Rechtsprechung des RFH v. 12.12.1923 III A 362/23, hier: S. 166-169 auf, die eine Einnahmen-Überschuss-Rechnung gemäß § 4 Abs. 3 EStG verlangte.

147 Fischer, Michael, Besteuerung, 1997, hier: S. 1521.

148 Vgl. Knobbe-Keuk, Brigitte, Unternehmenssteuerrecht, 1993, hier: S. 414 sowie Fischer, Michael, Besteuerung, 1997, hier: S. 1521.

149 Vgl. Patt, Joachim/Rasche, Ralf, Besteuerung, 1993, hier: S. 2401 f.

steuer-Messbetrags, soweit diese anteilig auf im zu versteuernden Einkommen enthaltene gewerbliche Einkünfte entfällt.[150] Die Folge ist eine steuerliche Entlastung des Komplementärs, die über den tatsächlichen Umfang der Belastung mit Gewerbesteuer hinausgehen kann, sofern der relevante Gewerbesteuer-Hebesatz in einem Korridor zwischen 200 v.H. und etwa 360 v.H. liegt; bei höheren Hebesätzen kommt es nur zu einer teilweisen Entlastung.[151]

2.3.3.2.2 Gewerbesteuer

Eine natürliche Person als Komplementär erzielt zwar Einkünfte aus Gewerbebetrieb i.S.d. § 15 Abs. 1 S. 1 Nr. 3 EStG, jedoch vermittelt die Stellung als persönlich haftender Gesellschafter keinen stehenden Gewerbebetrieb i.S.d. § 2 Abs. 1 GewStG, sodass die von ihm bezogenen Gewinnanteile und Sondervergütungen bei ihm nicht der Gewerbesteuer unterliegen.[152] Wie in Kapitel 2.3.2.2 gesehen, werden die nicht auf das Grundkapital entfallenden Gewinnanteile und Geschäftsführungsvergütungen des Komplementärs gemäß § 8 Nr. 4 GewStG auf Ebene der KGaA der Bemessungsgrundlage hinzugerechnet und unterliegen somit dort – wie bei einer Mitunternehmerschaft – der Besteuerung. Gleiches gilt für die Entgelte für die Überlassung von Wirtschaftsgütern und die Hingabe von Darlehen, wenngleich diese nur zur Hälfte in den steuerpflichtigen Gewerbeertrag einfließen.[153]

2.3.4 Erbschaft- und schenkungsteuerliche Aspekte der KGaA

Neben den soeben angesprochenen ertragsteuerlichen Aspekten gilt es auch solche erbschaftsteuerlicher Art zu berücksichtigen. Wenn Kommanditaktien in einen Nachlass fallen oder Gegenstand einer Schenkung sind, wird gemäß § 12 Abs. 1 ErbStG i.V.m. § 11 Abs. 1 oder 2 BewG deren Börsenkurs oder gemeiner

---

150 Vgl. § 35 Abs. 1 Nr. 2 EStG.

151 Der Gewerbesteuer-Hebesatz beträgt ab dem Veranlagungszeitraum 2004 mindestens 200 v.H., sofern die hebeberechtigten Gemeinden keinen höheren Satz festsetzen; vgl. § 16 Abs. 4 S. 2 GewStG. Zu der Entlastungswirkung des § 35 EStG vgl. Herzig, Norbert/Lochmann, Uwe, Steuersenkungsgesetz, 2000, hier: S. 1733-1735; Herzig, Norbert, Aspekte, 2001, hier: S. 255; Wesselbaum-Neugebauer, Claudia, Unternehmenssteuerreform, 2001, hier: S. 180 sowie Schmitz, Thorsten, Gemeindefinanzreform, 2004, hier: S. 100-104.

152 Vgl. Hartel, Ulrich M., Umwandlung, 1992, hier: S. 2332 sowie Schaumburg, Harald/Schulte, Christoph, Recht, 2000, hier: S. 90. Zur gewerbesteuerlichen Behandlung einer kapitalistischen KGaA und deren Komplementärgesellschaft vgl. die Ausführungen in Kapitel 6.3.3.2.2.

153 Vgl. § 8 Nr. 1 und Nr. 7 GewStG; dazu auch Schaumburg, Harald/Schulte, Christoph, Recht, 2000, hier: S. 77, m.w.N.

Wert für Zwecke der Besteuerung zugrunde gelegt.[154] Sofern es sich um eine inländische KGaA handelt, an der eine unmittelbare Beteiligung über mindestens 25 v.H. des Grundkapitals besteht, wird gemäß § 13a Abs. 4 Nr. 3 ErbStG zudem ein Freibetrag i.H.v. 225.000 € sowie ein Bewertungsabschlag i.H.v. 35 v.H. gewährt.[155]

Während Kommanditgesellschaften auf Aktien den Aktiengesellschaften insoweit gleichgestellt sind, so zeigt sich doch ein deutlicher Vorteil durch die Vererbung oder Verschenkung von Komplementäranteilen. Bei der KGaA ist es aus erbschaftsteuerlicher Sicht regelmäßig günstiger, Komplementäreinlagen zu vererben oder zu verschenken: Bei diesen greifen nach § 13a Abs. 4 ErbStG nicht nur der Freibetrag i.H.v. 225.000 € und der Bewertungsabschlag i.H.v. 35 v.H., sondern darüber hinaus werden anstelle eines Börsenkurses oder gemeinen Wertes die Steuerbilanzwerte der Vermögenseinlagen als Bemessungsgrundlage herangezogen[156], die zum Teil deutlich darunter liegen können.[157] Hierzu bedarf es jedoch wieder der in Abschnitt 2.3.3.2.1 angesprochenen doppelten Fiktion, wonach die Vollhafter für Zwecke der Besteuerung nicht nur wie Mitunternehmer i.S.d. § 15 Abs. 1 S. 1 Nr. 2 EStG anzusehen sind, sondern ihnen auch eine "mitunternehmerische Beteiligung am Vermögen der KGaA unmittelbar zugerechnet wird".[158]

Folglich stellt es sich für Komplementäre aus erbschaftsteuerlicher Sicht günstiger dar, über freiwillig zu erbringende Vermögenseinlagen Teile des notwendigen Kapitals der KGaA zur Verfügung zu stellen und auf die Beteiligung am Grundkapital über Kommanditaktien zu verzichten. Auf diese Weise lässt sich die Erb- und damit auch die Unternehmernachfolge erleichtern.[159] Dem steht jedoch der Nachteil gegenüber, dass Komplementäre nur mittels Kommanditaktien versuchen können, Einfluss auf Entscheidungen der Hauptversammlung zu nehmen, nicht aber über ihre Einlagen. Allerdings wird dieser vermeintliche Nachteil teilweise kompensiert durch das dispositive Recht der KGaA, welches eine weit reichende Entmachtung der Hauptversammlung ermöglicht.[160]

---

154 Vgl. Hennerkes, Brun-Hagen/Lorz, Rainer, Roma, 1997, hier: S. 1389.

155 Vgl. hierzu auch Schaumburg, Harald/Schulte, Christoph, Recht, 2000, hier: S. 87.

156 Vgl. § 12 Abs. 5 S. 2 ErbStG i.V.m. §§ 95 ff. BewG.

157 Vgl. Hartel, Ulrich M., Umwandlung, 1992, hier: S. 2334 sowie Schürmann, Walter/Groh, Elmar, Aspekte, 1995, hier: S. 686.

158 Schaumburg, Harald/Schulte, Christoph, Recht, 2000, hier: S. 90 f., m.w.N.

159 Vgl. Schaumburg, Harald/Schulte, Christoph, Recht, 2000, hier: S. 91.

160 Vgl. Schürmann, Walter/Groh, Elmar, Aspekte, 1995, hier: S. 686 f. sowie Ladwig, Peter/Motte, Frank, Alternative, 1996, hier: S. 807.

2.4 Kritische Würdigung der KGaA

Auch wenn die Rechtsform der KGaA in Deutschland nur vereinzelt anzutreffen ist, so bietet sie doch im Vergleich zur AG – der einzig anderen Rechtsform mit Zugang zu einem organisierten Kapitalmarkt – einige wesentliche Vorteile: Speziell für Familienunternehmen ist die KGaA interessant aufgrund der weit reichenden Vertragsgestaltungsfreiheit, die es dem bisherigen Unternehmenseigner gestattet, seine beherrschende Rolle in der laufenden Geschäftsführung auch nach einem etwaigen Gang an die Börse zu konservieren, ohne auf die Beschaffung neuen Eigenkapitals verzichten zu müssen. Zudem genießt die KGaA Privilegien in mitbestimmungsrechtlicher Sicht, da der Aufsichtsrat bei der Bestellung des Geschäftsführungsorgans keine Mitspracherechte hat und ihm vorwiegend Informations- und Kontrollrechte zukommen.

Aus steuerlicher Sicht fällt insbesondere die Begünstigung der KGaA bei der Vererbung oder Schenkung von Komplementäranteilen auf, da hierbei als Bemessungsgrundlage ein niedrigerer Wertansatz als bei (Kommandit-)Aktien herangezogen wird. Zudem unterliegt der Vollhafter mit seinen Einkünften aus der Geschäftsführertätigkeit und denen aus seiner Vermögenseinlage der Besteuerung eines Mitunternehmers, sodass nur die Dividenden aus den Kommanditaktien bei ihm zu den Einkünften aus Kapitalvermögen zählen. Folglich ist der Komplementär weitaus flexibler, als dies bei der AG der Fall wäre, da er gewissermaßen ein Wahlrecht zwischen den Einkunftsarten genießt.[161]

Neben der ungenügenden, die Unternehmenskontinuität gefährdenden Nachfolgesicherung besteht der zentrale Nachteil der klassischen KGaA jedoch in der umfassenden persönlichen Haftung der Komplementäre. Diese mag – speziell bei traditionsreichen Familienunternehmen – bei Erschaffung der KGaA noch gerechtfertigt gewesen sein, jedoch ist inzwischen das damit verbundene persönliche Risiko "in einer Zeit schnelllebigen Wirtschaftens und an Härte zunehmender Verteilungskämpfe [...] in der Regel unzumutbar".[162] Bereits das Risiko eines einzelnen Geschäfts vermag das Vermögen der Komplementäre um ein Vielfaches zu übersteigen, sodass die gesetzestypische KGaA letztlich als eine den Anforderungen ungenügende Gesellschaftsform zu klassifizieren ist, was sich auch in ihrer nur geringen Verbreitung widerspiegelt.[163] Erst bei Ausgestaltung der Rechtsform in eine KGaA kapitalistischen Typs lässt sich die

---

161 Vgl. Ladwig, Peter/Motte, Frank, Alternative, 1996, hier: S. 806.

162 Hennerkes, Brun-Hagen/May, Peter, Familienunternehmen, 1988, hier: S. 2395; vgl. dazu auch Binz, Mark K./Sorg, Martin H., Ausweg, 1988, hier: S. 2043 f.

163 Vgl. Haase, Karsten, Vorteile, 1997, hier: S. 921.

unbeschränkte Haftung einer natürlichen Person ausschließen und die mangelhafte Nachfolgesicherung umgehen.[164]

---

[164] Vgl. hierzu Kapitel 5.

3. Stiftungen in Zivil- und Steuerrecht[165]

3.1 Klassifikation unterschiedlicher Stiftungstypen

3.1.1 Zum Begriff der Stiftung

Der Begriff *'Stiftung'* findet im allgemeinen Sprachgebrauch unterschiedliche Verwendung: Häufig wird das eigentliche Stiftungsgeschäft, die Handlung des Stifters bei der Stiftungserrichtung, als *'Stiftung'* tituliert, also die freiwillige Übertragung von Vermögensgegenständen für Zwecke des Gemeinwohls. Mitunter werden auch gemeinnützige Gesellschaften mit beschränkter Haftung als *'Stiftung'* bezeichnet, um deren Gemeinnützigkeit zu betonen. Zielführender ist jedoch, das Ergebnis des Stiftungsgeschäfts mit diesem Begriff zu belegen, um hiermit die Existenz einer eigenständigen Rechtsform zu verdeutlichen.[166] Folglich lässt sich die Stiftung als "organisatorisch verselbständigte Vermögensmasse, die auf Dauer einem bestimmten Zweck gewidmet ist",[167] definieren.

3.1.2 Klassifizierung nach der Rechtsfähigkeit

3.1.2.1 Rechtsfähige Stiftungen

Rechtsfähige Stiftungen sind juristische Personen des privaten oder öffentlichen Rechts. Sie entstehen zum einen durch Vornahme des Stiftungsgeschäfts, welches den Anforderungen des § 81 Abs. 1 BGB genügen muss.[168] Zum ande-

---

165 Da Stiftungen nicht mitgliedschaftlich organisiert sind, handelt es sich bei ihnen nicht um Gesellschaften im Sinne des Gesellschaftsrechts. Daher ist zutreffend vom Zivilrecht oder Bürgerlichen Recht der Stiftungen zu sprechen; vgl. Nagel, Bernhard, Wirtschaftsrecht, 2000, hier: S. 17-19 sowie Hueck, Götz, Gesellschaftsrecht, 2003, hier: S. 1 f.

166 Vgl. Hennerkes, Brun-Hagen/Binz, Mark K./Sorg, Martin H., Rechtsform, 1986, hier: S. 2217; Hennerkes, Brun-Hagen/Schiffer, K. Jan, Stiftungsrecht, 2001, hier: S. 29 f. sowie Kußmaul, Heinz/Meyering, Stephan, Einordnung, 2004, hier: S. 7.

167 Steinsdörfer, Erich, Motive, 1999, hier: S. 316, m.w.N.; vgl. dazu auch Weger, Magda/Weger, Hans-Dieter, Stiftung, 1997, hier: S. 41 f.

168 So bedarf es z.B. der Schriftform und einer verbindlichen Erklärung des Stifters, einen genau umschriebenen Teil seines Vermögens der Erfüllung des von ihm vorgegebenen Zweckes zu widmen.

ren bedürfen rechtsfähige Stiftungen der Genehmigung der zuständigen Behörde in dem Bundesland, in dem die Stiftung ihren Sitz[169] haben soll.[170]

Darüber hinaus unterliegt die rechtsfähige Stiftung der Aufsicht durch die zuständige Landesstiftungsbehörde. Diese auch als "Garant des Stifterwillens"[171] bezeichnete Stiftungsaufsicht beschränkt sich auf eine Rechtsaufsicht, also die Einhaltung der Stiftungssatzung und der relevanten Gesetze.[172] Sie dient dem Schutz der Einhaltung des Stifterwillens vonseiten der Stiftung und damit zugleich dem Interesse der Allgemeinheit, jedoch nicht dem Interesse Einzelner, sodass weder die Stiftungsorgane noch die Begünstigten einen Rechtsanspruch auf Einschreiten der Stiftungsaufsicht haben.[173] Erforderlich ist eine derartige Aufsicht, da es grundsätzlich – im Gegensatz zu anderen juristischen Personen – mangels Gesellschafter oder Mitglieder keine interne Kontrolle der Stiftungsorgane gibt.[174] Als reine Rechtsaufsicht sind Fragen der Sinnhaftigkeit des Stiftungszweckes sowie der vom Vorstand ergriffenen Maßnahmen zu dessen Erfüllung nicht Gegenstand der staatlichen Kontrolle. Hiervon hat der Gesetzgeber bewusst abgesehen, um auch unkonventionellen Stiftungszwecken nicht entgegenzustehen.[175]

Charakteristisches Merkmal einer rechtsfähigen Stiftung ist, dass sie im Rechts- und Geschäftsverkehr selbstständig auftreten kann. Vertretungsmacht gegenüber Dritten kommt dabei dem Vorstand zu, wenngleich dieser strikt an den in der Stiftungsverfassung objektivierten Willen des Stifters gebunden ist.[176] Der Um-

---

169 Der Sitz der Stiftung ist der Ort, an dem die Verwaltung der Stiftung geführt wird, sofern die Stiftungssatzung keine abweichenden Bestimmungen enthält; vgl. § 83 S. 3 BGB.

170 Die staatliche Genehmigung hat konstitutive Wirkung, sodass die Stiftung erst mit Erteilung der Genehmigung Rechtskraft erlangt; vgl. Westphal, Michael R., Stiftung, 2000, hier: S. 241. Dazu auch Westphal, Michael R., Recht, 2000, hier: S. 375; Wehrheim, Michael/Roth, Matthias, Behandlung, 2001, hier: S. 636 sowie Buchna, Johannes, Gemeinnützigkeit, 2003, hier: S. 26 f.

171 Hennerkes, Brun-Hagen/Schiffer, K. Jan, Stiftungsrecht, 2001, hier: S. 120.

172 Vgl. Weirich, Hans-Armin, Erben, 1991, hier: S. 444; Westphal, Michael R., Recht, 2000, hier: S. 376 sowie Ries, Gerhard, Rahmenbedingungen, 2001, hier: S. 62-65.

173 Vgl. BGH v. 22.01.1987 III ZR 26/85, hier: S. 349-353.

174 Vgl. BGH v. 22.01.1987 III ZR 26/85, hier: S. 349; hierzu auch Büermann, Wulf, Praxis, 1997, hier: S. 35-38 sowie Nietzer, Wolf M./Stadie, Volker, Alternative, 2000, hier: S. 3458. Es besteht jedoch die Möglichkeit, einen Stiftungsbeirat in der Stiftungsverfassung vorzusehen, dessen Aufgabe die Kontrolle des Stiftungsvorstandes ist; vgl. Hof, Hagen, Stiftungen, 1992, hier: S. 1551, m.w.N.

175 Vgl. Westphal, Michael R., Recht, 2000, hier: S. 376 sowie Hennerkes, Brun-Hagen/Schiffer, K. Jan, Stiftungsrecht, 2001, hier: S. 120-122.

176 Vgl. § 86 S. 1 BGB i.V.m. § 26 Abs. 2 S. 1 BGB; dazu auch Heinrichs, Helmut, Kommentierung, 2004, hier: Vorb. § 80, Rz. 8.

fang dieser Vertretungsmacht des Vorstandes kann zudem grundsätzlich auch aufgrund von Regelungen in der Satzung beschränkt sein.[177]

3.1.2.2 Nichtrechtsfähige Stiftungen

Bei der nichtrechtsfähigen Stiftung, die auch als treuhänderische, nichtselbstständige oder fiduziarische Stiftung[178] bezeichnet wird, handelt es sich um eine Vermögensmasse ohne eigene Rechtspersönlichkeit.[179] Der Stifter überträgt einer natürlichen oder juristischen Person Vermögenswerte, die in das Eigentum des Treuhänders übergehen und von diesem zur Verfolgung der vom Stifter vorgegebenen Stiftungszwecke verwaltet und eingesetzt werden.[180] Dabei stellt insbesondere die Übertragung auf eine juristische Person eine sinnvolle Alternative dar, zumal diese – wie auch die nichtrechtsfähige Stiftung selbst – zumindest potenziell unsterblich ist.[181] Die treuhänderische Wahrnehmung der Interessen des Stifters kann somit auf Dauer sichergestellt werden. So sieht Steinsdörfer bei Wahl des richtigen Treuhänders die Erfüllung z.B. steuerbegünstigter Zwecke mit dem Instrument der fiduziarischen Stiftung in gleicher Güte erfüllt wie mit einer rechtsfähigen Stiftung.[182] In der Praxis kommen als Träger fiduziarischer Stiftungen daher vornehmlich Kirchen, Gemeinden, Banken, Universitäten, andere Stiftungen oder auch der Stifterverband für die deutsche Wissenschaft e.V. in Betracht.[183]

---

177 Dritten gegenüber greift diese Beschränkung jedoch nur, sofern diese für sie auch erkennbar ist; vgl. Wachter, Thomas, Steuerrecht, 2001, hier: S. 39. A.A ist z.B. Heinrichs, der diese Beschränkung auch gegenüber einem gutgläubigen Geschäftspartner als wirksam erachtet, dies jedoch in Ermangelung eines Stiftungsregisters auch kritisiert; vgl. Heinrichs, Helmut, Kommentierung, 2004, hier: § 86, Rz. 1. Vgl. dazu auch Wernicke, Thomas, Vorstandskontrolle, 2003, hier: S. 302, m.w.N.

178 Vgl. Wehrheim, Michael/Roth, Matthias, Behandlung, 2001, hier: S. 636.

179 Vgl. Weirich, Hans-Armin, Erben, 1991, hier: S. 446; Hof, Hagen, Handbuch, 1999, hier: § 36, Rz. 1 sowie Maier, Jochen, Besteuerung, 2001, hier: S. 496. Hüttemann/Herzog sprechen daher nicht von einem *'Rechtssubjekt'*, sondern von einem *'Rechtsverhältnis'* zwischen dem Stifter und dem Rechtsträger des zugewendeten Vermögens; vgl. Hüttemann, Rainer/Herzog, Rainer, Steuerfragen, 2004, hier: S. 1002.

180 Vgl. Wochner, Georg, Stiftung, 1999, hier: S. 126; Hennerkes, Brun-Hagen/Schiffer, K. Jan, Stiftungsrecht, 2001, hier: S. 71 f. sowie Heinrichs, Helmut, Kommentierung, 2004, hier: Vorb. § 80, Rz. 10.

181 Einige Landesstiftungsgesetze erlauben einzig die Errichtung einer nichtrechtsfähigen Stiftung bei Übertragung der Vermögenswerte auf juristische Personen, so z.B. die Stiftungsgesetze Sachsens und Thüringens; vgl. Wachter, Thomas, Steuerrecht, 2001, hier: S. 185. Hierzu auch Schmidt, Oliver, Vermögenszuwendung, 2003, hier: S. 316.

182 Vgl. Steinsdörfer, Erich, Motive, 1999, hier: S. 317.

183 Vgl. Wachter, Thomas, Steuerrecht, 2001, hier: S. 187 sowie Buchna, Johannes, Gemeinnützigkeit, 2003, hier: S. 27 f.

Für die Errichtung einer treuhänderischen Stiftung spricht zudem, dass sie weder ein staatliches Genehmigungsverfahren erfordert, noch einer staatlichen Aufsicht unterliegt. Einzig für den Fall, dass es sich um eine gemeinnützige und damit steuerbegünstigte Stiftung handelt, wacht die Finanzverwaltung über die Einhaltung der entsprechenden Vorschriften.[184] Darüber hinaus lässt sich ex post der Vertrag über die nichtrechtsfähige Stiftung durch eine einvernehmliche Vereinbarung zwischen Stifter und Treuhänder abändern. Folglich ist diese Stiftungsart unbürokratischer und flexibler handhabbar als die rechtsfähige Stiftung, sodass ihr insbesondere bei kleineren Stiftungsvermögen große Bedeutung zukommt.[185]

3.1.3 Klassifizierung nach der Trägerschaft

3.1.3.1 Stiftungen des öffentlichen Rechts

Nicht unter die Vorschriften der §§ 80-88 BGB fallen die Stiftungen des öffentlichen Rechts.[186] Diese sind Teil der mittelbaren Staatsverwaltung und werden durch Gesetz oder Verwaltungsakt errichtet. Der öffentlich-rechtliche Charakter einer Stiftung kann sich insbesondere auch daraus ergeben, dass die Stiftung in das staatliche Verwaltungssystem eingegliedert ist.[187] Als juristische Personen des öffentlichen Rechts leiten sie aus dem jeweiligen Errichtungsakt neben ihrer Rechtsstellung und ihrer Organisationsstruktur auch ihren Stiftungszweck ab,

---

184 Vgl. dazu Kapitel 3.3. Dazu auch Wochner, Georg, Stiftung, 1999, hier: S. 131 f.

185 In der Literatur werden fiduziarische Stiftungen bei einer Kapitalausstattung von unter 50.000 € empfohlen; vgl. Hof, Hagen, Vermögensausstattung, 1992, hier: S. 1587. Dazu auch Hennerkes, Brun-Hagen/Schiffer, K. Jan, Stiftungsrecht, 2001, hier: S. 71 f.; Wachter, Thomas, Steuerrecht, 2001, hier: S. 185-187 sowie Mainczyk, Andreas, Stiftung, 2002, hier: S. 76.

186 Der Begriff *'Stiftung des öffentlichen Rechts'* ist nicht deckungsgleich mit dem Begriff *'öffentliche Stiftung'*: Letzterer findet nur Verwendung in den Landesstiftungsgesetzen von Bayern und Rheinland-Pfalz, in denen Stiftungen explizit nach ihrem Stiftungszweck unterschieden werden in private und öffentliche Stiftungen. Demzufolge werden neben den Stiftungen des öffentlichen Rechts auch solche Stiftungen als *'öffentliche Stiftungen'* bezeichnet, die rechtsfähige Stiftungen des bürgerlichen Rechts sind, jedoch "nicht ausschließlich private Zwecke" (Art. 1 Abs. 3 BayStG) bzw. "überwiegend öffentliche Zwecke" (§ 2 Abs. 3 RhPfStiftG) verfolgen; vgl. dazu auch Wachter, Thomas, Steuerrecht, 2001, hier: S. 26 f.

187 Vgl. Strickrodt, Georg, Erscheinungsformen, 1962, hier: S. 1481 f.; Wehrheim, Michael/ Roth, Matthias, Behandlung, 2001, hier: S. 636; Jacobs, Otto H., Unternehmensbesteuerung, 2002, hier: S. 69 sowie Heinrichs, Helmut, Kommentierung, 2004, hier: Vorb. § 80, Rz. 9. Vgl. hierzu auch BVerfG v. 06.11.1962 – 2 BvR 151/60, hier: S. 63-75.

der vornehmlich im Bereich öffentlicher oder sonstiger gemeinnütziger Aufgaben liegt.[188]

3.1.3.2 Stiftungen des bürgerlichen Rechts

Im Gegensatz zu den Stiftungen des öffentlichen Rechts finden für privat-rechtliche Stiftungen die §§ 80-88 BGB sowie die jeweiligen Landesstiftungsgesetze Anwendung.[189] Sie können sowohl als rechtsfähige als auch nichtrechtsfähige Stiftung ausgestaltet sein, sodass das vorstehend Erwähnte jeweils greift.[190]

Wie oben angesprochen,[191] können bürgerlich-rechtliche Stiftungen in Bayern und Rheinland-Pfalz als *'öffentliche Stiftungen'* klassifiziert werden, sofern sie "zumindest auch"[192] bzw. "überwiegend"[193] öffentliche Zwecke verfolgen. Unter öffentlichen Zwecken werden dabei alle der Allgemeinheit dienenden Zwecke subsumiert. Die übrigen Bundesländer treffen hingegen keine derartige Unterscheidung in öffentliche und private Stiftungen.[194]

3.1.3.3 Kirchliche Stiftungen

Als dritte Kategorie einer Klassifizierung von Stiftungen nach der Trägerschaft lassen sich kirchliche Stiftungen identifizieren. Diese werden von der Kirche genehmigt, verwaltet und überwacht und dienen vornehmlich der Erfüllung kirchlicher Zwecke.[195] Als kirchliche Zwecke gelten dabei solche Aufgaben, die darauf gerichtet sind, "eine Religionsgemeinschaft, die Körperschaft des öffentlichen Rechts ist, selbstlos zu fördern."[196]

---

188 Vgl. Buchna, Johannes, Gemeinnützigkeit, 2003, hier: S. 28. Ausführlich zu Stiftungen des öffentlichen Rechts z.B. Campenhausen, Axel Frhr. von, Handbuch, 1999, hier: §§ 15-21.

189 Vgl. Wehrheim, Michael/Roth, Matthias, Behandlung, 2001, hier: S. 636.

190 Vgl. Kapitel 3.1.2.

191 Vgl. Fn. 186.

192 Art. 1 Abs. 3 BayStG.

193 § 2 Abs. 3 RhPfStiftG.

194 Vgl. Wachter, Thomas, Steuerrecht, 2001, hier: S. 27.

195 Vgl. Neuhoff, Klaus, Kommentierung, 1988, hier: Vorb. § 80, Rz. 55; Wehrheim, Michael/Roth, Matthias, Behandlung, 2001, hier: S. 636 sowie Buchna, Johannes, Gemeinnützigkeit, 2003, hier: S. 28.

196 § 54 Abs. 1 AO.

3.1.4 Anwendungsformen von Stiftungen

3.1.4.1 Gemeinnützige Stiftungen

Auch wenn Stiftungen häufig mit dem Attribut der Gemeinnützigkeit in Verbindung gebracht werden, so ist dies keinesfalls notwendige Voraussetzung: Sofern die Anforderungen des § 81 Abs. 1 BGB[197] erfüllt sind, der Stiftungszweck das Gemeinwohl nicht gefährdet und seine dauerhafte Erfüllung als gesichert angesehen werden kann, ist eine rechtsfähige Stiftung von der jeweils zuständigen Landesbehörde anzuerkennen.[198]

Mit der Anerkennung der Stiftung ist jedoch noch keine Entscheidung bezüglich einer möglichen Vergabe des Attributs *'gemeinnützig'* getroffen; diese ergibt sich gegebenenfalls aus dem Stiftungszweck. Erst, wenn die Stiftung ausschließlich und unmittelbar gemeinnützigen, mildtätigen oder kirchlichen Zwecken selbstlos dient, gelangt sie in den Genuss umfangreicher Steuervergünstigungen.[199] Dabei ist es unerheblich, ob es sich um eine rechtsfähige oder eine nichtrechtsfähige Stiftung handelt, sodass gemeinnützige Stiftungen – ebenso wie Familienstiftungen und unternehmensverbundene Stiftungen – zutreffend als eine Anwendungsform der Stiftung bezeichnet werden.[200] In welchem Rahmen Steuerbefreiungen gewährt werden, ergibt sich aus den jeweiligen Einzelsteuergesetzen und wird an späterer Stelle zu untersuchen sein.[201]

Gemeinnützige Zwecke i.S.d. § 52 AO sind solche Zwecke, die darauf gerichtet sind, die "Allgemeinheit auf materiellem, geistigem oder sittlichem Gebiet selbstlos zu fördern."[202] Zur Präzisierung enthält § 52 Abs. 2 AO eine nicht

---

197 So bedarf es grundsätzlich des Stiftungsgeschäfts in Schriftform, in dem der Stifter verbindlich erklärt, dass er ein Vermögen zur Erfüllung eines von ihm bestimmten Zweckes der Stiftung widmet. Das Stiftungsgeschäft muss zudem der Stiftung eine Satzung geben, aus der der Name und Sitz sowie der Zweck, das Vermögen und die Bildung des Vorstandes der Stiftung hervorgehen.

198 Vgl. § 80 Abs. 2 BGB. Durch das Gesetz zur Modernisierung des Stiftungsrechts vom 15.07.2002 wurde der zur Entstehung der Stiftung erforderliche Verwaltungsakt von *'Genehmigung'* in *'Anerkennung'* umbenannt, um damit den Rechtsanspruch des Stifters auf Anerkennung der Stiftung im Gesetz zu verankern; vgl. Schwarz, Günter Christian, Neuregelung, 2002, hier: S. 1719 f. sowie Heinrichs, Helmut, Kommentierung, 2004, hier: Vorb. § 80, Rz. 1.

199 Vgl. § 51 S. 1 AO. Dem allgemeinen Sprachgebrauch folgend, soll *'Gemeinnützigkeit'* als Oberbegriff für gemeinnützige, mildtätige oder kirchliche Zwecke verwendet werden und damit der Verfolgung *'steuerbegünstigter Zwecke'* i.S.d. §§ 52-54 AO Ausdruck verleihen.

200 Vgl. Schwarz, Günter Christian, Instrument, 2001, hier: S. 2387.

201 Vgl. Kapitel 3.3.

202 § 52 Abs. 1 S. 1 AO.

abschließende Aufzählung dieser gemeinnützigen Zwecke i.e.S., beispielsweise die Förderung von Kunst und Kultur, der Wissenschaft und Forschung oder auch der Religion[203] und der Entwicklungshilfe. Entscheidend dabei ist jedoch, dass sich die Stiftung mit ihrer Tätigkeit nicht an einen abgeschlossenen Personenkreis wendet, sondern eine ausreichend große Zahl von Personen, die als Ausschnitt der Allgemeinheit angesehen werden kann, in den Genuss dieser Förderung gelangt.[204]

Die Förderung der Allgemeinheit ist hingegen nicht Voraussetzung für die Anerkennung der Verfolgung mildtätiger oder kirchlicher Zwecke: Mildtätigkeit liegt bei der Unterstützung persönlich oder wirtschaftlich hilfsbedürftiger Personen vor, wohingegen kirchliche Zwecke bei der Förderung einer Religionsgemeinschaft des öffentlichen Rechts gegeben sind.[205]

Damit eine Stiftung als steuerbegünstigt anerkannt werden kann, ist zudem erforderlich, dass Selbstlosigkeit, Ausschließlichkeit und Unmittelbarkeit vorliegen. Selbstlosigkeit bedeutet, dass die Stiftung nicht in erster Linie eigenwirtschaftliche Ziele verfolgen darf.[206] Eine grundsätzliche Gewinnerzielungsabsicht ist zwar nicht per se selbstlosigkeitsschädlich, jedoch darf sie nicht Hauptzweck der Betätigung sein, sondern muss in den Hintergrund treten.[207]

Ausschließlichkeit erfordert, dass die Stiftung einzig die in ihrer Satzung genannten, steuerbegünstigten Zwecke verfolgt.[208] Allerdings ist es nach § 58 Abs. 5 AO nicht zu beanstanden, wenn die Stiftung mit maximal einem Drittel ihres Einkommens den Stifter und seine nächsten Angehörigen unterhält beziehungsweise deren Gräber pflegt und ihr Andenken ehrt.[209] Dabei ist jedoch

---

203 Die Förderung der Religion unterscheidet sich von der Verfolgung kirchlicher Zwecke gemäß § 54 AO dadurch, dass bei Letzterem eine Religionsgemeinschaft, die Körperschaft des öffentlichen Rechts ist, gefördert werden muss; vgl. Schick, Stefan, Rahmenbedingungen, 2001, hier: S. 82.

204 Einen abgeschlossenen Personenkreis unterstellt der Gesetzgeber insbesondere bei der Förderung einer einzelnen Familie oder der Belegschaft eines Unternehmens sowie der Abgrenzung nach beruflichen oder räumlichen Merkmalen; vgl. § 52 Abs. 1 S. 2 AO. Vgl. dazu auch Märkle, Rudi W., Verein, 2000, hier: S. 120.

205 Vgl. §§ 53 und 54 AO. Dazu auch Schick, Stefan, Rahmenbedingungen, 2001, hier: S. 91 f.

206 Vgl. § 55 Abs. 1 AO.

207 Vgl. Steinsdörfer, Erich, Stiftungsverwaltung, 1999, hier: S. 436, m.w.N. sowie Wehrheim, Michael/Roth, Matthias, Behandlung, 2001, hier: S. 637.

208 Vgl. § 56 AO.

209 Vgl. hierzu auch BMF v. 06.11.1998 – IV C 6 – S 0177 – 6/98, hier: S. 1446. Diese Regelung trägt dem Umstand Rechnung, dass ohne die Vermögensübertragung des Stifters die Stiftung nicht existierte; vgl. Müller, Thorsten/Schubert, Jörg, Stifterfamilie, 2000, hier: S. 1294. Zu der 1990 erfolgten Anhebung der Unschädlichkeitsgrenze von

darauf zu achten, dass dies einen angemessenen Rahmen nicht übersteigen darf. Gegebenenfalls muss dem Finanzamt glaubhaft nachgewiesen werden können, dass die geleisteten Zuwendungen erforderlich waren, um den angemessenen Unterhalt des Stifters abzusichern.[210]

Unmittelbarkeit schließlich ist gegeben, sofern die Stiftung die steuerbegünstigten Zwecke selbst verfolgt. Dafür ist erforderlich, dass die Tätigkeiten der Stiftung darauf abzielen, die steuerbegünstigten Zwecke direkt zu fördern, ohne dass eine weitere Aktivität oder eine andere Person oder Leistung zwischengeschaltet ist. Zulässig ist es jedoch, wenn sich die Stiftung Hilfspersonen bedient, deren Wirken wie eigenes Handeln der Stiftung anzusehen ist.[211] Eine Ausnahme vom Gebot der Unmittelbarkeit, die die Gemeinnützigkeit nicht beeinträchtigt, stellt die so genannte Förderstiftung dar, deren Ziel das Sammeln von Mitteln zur Weitergabe an andere steuerbegünstigte Körperschaften ist.[212]

Die Prüfung der Gemeinnützigkeit muss allein aufgrund der Satzung möglich sein.[213] Daher ist es unabdingbar, dass die in der Abgabenordnung genannten Anforderungen auch in der Stiftungssatzung verankert werden und dass die tatsächliche Geschäftsführung erkennbar daran ausgerichtet ist.[214]

3.1.4.2 Familienstiftungen

Familienstiftungen machen neben den gemeinnützigen Stiftungen, deren Anteil bei etwa 95 v.H. aller Stiftungen liegt, die zweitgrößte Gruppe der Stiftungen aus.[215] Dabei ist jedoch nach wie vor heftig umstritten, ab wann eine Stiftung als *'Familienstiftung'* zu klassifizieren ist.[216] Der BFH hat lediglich in qualitativer,

---

einem Viertel auf ein Drittel des Einkommens einer Stiftung vgl. Thiel, Jochen/Eversberg, Horst, Vereinsförderungsgesetz, 1990, hier: S. 396 f.

210 Vgl. Verstl, Jörg, Rechtsinstitut, 1997, hier: S. 678; Weger, Magda/Weger, Hans-Dieter, Stiftung, 1997, hier: S. 42 sowie Wigand, Klaus, Gewissen, 2003, hier: S. 185. Zum Begriff der Angemessenheit vgl. auch ausführlich Müller, Thorsten/Schubert, Jörg, Stifterfamilie, 2000, hier: S. 1296 f., m.w.N.

211 Vgl. § 57 Abs. 1 AO. Dazu auch Steinsdörfer, Erich, Stiftungsverwaltung, 1999, hier: S. 436; Schiffer, K. Jan, Gemeinnützigkeitsrecht, 2003, hier: S. 1015 f. sowie Buchna, Johannes, Gemeinnützigkeit, 2003, hier: S. 145-150.

212 Vgl. § 58 Nr. 1 AO. Dazu auch Wehrheim, Michael/Roth, Matthias, Behandlung, 2001, hier: S. 637.

213 Vgl. § 60 Abs. 1 AO.

214 Vgl. Wehrheim, Michael/Roth, Matthias, Behandlung, 2001, hier: S. 637.

215 Vgl. Schick, Stefan, Rahmenbedingungen, 2001, hier: S. 139 sowie Mattheus, Daniela, Eckpfeiler, 2003, hier: S. 258.

216 Die Auslegung des Begriffs *'Familie'* richtet sich dabei nach § 15 AO, der als *'Angehörige'* vornehmlich Verlobte, Ehegatten, Geschwister und deren Kinder definiert; vgl.

nicht aber in quantitativer Hinsicht Kriterien für das Bestehen einer Familienstiftung definiert: Demzufolge "dient [eine Stiftung] dann wesentlich dem Interesse einer Familie oder bestimmter Familien [...], wenn nach der Satzung und gegebenenfalls dem Stiftungsgeschäft ihr Wesen darin besteht, es den Familien zu ermöglichen, das Stiftungsvermögen, soweit es einer Nutzung zu privaten Zwecken zugänglich ist, zu nutzen und die Stiftungserträge an sich zu ziehen."[217]

Die Finanzverwaltung legt in Anlehnung an § 15 Abs. 2 AStG dieses Urteil derart aus, dass bei einer Bezugs- oder Anfallsberechtigung des Stifters, seiner Angehörigen und deren Nachkommen zu mehr als der Hälfte der Stiftungserträge das Kriterium des wesentlichen Familieninteresses erfüllt ist und damit eine Familienstiftung vorliegt.[218] Sofern die Begünstigten zudem einen maßgeblichen Einfluss auf die Geschäftsführung der Stiftung haben, kann dies bereits ab 25 v.H. gegeben sein.[219] Demgegenüber wird in der Literatur vorwiegend gefordert, eine Familienstiftung ab einer Bezugs- oder Anfallsberechtigung von über 75 v.H. zu unterstellen. Jenseits dieser Marke verfüge die Familie erst über den *'Löwenanteil'* an der Stiftung.[220]

Über viele Jahre hinweg bestand Rechtsunsicherheit bezüglich der Genehmigungsfähigkeit neuer Familienstiftungen, da einige Landesstiftungsgesetze diesbezüglich strenge Anforderungen stellten: So genehmigten z.B. die Stiftungsaufsichtsbehörden in Bayern nur beim Vorliegen "wichtige[r] Gründe",[221] die jedoch nicht näher geregelt waren, die Gründung einer Familienstiftung,

---

dazu auch Gersch, Eva-Maria, Kommentierung, 2000, hier: § 58, Rz. 6; Nietzer, Wolf M./Stadie, Volker, Alternative, 2000, hier: S. 3458 sowie Tipke, Klaus, Kommentierung, 2001, hier: § 58, Rz. 6.

217 BFH v. 10.12.1997 II R 25/94, hier: S. 114. Das Kriterium des *'wesentlichen Interesses'* einer Familie findet sich auch in den §§ 1 Abs. 1 Nr. 4 sowie 15 Abs. 2 S. 1 ErbStG. Vgl. hierzu auch Jülicher, Marc, Kommentierung, 2003, hier: § 1, Rz. 47.

218 Vgl. Werkmüller, Maximilian A., Familienstiftung, 1999, hier: S. 138; Kußmaul, Heinz/ Meyering, Stephan, Familienstiftung, 2004, hier: S. 136, m.w.N. sowie Kellersmann, Dietrich/Schnitger, Arne, Bedenken, 2005, hier: S. 253.

219 Vgl. FinMin Niedersachsen, Erl. v. 06.12.1983 – S 3800 – 74 – 34, hier: S. 23; Jülicher, Marc, Familienstiftung, 1995, hier: S. 72, m.w.N.; Korezkij, Leonid, Erbschaftsteuerrecht, 1999, hier: S. 133; Götz, Hellmut, Familienstiftung, 2000, hier: S. 7380 sowie Schick, Stefan, Rahmenbedingungen, 2001, hier: S. 140 f.

220 Daher wird diese Auffassung auch als *'Löwenanteilstheorie'* bezeichnet; vgl. Felix, Günther, Pflicht, 1982, hier: S. 358; Sorg, Martin H., Wesen, 1984, hier: S. 87-90, m.w.N. sowie Hennerkes, Brun-Hagen/Binz, Mark K./Sorg, Martin H., Rechtsform, 1986, hier: S. 2218. Eine ausführliche Analyse der verschiedenen Auffassungen liefern z.B. Flämig, Christian, Familienstiftungen, 1986, hier: S. 12 f. sowie Laule, Gerhard/ Heuer, Carl-Heinz, Familienstiftungen, 1987, hier: S. 495-504.

221 Art. 3 S. 2 BayStG.

wohingegen dies in Brandenburg gemäß § 6 Abs. 2 lit. b) BrbgStiftG generell untersagt war.[222] Erst mit dem Inkrafttreten des Gesetzes zur Modernisierung des Stiftungsrechts am 01. September 2002 und der darin enthaltenen Negativvoraussetzung einer Gemeinwohlgefährdung besteht nunmehr ein bundeseinheitlicher Rechtsanspruch auf Anerkennung der Familienstiftung.[223]

Die Errichtung einer Familienstiftung dient vornehmlich der Versorgung des Stifters, seiner Angehörigen und deren Nachfahren.[224] Um jedoch in den Genuss der für gemeinnützige Stiftungen geltenden Steuerbegünstigungen gelangen zu können, müssen sich die entsprechenden Zuwendungen im Rahmen der Drittelregelung des § 58 Nr. 5 AO bewegen.[225] Diese steht insoweit dem Zweck der Familienstiftung entgegen. Sofern über einen angemessenen Unterhalt hinaus dem Stifter und seinen Angehörigen Versorgungsleistungen zufließen sollen, ist die Gemeinnützigkeit zu versagen, mit der Folge, dass es sich um eine regulär steuerpflichtige Körperschaft handelt.[226] Auf die steuerlichen Besonderheiten der Familienstiftung in Form der Erbersatzsteuer wird in Kapitel 3.3.3.1.5 einzugehen sein.

Familienstiftungen sind in den meisten Bundesländern von der laufenden Stiftungsaufsicht vollständig oder zumindest weitgehend freigestellt. Dies findet seine Rechtfertigung darin, dass aufgrund des regelmäßig engen Bezugs der Stiftungsorgane zur Familie des Stifters das Risiko einer missbräuchlichen Geschäftsführung deutlich geringer eingeschätzt wird, als dies bei Nicht-Familienstiftungen der Fall ist. Allerdings sehen viele Stifter in der Stiftungsaufsicht eine Art Sicherungsinstrument, um auch nach ihrem Tode den Stifterwillen sicherstellen zu können, sodass sie auf die der Familienstiftung eingeräumten Erleichterungen verzichten.[227]

---

222 Vgl. Wachter, Thomas, Steuerrecht, 2001, hier: S. 143-145; vgl. hierzu auch bereits Goerdeler, Reinhard/Ulmer, Peter, Stiftungszweck, 1963, hier: S. 296.

223 Vgl. Andrick, Bernd/Suerbaum, Joachim, Modernisierung, 2002, hier: S. 2906-2908; Christ, Susanne, Neugestaltung, 2002, hier: S. 753; Hüttemann, Rainer, Modernisierung, 2003, hier: S. 62 f.; Schwarz, Günter Christian, Zulässigkeit, 2003, hier: S. 307 f. sowie Heinrichs, Helmut, Kommentierung, 2004, hier: Vorb. § 80, Rz. 8.

224 Vgl. Fleischmann, Michael, Anmerkungen, 2002, hier: S. 420.

225 Vgl. dazu die Ausführungen in Kapitel 3.1.4.1.

226 Vgl. Schiffer, K. Jan/Peters, Claus J./Seifert, Klaus, Körperschaften, 1997, hier: S. 38; Verstl, Jörg, Rechtsinstitut, 1997, hier: S. 678 f.; Steinsdörfer, Erich, Motive, 1999, hier: S. 316 sowie Schwarz, Günter Christian, Instrument, 2001, hier: S. 2387 f.

227 Vgl. Binz, Mark K./Sorg, Martin H., Renaissance, 1987/1988, hier: S. 149, m.w.N.

3.1.4.3 Unternehmensstiftungen

3.1.4.3.1 Überblick

Eine interessante Anwendungsform der Stiftung stellen Unternehmensstiftungen dar. Hierbei werden zwei Ausprägungen unterschieden: Zum einen gibt es Unternehmensträgerstiftungen, die in der Literatur gelegentlich auch als *'Unternehmensstiftungen i.e.S.'* bezeichnet werden. Daneben existieren die so genannten *'Beteiligungsträgerstiftungen'*, auch kurz *'Beteiligungsstiftungen'*.[228] Für beide Arten von Unternehmensstiftungen existiert seit Inkrafttreten des Gesetzes zur Modernisierung des Stiftungsrechts vom 01. September 2002 ein Rechtsanspruch auf behördliche Anerkennung, sofern die Voraussetzungen der §§ 80 und 81 BGB erfüllt sind.[229]

Unabhängig davon, um welche Ausprägung es sich speziell handelt, gelten für Unternehmensstiftungen – im Gegensatz zu Familienstiftungen – jedoch keine steuerlichen Sondervorschriften, sodass die allgemeinen stiftungsrechtlichen Besteuerungsgrundsätze Anwendung finden.[230]

3.1.4.3.2 Unternehmensträgerstiftungen

Als Unternehmensträgerstiftung bezeichnet man solche Stiftungen, die unmittelbar selbst am Markt tätig werden und – wie ein Einzelkaufmann – ein Unternehmen führen.[231] Die Stiftung ist damit Kaufmann kraft Gewerbebetrieb i.S.d. § 1 HGB und hat nach den Vorschriften der §§ 238 ff. HGB Bücher zu

---

228 Daneben finden sich in der Literatur auch Stimmen, die die hier angesprochenen Beteiligungsträgerstiftungen als *'Unternehmensträgerstiftungen'* bezeichnen, sodass von einer klar abgegrenzten Terminologie keine Rede sein kann; vgl. z.B. Kohl, Reinhard, Stiftungskonzernrecht, 1992, hier: S. 1922; Herrmann, Markus, Unternehmenskontrolle, 1997, hier: S. 501 f. sowie Ries, Gerhard, Rahmenbedingungen, 2001, hier: S. 37 f. Grundlegend zu unternehmensverbundenen Stiftungen z.B. Trops, Fritz, Stiftung, 1970, hier: S. 367-369; Trops, Fritz, Unternehmensreform, 1971, hier: S. 228 f.; Rawert, Peter, Genehmigungsfähigkeit, 1990, hier: S. 22-25, m.w.N. sowie Reuter, Dieter, Kommentierung, 2001, hier: Vorb. § 80, Rz. 43-59.

229 So wurden bspw. die die Gründung von Unternehmensstiftungen einschränkenden Vorschriften in Brandenburg, Mecklenburg-Vorpommern und Nordrhein-Westfalen aufgehoben; vgl. Heinrichs, Helmut, Kommentierung, 2004, hier: § 80, Rz. 9. Zur ehemals restriktiven Genehmigungspraxis vgl. z.B. Hennerkes, Brun-Hagen/Schiffer, K. Jan/Fuchs, Marcus, Behandlung, 1995, hier: S. 211 f., m.w.N.; Wochner, Georg, Grundlagen, 1999, hier: S. 1441 f.; Richter, Andreas, Reform, 2003, hier: S. 314 f. sowie Schwarz, Günter Christian, Zulässigkeit, 2003, hier: S. 310-313. A.A. Schmidt, Karsten, Gesellschaftsrecht, 2002, hier: S. 176 f. Zur Zulässigkeit unternehmensverbundener Stiftungen vgl. die Ausführungen in Kapitel 4.1.

230 Vgl. Schwarz, Günter Christian, Instrument, 2001, hier: S. 2387.

231 Vgl. Götz, Hellmut, Besonderheiten, 2001, hier: S. 7533.

führen.[232] Ein Beispiel hierfür fand sich lange Jahre in der Carl-Zeiss-Stiftung in Jena.[233]

Allerdings hat es der Typus der Unternehmensträgerstiftung aus rechtlichen und wirtschaftlichen Gründen nicht vermocht, sich in der Praxis durchzusetzen.[234] Dies liegt zum einen daran, dass in einigen Landesstiftungsgesetzen[235] bis zum Inkrafttreten des Gesetzes zur Modernisierung des Stiftungsrechts ein Verbot zur Gründung von Unternehmensträgerstiftungen bestand.[236] Sofern der Hauptzweck der Stiftung in der Verwaltung eines erwerbswirtschaftlichen Unternehmens lag, das ausschließlich oder überwiegend eigennützigen Interessen des Stifters oder seiner Erben diente, wurde die Genehmigung mit dem Hinweis versagt, die Gestaltung bezwecke lediglich die Umgehung der Publizitäts-, Gläubigerschutz- und Mitbestimmungsvorschriften.[237]

Zum anderen können Unternehmensträgerstiftungen aufgrund der vom Stiftungsrecht gesetzten Schranken nicht flexibel genug auf marktliche Veränderungen im Laufe der Zeit reagieren. Zu verweisen ist hier beispielhaft insbesondere auf die strikte Bindung der Stiftungsorgane an den in der Stiftungsverfassung festgelegten und grundsätzlich unabänderlichen Stifterwillen, dessen Einhaltung der strengen Kontrolle durch die Stiftungsaufsichtsbehörde unterliegt.[238] Zudem bestehen für Stiftungen nur begrenzte Möglichkeiten zur Kapitalbeschaffung,

---

232 Vgl. Götz, Hellmut, Teil I, 1997, hier: S. 620; dazu auch Schwintowski, Hans-Peter, Konzernspitze, 1991, hier: S. 2738 f., m.w.N. sowie Brandmüller, Gerhard/Lindner, Reinhold, Stiftungen, 2005, hier: S. 68.

233 Vgl. Goerdeler, Reinhard, Problematik, 1992, hier: S. 1488, m.w.N. Zum 01. Juli 2004 wurden die von der Carl Zeiss Stiftung betriebenen Unternehmen jedoch in Aktiengesellschaften ausgegliedert; vgl. Brandmüller, Gerhard/Lindner, Reinhold, Stiftungen, 2005, hier: S. 1.

234 Vgl. Schiffer, K. Jan, Unternehmensnachfolge, 2003, hier: S. 24.

235 So z.B. § 7 Abs. 3 lit. a) MecklVorPStiftG sowie § 4 Abs. 2 lit. b) NRWStiftG. Vgl. hierzu auch Kapitel 4.1.2.

236 Jedoch konnte das Verbot durch das Verlegen des Sitzes der Stiftung in ein anderes Bundesland umgangen werden. Dies war möglich, da der Sitz der Stiftung, nach dem sich das zuständige Landesstiftungsrecht bestimmt, nicht mit dem Ort der Tätigkeit und Verwaltung übereinstimmen muss; vgl. Schulze zur Wiesche, Dieter, Unternehmensform, 1988, hier: S. 129, m.w.N.; dazu auch Hennerkes, Brun-Hagen/Schiffer, K. Jan/Fuchs, Marcus, Behandlung, 1995, hier: S. 211 f.

237 Vgl. Schmidt, Oliver, Erscheinungsformen, 2003, hier: S. 15.

238 Vgl. Götz, Hellmut, Besonderheiten, 2001, hier: S. 7534; Hennerkes, Brun-Hagen/Schiffer, K. Jan, Stiftungsrecht, 2001, hier: S. 51 sowie Brandmüller, Gerhard/Lindner, Reinhold, Stiftungen, 2005, hier: S. 73 f. Durch die starre Bindung an den Stifterwillen sind bspw. strukturelle Maßnahmen wie ein Branchenwechsel oder eine Fusion deutlich erschwert; vgl. Reuter, Dieter, Stiftungsabhängigkeit, 1973, hier: S. 242 sowie Fasselt, Martin, Beteiligungsstiftung, 1989, hier: S. 56-59.

sodass aus wirtschaftlicher Sicht andere Rechtsformen deutlich vorteilhaft sind.[239]

3.1.4.3.3 Beteiligungsträgerstiftungen

Dem Stifter geht es regelmäßig um die Bereitstellung der für die Erfüllung des Stiftungszweckes erforderlichen Mittel. Gehören Beteiligungen an einer oder mehreren steuerpflichtigen Personen- oder Kapitalgesellschaften zum Stiftungsvermögen, spricht man von einer Beteiligungsträgerstiftung. Die Unternehmensbeteiligung dient damit der Generierung von Erträgen zur Verfolgung des Stiftungszweckes und kann gegebenenfalls durch anderes rentierliches Vermögen ersetzt werden; sie erfüllt damit die Rolle einer Dotationsquelle.[240]

Sofern es sich um eine gemeinnützige Beteiligungsträgerstiftung handelt, ist es aus steuerlicher Sicht von entscheidender Bedeutung, ob die Beteiligung der steuerbegünstigten Sphäre der Vermögensverwaltung oder dem steuerpflichtigen wirtschaftlichen Geschäftsbetrieb zugeordnet wird.[241] Die Beteiligung an einer Kapitalgesellschaft erfüllt grundsätzlich der Tatbestand der Vermögensverwaltung. Sobald allerdings maßgeblicher Einfluss auf die tatsächliche Geschäftsführung der Kapitalgesellschaft ausgeübt werden kann, unterstellt der BFH eine – wenn auch nur mittelbare – Beteiligung am allgemeinen wirtschaftlichen Verkehr und ordnet die Anteile der Sphäre des steuerpflichtigen wirtschaftlichen Geschäftsbetriebes der Stiftung zu.[242] Demgegenüber stellt die Beteiligung an einer Personengesellschaft – sofern diese nicht rein vermögensverwaltend tätig ist – grundsätzlich einen steuerpflichtigen wirtschaftlichen Geschäftsbetrieb dar.[243]

---

239 Vgl. Hennerkes, Brun-Hagen/Binz, Mark K./Sorg, Martin H., Rechtsform, 1986, hier: S. 2220 sowie Binz, Mark K./Sorg, Martin H., Renaissance, 1987/1988, hier: S. 153 f.

240 Vgl. Hennerkes, Brun-Hagen/Binz, Mark K./Sorg, Martin H., Rechtsform, 1986, hier: S. 2220; Pöllath, Reinhard, Handbuch, 1999, hier: § 13, Rz. 50-52 sowie Heinzelmann, Jochen, Stiftung, 2003, hier: S. 55 f. Liegt jedoch ein Verbot der Vermögensumschichtung bei der Stiftung vor, sodass sie auf eine dauerhafte wirtschaftliche Symbiose mit einem Unternehmen festgelegt ist, so ist die Zulässigkeit der Beteiligungsträgerstiftung in der Literatur umstritten; vgl. nur Reuter, Dieter, Normativsystem, 1998, hier: S. 504-506, m.w.N. Vgl. hierzu auch Kapitel 4.1.1.

241 Zu den vier steuerlichen Sphären einer steuerbegünstigten Stiftung – ideeller Bereich, Vermögensverwaltung, steuerbegünstigter Zweckbetrieb und steuerpflichtiger wirtschaftlicher Geschäftsbetrieb – vgl. Kapitel 3.3.3.1.1.

242 Vgl. BFH v. 30.06.1971 I R 57/70, hier: S. 754 sowie Schiffer, K. Jan/Peters, Claus J./ Seifert, Klaus, Körperschaften, 1997, hier: S. 39.

243 Vgl. z.B. BFH v. 09.05.1984 I R 25/81, hier: S. 727 f. Eine Ausnahme gilt jedoch für den Fall, dass die Beteiligung an der Mitunternehmerschaft bei der Stiftung in die Sphäre eines steuerbegünstigten Zweckbetriebs fällt; vgl. Schick, Stefan, Körperschaft, 1999,

Neben der Unternehmensbeteiligung als Dotationsquelle kommt eine Beteiligungsträgerstiftung in Betracht, wenn der Unternehmer und Stifter seiner Familie zwar einen nießbrauchähnlichen Anspruch auf die Unternehmensgewinne einräumen möchte, jedoch die Unternehmenssubstanz und -verwaltung auf Dauer dem Familienzugriff entziehen möchte. Die Stiftung übernimmt folglich die Position eines Treuhänders, der die Unternehmensbeteiligung der Familie hält und die Ausübung der Beteiligungsrechte im Sinne des Stifters sicherstellt.[244]

3.1.5 Anmerkungen zur weiteren Vorgehensweise

Im weiteren Verlauf wird – der gängigen Praxis in der Literatur folgend[245] – von einer rechtsfähigen Stiftung des bürgerlichen Rechts ausgegangen. Dies gebietet sich aufgrund der ganz überragenden Bedeutung dieser Stiftungsausprägung in unternehmensrechtlicher Hinsicht. Je nach Relevanz wird dabei auf die unterschiedlichen, hier vorgestellten Anwendungsformen eingegangen.

3.2 Nichtsteuerliche Charakteristika rechtsfähiger Stiftungen des bürgerlichen Rechts

3.2.1 Haftung

Stiftungen des bürgerlichen Rechts sind hinsichtlich diverser Charakteristika den Kapitalgesellschaften näher verwandt als den Personengesellschaften. Dies gilt nicht zuletzt bezüglich der Haftung. Während bei Personengesellschaften die Gesellschafter in der Regel mit ihrem gesamten Privatvermögen für die Schulden des Unternehmens haften, so ist sowohl bei Kapitalgesellschaften als auch bei Stiftungen die Haftung auf das Unternehmens- respektive Stiftungsvermögen beschränkt.[246] Bei Stiftungen ist diese Haftungsbeschränkung jedoch noch ausgeprägter vorhanden: Im Gegensatz zu den mitgliedschaftlich organi-

---

hier: S. 1189. Vgl. zu der Beteiligung einer steuerbegünstigten Stiftung an einer Kapital- oder Personengesellschaft auch Kapitel 3.3.3.1.1.3.

244 Vgl. Hennerkes, Brun-Hagen/Binz, Mark K./Sorg, Martin H., Rechtsform, 1986, hier: S. 2220 f.; Heinzelmann, Jochen, Stiftung, 2003, hier: S. 57 sowie Schiffer, K. Jan, Unternehmensnachfolge, 2003, hier: S. 24 f.

245 Vgl. nur Hennerkes, Brun-Hagen/Binz, Mark K./Sorg, Martin H., Rechtsform, 1986, hier: S. 2217.

246 Vgl. nur Wöhe, Günter, Einführung, 2002, hier: S. 271-275.

sierten Kapitalgesellschaften ist eine Stiftung eine eigentümerlose Vermögensmasse; daraus folgt, dass eine Durchgriffshaftung auf *'Gesellschafter'* wegen Unterkapitalisierung[247] bereits denkgesetzlich ausgeschlossen ist, da mangels Verbandsstruktur gar keine Gesellschafter vorhanden sind.[248] Das der Stiftung bei Gründung vom Stifter übertragene Vermögen zuzüglich etwaiger späterer Zustiftungen geht in das alleinige Eigentum der Stiftung über, ohne dass dem Stifter ein Anspruch auf Rückzahlung zustünde.[249] Er trennt sich – in der Regel endgültig – von den von ihm gestifteten Vermögenswerten.[250]

Nichtsdestotrotz kann es speziell für Familienunternehmer besonders reizvoll sein, ihr Unternehmen in eine Stiftungskonstruktion zu überführen. Das unternehmerisch gebundene Vermögen wechselt seinen Eigentümer, denn es gehört fortan der Stiftung. Das Privatvermögen der Familie hingegen, welches aufgrund der unbeschränkten Haftung von Personengesellschaften bislang für die Verbindlichkeiten der Gesellschaft einstand, wird aus der Haftungsmasse herausgenommen. Damit beschränkt sich die den Gläubigern zur Befriedigung ihrer Ansprüche zur Verfügung stehende Vermögensmasse auf das Stiftungsvermögen. Lediglich die Familienmitglieder, die dem Stiftungsvorstand angehören, können haftbar gemacht werden, sofern Stiftungserträge satzungswidrig

---

[247] Bei der GmbH ist dies z.B. für den Fall vorgesehen, dass das zur Erhaltung des Stammkapitals notwendige Gesellschaftsvermögen unrechtmäßig an die Gesellschafter zurückgezahlt wurde; vgl. §§ 30 und 31 GmbHG. Dazu auch Hueck, Götz/Fastrich, Lorenz, Kommentierung, 2000, hier: § 5, Rz. 5 f., m.w.N.

[248] Vgl. Hennerkes, Brun-Hagen/May, Peter, Rechtsformwahl, 1988, hier: S. 488; Ebenroth, Carsten Thomas/Willburger, Andreas, Personengesellschaften, 1992, hier: S. 1047, m.w.N.; Götz, Hellmut, Besonderheiten, 2001, hier: S. 7536 sowie Schwarz, Günter Christian, Instrument, 2001, hier: S. 2384.

[249] Im Gegensatz zu Zuschüssen oder Zuwendungen erhöhen Zustiftungen das Stiftungsvermögen und unterliegen damit dem Grundsatz der Vermögenserhaltung; Erstere können hingegen unmittelbar dem Stiftungszweck zugute kommen; vgl. Carstensen, Carsten, Erhaltung, 1997, hier: S. 79 sowie Pues, Lothar/Scheerbarth, Walter, Stiftungen, 2004, hier: S. 51 f.

[250] Eine Ausnahme hiervon besteht in der Phase der Stiftungsgründung: Solange die zuständige Stiftungsbehörde noch nicht die Genehmigung der Stiftung erteilt hat, kann der Stifter ihr gegenüber das Stiftungsgeschäft widerrufen. Sobald die Genehmigung vonseiten der Stiftungsbehörde jedoch erteilt wurde, kann das Stiftungsgeschäft nicht mehr widerrufen, sondern nur noch wegen Irrtums, Täuschung oder Drohung angefochten werden; vgl. Hennerkes, Brun-Hagen/Schiffer, K. Jan, Stiftungsrecht, 2001, hier: S. 84. Zudem kann der Stifter in der Satzung bestimmen, dass im Falle der Aufhebung der Stiftung die von ihm auf die Stiftung übertragenen Vermögenswerte an ihn zurückfallen. Eine derartige Bestimmung hat jedoch gravierende Konsequenzen in steuerlicher und gemeinnützigkeitsrechtlicher Hinsicht; vgl. hierzu Kapitel 3.3.2.1 sowie Kapitel 3.3.4.

verwendet werden oder die tatsächliche Geschäftsführung gegen den Grundsatz der Vermögenserhaltung verstößt.[251]

Zahlreiche Mitglieder von Stiftungsorganen sind ehrenamtlich tätig. Um ihre Bereitschaft zur Übernahme von Ämtern zu fördern, besteht in den meisten Bundesländern die Möglichkeit, die Haftung für leichte Fahrlässigkeit in der Stiftungssatzung auszuschließen.[252] Eine solche Haftungsbeschränkung ist in Bayern und Hessen bereits gesetzlich vorgeschrieben, sodass Organmitglieder nur bei vorsätzlicher oder grob fahrlässiger Verletzung ihrer Obliegenheiten haften.[253]

Sofern die Stiftung im Rahmen der Geschäftstätigkeit beabsichtigt, ihr Vermögen dergestalt umzuschichten, dass daraus Nachteile für die Gläubiger erwachsen, ist es Aufgabe der Stiftungsaufsichtsbehörde, Entsprechendes zu unterbinden. Wenn diese ihrer Aufsichtspflicht nicht angemessen nachkommt, kann eine Amtspflichtverletzung vorliegen, woraus die Gläubiger Ersatzansprüche herleiten können.[254]

3.2.2 Finanzierungsmöglichkeiten

3.2.2.1 Eigenfinanzierung

Eine Grundbedingung für die Existenz von Unternehmen ist die Sicherstellung einer ausreichenden Kapitalausstattung.[255] Im Falle der hier betrachteten bürger-

---

251 Vgl. Schwarz, Günter Christian, Instrument, 2001, hier: S. 2384; zum Grundsatz der Vermögenserhaltung vgl. Kapitel 3.2.4.

252 Vgl. z.B. § 8 Abs. 1 S. 3 BrbgStiftG; § 6 Abs. 3 S. 2 und S. 3 NdsStiftG sowie § 5 Abs. 2 S. 3 SaarlStiftG. Einige Bundesländer begrenzen die Möglichkeit der Haftungsbeschränkung auf die Organmitglieder, die unentgeltlich tätig werden; vgl. § 8 Abs. 2 S. 2 MecklVorPStiftG sowie § 19 Abs. 2 RhPfStiftG.

253 Vgl. Art. 14 S. 2 und S. 3 BayStG sowie § 8 S. 2 HessStiftG. Vgl. dazu auch Schauhoff, Stephan, Handbuch, 2000, hier: § 3, Rz. 114-121; Wachter, Thomas, Steuerrecht, 2001, hier: S. 45 sowie Pues, Lothar/Scheerbarth, Walter, Stiftungen, 2004, hier: S. 48.

254 Vgl. Weimar, Robert/Geitzhaus, Georg/Delp, Udo A., Stiftung & Co. KG, 1986, hier: S. 2006. Allerdings ist dabei zu bedenken, dass de facto die Aufsichtsbehörden schon personell eine umfassende Kontrolle nicht garantieren können; vgl. Reuter, Dieter, Stiftungsabhängigkeit, 1973, hier: S. 243.

255 Auch wenn es für Stiftungen – im Gegensatz zur AG oder GmbH – keine vorgeschriebene Mindestkapitalausstattung gibt, so fordern die zuständigen Stiftungsaufsichtsbehörden doch, dass die "vorgesehene Vermögensausstattung in einem angemessenen Verhältnis zum Stiftungszweck steht"; Steinsdörfer, Erich, Motive, 1999, hier: S. 318. Vgl. dazu auch Damrau, Jürgen/Wehinger, Martin, Mindeststiftungsvermögen, 1998, hier: S. 178 f. In der Literatur wird ein Grundstockvermögen von etwa 50.000 € gefordert; vgl. Westphal, Michael R., Recht, 2000, hier: S. 376, m.w.N. Hof hält bereits – in

lich-rechtlichen Stiftungen stellt sich diese Problematik in besonderer Weise: Während Personen- oder Kapitalgesellschaften durch Einlagenerhöhung der bisherigen Gesellschafter oder Aufnahme weiterer Gesellschafter neues Eigenkapital der Unternehmung bereitstellen können, steht der Stiftung als eigentümerlose Vermögensmasse dieser Weg nicht offen. Einzig durch Zustiftungen und Spenden kann der Stiftung von außen zusätzliches Eigenkapital zugeführt werden.[256] Da die Stifter oder Spender jedoch keine Anteile erwerben, sondern sich insoweit endgültig von ihrem Vermögen trennen, kommt dieser Art der Eigenfinanzierung nur geringe Bedeutung zu.[257]

Bedeutsamer im Hinblick auf die Eigenfinanzierung – wenngleich nicht unbegrenzt zulässig – ist die Bildung von Rücklagen. Da bei einer Stiftung keine Anteilseigner mit Gewinnverteilungsansprüchen existieren und die durch die Stiftung begünstigten Destinatäre grundsätzlich[258] keinen Rechtsanspruch auf Destinate haben, scheinen der Rücklagenbildung zunächst keine Grenzen gesetzt. Im Stiftungsrecht greift jedoch das so genannte *'Admassierungsverbot'*, welches – zum Teil ausdrücklich[259] – in den Landesstiftungsgesetzen geregelt ist. Das Admassierungsverbot besagt, dass eine Rücklagenbildung regelmäßig nur in Betracht kommt, wenn diese zum Erhalt des Grundstockvermögens der Stiftung erforderlich ist. Eine Aufstockung des Grundstockvermögens ist

---

Anlehnung an das Mindestkapital einer GmbH gemäß § 5 Abs. 1 GmbHG – ein Grundstockvermögen von 25.000 € für ausreichend; vgl. Hof, Hagen, Vermögensausstattung, 1992, hier: S. 1587.

256 Vgl. Herrmann, Markus, Empirisches, 1997, hier: S. 147 sowie Schwarz, Günter Christian, Instrument, 2001, hier: S. 2389.

257 Vgl. Goerdeler, Reinhard, Bundesrepublik, 1991, hier: S. 175 f., m.w.N.

258 Dies gilt, sofern die Stiftungssatzung keine objektiven Kriterien enthält, bei deren Vorliegen den Destinatären Zahlungen zwingend zustehen; vgl. BGH v. 16.01.1957 IV ZR 221/56, hier: S. 708 sowie BGH v. 22.01.1987 III ZR 26/85, hier: S. 353 f. Vgl. dazu auch Stengel, Arndt, Personengesellschaft, 1993, hier: S. 50 f.; Hennerkes, Brun-Hagen/ Schiffer, K. Jan, Stiftungsrecht, 2001, hier: S. 113; Wernicke, Thomas, Vorstandskontrolle, 2003, hier: S. 305; Heinrichs, Helmut, Kommentierung, 2004, hier: § 85, Rz. 4 sowie Pues, Lothar/Scheerbarth, Walter, Stiftungen, 2004, hier: S. 55 f. Um jedweder Gefahr auszuweichen, befürwortet Verstl, in der Stiftungssatzung einen klagbaren Rechtsanspruch der Destinatäre auf Leistungen der Stiftung auszuschließen, damit nicht bei verschlechterter Ertragslage das Stiftungsvermögen durch Ansprüche angegriffen wird; vgl. Verstl, Jörg, Rechtsinstitut, 1997, hier: S. 674. Wachter empfiehlt zudem, zusätzlich in der Stiftungssatzung klarzustellen, dass selbst durch die wiederholte Zuerkennung von Leistungen kein Anspruch auf diese verankert wird; vgl. Wachter, Thomas, Steuerrecht, 2001, hier: S. 47, m.w.N.; vgl. hierzu auch BFH v. 25.08.1987 IX R 98/82, hier: S. 344-346.

259 Vgl. z.B. Art. 11 und Art. 13 BayStG; § 10 Abs. 1 MecklVorPStiftG; § 15 Abs. 1 RhPf-StiftG sowie § 6 Abs. 2 S. 1 SaarlStiftG.

hingegen zunächst einmal unzulässig.[260] Hiermit soll eine vornehmliche Mittelverwendung zur Erfüllung des in der Stiftungssatzung angegebenen Zweckes sichergestellt werden.[261] Im Falle einer gemeinnützigen Stiftung begrenzt darüber hinaus das Steuerrecht die Rücklagenbildung, indem eine zeitnahe Mittelverwendung für satzungsmäßige Zwecke gefordert wird.[262]

Folglich würde aufgrund dieser restriktiven Regelungen in Verbindung mit dem im Steuerrecht dominierenden Nominalwertprinzip das Grundstockvermögen durch die Geldentwertung fortlaufend geschmälert.[263] Um auf langfristige Sicht das Stiftungsvermögen zu erhalten, ist jedoch in den meisten Bundesländern eine ausnahmsweise Admassierung zulässig.[264] Zudem besteht in einigen Bundesländern sogar die Möglichkeit, die Stiftung von vornherein zu ermächtigen, einen Teil der erwirtschafteten Erträge zur Stärkung des Grundstockvermögens einzusetzen.[265] Solchen Stiftungen, die durch die Verfolgung gemeinnütziger Zwecke in den Genuss umfangreicher Steuervergünstigungen gelangen möchten, ist die Bildung freier Rücklagen im Rahmen der Drittelregelung des § 58 Nr. 7 lit. a) AO[266] zur Aufstockung des Stiftungsvermögens seit dem Steuerbereinigungsgesetz 1986 gestattet.[267]

Der Eigenfinanzierung sind somit enge Grenzen gesetzt, zumal die Finanzierung über Rücklagen zwingend eine ausreichende Gewinnerwirtschaftung voraus-

---

260 Vgl. hierzu auch BMF v. 15.02.2002 – IV C 4 – S 0174 – 2/01, hier: S. 449 f. sowie ausführlich Carstensen, Carsten, Erhaltung, 1997, hier: S. 75-77.

261 Vgl. dazu ausführlich Hof, Hagen, Handbuch, 1999, hier: § 10, Rz. 84-94; zur Rücklagenbildung bei einer Stiftung vgl. Eversberg, Horst, Entwicklungen, 1997, hier: S. 272-277.

262 Vgl. § 55 Abs. 1 Nr. 5 AO.

263 Vgl. Seifart, Werner, Vermögensverwaltung, 1987, hier: S. 1895; Schwarz, Günter Christian, Instrument, 2001, hier: S. 2388 f.; Wachter, Thomas, Steuerrecht, 2001, hier: S. 34 f. sowie Schindler, Ambros, Vermögensanlage, 2003, hier: S. 300 f.

264 Vgl. bspw. § 10 Abs. 2 und Abs. 3 BrbgStiftG; § 7 Abs. 3 S. 2 und Abs. 4 BremStiftG; § 6 Abs. 2 S. 2 NdsStiftG sowie § 4 Abs. 4 und Abs. 5 SchlHolStiftG. In Bayern ist dies nur aufgrund einer Anordnung der Stiftungsaufsichtsbehörde zulässig. Voraussetzung dafür ist, dass das Stiftungsvermögen so erheblich geschwächt ist, dass eine nachhaltige Erfüllung des Stiftungszweckes nicht nur gefährdet, sondern beeinträchtigt wird; vgl. Art. 26 BayStG.

265 Vgl. bspw. § 10 Abs. 2 S. 1 lit. c) BrbgStiftG; § 7 Abs. 3 S. 2 BremStiftG; § 8 Abs. 2 S. 1 lit. c) NRWStiftG sowie § 6 Abs. 2 S. 2 SaarlStiftG. Dazu auch Wachter, Thomas, Steuerrecht, 2001, hier: S. 35, m.w.N.

266 Die Zuführung von "höchstens ein[em] Drittel des Überschusses der Einnahmen über die Unkosten aus Vermögensverwaltung und darüber hinaus höchstens 10 vom Hundert .. [der] sonstigen nach § 55 Abs. 1 Nr. 5 [AO] zeitnah zu verwendenden Mittel" in eine freie Rücklage ist unschädlich für die Steuervergünstigungen; § 58 Nr. 7 lit. a) AO.

267 Vgl. Seifart, Werner, Vermögensverwaltung, 1987, hier: S. 1895. Zur Besteuerung von Stiftungen vgl. Kapitel 3.3.3.

setzt. Sofern diese Mittel eine adäquate Kapitalausstattung nicht mehr gewährleisten können, wird die Stiftung eine Aufnahme von Fremdkapital in Betracht ziehen müssen.

3.2.2.2 Fremdfinanzierung

Insbesondere Unternehmensstiftungen, aber auch *'klassische'* Stiftungen, können ihren Kapitalbedarf nur selten ausschließlich über Eigenkapital decken. Speziell Erstere sind aufgrund ihrer Geschäftstätigkeit regelmäßig auf zusätzliches Kapital von außen angewiesen. Allerdings erscheint es fraglich, ob sie als eigentümerlose Vermögensmasse anderen Rechtsformen gleichgestellt sind. Zwar besteht auch für Stiftungen die Möglichkeit, Darlehen oder Hypotheken aufzunehmen, sodass insoweit kein Nachteil zu erkennen ist. Allerdings sind der Gleichstellung bereits in den Fällen Grenzen gesetzt, in denen Kreditinstitute Unternehmen anderer Rechtsformen Kredite gewähren, die ausschließlich durch die Integrität und Bonität der dahinter stehenden Eigentümer abgesichert sind. In Ermangelung einer Eigentümerstruktur werden Stiftungen entsprechende Kredite – zu vergleichbaren Konditionen – kaum aufnehmen können.[268]

Als der Bonität abträglich wird auch die Tatsache zu bewerten sein, dass aufgrund der Eigentümerlosigkeit der Stiftungsvorstand dazu geneigt sein könnte, risikofreudiger zu agieren, als dies bei anderen Rechtsformen üblich ist. Zum einen wird der Stiftungsvorstand nicht persönlich von Verlusten getroffen. Zum anderen ist eine wirkungsvolle Kontrolle der Geschäftspolitik des Stiftungsvorstandes nur sehr eingeschränkt möglich, da sich die Stiftungsaufsichtsbehörde auf eine reine Rechtsaufsicht beschränkt und eine interne Kontrolle vonseiten eines Beirates keine notwendige Voraussetzung für die Errichtung einer Stiftung darstellt.[269] Zudem ist eine Durchgriffshaftung wie im Falle der GmbH bereits denkgesetzlich ausgeschlossen,[270] mit der Folge, dass der Stiftungsvorstand – insgesamt betrachtet – weitgehend frei in seinen Entscheidungen bezüglich künftiger Geschäftsvorhaben ist.[271] Diesen Spielraum werden mögliche Kreditgeber über angepasste Kreditkonditionen zum Nachteil der Stiftung bei der Kreditvergabe berücksichtigen.[272]

Gerade Unternehmensträgerstiftungen mit einem nicht durch Eigenkapital zu deckenden Kreditbedarf trifft dies in besonderer Weise: Bei ihnen kommt

---

268 Vgl. Verstl, Jörg, Rechtsinstitut, 1997, hier: S. 676.

269 Vgl. Westphal, Michael R., Recht, 2000, hier: S. 376 sowie Hennerkes, Brun-Hagen/ Schiffer, K. Jan, Stiftungsrecht, 2001, hier: S. 120-128. Vgl. dazu auch Kapitel 3.1.2.1.

270 Vgl. Kapitel 3.2.1.

271 Vgl. Verstl, Jörg, Rechtsinstitut, 1997, hier: S. 676.

272 Verstärkt wird dieser Nachteil zudem durch eine stark eingeschränkte Publizitätspflicht; vgl. dazu Kapitel 3.2.5.

erschwerend hinzu, dass aufgrund des nur begrenzt vorhandenen Eigenfinanzierungspotenzials der Verschuldungsgrad ständig steigt und damit die Bonität fortlaufend abnimmt. Somit besteht die Gefahr, dass Investitionen aufgrund Kapitalmangels nicht mehr vorgenommen werden können und folglich die Wettbewerbsfähigkeit des Unternehmens leidet, was sich wiederum negativ auf die Bonität und damit die Fremdfinanzierungsmöglichkeiten auswirken dürfte.[273]

3.2.2.3 Kontinuität der Liquidität

Eine sich insbesondere Familienunternehmen stellende Herausforderung liegt in der Sicherstellung der Unternehmensliquidität. Durch erbrechtliche Ansprüche kann die Finanzkraft eines Familienunternehmens erheblich beeinträchtigt werden, da der in das Unternehmen nachfolgende Erbe die übrigen Erben wird abfinden bzw. deren Pflichtteilsansprüche[274] wird erfüllen müssen.[275] Diesbezüglich bietet die Stiftung einen gangbaren Ausweg: Bei Errichtung einer Stiftung unter Lebenden fällt das Stiftungsvermögen aus der späteren Erbmasse heraus, sofern mindestens zehn Jahre zwischen Schenkung und Erbfall verstrichen sind; nur in diesem Falle besteht kein Pflichtteilsergänzungsanspruch.[276] Allerdings erscheint es zumindest fraglich, ob sich ein Unternehmer so frühzeitig bereit erklärt, sich seines Unternehmensvermögens auf Dauer zu entledigen, um sich fortan mit der Position eines Stiftungsvorstandes zu begnügen.[277]

Bei Errichtung einer Stiftung von Todes wegen wird – im Gegensatz zu gelegentlich getätigten, missverständlichen Äußerungen[278] – keineswegs dem Zu-

---

273 Vgl. Goerdeler, Reinhard, Bundesrepublik, 1991, hier: S. 175 f. sowie Verstl, Jörg, Rechtsinstitut, 1997, hier: S. 676.

274 Der Pflichtteil besteht in Höhe des hälftigen Wertes des gesetzlichen Erbteils. Er kommt zum Tragen, sofern ein Abkömmling des Erblassers durch Testament von der Erbfolge ausgeschlossen ist; vgl. § 2303 Abs. 1 BGB.

275 Vgl. §§ 2303 ff. BGB; ausführlich hierzu in Bezug auf die Unternehmensnachfolge z.B. Haas, Ulrich, Pflichtteilsanspruch, 2001, hier: S. 74-112 sowie Schiffer, K. Jan, Stiftungsrecht, 2003, hier: S. 15 f.

276 Der Pflichtteilergänzungsanspruch bezieht sich auf den anteiligen Betrag, um den sich der Nachlass aufgrund einer Schenkung des Erblassers an einen Dritten vermindert; vgl. § 2325 Abs. 3 BGB. Vgl. dazu auch Binz, Mark K./Sorg, Martin H., Renaissance, 1987/1988, hier: S. 156; Fasselt, Theo, Familienunternehmen, 1992, hier: S. 33 sowie Götz, Hellmut, Familienstiftung, 2000, hier: S. 7379 f.

277 In der Praxis treten hier regelmäßig Konflikte auf; vgl. Rawert, Peter, Einsatz, 1999, hier: S. 296 sowie Schwarz, Günter Christian, Instrument, 2001, hier: S. 2387, m.w.N.

278 Vgl. Hennerkes, Brun-Hagen/Schiffer, K. Jan, Regelung, 1992, hier: S. 1942 sowie Hennerkes, Brun-Hagen/Schiffer, K. Jan/Fuchs, Marcus, Behandlung, 1995, hier: S. 210.

griff der Erben auf das künftige Stiftungsvermögen ein Riegel vorgeschoben: Zwar ist die Gefahr einer Zersplitterung der Unternehmensanteile durch Errichtung einer alle Anteile haltenden Stiftung abgewendet, jedoch können nach wie vor Pflichtteilsansprüche i.S.d. §§ 2303 ff. BGB sowie Pflichtteilsergänzungsansprüche i.S.d. § 2325 BGB geltend gemacht werden und die Finanzkraft dauerhaft beeinträchtigen.[279] Um dies zu verhindern und somit die Liquidität der Unternehmensstiftung diesbezüglich gewährleisten zu können, bedarf es sowohl im Falle der Errichtung einer Stiftung unter Lebenden als auch von Todes wegen so genannter Erb- bzw. Pflichtteilsverzichtsverträge[280] mit den Pflichtteilsberechtigten. Darin entledigen sich die Erben – bezogen auf das Stiftungsvermögen, nicht notwendigerweise jedoch auf das übrige Vermögen des Erblassers – ihrer Pflichtteilsansprüche, mit der Folge, dass die Stiftung keine entsprechenden Ansprüche zu befriedigen hat.[281]

3.2.3 Leitungsbefugnis und Mitbestimmung

3.2.3.1 Organe der Stiftung

Zentrales Organ der rechtsfähigen Stiftung des bürgerlichen Rechts ist der Stiftungsvorstand, der die Stiftung gerichtlich und außergerichtlich vertritt.[282] Als oberste Entscheidungsinstanz kommt ausschließlich ihm die Leitung der Stiftung zu, wobei er dabei an den in der Stiftungsverfassung festgelegten Stifterwillen gebunden ist. Häufig wird der Stiftungsvorstand auch als *'Direktorium'* oder *'Verwaltungsrat'* bezeichnet.[283] Er kann aus einer oder mehreren natürlichen Personen, aber auch aus juristischen Personen bestehen. Sofern der Vorstand das einzige Organ der Stiftung ist, sollte dieser aus Gründen der Kontinuität der Stiftungstätigkeit und der dauerhaften Verwirklichung des Stiftungszweckes aus mehreren Personen bestehen, wobei sich hierbei – insbesondere für die Entscheidungsfindung – eine ungerade Mitgliederzahl empfiehlt.[284]

Dazu auch Rawert, Peter, Einsatz, 1999, hier: S. 295 f. sowie Schiffer, K. Jan, Gerede, 1999, hier: S. 425.

279 Vgl. Schwarz, Günter Christian, Instrument, 2001, hier: S. 2387.

280 Vgl. §§ 2346 ff. BGB.

281 Vgl. Schwarz, Günter Christian, Instrument, 2001, hier: S. 2387, m.w.N.

282 Vgl. § 86 BGB i.V.m. § 26 Abs. 2 S. 1 BGB.

283 Eine einheitliche Terminologie besteht hierbei jedoch nicht. So werden gelegentlich sowohl der Vorstand als auch das interne Kontrollorgan des Vorstandes als *'Kuratorium'* bezeichnet.

284 Vgl. Hof, Hagen, Stiftungen, 1992, hier: S. 1551; Wachter, Thomas, Steuerrecht, 2001, hier: S. 37, m.w.N. sowie Schick, Stefan, Organe, 2003, hier: S. 45 f.

Der Stifter selbst, der kein Organ der Stiftung darstellt, ist nicht zur Leitung der Stiftung befugt. Ihm kommt grundsätzlich die Position eines stiftungsfremden Dritten zu.[285] Die einzige Ausnahme, die in der Praxis jedoch häufig vorkommt, besteht für den Fall, dass sich der Stifter selbst – gegebenenfalls sogar auf Lebenszeit – als Stiftungsvorstand oder als Mitglied eines anderen Stiftungsorgans bestimmt.[286] Allerdings ist für diesen Fall auch der Stifter an das Stiftungsgeschäft und damit an den in der Stiftungsverfassung festgelegten Stifterwillen gebunden, da dieser mit der Genehmigung der Stiftung verselbstständigt und objektiviert wird; auf den späteren subjektiven Willen des Stifters kommt es dagegen nicht an.[287]

Darüber hinaus besteht die Möglichkeit, neben dem Stiftungsvorstand ein weiteres Gremium einzurichten, welches die Geschäftsführung des Vorstandes überwacht und diesen berät.[288] Die Einrichtung eines solchen internen Kontrollorgans empfiehlt sich aus folgendem Grund: Mitglieder oder Eigentümer existieren bei einer Stiftung nicht und können daher für diese Aufgabe nicht infrage kommen. Zudem beschränkt sich der Aufgabenbereich der Stiftungsaufsichtsbehörde auf eine reine Rechtsaufsicht.[289] Folglich bedarf es eines gesonderten Kontrollorgans, dessen Überwachungstätigkeit die Einhaltung des Stifterwillens und der Stiftungssatzung umfasst. Sie ist dabei nicht auf eine Rechtsmäßigkeitskontrolle begrenzt, sondern kann auch Fragen der Wirtschaftlichkeit und Zweckmäßigkeit der Stiftungstätigkeit beinhalten. Hoheitlichen Eingriffen der Stiftungsaufsichtsbehörden kann durch Einrichtung eines Kontrollorgans somit in weiten Teilen bereits im Ansatz wirksam vorgebeugt werden.[290]

Sofern ein internes Kontrollorgan existiert, wird der Stiftungsvorstand in der Regel von diesem bestellt und abgelöst. Ist dies nicht der Fall, muss durch andere Verfahren eine dauerhafte Besetzung des Stiftungsvorstandes gewährleistet sein. In der Praxis haben sich hierbei die Selbstergänzung, die Einzel-

---

285 Gleiches gilt für die Destinatäre, die ebenfalls keinen Organstatus genießen. Ihnen kommt einzig die Position eines Nutznießers des Stiftungsvermögens zu; vgl. Kußmaul, Heinz/Meyering, Stephan, Einordnung, 2004, hier: S. 8 f.

286 Vgl. Wachter, Thomas, Steuerrecht, 2001, hier: S. 37 sowie Freundl, Fabian, Stiftung, 2004, hier: S. 1510.

287 Vgl. BGH v. 22.01.1987 III ZR 26/85, hier: S. 348, m.w.N. sowie Wachter, Thomas, Steuerrecht, 2001, hier: S. 37 f.

288 Vgl. § 86 BGB i.V.m. § 30 BGB.

289 Vgl. Kapitel 3.1.2.1.

290 Vgl. Hof, Hagen, Stiftungen, 1992, hier: S. 1551; Hof, Hagen, Handbuch, 1999, hier: § 9, Rz. 53-59 i.V.m. § 11, Rz. 24-51 sowie Schick, Stefan, Organe, 2003, hier: S. 46.

nachfolge oder auch die Fremdberufung als geeignet erwiesen.[291] Im Falle der Selbstergänzung – auch *'Kooptation'* genannt – bestimmt der Vorstand seine Mitglieder selbst, während bei der Einzelnachfolge jedes ausscheidende Vorstandsmitglied seinen eigenen Nachfolger wählt. Im Falle der Fremdberufung werden die Mitglieder des Stiftungsvorstandes von einer außenstehenden natürlichen oder juristischen Person bestellt. Dies kann beispielsweise vom Stifter, von einem Familienrat oder von der Stiftungsaufsichtsbehörde vorgenommen werden.[292]

Insgesamt betrachtet setzt weniger das vorhandene Grundstockvermögen der Gremienerrichtung einer Stiftung Grenzen. Vielmehr muss der organisatorische Aufwand der Stiftung in einem angemessenen Verhältnis zum Umfang der Geschäftstätigkeit und zu den zu erwartenden Erträgen stehen. Hof sieht daher als Faustregel bei kleinen Stiftungsvermögen Bedarf für nur ein Organ, dem gegebenenfalls ein Kontrollgremium zur Seite stehen sollte; bei großen Stiftungen mit einem weiten Wirkungskreis sei jedoch "durchweg eine Verteilung der Einzelfunktionen auf verschiedene Organe unerlässlich."[293]

3.2.3.2 Mitbestimmungsrechtliche Aspekte der Stiftung

Die betriebliche Mitbestimmung, die gemäß § 1 Abs. 1 BetrVG für Betriebe mit in der Regel mindestens fünf ständigen wahlberechtigten Arbeitnehmern greift, kommt nur zum Tragen, sofern die Stiftung einen wirtschaftlichen Geschäftsbetrieb unterhält, der die vorstehenden Bedingungen erfüllt. Größere Bedeutung gewinnen mitbestimmungsrechtliche Aspekte erst, sobald es sich um Stiftungen in der Anwendungsform einer Unternehmensträgerstiftung handelt, da hierbei die Stiftung selbst ein Unternehmen betreibt.[294] Folglich ist in diesem Fall ein Betriebsrat entsprechend den Vorschriften des Betriebsverfassungsgesetzes zu bilden.[295]

---

291 Sofern der Stiftungsvorstand von einem Kontrollorgan eingesetzt wird, finden diese Verfahren ihre Anwendung auf das höher angesiedelte Organ; vgl. Hennerkes, Brun-Hagen/Binz, Mark K./Sorg, Martin H., Stiftung, 1986, hier: S. 2270.

292 Vgl. Hennerkes, Brun-Hagen/Binz, Mark K./Sorg, Martin H., Stiftung, 1986, hier: S. 2270; Verstl, Jörg, Rechtsinstitut, 1997, hier: S. 679 sowie Wachter, Thomas, Steuerrecht, 2001, hier: S. 37 f. Wernicke sieht bei der Ernennung von Mitgliedern des Kontrollorgans durch die Stiftungsaufsichtsbehörde die Gefahr einer möglichen Beeinträchtigung der staatlichen Behörde in ihrer Neutralität; ebenso lehnt er die Kooptation als Nachfolgeregelung ab, da sich so "Missstände perpetuieren können", sodass er die Auswahl durch eine externe Stelle als vorzuziehendes Verfahren beurteilt; Wernicke, Thomas, Vorstandskontrolle, 2003, hier: S. 303.

293 Hof, Hagen, Stiftungen, 1992, hier: S. 1551.

294 Vgl. Kapitel 3.1.4.3.2.

295 Vgl. §§ 7 ff. BetrVG.

Rechtsfähige Stiftungen des bürgerlichen Rechts unterliegen hingegen nicht der unternehmerischen Mitbestimmung, da sie nicht im abschließenden Katalog des § 1 Abs. 1 MitbestG aufgeführt sind. Insbesondere im Fall der Unternehmensträgerstiftung kommt somit den Arbeitnehmern kein Anspruch auf Partizipation an der Kontrolle der Unternehmenspolitik zu.[296]

3.2.4 Ertragsverwendung

Der Entscheidungsspielraum des geschäftsführenden Stiftungsorgans erfährt im Hinblick auf die Ertragsverwendung der Stiftung eine Eingrenzung durch den Grundsatz der Vermögenserhaltung. Die überwiegende Zahl der Landesstiftungsgesetze enthält hierzu entsprechende Regelungen, die fordern, dass zunächst das Stiftungsvermögen in seinem Bestand zu erhalten ist.[297] Verluste, die das Stiftungsvermögen geschmälert haben, sind auszugleichen.[298] Auch wenn sich dies grundsätzlich bereits aus dem stiftungsrechtlichen Gebot ergibt, dass der Stiftungszweck nachhaltig und dauerhaft zu erfüllen ist,[299] können je nach Landesrecht weitere formelle Voraussetzungen – wie z.B. eine entsprechende Satzungsbestimmung oder die Zustimmung der jeweiligen Landesstiftungsbehörde – einem Verlustausgleich vorgeschaltet sein.[300]

Vom Grundsatz der Vermögenserhaltung kann nur im Einzelfall abgewichen werden. Sofern der Stifterwille nicht anders zu verwirklichen ist, können Stiftungssatzung oder Aufsichtsbehörde Ausnahmen zulassen, die eine Aufzehrung oder Teilaufzehrung des Stiftungsvermögens zugunsten des Stiftungszweckes ermöglichen. Dies kann beispielsweise geboten sein, wenn die Stiftung zur Finanzierung einer Förderungsmaßnahme vorübergehend ihr Vermögen angreift und aus den später fließenden Erträgen auf den ursprünglichen Wert wieder aufstockt. Die Abgrenzung zwischen aktueller Zweckerfüllung und dauerhafter

---

296 Vgl. Hennerkes, Brun-Hagen/Binz, Mark K./Sorg, Martin H., Stiftung, 1986, hier: S. 2272, m.w.N.; Schlinkert, Hans-Jürgen, Unternehmensstiftung, 1995, hier: S. 160 f. sowie Hennerkes, Brun-Hagen/Schiffer, K. Jan, Stiftungsrecht, 2001, hier: S. 211. Zur unternehmerischen Mitbestimmung bei Beteiligungsträgerstiftungen – insbesondere im Falle der Stiftung & Co. KGaA – vgl. Kapitel 5.2.3.2.

297 Vgl. bspw. § 7 Abs. 2 BadWürttStiftG; § 6 HessStiftG; § 7 NRWStiftG sowie § 6 SaarlStiftG. Eine Aufstockung des Grundstockvermögens ist jedoch im Allgemeinen nicht zulässig; vgl. Kapitel 3.2.2.1.

298 Verluste können der Stiftung bspw. durch Beschädigung von Vermögensgegenständen oder im Falle von Wertpapieren durch rückläufige Börsenkurse entstanden sein. Speziell zur Anlagepolitik gemeinnütziger Stiftungen vgl. Benke, Holger, Anlagepolitik, 2003, hier: S. 54-63. Dazu auch Schauhoff, Stephan, Handbuch, 2000, hier: § 3, Rz. 127 f. sowie Schick, Stefan, Grundlagen, 2003, hier: S. 52 f.

299 Vgl. § 80 Abs. 2 BGB.

300 Vgl. Seifart, Werner, Vermögensverwaltung, 1987, hier: S. 1894.

Vermögenserhaltung bedarf gleichwohl einer sorgfältigen Abwägung, da sich bei fahrlässiger oder vorsätzlicher Verletzung der Obliegenheiten der Stiftungsorgane Haftungsfolgen ergeben können.[301]

Im Allgemeinen kommt jedoch erst nach Ausgleich etwaiger Verluste eine Verwendung der Reinerträge[302] für den Stiftungszweck in Betracht. Von der Stiftung vereinnahmte Spenden dürfen ebenso dem Stiftungszweck zugeführt werden, da diese – im Unterschied zu den Zustiftungen[303] – nicht in das Grundstockvermögen fließen müssen, sondern der Zweckerfüllung unmittelbar zur Verfügung stehen; gemeinnützige Stiftungen im Sinne des Steuerrechts sind hierzu sogar verpflichtet.[304]

3.2.5 Rechnungslegung, Prüfung und Publizität

Die Rechnungslegung von Stiftungen hat grundsätzlich drei Funktionen zu erfüllen: Sie dient zum einen den Stiftungsorganen als Informationsquelle und Entscheidungsgrundlage, darüber hinaus gegenüber der Stiftungsaufsichtsbehörde als Nachweis über den Erhalt des Vermögens und der satzungsgemäßen Ertragsverwendung und schließlich – im Falle einer als gemeinnützig anerkannten Stiftung – gegenüber der Finanzverwaltung als Nachweis für eine ausschließliche und zeitnahe Mittelverwendung für steuerbegünstigte Zwecke.[305] Während die erste Funktion noch im Eigeninteresse der Stiftung liegt, ist dies bei den beiden weiteren nur noch in einem deutlich geringeren Maße der Fall. Trotz dieser ebenso bedeutsamen Aufgaben ist es weitestgehend den Stiftungen selbst überlassen, inwiefern sie allgemein gültige Rechnungslegungsgrundsätze erfüllen; rechtliche Mindeststandards gibt es kaum. Zahlreiche Stiftungssatzungen verpflichten daher die Stiftungen dazu, einmal jährlich über ihre Vermögensentwicklung Rechnung zu legen.[306]

§ 86 BGB verweist lediglich auf die Vorschriften zur Rechnungslegung von Vereinen, nach denen gemäß § 42 BGB die Feststellbarkeit der Überschuldung zu gewährleisten ist. Zudem muss eine periodische Zusammenstellung von Einnahmen und Ausgaben sowie gegebenenfalls ein Bestandsverzeichnis ge-

---

301 Vgl. Seifart, Werner, Vermögensverwaltung, 1987, hier: S. 1893-1895.

302 Als *'Reinerträge'* werden die nach Deckung der Verwaltungskosten und Bildung notwendiger Rücklagen verbleibenden Erträge bezeichnet; vgl. Wachter, Thomas, Steuerrecht, 2001, hier: S. 34.

303 Vgl. § 58 Nr. 11 AO. Vgl. dazu auch Hof, Hagen, Handbuch, 1999, hier: § 10, Rz. 71.

304 Vgl. Ries, Gerhard, Rahmenbedingungen, 2001, hier: S. 65.

305 Vgl. Wachter, Thomas, Steuerrecht, 2001, hier: S. 113. Zu den Funktionen der Rechnungslegung von Stiftungen vgl. ausführlich Sandberg, Berit, Rechnungslegung, 2000, hier: S. 161-165.

306 Vgl. Schauhoff, Stefan, Wertberichtigung, 2004, hier: S. 474.

führt werden.[307] Detailliertere Vorschriften finden sich erst in den jeweiligen Landesstiftungsgesetzen, die die Stiftungen nach Ablauf des Geschäftsjahres dazu verpflichten, einen Abschluss zu erstellen. Dieser umfasst in der Regel eine Jahres(ab)rechnung, verbunden mit einer Vermögensübersicht und einem Bericht über die Erfüllung des Stiftungszweckes.[308] Darüber hinaus fordern die Landesstiftungsgesetze, beim Führen von Büchern und/oder der Rechnungslegung die handelsrechtlichen Grundsätze ordnungsmäßiger Buchführung einzuhalten.[309] Somit genügt eine nach kaufmännischen Grundsätzen erfolgte Rechnungslegung den Anforderungen der einzelnen Landesstiftungsgesetze, auch wenn diese nicht explizit verlangt wird.[310]

Stiftungen sind nicht kraft Rechtsform Kaufmann und damit zunächst einmal nicht zur Führung von Handelsbüchern nach den §§ 238 ff. HGB verpflichtet.[311] Sobald sie jedoch die Kaufmannseigenschaft i.S.d. §§ 1-3 HGB erfüllen, haben auch Stiftungen unmittelbar die kaufmännischen Rechnungslegungsvorschriften der §§ 238-263 HGB zu befolgen.[312] Dies gilt speziell für unternehmensverbundene Stiftungen, deren Anteilsbesitz an einem oder mehreren Unternehmen so umfangreich ist, dass die Verwaltung der Beteiligungen einen in kaufmännischer Weise eingerichteten wirtschaftlichen Geschäftsbetrieb i.S.v. § 1 HGB erfordert.[313] Die für Kapitalgesellschaften geltenden ergänzenden Rechnungslegungsvorschriften der §§ 264-335 HGB brauchen hingegen nicht befolgt zu werden, es sei denn, dass die Stiftung die Größenkriterien des § 1 PublG überschreitet.[314]

---

307 Vgl. § 86 BGB i.V.m. §§ 27 Abs. 3, 666, 259, 260 BGB. Hierzu auch Merl, Franz, Rechnungslegung, 1997, hier: S. 99 f.

308 Vgl. Turner, Nikolaus/Doppstadt, Joachim, Nachfolgegestaltung, 1996, hier: S. 1452, m.w.N. sowie Kußmaul, Heinz/Meyering, Stephan, Rechnungslegung, 2004, hier: S. 371, m.w.N.

309 So z.B. § 7 Abs. 3 BadWürttStiftG; Art. 28 Abs. 1 BayStG; § 12 BremStiftG; § 9 Abs. 3 Meckl-VorPStiftG; § 10 Abs. 1 NRWStiftG; § 17 Abs. 2 RhPfStiftG; § 5 Abs. 1 SaarlStiftG sowie § 4 Abs. 2 SchlHolStiftG.

310 Vgl. dazu im Einzelnen Walter, Oskar/Golpayegani, Isabel Nazari, Rechnungslegung, 2000, hier: S. 701 f.

311 Vgl. Schwarz, Günter Christian, Instrument, 2001, hier: S. 2385.

312 Dies ist beispielsweise der Fall bei der Unternehmensträgerstiftung, die unter ihrer Rechtsform ein Unternehmen betreibt und damit die Kaufmannseigenschaft des § 1 HGB erfüllt; vgl. Turner, Nikolaus/Doppstadt, Joachim, Nachfolgegestaltung, 1996, hier: S. 1452; Schwarz, Günter Christian, Instrument, 2001, hier: S. 2385 sowie Kußmaul, Heinz/Meyering, Stephan, Rechnungslegung, 2004, hier: S. 373.

313 Vgl. IDW, Rechnungslegung, 2000, hier: S. 393.

314 Als Größenkriterien sind eine Bilanzsumme von 65 Mio. €, Umsatzerlöse von 130 Mio. € sowie eine durchschnittliche Beschäftigtenzahl von 5.000 Arbeitnehmern kodifiziert; vgl. § 1 Abs. 1 PublG i.V.m. § 3 Abs. 1 Nr. 4 PublG; dazu auch Weimar, Robert/Delp, Udo A., Schutz, 1987, hier: S. 1708.

In steuerrechtlicher Hinsicht greift zunächst die abgeleitete Buchführungspflicht des § 140 AO, nach der Stiftungen, die aufgrund anderer Gesetze als den Steuergesetzen – in diesem Falle also dem Stiftungs- bzw. dem Handelsrecht – zur Führung von Büchern verpflichtet sind, diese Verpflichtung auch für steuerliche Zwecke zu erfüllen haben. Sofern sich aus § 140 AO noch keine Buchführungs- und Aufzeichnungspflichten ergeben, kommt die originäre Buchführungspflicht des § 141 AO in Betracht.[315] Diese verpflichtet unter anderem gewerbliche Unternehmer, die die in § 141 AO aufgeführten Größenkriterien überschreiten, zur sinngemäßen Anwendung der §§ 238-263 HGB. Im Falle einer gemeinnützigen Stiftung betrifft dies die Sphäre des wirtschaftlichen Geschäftsbetriebes.[316]

Schließlich greift für Stiftungen, die den Status der Gemeinnützigkeit innehaben, auch noch die Aufzeichnungspflicht des § 63 Abs. 3 AO: Durch entsprechende Aufzeichnungen über ihre Einnahmen und Ausgaben müssen gemeinnützige Stiftungen die ausschließliche und unmittelbare Erfüllung steuerbegünstigter Zwecke nachweisen können, um auch weiterhin in den Genuss der umfassenden Steuerbefreiungen zu gelangen.[317]

Die Landesstiftungsgesetze ermächtigen die Stiftungsaufsichtsbehörden zur umfassenden Prüfung der Rechnungslegung, wobei der Prüfungsumfang im pflichtgemäßen Ermessen der Behörde steht.[318] Gegenstand der Prüfung ist dabei regelmäßig nicht nur die formelle Richtigkeit der Jahresrechnung, sondern auch die Erhaltung des Stiftungsvermögens und die satzungsgemäße Verwendung der Stiftungserträge.[319] Die Stiftungsaufsichtsbehörde hat jedoch in einigen Bundesländern die Möglichkeit, das Prüfungsrecht an dritte Personen, zum

---

[315] Dies wird jedoch aufgrund der Größenkriterien nur in Ausnahmefällen der Fall sein; vgl. Hennerkes, Brun-Hagen/Binz, Mark K./Sorg, Martin H., Stiftung, 1986, hier: S. 2270.

[316] Vgl. dazu auch Orth, Manfred, Rechnungslegung, 1997, hier: S. 1342; Walter, Oskar/ Golpayegani, Isabel Nazari, Rechnungslegung, 2000, hier: S. 702 sowie Kußmaul, Heinz/Meyering, Stephan, Rechnungslegung, 2004, hier: S. 374.

[317] Vgl. Merl, Franz, Rechnungslegung, 1997, hier: S. 102; Orth, Manfred, Rechnungslegung, 1997, hier: S. 1342 sowie Wachter, Thomas, Steuerrecht, 2001, hier: S. 119 f. Vgl. hierzu auch Lex, Peter, Rechnungslegung, 1997, hier: S. 159-162.

[318] Vgl. z.B. Art. 20 Abs. 3 und Art. 25 BayStG; § 8 Abs. 2 und Abs. 3 sowie § 9 BerlStiftG; §§ 20 Abs. 3 und Abs. 21 BrbgStiftG; § 12 BremStiftG; § 15 MecklVorPStiftG; § 11 Abs. 2 SaarlStiftG sowie § 19 Abs. 1 SächsStiftG. Handelt es sich darüber hinaus um eine rechtsfähige Stiftung des bürgerlichen Rechts, die ein Gewerbe betreibt, besteht Prüfungspflicht, sofern die Größenkriterien des Publizitätsgesetzes zutreffen; vgl. § 3 Abs. 1 Nr. 4 PublG i.V.m. § 1 Abs. 1 PublG. Vgl. hierzu auch Heinemann, Michael, Prüfung, 1997, hier: S. 128; IDW, Prüfungsstandard, 2000, hier: S. 386 sowie Müller-Marqués Berger, Thomas, Rechnungslegung, 2003, hier: S. 75 f.

[319] Vgl. Wachter, Thomas, Steuerrecht, 2001, hier: S. 117.

Beispiel Wirtschaftsprüfer, zu delegieren.[320] In diesen Fällen muss die Behörde lediglich den Prüfungsbericht verbescheiden.[321]

Von der Publizität sind Stiftungen weitestgehend befreit. Während einige Landesstiftungsgesetze[322] noch eine Veröffentlichung grundlegender Daten – wie zum Beispiel die Errichtung und Aufhebung der Stiftung oder die Änderung der Stiftungssatzung – in den Amtsblättern des jeweiligen Landes fordern, ist eine Einreichung der Jahres(ab-)rechnung beim Handelsregister generell nicht vorgesehen; es findet lediglich eine Offenlegung gegenüber der Stiftungsaufsichtsbehörde statt.[323]

3.2.6 Rechtsformabhängige Aufwendungen

"Die Aufwendungen, die eine Rechtsform verursacht, hängen in erster Linie vom Umfang gesetzlicher Vorschriften ab. Je größer dieser ist, umso höher sind die Aufwendungen."[324] Daraus lässt sich bereits erkennen, dass im Falle einer rechtsfähigen Stiftung des bürgerlichen Rechts diese rechtsformabhängigen Aufwendungen vornehmlich im Bereich der Stiftungserrichtung und der Stiftungsaufsicht anfallen. Das Stiftungsgeschäft unter Lebenden bedarf zwar der Schriftform, jedoch ist eine notarielle Beurkundung nach h.M. entbehrlich.[325] Bei der Anerkennung der Stiftung durch die zuständige Landesstiftungsbehörde werden in allen Bundesländern Verwaltungsgebühren erhoben. Die Höhe dieser Gebühren richtet sich nach der Höhe des Stiftungsvermögens sowie dem tatsächlichen Verwaltungsaufwand. Zudem fallen regelmäßig noch Kosten

---

320 Vgl. z.B. Art. 25 Abs. 3 BayStG; § 12 Abs. 2 HessStiftG; § 11 Abs. 1 S. 3 NdsStiftG sowie § 10 Abs. 1 S. 2 SchlHolStiftG.

321 Vgl. Turner, Nikolaus/Doppstadt, Joachim, Nachfolgegestaltung, 1996, hier: S. 1452 f.; Hennerkes, Brun-Hagen/Schiffer, K. Jan, Stiftungsrecht, 2001, hier: S. 118 f. sowie Wachter, Thomas, Steuerrecht, 2001, hier: S. 117.

322 Vgl. bspw. § 2 Abs. 2 BerlStiftG; § 17 HessStiftG; § 12 RhPfStiftG sowie § 15 Abs. 1 SchlHolStiftG.

323 Vgl. Orth, Manfred, Handbuch, 1999, hier: § 38, Rz. 24 sowie Milatz, Jürgen E./ Kemcke, Tom/Schütz, Robert, Stiftungen, 2004, hier: S. 122-124. Kritisch hierzu Mattheus, Daniela, Eckpfeiler, 2003, hier: S. 257-259.

324 Wöhe, Günter, Einführung, 2002, hier: S. 300.

325 Die notarielle Beurkundung wird erst bei Übertragung von Grundbesitz oder grundstücksgleicher Rechte erforderlich; für gemeinnützige Stiftungen greifen hier jedoch Gebührenermäßigungen. Einzig die Stiftungsaufsicht in Hamburg verlangt grundsätzlich die notarielle Beglaubigung der Unterschriften der Stifter; vgl. Hof, Hagen, Handbuch, 1999, hier: § 7, Rz. 292 sowie Wachter, Thomas, Steuerrecht, 2001, hier: S. 9-12. Für das Stiftungsgeschäft von Todes wegen gelten die erbrechtlichen (Form-)Vorschriften, die jedoch eine notarielle Beurkundung ebenfalls nicht erforderlich machen; vgl. Augsten, Ursula/Schmidt, Oliver, Gründung, 2003, hier: S. 19.

für die Veröffentlichung der Stiftungserrichtung in einem Staatsblatt bzw. Amtsanzeiger an.[326]

Auch die laufende Überwachung der Stiftungstätigkeit durch die zuständige Aufsichtsbehörde ist in der Regel gebührenpflichtig. Sofern die Stiftung jedoch als steuerbegünstigt im Sinne der Abgabenordnung anerkannt ist, kommt sie zumeist in den Genuss einer Gebührenbefreiung; in einigen Bundesländern kommt es in diesem Falle auch zur Gebührenteilung zwischen Stiftung und Behörde.[327]

Darüber hinaus fallen kaum weitere rechtsformabhängige Aufwendungen an. Sofern die Größenkriterien des Publizitätsgesetzes nicht überschritten werden – und dies wird in der Regel der Fall sein –, ist die Stiftung nicht zur Veröffentlichung ihrer Rechnungslegung verpflichtet, sodass mit der Publizitätspflicht in Zusammenhang stehende Aufwendungen bei der Stiftung entfallen.

3.2.7 Stiftungskontinuität

Neben der Haftungsbeschränkung ist die Sicherung der Unternehmenskontinuität ein gewichtiges Argument zur Errichtung einer Stiftung. Insbesondere bei Familienunternehmen, die bislang als Einzelunternehmen oder Personengesellschaft geführt werden, ist die Existenz des Unternehmens regelmäßig mit der Persönlichkeit des Unternehmers eng verknüpft.[328] Erbfälle können zu Unternehmenskrisen führen, zumal nicht immer gewährleistet ist, dass der Nachfolger gewillt und befähigt ist, das Werk des Ausscheidenden weiterzuführen. Auch Kapitalgesellschaften, die einen höheren Grad an Distanz zum persönlichen Schicksal des Unternehmers bzw. Gesellschafters aufweisen, sind nicht vor den Interessen wechselnder Anteilseigner gefeit.[329] Erst die Stiftung als eigentümer- und mitgliederlose Einrichtung vermag es, das Vermögen des Familienunternehmers vor der Zersplitterung – etwa im Erbwege oder durch Veräußerungen und Abfindungen[330] – zu bewahren. An Ausschüttungen interessierte Anteilseigner bzw. Gesellschafter sind bereits denkgesetzlich ausgeschlossen.[331]

---

326 Vgl. Wachter, Thomas, Steuerrecht, 2001, hier: S. 63 f.

327 Vgl. Hof, Hagen, Handbuch, 1999, hier: § 11, Rz. 94.

328 So sprechen Ebenroth/Lorz mit Blick auf die Sicherung der Unternehmensnachfolge von der "größte[n] unternehmerische[n] Herausforderung"; Ebenroth, Carsten Thomas/Lorz, Rainer, Bestandteil, 1995, hier: S. 610.

329 Vgl. Flämig, Christian, Unternehmensnachfolge, 1978, hier: S. 2 f.

330 Hierbei sind jedoch die unter Kapitel 3.2.2.3 erläuterten Einschränkungen hinsichtlich Pflichtteils- und Pflichtteilsergänzungsanspruch zu beachten.

331 Vgl. Weger, Magda/Weger, Hans-Dieter, Stiftung, 1997, hier: S. 41.

Nur selten ist im Falle eines Generationenwechsels ein geeigneter Nachfolger im unmittelbaren Familienumfeld vorhanden, sodass sich auch bei Familienunternehmen die Frage der Fremdorganschaft stellen kann. Eine Stiftungskonstruktion kann hier Abhilfe schaffen, indem der bisherige Familienunternehmer in der Stiftungssatzung detailliert den Unternehmenszweck und die Unternehmenspolitik dauerhaft festlegt. Auch auf die Auswahl des künftigen Stiftungsvorstandes kann er Einfluss nehmen und Mindestanforderungen für dessen Qualifikation benennen, die auch nach seinem Tode zu berücksichtigen sind. Zudem bietet eine Stiftungskonstruktion den Vorteil, die Nachkommen des Unternehmers auf Führungspositionen im Unternehmen vorzubereiten, indem ihnen leitende Aufgaben übertragen werden, die sie im Rahmen der Stiftungssatzung zu erfüllen haben.[332]

Grundsätzlich ist eine Stiftung eine auf unbeschränkte Dauer angelegte Vermögensmasse. Es gibt jedoch Fälle, in denen die Auflösung der Stiftung möglich oder sogar notwendig ist: Zum einen kann ihre Auflösung bereits in der Stiftungssatzung vorgesehen sein, beispielsweise für den Fall eines gewissen Zeitablaufs oder der vollständigen Erfüllung des Stiftungszweckes. Denkbar ist auch der Eintritt einer auflösenden Bedingung, dass z.B. eine Gesetzesänderung in Kraft tritt, durch die vonseiten des Staates Leistungen erbracht werden, die bis dahin von der Stiftung erbracht wurden. Ein entsprechender Auflösungsbeschluss der Stiftungsorgane muss von der Stiftungsaufsichtsbehörde genehmigt werden.[333]

Ein weiterer Fall, in dem eine Stiftung aufgelöst werden kann, ist die hoheitliche Verfügung der Beendigung vonseiten der Stiftungsaufsichtsbehörde. Dies ist möglich, sofern schwerwiegende Gründe – wie z.B. die Insolvenz, die Unmöglichkeit der Zweckerfüllung oder die Gefährdung des Gemeinwohls – für eine Aufhebung der Stiftung vorliegen, auch wenn die Stiftungssatzung explizit oder stillschweigend eine Auflösung untersagt.[334]

Der Vermögensüberschuss ist gemäß § 88 BGB an die in der Stiftungssatzung benannten Anfallsberechtigten auszukehren. Fehlt es in der Satzung an einer derartigen Bestimmung, fällt das Stiftungsvermögen an den Fiskus des Landes, in dem die Stiftung ihren Sitz hat.[335] Dieser ist zur Verwendung des ihm

---

332 Vgl. Flämig, Christian, Unternehmensnachfolge, 1978, hier: S. 3.

333 Vgl. Hof, Hagen, Handbuch, 1999, hier: § 12, Rz. 23-28.

334 Vgl. Hennerkes, Brun-Hagen/Schiffer, K. Jan, Stiftungsrecht, 2001, hier: S. 117 f. sowie Pluskat, Sorika, Modernisierung, 2002, hier: S. 515 f.

335 Während die Anfallsberechtigten einen schuldrechtlichen Anspruch auf Auszahlung des nach der Liquidation verbleibenden Überschusses haben, tritt bei Übertragung an den Fiskus dieser die Gesamtrechtsnachfolge an; vgl. Heinrichs, Helmut, Kommentierung, 2004, hier: § 88, Rz. 1. Hierzu auch Schwarz, Günter Christian, Stiftungsprivatrecht,

zugeflossenen Stiftungsvermögens im Sinne des Stiftungszweckes verpflichtet. Ausnahmen bestehen mitunter – je nach Landesrecht – bei kirchlichen Stiftungen, bei denen die Kirche anfallsberechtigt sein kann, sowie bei örtlichen Stiftungen, bei denen die Gemeinde, in der die Stiftung ihren Sitz hat, begünstigt sein kann.[336]

3.3 Grundzüge der Besteuerung rechtsfähiger Stiftungen des bürgerlichen Rechts

3.3.1 Vorbemerkungen

Wie bereits in Kapitel 3.1.5 angeführt, wird bei den folgenden Ausführungen der Fall einer rechtsfähigen Stiftung des bürgerlichen Rechts unterstellt, da dieser in der Praxis vornehmlich auftritt und somit von ganz überwiegender Relevanz ist. Der Vollständigkeit halber sei an dieser Stelle erwähnt, dass die nichtrechtsfähigen Stiftungen als Zweckvermögen i.S.d. § 1 Abs. 1 Nr. 5 KStG angesehen werden.[337] Obwohl sie zivilrechtlich keine eigenständigen Rechtssubjekte darstellen, werden sie steuerrechtlich als selbstständige Steuersubjekte anerkannt und folglich wie Körperschaften behandelt.[338] Im Erbschaft- und Schenkungsteuerrecht werden nichtrechtsfähige Stiftungen als Zweckzuwendungen behandelt.[339]

Öffentlich-rechtliche Stiftungen hingegen sind mit ihren hoheitlichen Aufgaben nicht steuerpflichtig. Sie unterliegen allenfalls mit den von ihnen unterhaltenen Betrieben gewerblicher Art der Besteuerung.[340]

Im weiteren Verlauf wird auf die steuerliche Behandlung sowohl des Stifters als auch der rechtsfähigen Stiftung des bürgerlichen Rechts sowie der Destinatäre eingegangen. Hierbei sind die jeweils relevanten Ertrag-, Substanz- und Verkehrsteuern Gegenstand der Untersuchung.

2002, hier: S. 1770 f. sowie Pues, Lothar/Scheerbarth, Walter, Stiftungen, 2004, hier: S. 59 f.

336 Vgl. z.B. §§ 15 und 31 BadWürttStiftG sowie Art. 20 BayStG; dazu auch Hof, Hagen, Handbuch, 1999, hier: § 12, Rz. 15-22.

337 Vgl. Wochner, Georg, Stiftung, 1999, hier: S. 131.

338 Vgl. § 51 S. 2 AO.

339 Vgl. § 1 Abs. 1 Nr. 3 ErbStG i.V.m. § 8 ErbStG. Dazu auch Wachter, Thomas, Steuerrecht, 2001, hier: S. 188.

340 Vgl. § 1 Abs. 1 Nr. 6 KStG i.V.m. § 4 KStG. Dazu auch Buchna, Johannes, Gemeinnützigkeit, 2003, hier: S. 28.

3.3.2 Gründungsbesteuerung

3.3.2.1 Ertragsteuerliche Behandlung des Stifters

3.3.2.1.1 Sonderausgabenabzug

Überträgt eine natürliche Person Privatvermögen auf eine Stiftung, so ergeben sich zwar erbschaft- oder schenkungsteuerliche Konsequenzen, jedoch zunächst keine ertragsteuerlichen Auswirkungen. Sobald es sich allerdings entweder um die Übertragung auf eine steuerbegünstigte Stiftung und/oder um die Übertragung von Betriebsvermögen handelt, hat dieser Vorgang regelmäßig Auswirkungen auf die entsprechende ertragsteuerliche Bemessungsgrundlage. Sowohl natürliche als auch juristische Personen können als Stifter fungieren, sodass sich – nahezu identische – Regelungen im Einkommen-, Körperschaft- und Gewerbesteuergesetz finden.

Zuwendungen an Stiftungen, die steuerbegünstigt im Sinne der Abgabenordnung sind,[341] berechtigen den Stifter zum Sonderausgabenabzug im Rahmen des § 10b EStG.[342] Körperschaftsteuerlich kommt eine Minderung der Bemessungsgrundlage in Form von abziehbaren Aufwendungen gemäß § 9 Abs. 1 Nr. 2 KStG in Betracht. In gewerbesteuerlicher Hinsicht findet gegebenenfalls eine Kürzung gemäß § 9 Nr. 5 GewStG statt.[343] Sämtliche Vorschriften gestatten den Abzug von Ausgaben, die der Förderung mildtätiger, kirchlicher, religiöser, wissenschaftlicher oder als besonders förderungswürdig anerkannter gemeinnütziger Zwecke dienen.[344] Die Obergrenze hierbei liegt bei 5 v.H. des Gesamt-

---

341 Vgl. §§ 52-55 AO sowie die Ausführungen in Kapitel 3.1.4.1.

342 Als *Zuwendungen'* werden gemäß § 48 Abs. 3 EStDV Spenden und Mitgliedsbeiträge bezeichnet. Aufwendungen aus dem Bereich des Sponsoring fallen nicht hierunter, da diese als Betriebsausgaben nach § 4 Abs. 4 EStG abzugsfähig sind und ihnen eine Gegenleistung in Form einer gewissen Werbewirksamkeit gegenübersteht; Spenden werden hingegen ohne Gegenleistung erbracht; vgl. dazu auch BMF v. 18.02.1998 – IV B 2 – S 2144 – 40/98, hier: S. 212 f.; Pöllath, Reinhard, Handbuch, 1999, hier: § 40, Rz. 55-59 sowie Wolsztynski, Christian/Hüsgen, Thomas, Anmerkungen, 2000, hier: S. 1810 f.

343 Die ertragsteuerlichen Vergünstigungen entfallen, sofern in der Stiftungssatzung die Rückübertragung des gestifteten Vermögens im Falle der Aufhebung der Stiftung nicht ausgeschlossen ist; vgl. Schick, Stefan, Rahmenbedingungen, 2001, hier: S. 95.

344 Gemeinnützige Zwecke, die als besonders förderungswürdig gelten, sind abschließend in Anlage 1 zu § 48 Abs. 2 EStDV geregelt; vgl. R 111 Abs. 1 S. 1 EStR sowie Wolsztynski, Christian/Hüsgen, Thomas, Anmerkungen, 2000, hier: S. 1812.

betrags der Einkünfte[345] oder 2 v.T. der Summe der gesamten Umsätze und der im Kalenderjahr aufgewendeten Löhne und Gehälter.[346]

Sofern es sich bei der begünstigten Stiftung um eine öffentlich-rechtliche oder um eine steuerbefreite privat-rechtliche Stiftung handelt,[347] erhöht sich der Maximalbetrag des Sonderausgabenabzugs um weitere 20.450 €.[348] Bei Einzelzuwendungen von über 25.565 € an Stiftungen, die einem wissenschaftlichen, mildtätigen oder als besonders förderungswürdig anerkannten kulturellen Zweck dienen, sind diese Zuwendungen "im Rahmen der Höchstsätze im Veranlagungszeitraum der Zuwendung, im vorangegangenen und in den fünf folgenden Veranlagungszeiträumen abzuziehen."[349]

Zu den Zuwendungen im Sinne der vorstehend genannten Regelungen gehören auch solche, die das Grundstockvermögen einer bereits bestehenden Stiftung erhöhen, sodass es insoweit nicht darauf ankommt, ob es sich um eine Neugründung oder um eine Zustiftung vonseiten des Stifters oder Dritter handelt.[350] Diese Differenzierung gewinnt erst an Bedeutung im Bereich der so genannten *'Errichtungsdotation'* des § 10b Abs. 1a EStG:[351] Seit dem Inkrafttreten des Gesetzes zur weiteren steuerlichen Förderung von Stiftungen vom 14. Juli 2000 wird für die finanzielle Erstausstattung einer Stiftung auf Antrag ein zusätzlicher Abzug in Höhe von maximal 307.000 € einräumt.[352] Als finanzielle

---

345 Dies gilt in einkommensteuerlicher Hinsicht; körperschaftsteuerlich tritt an die Stelle des Gesamtbetrags der Einkünfte das Einkommen, gewerbesteuerlich der um die Hinzurechnung nach § 8 Nr. 9 GewStG erhöhte Gewinn aus Gewerbebetrieb i.S.d. § 7 GewStG.

346 Im Falle wissenschaftlicher, mildtätiger und als besonders förderungswürdig anerkannter kultureller Zwecke erhöht sich der Vomhundertsatz auf insgesamt 10 v.H.; vgl. § 10b Abs. 1 S. 1 und S. 2 EStG bzw. § 9 Abs. 1 Nr. 2 S. 1 und S. 2 KStG bzw. § 9 Nr. 5 S. 1 und S. 2 GewStG.

347 Eine Ausnahme hierbei bilden die Stiftungen, die nach § 52 Abs. 2 Nr. 4 AO gemeinnützig sind, also beispielsweise solche, die der Förderung der Tierzucht, des traditionellen Brauchtums oder des Hundesports dienen.

348 Vgl. § 10b Abs. 1 S. 3 EStG bzw. § 9 Abs. 1 Nr. 2 S. 3 KStG bzw. § 9 Nr. 5 S. 3 GewStG; vgl. hierzu auch Crezelius, Georg/Rawert, Peter, Gesetz, 2000, hier: S. 423 sowie Hüttemann, Rainer, Förderung, 2000, hier: S. 1587 f.

349 § 10b Abs. 1 S. 4 EStG. Im Körperschaftsteuergesetz wie auch im Gewerbesteuergesetz ist die Abzugsfähigkeit im Veranlagungszeitraum der Zuwendung und in den sechs folgenden Veranlagungszeiträumen gegeben; vgl. § 9 Abs. 1 Nr. 2 S. 4 KStG bzw. § 9 Nr. 5 S. 4 GewStG.

350 Vgl. Turner, Nikolaus/Doppstadt, Joachim, Nachfolgegestaltung, 1996, hier: S. 1452.

351 Die Errichtungsdotation wird auch als *'Gründungshöchstbetrag'* bezeichnet; vgl. Schindler, Ambros, Auswirkungen, 2000, hier: S. 2078 sowie Mecking, Christoph, Förderung, 2001, hier: S. 203. Vgl. hierzu auch Lex, Peter, Stiftungen, 2000, hier: S. 1942 f. sowie Schiffer, K. Jan/Swoboda, Christoph, Stiftungen, 2001, hier: S. 320-322.

352 Hierbei kann es sich sowohl um eine Stiftung des öffentlichen Rechts als auch um eine privat-rechtliche Stiftung handeln, wobei Letztere steuerbefreit nach § 5 Abs. 1 Nr. 9

Erstausstattung anlässlich einer Neugründung gelten hierbei Zuwendungen, die binnen Jahresfrist nach Gründung der Stiftung geleistet werden.[353] Die Jahresfrist beginnt im Falle einer rechtsfähigen Stiftung des bürgerlichen Rechts mit dem Tag der Genehmigung durch die zuständige Stiftungsaufsichtsbehörde, bei der Stiftung des öffentlichen Rechts mit dem Tag der Wirksamkeit des entsprechenden Hoheitsaktes und bei der nichtrechtsfähigen Stiftung mit dem Tag der Wirksamkeit des schuldrechtlichen Vertrages.[354]

Dieser gesonderte Abzugsbetrag muss jedoch nicht vollständig im Jahr der Gründung ausgeschöpft werden, sondern kann über einen Zeitraum von insgesamt zehn Jahren verteilt werden. Dabei spielt es keine Rolle, ob sich die Gründungszuwendung an eine oder an mehrere Stiftungen richtet; entscheidend ist, dass der gesonderte Abzugsbetrag nach § 10a Abs. 1a EStG innerhalb des Zehnjahreszeitraumes nur einmal in Anspruch genommen werden kann.[355]

Während Einzelunternehmen und Personengesellschaften die vorstehenden Regelungen der Errichtungsdotation bei Neugründung einer Stiftung in Anspruch nehmen können, findet sich im Körperschaftsteuergesetz keine entsprechende Vorschrift; diese Ungleichbehandlung wirkt sich auch auf die gewerbesteuerliche Bemessungsgrundlage aus, da nur Einzelunternehmen und Personengesellschaften in den Genuss einer Kürzung analog zu § 10b Abs. 1a EStG gelangen.[356]

3.3.2.1.2 Besonderheiten bei der Übertragung von Betriebsvermögen

Sofern es sich um eine Sachzuwendung aus einem Betriebsvermögen des Stifters handelt, kann das so genannte *'Buchwertprivileg'* zum Tragen kommen: Während Entnahmen des Steuerpflichtigen gemäß § 6 Abs. 1 Nr. 4 S. 1 EStG grundsätzlich mit dem Teilwert anzusetzen sind,[357] besteht bei der Übertragung

---

KStG sein muss. Dies gilt demnach uneingeschränkt auch für Stiftungen, die gemeinnützige Zwecke i.S.d. § 52 Abs. 2 Nr. 4 AO verfolgen; vgl. § 10b Abs. 1a S. 1 EStG. Dass der Gesetzgeber eine hiervon abweichende Regelung in § 10b Abs. 1 S. 3 EStG getroffen hat, wird in der Literatur zu Recht kritisiert; vgl. Crezelius, Georg/Rawert, Peter, Gesetz, 2000, hier: S. 424 f.; Myßen, Michael, Änderungen, 2000, hier: S. 7433 sowie Mainczyk, Andreas, Stiftung, 2002, hier: S. 78.

353 Vgl. § 10b Abs. 1a S. 2 EStG.

354 Vgl. Myßen, Michael, Änderungen, 2000, hier: S. 7434; Wehrheim, Michael/Roth, Matthias, Behandlung, 2001, hier: S. 637, m.w.N. sowie Augsten, Ursula/Schmidt, Oliver, Gründung, 2003, hier: S. 23 f.

355 Vgl. § 10b Abs. 1a EStG; vgl. dazu auch das Beispiel bei Myßen, Michael, Änderungen, 2000, hier: S. 7435.

356 Vgl. § 9 Nr. 5 S. 5 bis 7 GewStG.

357 Dies gilt auch für den Fall einer Übertragung von Wirtschaftsgütern auf eine nichtsteuerbegünstigte Stiftung des privaten Rechts; vgl. dazu Kußmaul, Heinz/Meyering, Stephan, Stiftung, 2004, hier: S. 57.

von Wirtschaftsgütern auf eine öffentlich-rechtliche oder steuerbegünstigte privatrechtliche Stiftung die Möglichkeit, die Entnahme mit dem Buchwert anzusetzen.[358] Eine steuerpflichtige Aufdeckung der stillen Reserven, die in den übertragenen Wirtschaftsgütern enthalten sind, wird folglich vermieden.[359] Eine Beschränkung der Höhe nach, wie sie in den Vorschriften des § 10b Abs. 1 EStG enthalten ist, existiert bei der Übertragung von Betriebsvermögen – hinsichtlich des Buchwertprivilegs – nicht.[360]

Die betragsmäßige Begrenzung spielt jedoch beim ebenfalls zulässigen Sonderausgabenabzug eine Rolle: Wird ein Wirtschaftsgut aus einem Betriebsvermögen in eine steuerbegünstigte Stiftung eingebracht, so kann der Entnahmewert – Buchwert bei Entscheidung für oder Teilwert bei Entscheidung gegen das Buchwertprivileg – zuzüglich der darauf entfallenden Umsatzsteuer[361] in den Grenzen des § 10b Abs. 1 und Abs. 1b EStG von der Bemessungsgrundlage abgezogen werden. Damit lässt sich ein Zielkonflikt bei der Übertragung von Betriebsvermögen unter Inanspruchnahme des Buchwertprivilegs identifizieren: Die Übernahme der unter den Teilwerten liegenden Buchwerte vermeidet insoweit eine Ertragsbesteuerung, ermöglicht jedoch auch nur einen niedrigeren Betrag, der in Form von Sonderausgaben zu berücksichtigen ist. Der Ansatz des Teilwertes und die Aufdeckung der stillen Reserven führen zu einer Ertragsteuerbelastung, der allerdings höhere Sonderausgaben gegenüber zu stellen sind.[362]

Die unentgeltliche Übertragung von Betrieben, Teilbetrieben oder Mitunternehmeranteilen auf eine Stiftung kann ohne die Aufdeckung stiller Reserven steuerneutral erfolgen.[363] Bei der Übertragung von Anteilen an einer Kapitalgesellschaft greift grundsätzlich ebenfalls § 6 Abs. 3 EStG, jedoch finden sich hierzu in der Literatur Stimmen, die derartige Vorgänge als verdeckte Gewinn-

---

358 Vgl. § 6 Abs. 1 Nr. 4 S. 4 EStG. Auch bei anderen nach § 5 Abs. 1 Nr. 9 KStG steuerbefreiten Körperschaften, Personenvereinigungen oder Vermögensmassen greift das Buchwertprivileg; es muss sich nicht zwangsläufig um eine Stiftung handeln, auf die das Vermögen übertragen wird. Das Buchwertprivileg kommt indes nicht zum Tragen, sofern die Wirtschaftsgüter in einem steuerpflichtigen wirtschaftlichen Geschäftsbetrieb verwendet werden; vgl. Wachter, Thomas, Veräußerungsgewinne, 2003, hier: S. 64.

359 Vgl. Lex, Peter, Stiftungen, 2000, hier: S. 1940; Maier, Jochen, Besteuerung, 2001, hier: S. 499; Wehrheim, Michael/Roth, Matthias, Behandlung, 2001, hier: S. 638 sowie Kußmaul, Heinz/Meyering, Stephan, Besteuerung, 2004, hier: S. 97.

360 Vgl. Myßen, Michael, Änderungen, 2000, hier: S. 7435 f.

361 Vgl. R 111 Abs. 1 S. 5 EStR i.V.m. § 3 Abs. 1b S. 1 Nr. 1 UStG. Vgl. dazu auch Kapitel 3.3.2.3.

362 Vgl. Boochs, Wolfgang/Ganteführer, Felix, 1997, hier: S. 1841 sowie Kußmaul, Heinz/ Meyering, Stephan, Besteuerung, 2004, hier: S. 97.

363 Vgl. § 6 Abs. 3 S. 1 EStG. Vgl. hierzu auch Brandmüller, Gerhard/Lindner, Reinhold, Stiftungen, 2005, hier: S. 53 f.

ausschüttung qualifiziert sehen möchten, da es nicht im Interesse der Kapitalgesellschaft liegen könne, dass ihr Vermögen ohne Gegenleistung entzogen wird.[364]

3.3.2.2 Erbschaft- und Schenkungsteuer

Die Erbschaft- und Schenkungsteuer ist in Deutschland als Erbanfallsteuer[365] ausgestaltet, sodass nicht die übergehende Vermögensmasse, sondern die Bereicherung beim jeweiligen Empfänger – in diesem Fall ist dies die Stiftung – besteuert wird.[366] Im Falle der Errichtung einer Stiftung besteht Erbschaft- und Schenkungsteuerpflicht, sofern der Stifter oder die Stiftung Inländer i.S.d. § 2 Abs. 1 ErbStG sind. Die Steuer entsteht bei Errichtung einer Stiftung unter Lebenden im Zeitpunkt der Ausführung der Zuwendung, bei Errichtung einer Stiftung von Todes wegen mit der Genehmigung der Stiftung.[367] Für die Bemessung des Wertes des steuerpflichtigen Vermögens gelten grundsätzlich die Bestimmungen des Bewertungsgesetzes.[368]

Da die Stiftung als juristische Person naturgemäß in keinem Verwandtschaftsverhältnis zum Stifter stehen kann, erfolgt die Berechnung der Steuer stets unter Anwendung der ungünstigsten Steuerklasse III mit Steuersätzen zwischen 17 v.H. und 50 v.H.[369] Eine Vergünstigung besteht diesbezüglich im Falle der Errichtung einer Familienstiftung i.S.d. § 1 Abs. 1 Nr. 4 ErbStG: Hierbei wird zur Ermittlung der Steuerklasse das Verhältnis unterstellt, in dem der verwandtschaftlich entfernteste Destinatär zum Stifter steht, sodass – im günstigsten Falle der Steuerklasse I – die Steuersätze zwischen 7 v.H. und 30 v.H. liegen.[370] Sofern es sich jedoch bei der empfangenden Stiftung um eine ausschließlich und

---

364 Vgl. Götz, Hellmut, Steuerrecht, 2000, hier: S. 7327, m.w.N.

365 Vgl. BVerfG v. 22.06.1995 – 2 BvR 552/91, hier: S. 671.

366 Dies schließt jedoch nicht aus, dass bei einer Schenkung auch der Schenker Steuerschuldner ist; vgl. § 20 Abs. 1 S. 1 ErbStG. Dazu auch Kußmaul, Heinz, Steuerlehre, 2006, hier: S. 377.

367 Vgl. § 9 Abs. 1 Nr. 2 sowie Nr. 1c ErbStG. Dazu auch Toth, Geza Martin, Besteuerung, 1997, hier: S. 1239.

368 Vgl. § 12 Abs. 1 ErbStG. Grundsätzliches zur Erbschaft- und Schenkungsteuer findet sich bspw. bei Wehrheim, Michael, Unternehmensbesteuerung, 2002, hier: S. 145-158.

369 Vgl. § 15 Abs. 1 ErbStG i.V.m. § 19 Abs. 1 ErbStG. Dazu auch Kußmaul, Heinz/Meyering, Stephan, Stiftung, 2004, hier: S. 57 f.

370 Vgl. § 15 Abs. 2 S. 1 ErbStG. Dazu auch Hennerkes, Brun-Hagen/Binz, Mark K./Sorg, Martin H., Rechtsform, 1986, hier: S. 2219; Binz, Mark K./Sorg, Martin H., Erbschaftsteuerprobleme, 1994, hier: S. 230 sowie Jülicher, Marc, Brennpunkte, 1999, hier: S. 367 f.

unmittelbar gemeinnützigen, mildtätigen oder kirchlichen Zwecken dienende Stiftung handelt, ist die Zuwendung erbschaft- und schenkungsteuerbefreit.[371]

Ein gesondertes Privileg besteht darüber hinaus für Stifter, die Vermögen auf eine Stiftung übertragen, welche steuerbegünstigte Zwecke i.S.d. §§ 52-54 AO[372] verfolgt: Sofern der Stifter Vermögen aus einer Erbschaft oder Schenkung auf eine derartige Stiftung überträgt, entfällt rückwirkend insoweit die auf diese Vermögensgegenstände bereits angefallene Erbschaft- oder Schenkungsteuer.[373] Dies gilt auch, wenn es sich bei der Zuwendung nicht um einen Teil des Erbes selbst, sondern um dessen Veräußerungserlös handelt.[374] Hierdurch sollen Erben oder Beschenkte ermutigt werden, das erhaltene Vermögen zugunsten der Allgemeinheit zur Verfügung zu stellen.[375]

Voraussetzung für das rückwirkende Erlöschen ist zum einen, dass die Zuwendung innerhalb von 24 Monaten nach Entstehung der Erbschaft- oder Schenkungsteuer[376] erfolgt. Zum anderen darf der Stifter selbst nicht Zuwendungsempfänger der Stiftung i.S.d. § 58 Nr. 5 AO sein.[377] Da die Inanspruchnahme des Privilegs des rückwirkenden Erlöschens einem Sonderausgabenabzug nach § 10b EStG entgegensteht,[378] muss sich der Stifter unwiderruflich entscheiden, ob und gegebenenfalls in welcher Höhe es sich bei der Zuwendung um eine (Zu-)Stiftung oder eine zum Sonderausgabenabzug berechtigende Spende handelt.[379]

3.3.2.3 Umsatzsteuer

In umsatzsteuerlicher Hinsicht relevant ist die Übertragung von einzelnen Vermögensgegenständen auf eine Stiftung: Werden diese aus dem Betriebsvermögen eines Einzelunternehmens oder einer Personengesellschaft entnom-

---

371 Vgl. § 13 Abs. 1 Nr. 16 lit. b) ErbStG.

372 Eine Ausnahme hierbei bilden wiederum die so genannten *'Freizeitzwecke'* – wie z.B. die Förderung des Hundesports oder der Kleingärtnerei – i.S.d. § 52 Abs. 2 Nr. 4 AO; vgl. hierzu auch Thiel, Jochen/Eversberg, Horst, Gemeinnützigkeitsrecht, 1990, hier: S. 291 f.

373 Dies gilt, sofern der Stiftungsvorgang binnen 24 Monaten nach Entstehung der Erbschaft- und Schenkungsteuer stattfindet; vgl. § 29 Abs. 1 Nr. 4 S. 1 ErbStG sowie Elsner, Dietrich von, Gestaltungen, 2001, hier: S. 105.

374 Vgl. Wehrheim, Michael/Roth, Matthias, Behandlung, 2001, hier: S. 638, m.w.N.

375 Vgl. Steinsdörfer, Erich, Spendenrecht, 1999, hier: S. 375.

376 Vgl. § 9 ErbStG.

377 Vgl. § 29 Abs. 1 Nr. 4 S. 1 und S. 2 ErbStG.

378 Gleiches gilt für die entsprechenden Vorschriften des § 9 Abs. 1 Nr. 2 KStG und § 9 Nr. 5 GewStG.

379 Vgl. § 29 Abs. 1 Nr. 4 S. 2 bis S. 4 ErbStG. Vgl. dazu auch Wehrheim, Michael/Roth, Matthias, Behandlung, 2001, hier: S. 638 sowie Kußmaul, Heinz/Meyering, Stephan, Besteuerung, 2004, hier: S. 98.

men, wird dieser Vorgang als Lieferung und damit als umsatzsteuerpflichtig angesehen.[380] Wird die anfallende Umsatzsteuer vom Stifter getragen, kommt insoweit deren Berücksichtigung im Rahmen des § 10b Abs. 1 und Abs. 1b EStG in Betracht.[381]

Im Gegensatz hierzu fällt die unentgeltliche Übertragung eines Betriebs oder Teilbetriebs gemäß § 1 Abs. 1a UStG in die Sphäre einer nichtsteuerbaren Geschäftsveräußerung, sodass folglich keine Umsatzsteuer anfällt.[382]

3.3.2.4 Grunderwerbsteuer

Wird ein inländisches Grundstück – in diesem Falle auf eine Stiftung – übertragen, unterliegt dieser Vorgang der Grunderwerbsteuer mit einem Steuersatz von 3,5 v.H.[383] Gleiches gilt für Grundstücke, die sich im Eigentum von Personen- oder Kapitalgesellschaften befinden, wenn innerhalb einer Fünfjahresfrist mindestens 95 v.H. der Anteile an dieser Gesellschaft übertragen werden.[384]

Sofern die Übertragung jedoch unentgeltlich erfolgt, da es sich um einen Grundstückserwerb von Todes wegen oder um eine Schenkung unter Lebenden im Sinne des Erbschaft- und Schenkungsteuergesetzes handelt, liegt ein steuerbefreiter Vorgang vor.[385] Die Steuerbefreiung findet ihre Begründung darin, dass sich die Grunderwerbsteuer und die Erbschaft- und Schenkungsteuer gegenseitig ausschließen.[386] Da jedoch keine tatsächliche Belastung mit Erbschaft- oder Schenkungsteuer gefordert wird, hat dies zur Folge, dass eine unentgeltliche Grundstückszuwendung an eine inländische steuerbegünstigte Stiftung sowohl nach § 3 Nr. 2 GrEStG als auch nach § 13 Abs. 1 Nr. 16 lit. b) ErbStG steuerbefreit ist.[387]

---

380 Vgl. § 1 Abs. 1 Nr. 1 UStG i.V.m. § 3 Abs. 1b Nr. 1 UStG.

381 Vgl. Schick, Stefan, Rahmenbedingungen, 2001, hier: S. 114 f. Vgl. dazu auch Kapitel 3.3.2.1.2.

382 Vgl. Götz, Hellmut, Steuerrecht, 2000, hier: S. 7328 sowie Kußmaul, Heinz/Meyering, Stephan, Stiftung, 2004, hier: S. 57.

383 Vgl. § 1 Abs. 1 GrEStG i.V.m. § 11 GrEStG.

384 Vgl. § 1 Abs. 2a S. 1 GrEStG. Dazu auch BFH v. 31.03.1982 II R 92/81, hier: S. 424 f. sowie Pöllath, Reinhard, Handbuch, 1999, hier: § 40, Rz. 75.

385 Vgl. § 3 Nr. 2 GrEStG.

386 Vgl. BVerfG v. 15.05.1984 – 1 BvR 464/81, hier: S. 613 f.

387 Vgl. Schick, Stefan, Rahmenbedingungen, 2001, hier: S. 113 f.

3.3.3 Laufende Besteuerung

3.3.3.1 Laufende Besteuerung der Stiftung

3.3.3.1.1 Die vier Sphären einer steuerbegünstigten Stiftung

3.3.3.1.1.1 Grundsätzliches

"So unterschiedlich die Zwecke sein können, die eine steuerbegünstigte Stiftung verfolgt, so unterschiedlich kann ihre Betätigung im Einzelfall sein. Von der finanziellen Unterstützung wirtschaftlich Bedürftiger über den unmittelbaren Betrieb einer steuerbegünstigten Einrichtung bis hin zur Beteiligung an einem gewerblichen Unternehmen können ihre Aktivitäten reichen."[388] Um die jeweilige Betätigung angemessen steuerlich behandeln zu können, werden die Aktivitäten einer steuerbegünstigten Körperschaft – und damit auch einer steuerbegünstigten Stiftung – einer von vier Sphären zugeordnet: dem ideellen Bereich, dem steuerbegünstigten Bereich der Vermögensverwaltung und dem wirtschaftlichen Geschäftsbetrieb, der sich in einen steuerbegünstigten Zweckbetrieb und einen steuerpflichtigen wirtschaftlichen Geschäftsbetrieb unterteilt.[389]

Bei der steuerlichen Zuordnung der jeweiligen Betätigung empfiehlt sich die Einhaltung nachfolgender Prüfreihenfolge: Sofern die Aktivität nicht unter dem ideellen Bereich zu subsumieren ist, kommt eine Zurechnung zur Sphäre der Vermögensverwaltung in Betracht. Erst im Anschluss kommt bei abermaligem Verneinen der Bereich des wirtschaftlichen Geschäftsbetriebes infrage. Handelt es sich nicht um einen steuerbegünstigten Zweckbetrieb, ist die Aktivität notwendigerweise dem steuerpflichtigen wirtschaftlichen Geschäftsbetrieb zuzuordnen.[390]

Für die Besteuerung einer steuerbegünstigten Stiftung ist es daher von ganz wesentlicher Bedeutung, in welchen Bereich die jeweiligen Aktivitäten zu verweisen sind. Folglich hat sie ihre Einnahmen und Ausgaben entsprechend dieser Tätigkeitsfelder zu strukturieren.[391] Bei einer nichtsteuerbegünstigten Stiftung hingegen ist eine derartige Sphärenbetrachtung nicht erforderlich, da es sich in jedem Falle um eine steuerpflichtige Betätigung handeln muss.

---

388 Schick, Stefan, Rahmenbedingungen, 2001, hier: S. 98.

389 Vgl. Müller, Thorsten/Schubert, Jörg, Stifterfamilie, 2000, hier: S. 1293 sowie Augsten, Ursula, Besteuerung, 2003, hier: S. 29-31. A.A. ist Neuhoff, der als fünfte Sphäre ertragloses Stiftungsvermögen, welches keinen Bezug zum Stiftungszweck aufweist, identifiziert; vgl. Neuhoff, Klaus, Sphären, 2005, hier: S. 193 f.

390 Vgl. Schick, Stefan, Rahmenbedingungen, 2001, hier: S. 98 f.

391 Vgl. Buchna, Johannes, Gemeinnützigkeit, 2003, hier: S. 202 f.

3.3.3.1.1.2 Ideeller Bereich

Der ideelle Bereich einer gemeinnützigen Stiftung ist derjenige, der vom Satzungszweck umfasst und als steuerbegünstigt anerkannt ist. Als vereinnahmte Mittel dieser Sphäre kommen der Vermögenserwerb im Rahmen des Stiftungsgeschäftes, spätere Zustiftungen, Spenden sowie öffentliche Fördermittel, für die keine Gegenleistung vonseiten der Stiftung gefordert wird, infrage.[392]

Derartige Einnahmen der Stiftung fallen nicht unter die Einkunftsarten des § 2 Abs. 1 EStG und bleiben somit steuerfrei.[393] Auf der anderen Seite können satzungsmäßige Aufwendungen, die die Stiftung aus vereinnahmten Mitteln des ideellen Bereichs bestreitet, nicht bei der Ermittlung des steuerpflichtigen Einkommens abgezogen werden.[394]

Kennzeichnend für die ideelle Sphäre ist, dass Leistungen der Stiftung nicht um der Gegenleistung willen erbracht werden, sodass es insoweit an der Einnahmenerzielungsabsicht mangelt. Vielmehr werden hier die steuerbegünstigten Zwecke durch die Verausgabung von gemeinnützigkeitsrechtlich gebundenen Mitteln verwirklicht.[395]

3.3.3.1.1.3 Vermögensverwaltung

"Eine Vermögensverwaltung liegt in der Regel vor, wenn Vermögen genutzt, zum Beispiel Kapitalvermögen verzinslich angelegt oder unbewegliches Vermögen vermietet oder verpachtet wird."[396] Diese wenig trennscharfe Definition des Begriffs der Vermögensverwaltung in dem mit *'Wirtschaftlicher Geschäftsbetrieb'* überschriebenen § 14 AO lässt bereits die Schwierigkeiten erkennen, die sich im Einzelfall bei der Abgrenzung der Sphäre der steuerbegünstigten Vermögensverwaltung von der des steuerpflichtigen wirtschaftlichen Geschäftsbetriebes ergeben können.

Grundsätzlich umfasst die Vermögensverwaltung die Verwaltung und Nutzung des Stiftungsvermögens, welches der Stiftung im Rahmens des Stiftungsgeschäftes und durch spätere Zustiftungen zur Zweckverwirklichung in ausreichendem Maße zur Verfügung gestellt werden musste.[397] Der Verwaltung dieses

---

392 Vgl. Boochs, Wolfgang, Besteuerung, 1995, hier: S. 6406 sowie Schick, Stefan, Rahmenbedingungen, 2001, hier: S. 99 f.

393 Vgl. BFH v. 04.03.1970 I R 123/68, hier: S. 471.

394 Vgl. § 10 Nr. 1 KStG. Vgl. hierzu auch Kapitel 3.3.3.1.2.

395 Vgl. Schick, Stefan, Rahmenbedingungen, 2001, hier: S. 99 f.

396 § 14 S. 3 AO. Vgl. hierzu auch Söffing, Andreas/Thoma, Katrin, Beratungsaspekte, 2003, hier: S. 1091.

397 Vgl. § 80 Abs. 2 BGB i.V.m. § 82 BGB. Vgl. dazu auch Heinrichs, Helmut, Kommentierung, 2004, hier: § 80, Rz. 5.

Vermögens kommt daher große Bedeutung zu. Sie darf jedoch nicht Selbstzweck sein, sondern muss dem steuerbegünstigten Stiftungszweck "im Sinne einer Mittelbeschaffung dienend untergeordnet sein".[398]

Bei der Vermietung und Verpachtung von unbeweglichem Stiftungsvermögen handelt es sich um Aktivitäten der steuerbegünstigten Sphäre der Vermögensverwaltung. Dies gilt jedoch nur, solange es nicht zu einem häufigen Wechsel von Mietern und Pächtern und damit zu einem Wettbewerb mit gewerblichen Vermietern und Verpächtern kommt.[399] Ebenso sind nicht unbedeutende Nebenleistungen des Vermieters oder Verpächters sowie eine nach außen in Erscheinung tretende Teilnahme am allgemeinen wirtschaftlichen Verkehr steuerschädlich.[400]

Die Beteiligung der Stiftung an einer Kapitalgesellschaft fällt grundsätzlich ebenfalls in die Sphäre der Vermögensverwaltung.[401] Dem steht auch ein häufigeres Umschichten von Wertpapieren innerhalb der einjährigen Spekulationsfrist des § 23 Abs. 1 Nr. 2 EStG nicht entgegen, da die laufende Kurspflege einer ordnungsgemäßen Vermögensverwaltung dient. Anders ist der Fall erst zu beurteilen, wenn ein eher spekulativer Charakter bei der Vermögensumschichtung dominiert. Dies ist gegeben, sofern nicht die reine Fruchtziehung, sondern die Tätigkeit bei der Depotverwaltung im Vordergrund steht.[402]

Sobald die Stiftung jedoch maßgeblichen Einfluss auf die laufende Geschäftsführung der Kapitalgesellschaft, an der sie beteiligt ist, nehmen kann, handelt es sich nicht mehr um den Bereich der steuerbegünstigten Vermögensverwaltung, sondern um einen steuerpflichtigen wirtschaftlichen Geschäftsbetrieb, da die Stiftung – wenn auch nur mittelbar – am allgemeinen wirtschaftlichen Verkehr teilnimmt.[403] Die bloße Möglichkeit der Einflussnahme reicht hierfür jedoch nicht aus; es kommt auf die tatsächliche Beeinflussung der Geschäftsführung des Unternehmens an. Um nicht dem Risiko der Steuerpflicht ausgesetzt zu sein, empfiehlt es sich, die Rechte und Pflichten der Stiftung vertraglich auf eine reine Überwachungstätigkeit zu beschränken.[404]

---

398 Schick, Stefan, Rahmenbedingungen, 2001, hier: S. 100.

399 Vgl. Boochs, Wolfgang, Besteuerung, 1995, hier: S. 6406.

400 Vgl. BFH v. 17.12.1957 I 182/55 U, hier: S. 248 f., m.w.N. sowie BFH v. 12.03.1964 IV 136/61 S, hier: S. 364, m.w.N.

401 Vgl. BFH v. 30.06.1971 I R 57/70, hier: S. 754.

402 Vgl. Lorenz, Hans/Steer, Eduard, Behandlung, 1983, hier: S. 2658 sowie Schick, Stefan, Rahmenbedingungen, 2001, hier: S. 102.

403 Vgl. BFH v. 30.06.1971 I R 57/70, hier: S. 754; AEAO Nr. 3 S. 3 und S. 4 zu § 64 Abs. 1 AO; Lex, Peter, Mehrheitsbeteiligung, 1997, hier: S. 349-351 sowie Schiffer, K. Jan/Peters, Claus J./Seifert, Klaus, Körperschaften, 1997, hier: S. 39.

404 Vgl. Schick, Stefan, Beteiligung, 1985, hier: S. 1812 f. sowie Hennerkes, Brun-Hagen/ Binz, Mark K./Sorg, Martin H., Rechtsform, 1986, hier: S. 2220. Ähnlich Roolf, Willy J.,

Sofern die Stiftung an einer Kapitalgesellschaft beteiligt ist und dieser eine wesentliche Betriebsgrundlage überlässt, besteht die Gefahr des Verlassens der Sphäre der Vermögensverwaltung aufgrund der Erfüllung der Voraussetzungen einer steuerlichen Betriebsaufspaltung: Die steuerbegünstigte Stiftung muss der steuerpflichtigen Gesellschaft, in der sie ihren Willen durchsetzen kann (sog. personelle Verflechtung), eine wesentliche Betriebsgrundlage überlassen (sog. sachliche Verflechtung).[405] Sofern beide an der Betriebsaufspaltung beteiligten Parteien steuerbegünstigt sind, verweist die Finanzverwaltung die Beteiligungsverwaltung in die steuerbegünstigte Sphäre der Vermögensverwaltung.[406]

Im Falle der Beteiligung an einer Personengesellschaft liegt grundsätzlich ein steuerpflichtiger wirtschaftlicher Geschäftsbetrieb vor.[407] Die Stiftung nimmt hierbei die Stellung eines Mitunternehmers i.S.v. § 15 Abs. 1 S. 1 Nr. 2 EStG ein.[408] Allerdings besteht durch eine weit reichende Beschneidung der Rechte der Stiftung die Möglichkeit, diese aus der Mitunternehmerposition zu drängen, sodass die Beteiligung in die Sphäre der Vermögensverwaltung fällt. Dies gelingt beispielsweise durch den Ausschluss der Verlustbeteiligung oder durch den Entzug von Mitwirkungs- und Kontrollrechten der Stiftung.[409] Eine derartige Vertragsgestaltung ist nicht erforderlich, sofern die Personengesellschaft die Voraussetzungen eines steuerbegünstigten Zweckbetriebes erfüllt.[410]

Beteiligung, 1985, hier: S. 1158 f. sowie Fasselt, Theo, Familienunternehmen, 1992, hier: S. 229 f.; a.A. Löffler, Martin/Faut, Eberhard, Recht, 1974, hier: S. 334, die bei der Beurteilung der Gemeinnützigkeit auf den Umfang der Verwaltungsentscheidungen abstellen.

405 Vgl. Schick, Stefan, Körperschaft, 1999, hier: S. 1190 sowie Boochs, Wolfgang, Steuerhandbuch, 2001, hier: S. 222-224. Eine personelle Verflechtung im klassischen Sinne kann – mangels Gesellschafter – bei einer Stiftung nicht gegeben sein. Ein einheitlicher Betätigungswille dürfte aber zu unterstellen sein, wenn zwischen den Mitgliedern der Stiftungsorgane und den Gesellschaftern bzw. Organen der Kapitalgesellschaft Personenidentität besteht; vgl. Wachter, Thomas, Steuerrecht, 2001, hier: S. 89. Ausführlich zur steuerlichen Betriebsaufspaltung vgl. Wehrheim, Michael, Steuerwirkungslehre, 2004, hier: S. 118-128.

406 Vgl. OFD Hannover v. 23.07.1998 – S 2729 – 87 – StO 214, hier: S. 911 sowie AEAO Nr. 3 S. 7 zu § 64 Abs. 1 AO.

407 Vgl. BFH v. 27.07.1988 I R 113/87, hier: S. 134 f. sowie BFH v. 27.03.2001 I R 78/99, hier: S. 450. Hierzu auch Orth, Manfred, Gestaltungsaspekte, 1997, hier: S. 246 f. sowie Götz, Hellmut, Steuerrecht, 2000, hier: S. 7330. Dies gilt nicht, sofern es sich um eine rein vermögensverwaltende Personengesellschaft handelt, die somit nicht gewerblich tätig ist; vgl. BFH v. 09.05.1984 I R 25/81, hier: S. 726-728 sowie Hennerkes, Brun-Hagen/Binz, Mark K./Sorg, Martin H., Stiftung, 1986, hier: S. 2273.

408 Vgl. Götz, Hellmut, Familienstiftung, 2000, hier: S. 7385.

409 Vgl. Roolf, Willy J., Beteiligung, 1985, hier: S. 1157 f.

410 Vgl. Schick, Stefan, Körperschaft, 1999, hier: S. 1189. Zu den Erfordernissen der Anerkennung als steuerbegünstigter Zweckbetrieb vgl. nachfolgend Kapitel 3.3.3.1.1.4.

3.3.3.1.1.4 Steuerbegünstigter Zweckbetrieb

Sofern die Aktivitäten der steuerbegünstigten Stiftung nicht dem ideellen Bereich oder dem Bereich der Vermögensverwaltung zuzuordnen sind, liegt ein wirtschaftlicher Geschäftsbetrieb vor. Dieser ist steuerpflichtig, soweit es sich nicht um einen steuerbegünstigten Zweckbetrieb handelt.[411] Ein solcher ist gegeben, wenn die folgenden drei Voraussetzungen erfüllt sind:

1. Der Zweckbetrieb muss tatsächlich und unmittelbar satzungsgemäße Zwecke der steuerbegünstigten Stiftung verwirklichen, die ihn betreibt,
2. die Zwecke dürfen sich nur durch einen solchen Geschäftsbetrieb erreichen lassen und
3. der Wettbewerb des Zweckbetriebes zu nichtsteuerbegünstigten Betrieben derselben oder ähnlichen Art muss auf ein zur Erfüllung der steuerbegünstigten Zwecke unvermeidbares Minimum beschränkt sein.[412]

Für die Annahme eines Zweckbetriebes ist es somit erforderlich, dass dieser unmittelbar die steuerbegünstigten Zwecke verfolgt, die zwingend in der Satzung verankert sein müssen; eine bloße Mittelbeschaffung für diese Zwecke ist nicht ausreichend.[413] Zudem muss die Stiftung den Geschäftsbetrieb unabdingbar zur Erfüllung ihrer satzungsmäßigen Zwecke benötigen, und der Geschäftsbetrieb darf sich nicht von dem steuerbegünstigten Zweck trennen lassen.[414]

Das Wettbewerbsverbot der dritten Voraussetzung ist dergestalt auszulegen, dass lediglich ein "volkswirtschaftlich schädlicher Wettbewerb"[415] sich steuerschädlich auswirkt. Sofern die Tätigkeit des Geschäftsbetriebes durch gewerbliche Unternehmen allerdings nicht hinreichend ersetzt werden kann, liegt zweifelsfrei ein steuerbegünstigter Zweckbetrieb vor.[416]

3.3.3.1.1.5 Steuerpflichtiger wirtschaftlicher Geschäftsbetrieb

In zahlreichen Einzelsteuergesetzen finden sich Regelungen, die den wirtschaftlichen Geschäftsbetrieb[417] einer Stiftung von den Steuerbegünstigungen

---

411 Vgl. § 64 Abs. 1 AO i.V.m. §§ 65-68 AO.

412 Vgl. § 65 AO. Vgl. dazu auch RFH v. 24.07.1937 VIa A 1/35, hier: S. 1103 sowie Steinsdörfer, Erich, Stiftungsverwaltung, 1999, hier: S. 437.

413 Vgl. BFH v. 21.08.1985 I R 60/80, hier: S. 89.

414 Vgl. Lorenz, Hans/Steer, Eduard, Behandlung, 1983, hier: S. 2658 f. sowie Wachter, Thomas, Steuerrecht, 2001, hier: S. 92.

415 Lorenz, Hans/Steer, Eduard, Behandlung, 1983, hier: S. 2659.

416 Vgl. Lorenz, Hans/Steer, Eduard, Behandlung, 1983, hier: S. 2659.

417 Ein wirtschaftlicher Geschäftsbetrieb ist die "selbständige, nachhaltige Tätigkeit, durch die Einnahmen oder andere wirtschaftliche Vorteile erzielt werden und die über den Rahmen einer Vermögensverwaltung hinausgeht. Die Absicht, Gewinn zu erzielen, ist nicht erforderlich"; § 14 S. 1 und S. 2 AO. Damit geht der Begriff des '*wirtschaftlichen Geschäftsbetriebes*' über den Begriff des '*Gewerbebetriebes*' i.S.d. § 15 Abs. 2 S. 1 EStG

ausschließen.[418] Sie verliert demzufolge die steuerlichen Vergünstigungen nach Maßgabe der in Betracht kommenden Vorschriften nur für die Besteuerungsgrundlagen,[419] die dem jeweiligen wirtschaftlichen Geschäftsbetrieb zuzuordnen sind; im Übrigen bleiben der Stiftung die Steuerprivilegien erhalten.[420] Dies gilt auch für den Fall, dass das Ausmaß der Aktivitäten in dem wirtschaftlichen Geschäftsbetrieb das Ausmaß der steuerbegünstigten Aktivitäten übersteigt.[421] Im Ergebnis führt dies dazu, dass durch die partielle Aufhebung der Steuervergünstigungen die Stiftung in der steuerpflichtigen Sphäre ihren Wettbewerbern gleichgestellt wird.[422]

Eine steuerbegünstigte Stiftung kann durchaus mehrere wirtschaftliche Geschäftsbetriebe unterhalten, die keine steuerbegünstigten Zweckbetriebe darstellen, sofern sie verschiedene Tätigkeiten ausübt, die sich ihrer Art nach unterscheiden. Eine Zusammenfassung zu einem gemeinsamen wirtschaftlichen Geschäftsbetrieb erfolgt auch dann nicht, wenn die Tätigkeiten wirtschaftlich eng miteinander verflochten sind oder sich sogar gegenseitig bedingen.[423] Demzufolge ist das Betriebsergebnis jedes wirtschaftlichen Geschäftsbetriebes gesondert zu ermitteln.[424]

Die partielle Betrachtungsweise wird erst bei der Verrechnung der erzielten Gewinne und Verluste für Zwecke der Körperschaft- und Gewerbesteuer aufgegeben. Zudem ist die Zusammenführung der finanziellen Ergebnisse der einzelnen wirtschaftlichen Geschäftsbetriebe von entscheidender Bedeutung für die Beurteilung der Frage, ob insgesamt Verluste aus den wirtschaftlichen Ge-

---

hinaus, da nicht nur die Gewinnerzielungsabsicht, sondern auch die Beteiligung am allgemeinen wirtschaftlichen Verkehr entbehrlich ist; vgl. Abschn. 15 Abs. 1 S. 7 GewStR. Dazu auch BFH v. 13.03.1991 I R 8/88, hier: S. 101-103; BFH v. 24.07.1996 I R 35/94, hier: S. 585; Boochs, Wolfgang, Steuerhandbuch, 2001, hier: S. 418 f. sowie Orth, Manfred, Stiftungen, 2001, hier: S. 326.

418 Vgl. z.B. § 5 Abs. 1 Nr. 9 S. 2 KStG; § 3 Nr. 6 S. 2 GewStG; § 12 Abs. 2 Nr. 8 S. 2 UStG sowie § 3 Abs. 1 Nr. 3 lit. b) GrStG i.V.m. Abschn. 12 Abs. 5 S. 4 GrStR.

419 Als Besteuerungsgrundlagen gelten die Einkünfte und Umsätze sowie das Vermögen der jeweiligen Geschäftsbetriebe; vgl. § 64 Abs. 1 AO.

420 Vgl. Orth, Manfred, Gestaltungsaspekte, 1997, hier: S. 242 sowie Boochs, Wolfgang, Steuerhandbuch, 2001, hier: S. 204.

421 Vgl. BFH v. 15.07.1998 I R 156/94, hier: S. 546. Dazu auch Fischer, Peter, Kommentierung, 1993, hier: § 55, Rz. 34-37 sowie Gersch, Eva-Maria, Kommentierung, 2000, hier: § 55, Rz. 2. A.A. Schäfers, Bernadette/Walz, Rainer, Stiftungssteuerreform, 2002, hier: S. 505, die eine drohende Wettbewerbsbeeinträchtigung als Beurteilungsmaßstab heranziehen.

422 Vgl. Steinsdörfer, Erich, Stiftungsverwaltung, 1999, hier: S. 437.

423 Vgl. BFH v. 27.03.1991 I R 31/89, hier: S. 104, m.w.N.

424 Vgl. Thiel, Jochen/Eversberg, Horst, Spendenrecht, 1990, hier: S. 347.

schäftsbetrieben vorliegen, die die Gemeinnützigkeit gefährden.[425] Ein Verstoß gegen den Grundsatz der Selbstlosigkeit,[426] der bei dem Ausgleich von Verlusten der wirtschaftlichen Geschäftsbetriebe mit für steuerbegünstigte Zwecke gebundenen Mittel vorliegen würde, hätte den umgehenden Verlust der Gemeinnützigkeit zur Folge.[427]

3.3.3.1.2 Körperschaftsteuer

Eine rechtsfähige Stiftung des bürgerlichen Rechts unterliegt der unbeschränkten Körperschaftsteuerpflicht des § 1 Abs. 1 Nr. 4 KStG, sofern sie ihren Sitz oder ihre Geschäftsleitung im Inland hat.[428] Zwar unterliegen privatrechtliche Stiftungen grundsätzlich mit allen Einkünften aus den sieben Einkunftsarten des § 2 Abs. 1 S. 1 EStG der Körperschaftsteuerpflicht,[429] jedoch werden sämtliche Einkünfte als Einkünfte aus Gewerbebetrieb behandelt, sofern die Stiftung nach den Vorschriften des HGB zur Führung von Büchern verpflichtet ist.[430]

Bei der Ermittlung der Körperschaftsteuer wird das Einkommen zugrunde gelegt, das sich nach den Vorschriften des Einkommen- und Körperschaftsteuergesetzes ermittelt.[431] Eine Besonderheit besteht bei Stiftungen hinsichtlich der Behandlung von Aufwendungen zur Erfüllung des Stiftungszweckes: Diese durch Stiftungsgeschäft, Satzung oder sonstige Verfassung vorgeschriebenen Aufwendungen dürfen den steuerpflichtigen Ertrag nicht mindern,[432] da sie dem Bereich der Einkommensverwendung zuzuordnen sind.[433] Ebenfalls nicht

---

[425] Vgl. AEAO Nr. 13 S. 1 und S. 2 zu § 64 Abs. 2 AO sowie BMF v. 19.10.1998 – IV C 6 – S 0171 – 10/98, hier: S. 22 f.

[426] Vgl. § 55 AO. Zu den Voraussetzungen der Gemeinnützigkeit vgl. auch Kapitel 3.1.4.1.

[427] Vgl. Thiel, Jochen/Eversberg, Horst, Spendenrecht, 1990, hier: S. 346 f., die zudem betonen, dass sich § 64 Abs. 2 AO daher ausschließlich auf die Prüfung beziehen kann, ob ein gemeinnützigkeitsschädlicher Gesamtverlust besteht.

[428] Vgl. Hennerkes, Brun-Hagen/Binz, Mark K./Sorg, Martin H., Rechtsform, 1986, hier: S. 2218. Zum Sitz bzw. der Geschäftsleitung einer Körperschaft vgl. §§ 10 und 11 AO; zum Inland vgl. § 1 Abs. 3 KStG. Nichtrechtsfähige Stiftungen hingegen fallen bezüglich der Körperschaftsteuerpflicht unter § 1 Abs. 1 Nr. 5 KStG; vgl. Orth, Manfred, Stiftungen, 2001, hier: S. 326.

[429] Vgl. § 1 Abs. 2 KStG. Die Zahl der Einkunftsarten reduziert sich bei Stiftungen auf sechs, da diese als juristische Personen keine Einkünfte aus nichtselbstständiger Arbeit i.S.d. § 19 EStG vereinnahmen können; vgl. Arbeitskreis "Unternehmensnachfolge" des IDW (Hrsg.), Gestaltungen, 1985, hier: S. 28 sowie Orth, Manfred, Stiftungen, 2001, hier: S. 326, m.w.N.

[430] Vgl. § 8 Abs. 2 KStG sowie Abschn. 27 Abs. 3 S. 1 KStR. Vgl. hierzu auch Kapitel 3.2.5.

[431] Vgl. § 8 Abs. 1 S. 1 KStG.

[432] Vgl. § 10 Nr. 1 KStG.

[433] Vgl. BFH v. 22.09.1959 I 5/59 U, hier: S. 38. Eine Ausnahme hiervon gilt für Stiftungsleistungen, die ihrem Wesen nach zugleich auch Betriebsausgaben i.S.d. § 4 Abs. 4 EStG

abzugsfähig ist die Erbschaftsteuer, da diese als *'sonstige Personensteuer'* i.S.d. § 10 Nr. 2 KStG auf die Person des Erben zugeschnitten ist.[434] Durch Abzug eines Freibetrags in Höhe von 3.835 € vom Einkommen ergibt sich das zu versteuernde Einkommen der Stiftung, welches einem Steuersatz von 25 v.H. unterliegt.[435]

Sofern es sich um eine steuerbegünstigte Stiftung handelt, sind nur die wirtschaftlichen Geschäftsbetriebe, die keine steuerbegünstigten Zweckbetriebe darstellen, körperschaftsteuerpflichtig.[436] Die Besteuerungsgrundlage der wirtschaftlichen Geschäftsbetriebe unterliegt jedoch nicht der Körperschaftsteuer, wenn die Einnahmen eines Jahres – einschließlich Umsatzsteuer – die Besteuerungsgrenze von 30.678 € nicht überschreiten.[437] Dabei ist zu beachten, dass sich diese Freigrenze auf sämtliche Einnahmen aller wirtschaftlichen Geschäftsbetriebe bezieht und das Unterschreiten nicht zu einer Umklassifizierung des steuerpflichtigen wirtschaftlichen Geschäftsbetriebes in einen steuerbegünstigten Zweckbetrieb führt.[438]

Schließlich ist noch hervorzuheben, dass verdeckte Gewinnausschüttungen i.S.d. § 8 Abs. 3 S. 2 KStG im Falle einer Stiftung ausgeschlossen sind:[439] Zwischen der Stiftung als eigentümerlose Vermögensmasse und den Destinatären kann kein mitgliedschaftliches oder mitgliedschaftsähnliches Verhältnis bestehen, was Voraussetzung für eine verdeckte Gewinnausschüttung wäre.[440]

---

darstellen: In diesem Falle hat der Betriebsausgabenabzug Vorrang; vgl. BFH v. 10.05.1960 I 205/59 U, hier: S. 336 f.

434 Vgl. BFH v. 14.09.1994 I R 78/94, hier: S. 208. Dies gilt auch im Falle der Verrentung der Erbschaftsteuerschuld bei der Familienstiftung; vgl. hierzu auch Kapitel 3.3.3.1.5.

435 Vgl. § 7 Abs. 1 und Abs. 2 KStG i.V.m. §§ 23 Abs. 1 und 24 KStG; vgl. hierzu auch Wachter, Thomas, Steuerrecht, 2001, hier: S. 87 f.

436 Vgl. § 5 Abs. 1 Nr. 9 S. 2 KStG.

437 Vgl. § 64 Abs. 3 AO; dazu auch Götz, Hellmut, Steuerrecht, 2000, hier: S. 7331 sowie Kußmaul, Heinz/Meyering, Stephan, Besteuerung, 2004, hier: S. 96.

438 Vgl. Thiel, Jochen/Eversberg, Horst, Spendenrecht, 1990, hier: S. 347 sowie Boochs, Wolfgang, Steuerhandbuch, 2001, hier: S. 235-237. Damit der gemeinnützigen Stiftung rück- bzw. vortragsfähige Verluste i.S.d. § 10d EStG entstehen, müssen die Einnahmen aus den steuerpflichtigen wirtschaftlichen Geschäftsbetrieben im Verlustentstehungsjahr die Besteuerungsgrenze des § 64 Abs. 3 AO überschreiten; vgl. Götz, Hellmut, Steuerrecht, 2000, hier: S. 7331.

439 Vgl. BFH v. 22.09.1959 I 5/59 U, hier: S. 37 f.

440 Vgl. Schulze zur Wiesche, Dieter, Unternehmensform, 1988, hier: S. 134; Boochs, Wolfgang, Steuerhandbuch, 2001, hier: S. 330 sowie Kußmaul, Heinz/Meyering, Stephan, Stiftung, 2004, hier: S. 59, m.w.N. Zu den Voraussetzungen einer verdeckten Gewinnausschüttung vgl. RFH v. 09.07.1935 I A 37/34, hier: S. 1131, m.w.N. sowie RFH v. 27.04.1937 I A 132/37, hier: S. 934. Vgl. hierzu auch Schulze zur Wiesche, Dieter, Gewinnausschüttung, 2005, hier: S. 1137-1143.

3.3.3.1.3 Gewerbesteuer

Gewerbesteuerlich wird die rechtsfähige Stiftung des bürgerlichen Rechts nur erfasst, sofern sie als Gewerbebetrieb anzusehen ist, der im Inland betrieben wird.[441] Im Falle einer als steuerbegünstigt anerkannten Stiftung unterliegen ausschließlich die steuerpflichtigen wirtschaftlichen Geschäftsbetriebe der Gewerbesteuer; von dieser partiellen Gewerbesteuerpflicht sind jedoch die Tätigkeiten ausgenommen, die dem Bereich der Land- und Forstwirtschaft zuzuordnen sind.[442] Wie bei der Körperschaftsteuer, so gilt auch im Falle der Gewerbesteuer die bereits angesprochene Besteuerungsgrenze der Abgabenordnung: Liegen die im Veranlagungszeitraum aus allen wirtschaftlichen Geschäftsbetrieben erzielten Einnahmen – einschließlich Umsatzsteuer – unter 30.678 €, so entfällt die Gewerbesteuerpflicht in jenem Jahr.[443]

Für die Gewerbesteuerpflicht spielt es keine Rolle, ob mit den wirtschaftlichen Geschäftsbetrieben tatsächlich gewerbliche Einkünfte i.S.d. § 15 EStG erzielt werden, da das Gewerbesteuergesetz sämtliche Tätigkeiten der wirtschaftlichen Geschäftsbetriebe stets als partiell steuerpflichtigen Gewerbebetrieb auffasst.[444] Somit kann ein wirtschaftlicher Geschäftsbetrieb der Gewerbesteuer unterliegen, auch wenn es sich nicht um einen Gewerbebetrieb i.S.d. § 15 Abs. 2 S. 1 EStG handelt.[445]

Bei der Ermittlung des Gewerbeertrags einer Stiftung, bei der ausschließlich der wirtschaftliche Geschäftsbetrieb steuerpflichtig ist, sind die Hinzurechnungs- und Kürzungsvorschriften der §§ 8 und 9 GewStG zu berücksichtigen. Der so ermittelte Gewerbeertrag ist auf volle 100 € abzurunden und um einen Freibetrag in Höhe von 3.900 € zu vermindern, bevor der einheitliche Steuermessbetrag in Höhe von 5 v.H. angewendet wird.[446]

---

441 Vgl. § 2 Abs. 1 S. 1 GewStG i.V.m. § 2 Abs. 1 S. 2 und S. 3 GewStG.

442 Vgl. § 3 Nr. 6 GewStG.

443 Vgl. § 64 Abs. 3 AO. Ob die Voraussetzung dieser Steuerbefreiung erfüllt ist, ist für jedes Jahr gesondert zu überprüfen; vgl. Boochs, Wolfgang, Steuerhandbuch, 2001, hier: S. 235.

444 Vgl. § 2 Abs. 3 GewStG i.V.m. § 2 Abs. 1 S. 1 GewStG. Dies gilt jedoch nicht, sofern es sich um nichtrechtsfähige Stiftungen oder um Stiftungen des öffentlichen Rechts handelt, da bei diesen mit dem wirtschaftlichen Geschäftsbetrieb gewerbliche Einkünfte i.S.d. § 15 Abs. 2 S. 1 EStG erzielt werden müssen, um eine partielle Gewerbesteuerpflicht auszulösen; vgl. Güroff, Georg, Kommentierung, 2002, hier: § 2, Rz. 160-163. Vgl. hierzu auch Hennerkes, Brun-Hagen/Binz, Mark K., Personengesellschaft, 1985, hier: S. 2165.

445 Vgl. Abschn. 15 Abs. 1 GewStR sowie Boochs, Wolfgang, Steuerhandbuch, 2001, hier: S. 397 und S. 418 f.

446 Vgl. § 11 Abs. 1 S. 3 GewStG i.V.m. § 11 Abs. 2 Nr. 2 GewStG sowie Götz, Hellmut, Steuerrecht, 2000, hier: S. 7331.

3.3.3.1.4 Grund- und Umsatzsteuer

Stiftungen sind grundsätzlich grundsteuerpflichtig, sofern zu ihrem Vermögen Grundstücke gehören.[447] Steuerbefreiungen bestehen jedoch im Falle einer als steuerbegünstigt anerkannten Stiftung.[448] Unterhält eine gemeinnützige Stiftung hingegen einen steuerpflichtigen wirtschaftlichen Geschäftsbetrieb, so ist nur der Teil des Grundbesitzes, auf dem dieser ausgeübt wird, steuerpflichtig.[449] Allerdings gilt die Besteuerungsgrenze des § 64 Abs. 3 AO für wirtschaftliche Geschäftsbetriebe weder für die Grundsteuer noch für die Umsatzsteuer; sie stellt lediglich eine Vergünstigung bei der Körperschaft- und Gewerbesteuer dar.[450]

In umsatzsteuerlicher Hinsicht unterliegt die Stiftung mit allen Umsätzen, die sie als Unternehmerin i.S.d. § 2 Abs. 1 UStG ausführt, der Steuerpflicht.[451] Darunter fällt auch der Leistungsaustausch mit Destinatären, sofern dieser aufgrund schuldrechtlicher Verträge erfolgt. Handelt es sich hingegen um Zuwendungen, die den Destinatären aufgrund von Satzungsbestimmungen zuteil werden, unterfallen diese hingegen nicht der Umsatzsteuerpflicht.[452]

Soweit eine steuerbegünstigte Stiftung steuerpflichtige Leistungen ausführt, werden diese dem ermäßigten Steuersatz in Höhe von 7 v.H. unterworfen.[453] Handelt es sich jedoch um steuerpflichtige Umsätze eines wirtschaftlichen Geschäftsbetriebes, der keinen steuerbegünstigten Zweckbetrieb darstellt, so gilt der reguläre Steuersatz in Höhe von 16 v.H.[454]

3.3.3.1.5 Exkurs: Erbersatzsteuer

Auch wenn es sich bei der Erbschaft- und Schenkungsteuer grundsätzlich um eine aperiodisch anfallende Steuer handelt, die folglich nicht an dieser Stelle unter der laufenden Besteuerung einer Rechtsform zu subsumieren wäre, so

---

447 Vgl. § 2 Nr. 2 GrStG.

448 Vgl. § 3 Abs. 1 Nr. 3 lit. b) GrStG.

449 Vgl. Abschn. 12 Abs. 6 Nr. 2 GrStR.

450 Vgl. Boochs, Wolfgang, Steuerhandbuch, 2001, hier: S. 235.

451 Vgl. Boochs, Wolfgang, Besteuerung, 1995, hier: S. 6415 sowie Götz, Hellmut, Familienstiftung, 2000, hier: S. 7385. Die steuerpflichtigen Leistungen unterliegen dann dem regulären Steuersatz i.H.v. 16 v.H.; vgl. § 12 Abs. 1 UStG.

452 Vgl. Kußmaul, Heinz/Meyering, Stephan, Stiftung, 2004, hier: S. 59 f., m.w.N.

453 Vgl. § 12 Abs. 2 Nr. 8 lit. a) S. 1 UStG.

454 Vgl. § 12 Abs. 2 Nr. 8 lit. a) S. 2 UStG. Steuerpflichtige wirtschaftliche Geschäftsbetriebe sind zudem von der Pauschalregelung des § 23a UStG ausgenommen: Für nichtbuchführungspflichtige Stiftungen, deren Vorjahresumsatz 30.678 € nicht übersteigt, besteht die Möglichkeit, die abziehbare Vorsteuer pauschal i.H.v. 7 v.H. des steuerpflichtigen Umsatzes geltend zu machen; vgl. § 23a Abs. 1 und Abs. 2 UStG; hierzu auch Götz, Hellmut, Zivilrecht, 2005, hier: S. 8616 f.

besteht doch eine Ausnahme: Im Falle der Familienstiftung, die "wesentlich im Interesse einer Familie oder bestimmter Familien errichtet ist",[455] wird in einem Zeitabstand von jeweils 30 Jahren deren Vermögen der so genannten *'Erbersatzsteuer'* unterworfen.[456] Dabei unterstellt der Gesetzgeber einen fiktiven Generationenwechsel, um zu vermeiden, dass "das in Familienstiftungen gebundene Vermögen auf Generationen der Erbschaftsteuer entzogen wird."[457]

Die pauschale Unterstellung eines Generationenwechsels hat in der Literatur zum Teil Lob, jedoch überwiegend heftige Kritik erfahren. Positiv hervorzuheben sind unter anderem die exakte Planbarkeit, die vom Gesetzgeber eingeräumte Möglichkeit der Verrentung der Steuerschuld gemäß § 24 ErbStG sowie die maßvolle Unterstellung eines Vermögensanfalles an zwei Abkömmlinge gemäß § 15 Abs. 2 S. 3 ErbStG.[458] Die Kritiker bemängeln jedoch, dass der Zeitraum mit 30 Jahren zu kurz bemessen sei, da ein Generationenwechsel nicht bereits nach dieser Zeit anzunehmen sei.[459] Zudem fehle es an der für die Erbschaftsteuer notwendigen Voraussetzung eines tatsächlichen Vermögensübergangs.[460]

Inzwischen steht die – anfangs in Zweifel gezogene – Verfassungsmäßigkeit der Erbersatzsteuer außer Frage.[461] Folglich entsteht die Steuer erstmals nach Ablauf von 30 Jahren seit der ersten Vermögensübertragung auf die Familienstiftung,

---

455 § 1 Abs. 1 Nr. 4 ErbStG. Vgl. dazu auch Kapitel 3.1.4.2.

456 Vgl. Korezkij, Leonid, Erbschaftsteuerrecht, 1999, hier: S. 134. Die Erbersatzsteuer wird gelegentlich auch als *'Ersatzerbschaftsteuer'* bezeichnet; vgl. Meincke, Jens Peter, Schenkungsteuergesetz, 2002, hier: § 1, Rz. 13. Orth weist darauf hin, dass in diesem Zusammenhang gelegentlich von einer "verkappte[n] Vermögensteuer" die Rede ist; Orth, Manfred, Familienstiftungen, 2003, hier: S. 42.

457 BFH v. 10.12.1997 II R 25/94, hier: S. 115. Vgl. hierzu auch Jülicher, Marc, Brennpunkte, 1999, hier: S. 364 f.

458 Vgl. Binz, Mark K./Sorg, Martin H., Renaissance, 1987/1988, hier: S. 149-151 sowie Wachter, Thomas, Steuerrecht, 2001, hier: S. 161. Zur Verrentung der Steuerschuld vgl. auch Korezkij, Leonid, Erbschaftsteuerrecht, 1999, hier: S. 135.

459 So hält Felix einen Zeitraum von etwa 50 Jahren für angemessen; vgl. Felix, Günther, Pflicht, 1982, hier: S. 356.

460 Kritisch zur Erbersatzsteuer z.B. Meyer zu Hörste, Gerhard, Familienstiftung, 1974, hier: S. 1633 f.; Denninger, Erhard, Eigentumsgarantie, 1978, hier: S. 32-40; Denninger, Erhard, Rückwirkungsverbot, 1978, hier: S. 70-78; Crezelius, Georg, Erbersatzsteuer, 1982, hier: S. 323-325; Kapp, Reinhard, Erbersatzsteuer, 1982, hier: S. 321-323; Troll, Max, Ersatzerbschaftsteuer, 1982, hier: S. 1663 f. sowie Oertzen, Christian von, Renaissance, 1997, hier: S. 103.

461 Vgl. BVerfG v. 08.03.1983 – 2 BvL 27/81, hier: S. 779. Kritisch zur Verfassungsmäßigkeit der Erbersatzsteuer äußerten sich zuvor z.B. Klein, Franz, Familienstiftung, 1973, hier: S. 2323 f. sowie Meincke, Jens Peter, Erbersatzsteuer, 1982, hier: S. 171 f.

sofern diese i.S.d. § 1 Abs. 1 Nr. 4 ErbStG im Inland ansässig ist.[462] Bei der Ermittlung der Bemessungsgrundlage tritt das Vermögen der Stiftung an die Stelle des Vermögensanfalles.[463] Da es sich bei der Erbersatzsteuer um eine stichtagsbezogene Steuer handelt, lässt sich die Steuer mitunter vermindern: Indem vorzeitige Zuwendungen an die Destinatäre erfolgen oder Zuflüsse von Erträgen – beispielsweise aus Kapitalbeteiligungen – auf einen Zeitpunkt nach dem Bewertungsstichtag verlagert werden, reduziert sich die Bemessungsgrundlage der Erbersatzsteuer.[464] Gänzlich vermeiden lässt sich die Steuer, indem die Familienstiftung vor dem maßgebenden Besteuerungszeitpunkt in eine Stiftung anderer Anwendungsform umgewandelt wird, zum Beispiel durch ein Absenken des Ausmaßes der Familienbegünstigung unter die Wesentlichkeitsgrenze, mit der Folge, dass keine Familienstiftung i.S.d. § 1 Abs. 1 Nr. 4 ErbStG mehr vorliegt.[465]

3.3.3.2 Laufende Besteuerung der Destinatäre

3.3.3.2.1 Ertragsteuern

Destinatäre können von *'ihrer'* Stiftung verschiedenartige Vergütungen erhalten. Sofern diese beispielsweise für bestimmte Tätigkeiten, die Überlassung von Kapital oder das zur Verfügung stellen von Wirtschaftsgütern geleistet werden, stellen die Vergütungen bei den Bezugsberechtigten steuerpflichtige Einkünfte dar, die nach den allgemeinen Besteuerungsgrundsätzen zu beurteilen sind. Verdeckte Gewinnausschüttungen i.S.d. § 8 Abs. 3 S. 2 KStG können – wie oben gesehen – nicht vorliegen.[466]

Bei der ertragsteuerlichen Beurteilung der Destinate ist zwischen den Zuwendungen einer steuerbegünstigten Stiftung und denen einer steuerpflichtigen Stiftung zu unterscheiden. Einmalige Leistungen einer steuerbegünstigten Stiftung sind bei den Destinatären grundsätzlich steuerfrei, da es bereits am

---

462 Vgl. § 9 Abs. 1 Nr. 4 S. 1 ErbStG sowie Flämig, Christian, Familienstiftungen, 1986, hier: S. 12. Im Inland ansässig ist eine Familienstiftung, sofern sie ihren Sitz oder ihre Geschäftsleitung im Inland i.S.v. § 2 Abs. 2 ErbStG hat; vgl. § 2 Abs. 1 Nr. 2 ErbStG.

463 Vgl. § 10 Abs. 1 S. 6 ErbStG.

464 Vgl. hierzu auch Wachter, Thomas, Steuerrecht, 2001, hier: S. 159.

465 Möglich wird eine solche Ausweichreaktion, da für die Erhebung der Steuer lediglich die Satzung und die Höhe des Stiftungsvermögens zum Zeitpunkt des Entstehens der Steuerschuld maßgeblich sind; vgl. BFH v. 08.04.1981 II R 47/79, hier: S. 582. Kritisch hierzu Wachter, Thomas, Steuerrecht, 2001, hier: S. 161. Zu beachten sind in diesem Zusammenhang jedoch die engen Grenzen, die einer Änderung des in der Satzung verankerten – und grundsätzlich unabänderlichen – Stiftungszweckes gesetzt sind; vgl. Sorg, Martin H., Überlebenschance, 1983, hier: S. 1624 f.

466 Vgl. Kapitel 3.3.3.1.2.

Kriterium der Regelmäßigkeit des § 22 Nr. 1 EStG mangelt.[467] Erhalten die Destinatäre einer steuerbegünstigten Stiftung aufgrund der Stiftungssatzung[468] jedoch laufende wiederkehrende Bezüge, so sind diese bei den Zuwendungsempfängern nur dann einkommensteuerfrei, sofern sie in Erfüllung steuerbegünstigter Zwecke i.S.d. §§ 52-54 AO gewährt werden.[469] Werden die wiederkehrenden Zuwendungen außerhalb der steuerbegünstigten Zwecke gewährt, handelt es sich um steuerpflichtige Einkünfte des Destinatärs i.S.d. § 22 Nr. 1 EStG; das Halbeinkünfteverfahren greift im Falle einer steuerbegünstigten Stiftung nicht, sodass die Destinate in voller Höhe steuerpflichtig sind.[470] Diese Einschränkung bezweckt, dass Erträge, die eine steuerbegünstigte Stiftung für andere als die begünstigten Zwecke verwendet, zumindest einmal in voller Höhe der Besteuerung unterliegen, nämlich auf Ebene des Destinatärs.[471]

Hiervon zu unterscheiden ist die Besteuerung der Destinate einer nicht von der Körperschaftsteuer befreiten Stiftung: Handelt es sich um eine privatnützige und damit keine steuerbegünstigten Zwecke verfolgende Stiftung, deren Zuwendungen trotzdem gemeinnützigen Zwecken zufließen, so sind diese beim Empfänger steuerfrei.[472] Sobald die Zuwendungen jedoch keinen steuerbegünstigten Zwecken zufließen, sind sie beim Empfänger zu versteuern. In diesem Falle unterliegen die Leistungen einer Familienstiftung der Besteuerung als Einkünfte aus Kapitalvermögen,[473] für die folglich das Halbeinkünfteverfahren gemäß § 3 Nr. 40 lit. d) EStG gilt.[474] Da die Einkünfte aus Kapitalvermögen des Destinatärs der Kapitalertragsteuer unterliegen, hat die regulär steuerpflichtige Familienstiftung diese für Rechnung des Destinatärs einzubehalten und an das Finanzamt abzuführen.[475]

---

467 Vgl. Milatz, Jürgen E./Kemcke, Tom/Schütz, Robert, Stiftungen, 2004, hier: S. 107.

468 Es handelt sich folglich um Bezüge aus einer *'freiwillig begründeten Rechtspflicht'* i.S.d. § 22 Nr. 1 S. 1 EStG.

469 Vgl. § 22 Nr. 1 S. 2, 2. Hs. EStG; dazu auch Schiffer, K. Jan/Schubert, Michael von, Verständnis, 2002, hier: S. 267 f. sowie Götz, Hellmut, Zivilrecht, 2005, hier: S. 107 f.

470 Vgl. § 3 Nr. 40 lit. i) EStG; dazu auch Kußmaul, Heinz/Meyering, Stephan, Destinatare, 2004, hier: S. 41 sowie Milatz, Jürgen E./Kemcke, Tom/Schütz, Robert, Stiftungen, 2004, hier: S. 107.

471 Vgl. Schauhoff, Stephan, Stiftung, 1996, hier: S. 1695, m.w.N.

472 Vgl. Kußmaul, Heinz/Meyering, Stephan, Destinatare, 2004, hier: S. 43-45.

473 Vgl. § 20 Abs. 1 Nr. 9 EStG.

474 Dies ergibt sich aus der Tatsache, dass bei einer Familienstiftung die Destinate wirtschaftlich vergleichbar mit Gewinnausschüttungen i.S.d. § 20 Abs. 1 Nr. 1 EStG sind; vgl. Kußmaul, Heinz/Meyering, Stephan, Destinatare, 2004, hier: S. 42 f. sowie Milatz, Jürgen E./Kemcke, Tom/Schütz, Robert, Stiftungen, 2004, hier: S. 108; a.A. Schauhoff, Stephan, Erläuterungen, 2000, hier: S. 315 f.

475 Vgl. § 43 Abs. 1 S. 1 Nr. 7a EStG. Der Destinatär kann die Kapitalertragsteuer auf seine Steuerschuld anrechnen; vgl. § 36 Abs. 2 S. 2 Nr. 2 EStG.

Schließlich ist auch der Fall denkbar, dass es sich um eine privatnützige Stiftung handelt, die jedoch nicht als Familienstiftung anzusehen ist. Deren Destinate sind – sofern sie außerhalb der Erfüllung steuerbegünstigter Zwecke geleistet werden – beim Empfänger als wiederkehrende Bezüge i.S.d. § 22 Nr. 1 S. 2 lit. a) EStG zu versteuern,[476] für die das Halbeinkünfteverfahren des § 3 Nr. 40 lit. i) EStG greift. Dies ergibt sich daraus, dass die Zuwendungen nicht mit Gewinnausschüttungen i.S.d. § 20 Abs. 1 Nr. 1 EStG wirtschaftlich vergleichbar sind, sodass die Besteuerung als Einkünfte aus Kapitalvermögen gemäß § 20 Abs. 1 Nr. 9 EStG ausscheidet.[477]

3.3.3.2.2 Erbschaft- und Schenkungsteuer

Sofern eine steuerbegünstigte Stiftung satzungsgemäße Zuwendungen an die Destinatäre ausschüttet, sind diese Destinate erbschaft- und schenkungsteuerfrei, da die Zuwendung auf einer in der Satzung begründeten Rechtspflicht beruht und daher nicht als *'freigebig'* i.S.d. § 7 Abs. 1 S. 1 Nr. 1 ErbStG eingestuft wird.[478] Sofern die Stiftung jedoch ohne satzungsmäßige oder vertragliche Verpflichtung Zuwendungen an die Destinatäre vornimmt, handelt es sich folglich um eine freigebige Maßnahme, die der Erbschaft- und Schenkungsteuerpflicht unterliegt.[479]

3.3.4 Aufhebungsbesteuerung

Auch wenn Stiftungen grundsätzlich auf Dauer angelegt sind, können Umstände eintreten, die den Fortbestand der Stiftung unmöglich machen.[480] In diesem Falle sind zunächst erbschaft- und schenkungsteuerliche Aspekte zu beachten. Die Vermögenszuwendung der Stiftung an die in der Stiftungssatzung bestimmten Berechtigten gilt als Schenkung unter Lebenden.[481] Für die Berechnung der Steuer wird gemäß § 15 Abs. 2 S. 2, 1. Hs. ErbStG der Stifter als Schenker fingiert. Diese Fiktion ist relevant für die Ermittlung der anzuwendenden Steuer-

---

476 Derartige Leistungen, die jedoch nur einmalig erbracht werden, sind demzufolge steuerfrei, da es entsprechend am Kriterium der Wiederkehr mangelt.

477 Vgl. Kußmaul, Heinz/Meyering, Stephan, Destinatare, 2004, hier: S. 43. Hierauf wird im Rahmen der Beurteilung der Destinate der Komplementär-Stiftung einer Stiftung & Co. KGaA noch detailliert einzugehen sein, sodass auf die Ausführungen in Kapitel 6.3.3.3 verwiesen werden kann.

478 Vgl. Wachter, Thomas, Steuerrecht, 2001, hier: S. 112.

479 Vgl. Götz, Hellmut, Zivilrecht, 2005, hier: S. 108.

480 Vgl. hierzu Kapitel 3.2.7.

481 Vgl. § 7 Abs. 1 Nr. 9 S. 1 ErbStG. Hinsichtlich der Steuerpflicht gelten die gleichen Grundsätze wie bei der Errichtung: Steuerpflicht besteht, sofern zumindest entweder die Stiftung als Schenker oder der Berechtigte als Erwerber Inländer i.S.d. § 2 Abs. 1 Nr. 1 S. 1 ErbStG sind; vgl. Kapitel 3.3.2.2.

klasse, die sich demzufolge aus dem persönlichen Verhältnis des Stifters zum Berechtigten ergibt.[482] Die ermittelte Steuerklasse wiederum hat Auswirkungen auf den Ansatz möglicher Freibeträge und die anzuwendenden Steuersätze.[483]

Bei der Auflösung einer steuerbegünstigten Stiftung ist der Grundsatz der Vermögensbindung von zentraler Bedeutung: Dieser besagt, dass bei Aufhebung der steuerbegünstigten Stiftung oder bei Wegfall der steuerbegünstigten Zwecke gewährleistet sein muss, dass das Vermögen der Stiftung – soweit es das vom Stifter zur Verfügung gestellte Kapital übersteigt – auch weiterhin steuerbegünstigten Zwecken dient.[484] Eine Rückübertragung des vom Stifter zur Verfügung gestellten Kapitals ist nicht zu beanstanden; allerdings ist hierbei zu beachten, dass Wertsteigerungen zwischen dem Zeitpunkt der Übertragung auf die Stiftung und dem Zeitpunkt der Rückübertragung ebenfalls dem Grundsatz der Vermögensbindung unterliegen und folglich ausschließlich für steuerbegünstigte Zwecke verwendet werden dürfen.[485]

Daher hat der Stifter im Falle von Sachstiftungen die Wahl, entweder die Rückübertragung der Vermögensgegenstände – mit einem von ihm an die Stiftung zu leistenden Ausgleich des inzwischen erfolgten Wertzuwachses – oder den Erhalt eines Geldbetrages in Höhe des damaligen gemeinen Wertes der Vermögensgegenstände von der Stiftung zu fordern.[486] Die Möglichkeit der Rückgewähr der gestifteten Bar- und Sachmittel an den Stifter hat jedoch gravierende Auswirkungen auf die ertragsteuerliche Behandlung der ursprünglichen Vermögensübertragung auf die Stiftung: Sofern die Rückübertragung in der Stiftungssatzung nicht ausgeschlossen ist, kommt ein steuermindernder Ansatz der Zuwendung an die Stiftung in Form des Sonderausgabenabzugs beim Stifter nicht in Betracht.[487]

---

482 Vgl. § 15 Abs. 1 ErbStG.

483 Vgl. §§ 16 Abs. 1 und 19 Abs. 1 ErbStG. Dazu auch Kußmaul, Heinz/Meyering, Stephan, Stiftung, 2004, hier: S. 60.

484 Vgl. § 55 Abs. 1 Nr. 4 S. 1 AO i.V.m. § 61 Abs. 1 AO. Eine Übertragung des zweckgebundenen Stiftungsvermögens auf eine andere steuerbegünstigte Körperschaft oder auf eine Körperschaft des öffentlichen Rechts zur Verwirklichung steuerbegünstigter Zwecke ist ebenfalls zulässig; vgl. § 55 Abs. 1 Nr. 4 S. 2 AO; dazu auch Boochs, Wolfgang, Besteuerung, 1995, hier: S. 6404; Wochner, Georg, Grundlagen, 1999, hier: S. 1446 f. sowie Gersch, Eva-Maria, Kommentierung, 2000, hier: § 55, Rz. 25.

485 Vgl. § 55 Abs. 1 Nr. 2 AO i.V.m. § 55 Abs. 2 AO.

486 Vgl. Schick, Stefan, Rahmenbedingungen, 2001, hier: S. 94 f. sowie Tipke, Klaus, Kommentierung, 2001, hier: § 55, Rz. 12.

487 Gleiches gilt für den Ansatz abziehbarer Aufwendungen im Falle eines körperschaftsteuerpflichtigen Stifters und die Kürzung der gewerbesteuerlichen Bemessungsgrundlage; vgl. Kapitel 3.3.2.1.1.

Wird in der Satzung die Bestimmung über die Vermögensbindung nachträglich dergestalt geändert, dass das Vermögen der Stiftung bei ihrer Aufhebung auch für nichtsteuerbegünstigte Zwecke verwendet werden kann, so gilt die Vermögensbindung als steuerlich nicht ausreichend fixiert.[488] Dies hat zur Folge, dass gemäß § 175 Abs. 2 AO der Stiftung rückwirkend die Steuervergünstigung aberkannt wird. Es kommt zu einer Nacherhebung der Steuer unter der Fiktion, dass die Stiftung von Anfang an uneingeschränkt steuerpflichtig gewesen wäre. Unabhängig von der Festsetzungsverjährung der §§ 169-171 AO werden sämtliche Steuern erhoben, die bis zu zehn Jahre vor der erstmaligen Verletzung des Grundsatzes der Vermögensbindung entstanden wären.[489]

3.4 Kritische Würdigung

Bei der Beurteilung der steuerlichen wie auch nichtsteuerlichen Charakteristika der rechtsfähigen Stiftung des bürgerlichen Rechts hat vornehmlich ein Attribut besonderes Gewicht: Die Stiftung als verselbstständigte Vermögensmasse vermittelt keine Anteilseigner- oder Mitgliedschaftsrechte. Hieraus resultieren der Stiftung gewichtigste Vorzüge, jedoch auch gewisse Nachteile. Positiv hervorzuheben ist zunächst die Tatsache, dass eine Stiftung grundsätzlich auf Dauer angelegt ist. Ihre Existenz wird nicht durch an Ausschüttungen interessierte Anteilseigner gefährdet. Eine feindliche Übernahme der Stiftung ist – ebenfalls in Ermangelung von Gesellschaftsanteilen – bereits denkgesetzlich ausgeschlossen. Auch die Destinatäre als Begünstigte haben in der Regel keinen Rechtsanspruch auf Zuwendungen, sofern der Stifterwille und damit die Stiftungssatzung nichts Derartiges bestimmen.[490] Somit kann die Stiftung losgelöst von den vorstehend genannten Interessengruppen agieren.

Die Eigentümerlosigkeit wirkt sich – zunächst positiv – in haftungsrechtlicher Hinsicht aus: Speziell Familien, die bislang ein Unternehmen in der Rechtsform einer unbeschränkt haftenden Personengesellschaft betrieben haben, können durch Überführung des Unternehmens in die Rechtsform einer Stiftung von der Haftung für betriebliche Verbindlichkeiten mit ihrem Privatvermögen entbunden werden. Da sich die Familie mit Übertragung des Betriebsvermögens auf die Stiftung insoweit ihres Vermögens entledigt, steht fortan ausschließlich das Stiftungsvermögen für Haftungsansprüche zur Verfügung.[491]

---

488 Vgl. § 61 Abs. 3 S. 1 AO.

489 Vgl. § 61 Abs. 3 S. 2 AO; dazu auch Boochs, Wolfgang, Besteuerung, 1995, hier: S. 6405.

490 Vgl. Wachter, Thomas, Steuerrecht, 2001, hier: S. 47 f.

491 Dass eine Durchgriffshaftung – im Gegensatz zur GmbH – ausgeschlossen ist, wurde bereits in Kapitel 3.2.1 angesprochen.

Damit ist jedoch auch ein Nachteil unmittelbar verknüpft: Wie in Kapitel 3.2.2.2 erläutert, wird die Verringerung der Haftungsmasse deutliche Auswirkungen auf die Beschaffung von Fremdkapital haben, dessen Aufnahme fortan zu ungünstigeren Konditionen oder im schlechtesten Falle gar nicht mehr erfolgen wird. Gläubiger werden den Ausschluss der unbeschränkten persönlichen Haftung mit einem Risikozuschlag bei der Kreditvergabe berücksichtigen, sodass insbesondere risikoreichere Investitionen gegebenenfalls unterbleiben und folglich die Wettbewerbsfähigkeit des ehemaligen Familienunternehmens in Mitleidenschaft gezogen werden kann.

Es zeigt sich, dass das hervorstechende Merkmal der Stiftung als eigentümerlose Vermögensmasse nicht nur positive Auswirkungen hat. Indirekt damit verknüpft ist auch das Erfordernis einer externen Stiftungsaufsicht, die durch die Landesstiftungsbehörden wahrgenommen wird. Abgesehen von der weitgehend von der Stiftungsaufsicht befreiten Familienstiftung,[492] wacht die Stiftungsaufsicht über die Einhaltung des Stifterwillens. Dies – verbunden mit der Forderung, dass der Stifterwille unabänderlich Bestand hat – führt zu einer deutlichen Reduktion der Flexibilität, auf veränderte Rahmenbedingungen reagieren zu können.[493] Stiftungen, die steuerbegünstigte Zwecke im Sinne der Abgabenordnung verfolgen, unterliegen zudem einer strengen Kontrolle der Finanzverwaltung, da mit dem Status der Gemeinnützigkeit weit reichende Steuererleichterungen einhergehen.[494]

Diese Steuervorteile werden häufig als Hauptargument für die Errichtung einer Stiftung angeführt. Zu bedenken ist hierbei jedoch, dass es sich für die Inanspruchnahme der Steuererleichterungen um eine Stiftung handeln muss, die tatsächlich steuerbegünstigte Zwecke verfolgt, sodass eigenwirtschaftliche Interessen nur nachgelagerte Bedeutung erlangen dürfen. Zumindest 70 v.H. des Stiftungseinkommens muss gemeinnützigen Zwecken zufließen.[495] Sofern beispielsweise ein Familienunternehmen in eine Stiftung umgewandelt werden soll und die künftigen Erträge auch fortan der Familie gänzlich oder zumindest überwiegend zugute kommen sollen, handelt es sich um eine Familienstiftung,

---

492 Vgl. Kapitel 3.1.4.2.

493 Insbesondere Unternehmensträgerstiftungen können hiervon betroffen sein: Sofern das Marktumfeld eine Abweichung vom ursprünglich fixierten Stifterwillen erfordert, die Stiftungssatzung jedoch zu eng gefasst ist und eine notwendige Anpassung unterbindet, sind sowohl der Unternehmensstiftung als auch der Aufsichtsbehörde die Hände gebunden. Hieraus resultiert auch die geringe Zahl der existierenden Unternehmensträgerstiftungen; vgl. Kapitel 3.1.4.3.2.

494 Vgl. Kapitel 3.3.

495 Der Stifter und seine nächsten Angehörigen dürfen mit maximal 30 v.H. des Einkommens der Stiftung unterhalten werden, sofern dies in angemessener Weise geschieht; vgl. § 58 Nr. 5 AO sowie Kapitel 3.1.4.1.

die regulär steuerpflichtig ist. Steuervorteile aufgrund von Gemeinnützigkeit sind damit ausgeschlossen.

Ausdrücklich hervorzuheben ist jedoch die uneingeschränkte Eignung einer Stiftung, sofern ein Stifter gemeinnützige Zwecke zu verfolgen beabsichtigt und eine dauerhafte Widmung seines Vermögens für diesen Zweck sicherstellen möchte. Wenngleich auch Kapitalgesellschaften aufgrund der Verfolgung gemeinnütziger Zwecke Steuervergünstigungen erlangen können, so ist nur im Falle einer Stiftung deren nachhaltige Erfüllung garantiert.[496] Bei der Ausgestaltung der Stiftungsverfassung wird dem Stifter weitgehende Entscheidungsfreiheit eingeräumt, und die Stiftungsaufsichtsbehörde wacht als *'Garant des Stifterwillens'* über die spätere Einhaltung der Stiftungsverfassung und die satzungsgemäße Verwendung des gestifteten Vermögens und der damit erwirtschafteten Erträge.

In ihrer Reinform eignet sich eine Stiftung nur in eingeschränktem Maße zur Verfolgung eigenwirtschaftlicher Zwecke, weshalb Unternehmensträgerstiftungen in der Praxis selten anzutreffen sind. Aufgrund ihrer geringen Flexibilität haben sich stattdessen Mischformen herausgebildet, die versuchen, die spezifischen Vorteile, die eine Stiftung unzweifelhaft bietet, mit den Vorzügen anderer Rechtsformen zu kombinieren. Neben der heutzutage recht verbreiteten Stiftung & Co. KG ist auch eine Stiftung & Co. KGaA denkbar.[497] In den folgenden Kapiteln soll daher die Rechtsformkonstruktion einer Stiftung & Co. KGaA einer eingehenden Analyse unterzogen werden.

---

496 Ein weiterer Vorteil der Stiftung gegenüber anderen juristischen Personen sind die steuerlichen Vergünstigungen, die ausschließlich bei einer Vermögensübertragung auf eine Stiftung gewährt werden; vgl. hierzu die Ausführungen in Kapitel 3.3.2.1.1. Kritisch zu der Bevorzugung von steuerbegünstigten Stiftungen gegenüber ebenfalls steuerbegünstigten Vereinen oder Kapitalgesellschaften vgl. Thiel, Jochen, Neuordnung, 2000, hier: S. 395 f.

497 So auch Wachter, Thomas, Steuerrecht, 2001, hier: S. 129.

4. Begründung unternehmensverbundener Stiftungen

4.1 Zulässigkeit unternehmensverbundener Stiftungen

4.1.1 Auffassungen in der Literatur

Bevor detailliert auf die Stiftung & Co. KGaA eingegangen werden kann, gilt es zunächst, die grundsätzliche Zulässigkeit der Verbindung einer Stiftung mit einem Unternehmen aus stiftungsrechtlicher Sicht zu analysieren und die dafür ursächlichen Motive der wirtschaftlich Handelnden aufzuzeigen. Nach wie vor ist es keineswegs unumstritten, dass unternehmensverbundene Stiftungen rechtlich statthaft sind. Wohl auch deshalb hat sich in den letzten 20 Jahren ein breites Autorenspektrum diesem Thema gewidmet.[498]

Die wohl deutlichste Kritik an einer unternehmensverbundenen Stiftung äußert seit geraumer Zeit Karsten Schmidt, der bereits 1987 im Zusammenhang mit der Stiftung & Co. KG von einer "Perversion des Stiftungsgedankens"[499] sprach. Schmidt zufolge dürfe eine ursprünglich auf die Verfolgung gemeinnütziger Zwecke ausgerichtete Rechtsform nicht durch das ständig wachsende Bedürfnis der Praxis nach neuen Rechtsformkombinationen missbraucht werden; vielmehr bedürfe es einer Rückbesinnung auf den Sinn des Stiftungsgeschehens. Auch wenn Schmidt die Zulässigkeit einer Stiftung & Co. KG aus personenrechtlicher Sicht nicht bestreitet, so hat er doch erhebliche Bedenken aus stiftungsrechtlicher Sicht "gegen die privatnützige Verselbständigung von Komplementärinnen, deren Zweck nicht über den dieser Komplementäreigenschaft hinausreicht."[500]

---

498 Vgl. nur die Nachweise bei Milatz, Jürgen E./Kemcke, Tom/Schütz, Robert, Stiftungen, 2005, hier: S. 77. Hierzu ausführlich Pöllath, Reinhard, Handbuch, 1999, hier: § 13, Rz. 1-116. In der Diskussion wird jedoch fast ausschließlich auf die Stiftung & Co. KG abgestellt.

499 Schmidt, Karsten, Stiftungswesen, 1987, hier: S. 30 f.

500 Schmidt, Karsten, Stiftungspraxis, 1987, hier: S. 263. Vgl. hierzu auch Schmidt, Karsten, Deutschland, 2002, hier: S. 147-149 sowie – insoweit ebenso ablehnend – Goerdeler, Reinhard, Bundesrepublik, 1991, hier: S. 175. Reuter sieht die Stiftung & Co. KG im Rechtsverkehr bereits diskreditiert, da sie sich "als ausgesprochene Gläubigerfalle entpuppt" habe; Reuter, Dieter, Normativsystem, 1998, hier: S. 504.

Eine gleichsam ablehnende Haltung gegenüber der Verbindung einer Stiftung mit einem Unternehmen, das keinen Zweckbetrieb darstellt, vertritt Rawert: Die institutionalisierte Bindung einer Stiftung an ein Unternehmen tue "dem Stiftungswesen Gewalt an."[501] Gegen einen wirtschaftlichen Geschäftsbetrieb als reine Dotationsquelle sei nichts einzuwenden; sobald jedoch nicht der Stiftungszweck, sondern die Unternehmensinteressen dominierten, handele es sich um eine unzulässige Konstruktion.[502] In diesem Falle stünde die Ausnutzung der weit reichenden Regelungslosigkeit der Stiftung – im Hinblick auf Vorschriften über Kapitalausstattung und -erhaltung, Organvertretungsrecht, Publizitätsvorschriften und Mitbestimmung – im Vordergrund. Die Stiftung müsse sich jedoch jederzeit von dem Unternehmen trennen können, sofern dies im Interesse des Stiftungszweckes oder einer optimalen Vermögensanlage geboten erscheine.[503]

Gänzlich anders bewerten Hennerkes/Binz/Sorg unternehmensverbundene Stiftungen in Gestalt einer Stiftung & Co. KG: Sie sehen hierin keinen Rechtsmissbrauch, sondern verneinen die Genehmigungsfähigkeit einzig für den Fall, dass andere Aspekte als die Komplementärstellung der Stiftung einer staatlichen Anerkennung entgegenstehen.[504] Sofern die Vermögensausstattung der Stiftung das Mindeststammkapital einer GmbH[505] deutlich übersteige und zudem eine nachhaltige Erfüllung des Stiftungszweckes gewährleistet sei, könne nicht von einer rechtsmissbräuchlichen Gestaltung ausgegangen werden; dies gelte umso mehr für den Fall, dass die Stiftung neben ihrer Komplementärfunktion weitere Aufgaben übernehme.[506] Ist die Beteiligungsträgerstiftung als reines Führungs-

501 Rawert, Peter, Einsatz, 1999, hier: S. 296.

502 Vgl. Rawert, Peter, Kirchmann, 1999, hier: S. 426. Vgl. hierzu auch ausführlich Rawert, Peter, Kommentierung, 1995, hier: Vorb. § 80, Rz. 83-121.

503 Vgl. Rawert, Peter, Einsatz, 1999, hier: S. 295-297. So auch Reuter, Dieter, Probleme, 1991, hier: S. 484 f. sowie Reuter, Dieter, Rechtsprobleme, 1991, hier: S. 196-198.

504 Vgl. Hennerkes, Brun-Hagen/Binz, Mark K./Sorg, Martin H., Stiftung, 1986, hier: S. 2269.

505 Dieses beträgt 25.000 €; vgl. § 5 Abs. 1 GmbHG. Wird dieser Betrag unterschritten, liegt die Vermutung einer Umgehung der Mindestkapitalausstattung einer GmbH & Co. KG durch Einsetzung einer Komplementär-Stiftung nahe; vgl. hierzu auch Stengel, Arndt, Personengesellschaft, 1993, hier: S. 47 f.

506 Vgl. Hennerkes, Brun-Hagen/Binz, Mark K./Sorg, Martin H., Stiftung, 1986, hier: S. 2269 f. Allerdings weisen Binz/Sorg darauf hin, dass eine Stiftung & Co. KG Gefahr läuft, "die bislang ebenso hochgeschätzte wie privilegierte Institution der Stiftung in Mißkredit zu bringen und den Gesetzgeber auf den Plan zu rufen", da sie mit dem "hergebrachten ehernen Stiftungsgedanken ... wenig zu tun" habe; Binz, Mark K./Sorg, Martin H., Renaissance, 1987/1988, hier: S. 158.

instrument ausgestaltet, empfehlen Hennerkes/Schiffer eine Mindestkapitalausstattung von 50.000 €.[507]

Auch Weimar/Geitzhaus/Delp sehen in der Stiftung & Co. KG eine interessante Rechtsform, die insbesondere gewisse Nachteile der GmbH & Co. KG kompensieren könne.[508] Die Tatsache, dass der Stifter die Geschäftspolitik der Stiftung & Co. KG auf Dauer festschreiben und damit die Vornahme unerwünschter Rechtsgeschäfte wirksam unterbinden kann, falle ebenso positiv in die Waagschale wie die Umgehung mitbestimmungs- und publizitätsrechtlicher Vorschriften.[509] Die Genehmigungsfähigkeit der Stiftung & Co. KG sehen auch Weimar/Geitzhaus/Delp nur gefährdet, sofern eine ausreichende Kapitalausstattung der Stiftung nicht gesichert erscheint.[510] Allerdings lehnen sie eine Festlegung auf eine bestimmte Mindestsumme ab, da es vielmehr auf die Größe und die Organisation der zu gründenden KG ankomme; Beträge unter 5.000 € seien jedoch nicht ausreichend.[511]

Das gegen unternehmensverbundene Stiftungen regelmäßig vorgebrachte Argument, bei einer Stiftung in der Funktion des Komplementärs einer KG oder gar KGaA sei der dauerhafte Erhalt des Stiftungsvermögens nicht gewährleistet, ist meines Erachtens nicht stichhaltig.[512] Die Kritik knüpft an die in der Mehrzahl der Landesstiftungsgesetze verankerte Forderung an, das Stiftungsvermö-

---

507 Vgl. Hennerkes, Brun-Hagen/Schiffer, K. Jan, Regelung, 1992, hier: S. 1942. Vgl. hierzu auch Weimar, Robert/Delp, Udo A., Sicht, 1987, hier: S. 75.

508 Vgl. Weimar, Robert/Geitzhaus, Georg/Delp, Udo A., Stiftung & Co. KG, 1986, hier: S. 2010.

509 Durch das KapCoRiLiG wurde die Stiftung & Co. KG hinsichtlich der Publizitätsanforderungen den Kapitalgesellschaften gleichgestellt, sodass der bis dahin existierende Vorteil entfallen ist; vgl. § 264a Abs. 1 HGB. Hierzu auch Wachter, Thomas, Steuerrecht, 2001, hier: S. 134-136. Schiffer/von Schubert sehen in dem Wegfall dieses Privilegs nicht unbedingt einen Nachteil, da "in modernen Unternehmen [Publizität] sinnvollerweise als Marketinginstrument genutzt" wird; Schiffer, K. Jan/Schubert, Michael von, Unternehmensnachfolger, 2000, hier: S. 440.

510 Das Erfordernis einer ausreichenden Kapitalausstattung leitet sich bereits aus § 80 Abs. 2 BGB ab, da eine Stiftung nur bei dauerhafter und nachhaltiger Erfüllung des Stiftungszweckes von den Stiftungsbehörden anzuerkennen ist; dies setzt jedoch ein ausreichendes Stiftungsvermögen voraus.

511 Vgl. Weimar, Robert/Geitzhaus, Georg/Delp, Udo A., Stiftung & Co. KG, 1986, hier: S. 2004. Hierzu auch Hof, Hagen, Vermögensausstattung, 1992, hier: S. 1588 f. A.A. Pöllath, Reinhard, Handbuch, 1999, hier: § 13, Rz. 164, der anstelle der Unternehmensgröße auf die Bedürfnisse der Stiftung für ihren Stiftungszweck abstellt.

512 Dieses Argument veranlasste die Stiftungsaufsichtsbehörden dazu, Stiftungen, denen die Funktion des Vollhafters einer KG oder KGaA übertragen werden sollte, nicht zu genehmigen; vgl. Hennerkes, Brun-Hagen/Binz, Mark K./Sorg, Martin H., Stiftung, 1986, hier: S. 2269.

gen in seinem Bestand ungeschmälert zu erhalten.[513] Bei einer Stiftung in der Position des Komplementärs einer KG oder KGaA sei dies aufgrund der unbeschränkten persönlichen Haftung nicht gegeben. Hennerkes/May ist jedoch zuzustimmen, wenn sie in der Forderung keinen "allgemein verbindlichen Rechtsgrundsatz"[514] sehen, da hiervon abgewichen werden dürfe, sofern die Stiftungssatzung dies vorsehe oder der Stifterwille nicht anders zu verwirklichen sei.[515] Sofern der Stifter in der Satzung explizit festlegt, dass die Stiftung als Komplementär einer KG oder KGaA mit ihrem gesamten Vermögen für die Verbindlichkeiten der Unternehmensträgergesellschaft einzutreten habe sowie deren Geschäftsführung und Vertretung nach außen übernehmen solle, steht meines Erachtens einer derartigen Komplementär-Stiftung die Forderung des Vermögensbestandsschutzes nicht entgegen. Hennerkes/Binz/Sorg weisen zudem darauf hin, dass es "durchaus die Ausnahme und nicht die Regel [sei], daß ein Komplementär aus seiner persönlichen unbeschränkten Haftung in Anspruch genommen ... [werde; folglich dominiere vornehmlich] die stiftungsrechtlich geförderte Chance, das Stiftungsvermögen durch zufließende Beteiligungserträge bzw. Geschäftsführungsvergütungen und Haftungsentschädigungen zu mehren."[516]

Auch wenn sich im Laufe der letzten Jahre immer wieder gewichtige Stimmen in der Literatur gegen die Zulässigkeit unternehmensverbundener Stiftungen, bei denen der Unternehmenszweck im Vordergrund steht, ausgesprochen haben, so kann inzwischen doch die grundsätzliche Genehmigungsfähigkeit derartiger Beteiligungsträgerstiftungen als herrschende Meinung angesehen werden.[517] Dies gilt verstärkt seit dem Inkrafttreten des Gesetzes zur Modernisierung des Stiftungsrechts am 01. September 2002, durch das der zur Entstehung der Stiftung erforderliche Verwaltungsakt von *'Genehmigung'* in *'Anerkennung'* umbenannt und damit ein Rechtsanspruch des Stifters auf Anerkennung der Stiftung explizit im Gesetz verankert wurde.[518] Dass die im Gesetzgebungsverfahren eingebrachten Gesetzesentwürfe, die ein explizites Verbot unter-

513 Die Gewährleistung des stiftungsrechtlichen Bestandsschutzes fordern bspw. § 7 Abs. 2 S. 1 BadWürttStiftG; Art. 10 BayStG sowie § 3 Abs. 3 BerlStiftG.

514 Hennerkes, Brun-Hagen/May, Peter, Rechtsformwahl, 1988, hier: S. 488.

515 So bereits auch Hennerkes, Brun-Hagen/Binz, Mark K./Sorg, Martin H., Stiftung, 1986, hier: S. 2269 f.

516 Hennerkes, Brun-Hagen/Binz, Mark K./Sorg, Martin H., Stiftung, 1986, hier: S. 2269.

517 So bereits Hof, Hagen, Vermögensausstattung, 1992, hier: S. 1588 f., m.w.N.

518 Vgl. Christ, Susanne, Neugestaltung, 2002, hier: S. 753; Schiffer, K. Jan, Beratungs-Know-how, 2002, hier: S. 1208 sowie Heinrichs, Helmut, Kommentierung, 2004, hier: Vorb. § 80, Rz. 1 und Rz. 3. A.A. Schmidt, Karsten, Gesellschaftsrecht, 2002, hier: S. 176 f., m.w.N., der eine gemeinwohlkonforme Allzweckstiftung weiterhin ablehnt.

nehmensverbundener Stiftungen vorsahen, sich nicht durchsetzen konnten, unterstreicht nochmals diese Auffassung.[519]

4.1.2 Genehmigungspraxis der Stiftungsaufsichtsbehörden

Die vor Inkrafttreten des Gesetzes zur Modernisierung des Stiftungsrechts geltenden Vorschriften des Bürgerlichen Gesetzbuches zur Genehmigungsfähigkeit unternehmensverbundener Stiftungen räumten den Stiftungsaufsichtsbehörden einen beträchtlichen Ermessensspielraum ein. Während die Mehrzahl der Bundesländer derartige Stiftungen nicht kategorisch ausschloss, sondern ergebnisoffene Einzelfallprüfungen vorsah, wiesen die Landesstiftungsgesetze in Brandenburg, Mecklenburg-Vorpommern und Nordrhein-Westfalen deutliche Genehmigungsvorbehalte auf: Sie enthielten identische Bestimmungen, die die Genehmigung versagten, sofern "der Hauptzweck der Stiftung in dem Betrieb oder der Verwaltung eines erwerbswirtschaftlichen Unternehmens .. [bestand], das ausschließlich oder überwiegend eigennützigen Interessen des Stifters oder seiner Erben dient[e]".[520]

Zwar standen auch in anderen Bundesländern die Stiftungsaufsichtsbehörden unternehmensverbundenen Stiftungen mitunter kritisch gegenüber, jedoch wurden in zahlreichen Fällen Genehmigungen erteilt, sodass pointiert von *'stiftungsfreundlichen'* und *'stiftungsfeindlichen'* Bundesländern gesprochen wurde.[521] Die Folge einer derartigen Ungleichbehandlung war, dass unternehmensverbundene Stiftungen ihren Sitz – also in der Regel den Ort, an dem die Verwaltung der Stiftung geführt wird[522] – vorzugsweise in die *'stiftungsfreundlicheren'* Bundesländer verlegten. Mit dem Inkrafttreten des Gesetzes zur Modernisierung des Stiftungsrechts wurde diese Ungleichbehandlung jedoch beendet, da nunmehr die bundeseinheitliche und abschließende Vorschrift des § 80 Abs. 1 BGB die einschränkenden Regelungen in den Landesstiftungs-

---

519 Vgl. Schwarz, Günter Christian, Zulässigkeit, 2003, hier: S. 310, m.w.N. Vgl. hierzu auch Schauhoff, Stephan, Entwicklungen, 1999, hier: S. 121 f.

520 § 6 Abs. 3 lit. b) BrbgStiftG; § 7 Abs. 3 lit. a) MecklVorPStiftG sowie § 4 Abs. 2 lit. b) NRWStiftG. Hof bezeichnet diese Vorschrift als "rechtliches Fossil"; Hof, Hagen, Vermögensausstattung, 1992, hier: S. 1589. Vgl. hierzu auch Henle, Jörg A., Nordrhein-Westfalen, 1975, hier: S. 85 f. Ebenso kritisch sieht auch Pöllath diese einschränkenden Regelungen; vgl. Pöllath, Reinhard, Handbuch, 1999, hier: § 13, Rz. 137 f., m.w.N. Zu den Unterschieden in den Landesstiftungsgesetzen vgl. auch Hennerkes, Brun-Hagen/ Schiffer, K. Jan/Fuchs, Marcus, Behandlung, 1995, hier: S. 211 f.

521 Vgl. Schiffer, K. Jan/Schubert, Michael von, Unternehmensnachfolger, 2000, hier: S. 439.

522 Vgl. § 83 S. 3 BGB.

gesetzen aufgehoben hat.[523] Sofern das Stiftungsgeschäft die Anforderungen des § 81 Abs. 1 BGB erfüllt, eine dauerhafte und nachhaltige Erfüllung des Stiftungszweckes gesichert erscheint und der Stiftungszweck nicht mit dem Gemeinwohl kollidiert, ist folglich auch eine unternehmensverbundene Stiftung als rechtsfähig anzuerkennen.[524]

4.2 Motive für die Errichtung unternehmensverbundener Stiftungen

4.2.1 Sicherung der Unternehmenskontinuität und Schutz des Unternehmens gegenüber Dritten

Für die unternehmerische Inanspruchnahme der Vorteile, die sich durch eine Stiftungskonstruktion ergeben können, gibt es verschiedene Gründe. Auslösendes Moment ist häufig die anstehende Erbfolge in einem Familienunternehmen, bei der die Nachkommen des bisherigen Unternehmers entweder nicht gewillt oder nicht befähigt sind, die künftige Geschäftsführung zu übernehmen.[525] Um das Unternehmensschicksal nicht schutzlos in die Hände der Erben oder gar fremder Dritter zu geben, die mit einer an Privatinteressen ausgerichteten Ausschüttungs- oder Entnahmepolitik die Unternehmensentwicklung beeinträchtigen könnten, bietet sich die Errichtung einer Stiftung an:[526] Der bisherige Unternehmer und Stifter kann in der Stiftungsverfassung die Unternehmenspolitik auf Dauer bestimmen, an die der künftige Stiftungsvorstand in jedem Falle gebunden ist und die von der Stiftungsaufsichtsbehörde fortwährend

---

523 Vgl. Schwarz, Günter Christian, Zulässigkeit, 2003, hier: S. 311 f., m.w.N. sowie Heinrichs, Helmut, Kommentierung, 2004, hier: § 80, Rz. 9.

524 Vgl. § 80 Abs. 2 BGB; hierzu auch Andrick, Bernd/Suerbaum, Joachim, Modernisierung, 2002, hier: S. 2907 f., m.w.N.; Burgard, Ulrich, Stiftungsprivatrecht, 2002, hier: S. 700 sowie Schwarz, Günter Christian, Kommentierung, 2003, hier: Vorb. § 80, Rz. 18 i.V.m. § 80, Rz. 14. A.A. ist Hüttemann, der "die 'Unternehmensselbstzweckstiftung', bei der sich der Stiftungszweck – wie z.B. in den Fällen der Stiftung & Co – in dem Zweck der Unternehmensführung und -perpetuierung erschöpft", ablehnt; Hüttemann, Rainer, Modernisierung, 2003, hier: S. 61.

525 Vgl. Hennerkes, Brun-Hagen/Schiffer, K. Jan, Regelung, 1992, hier: S. 1942 sowie Heinzelmann, Jochen, Stiftung, 2003, hier: S. 40. Demgegenüber bietet eine Stiftungskonstruktion nur bedingt Schutz vor Erbauseinandersetzungen, die ebenfalls – in Form von Pflichtteils- und Pflichtteilsergänzungsansprüchen – die Unternehmenskontinuität gefährden können; vgl. hierzu die Ausführungen in Kapitel 3.2.2.3. Vgl. auch Schmitt, Joachim/Götz, Hellmut, Familienstiftung, 1997, hier: S. 11 f. sowie Berndt, Hans, Unternehmensnachfolge, 2003, hier: S. 4006 f.

526 Vgl. hierzu auch Binz, Mark K./Sorg, Martin H., Renaissance, 1987/1988, hier: S. 154 f.

überwacht wird; die Fortführung des Unternehmens im Sinne des Stifters ist gewährleistet.[527] Zudem bietet eine Stiftungskonstruktion die Möglichkeit, die Erben des Unternehmers als Destinatäre zu bestimmen und sie dadurch finanziell zu versorgen, ohne sie an den Managementaufgaben zu beteiligen.[528]

Wie bereits erläutert, ist eine Unternehmensträgerstiftung – also eine Stiftung, die das Unternehmen unter ihrer Rechtsform betreibt und selbst am Markt agiert – allerdings nicht flexibel genug in der Anpassung an wechselnde Marktbedingungen und zudem hinsichtlich der Kapitalbeschaffung deutlich benachteiligt.[529] Die Umgehung derartiger Probleme liegt in der Errichtung einer Beteiligungsträgerstiftung, bei der die Stiftung die Position des Komplementärs einer KG oder KGaA übernimmt. Wie im Folgenden darzulegen sein wird, besteht für den Stifter auch hier die Möglichkeit der Bestimmung der künftigen Ausrichtung der Geschäftspolitik, ohne in gleichem Maße Einschränkungen bei der Kapitalbeschaffung in Kauf nehmen zu müssen. Wird darüber hinaus in den Stiftungszweck eine *'Familienkomponente'* aufgenommen, also die Ausübung der Geschäftsführung im Sinne der Familie und die Unterstützung der Familienangehörigen verankert, so handelt es sich um eine Familienstiftung, die von der Stiftungsaufsicht vollständig oder zumindest weitgehend befreit ist.[530]

Die Kontinuität des Unternehmens ist dauerhaft gewährleistet, sofern in den Fällen einer Stiftung & Co. KG oder Stiftung & Co. KGaA das Ausmaß der Einflussnahme der Kommanditisten bzw. Kommanditaktionäre im Gesellschaftsvertrag auf ein Mindestmaß reduziert ist.[531] Dann nämlich liegt die Bestimmung der Unternehmenspolitik in den Händen der Komplementär-Stiftung und damit dem Stiftungsvorstand, der bei seinen Entscheidungen wiederum an den ursprünglichen Stifterwillen gebunden ist. Derartige Konstruktionen sichern somit nicht nur den Fortbestand des Unternehmens, sondern schützen das Unternehmen zudem vor einer Übernahme fremder Dritter: Die dominierende Position in der Gesellschaft kommt der Komplementär-Stiftung zu, und diese ist als verselbstständigte Vermögensmasse ohne Anteilseigner oder Mitglieder

---

527 Vgl. hierzu auch Turner, Nikolaus, Stiftung, 1995, hier: S. 413 sowie Heinzelmann, Jochen, Stiftung, 2003, hier: S. 42.

528 Vgl. Götz, Hellmut, Teil I, 1997, hier: S. 619; Schnitger, Arne, Formen, 2001, hier: S. 55 sowie Berndt, Hans, Unternehmensnachfolge, 2003, hier: S. 4007.

529 Vgl. hierzu auch die Nachweise in Kapitel 3.1.4.3.2.

530 Vgl. Hennerkes, Brun-Hagen/Schiffer, K. Jan, Regelung, 1992, hier: S. 1942 sowie die Ausführungen in Kapitel 3.1.4.2.

531 Vgl. hierzu – in Bezug auf die GmbH & Co. KGaA – Hennerkes, Brun-Hagen/May, Peter, Familienunternehmen, 1988, hier: S. 2398.

geschützt vor der Einflussnahme Dritter. Einzig der durch die Satzung objektivierte Stifterwille bestimmt über die Geschäftsführung.[532]

4.2.2 Außenwirkung einer Stiftungskonstruktion

Neben der Möglichkeit der Perpetuierung des Unternehmens – und damit gegebenenfalls auch der Perpetuierung des eigenen Namens[533] – liegt ein Vorteil einer Stiftungskonstruktion in der positiven Außenwirkung. Nach verbreiteter Meinung wird eine Stiftung mit dem Attribut der Gemeinnützigkeit in Verbindung gebracht, auch wenn die Stiftung keine steuerbegünstigten Zwecke i.S.d. §§ 52-54 AO verfolgt. Dieser unterstellte Altruismus kann dazu dienen, dem Unternehmen eine positive Öffentlichkeitswirkung zu verleihen, selbst wenn es sich im Extremfall um eine privatnützige Unternehmensträgerstiftung handelt, dessen Gründer anstelle der Rechtsform einer GmbH das Rechtskleid einer Stiftung gewählt hat.[534] Zudem mag mit der Position eines Stiftungsvorstandes mehr "Sozialprestige"[535] verbunden sein als mit der Position eines GmbH-Geschäftsführers, sodass sich eher geeignete Führungskräfte für diese Aufgabe interessieren.[536]

Die positive Außenwirkung einer Stiftungskonstruktion wird jedoch nur schwerlich zu quantifizieren sein, sodass es sich bei diesem Motiv um ein eher nach-

---

532 Zudem bestimmt sich die Besetzung des Stiftungsvorstandes ebenfalls nach der Stiftungssatzung und damit dem Stifterwillen; vgl. Kapitel 3.2.3.1.

533 Da der Stifter bezüglich der Namensgebung grundsätzlich frei in seiner Entscheidung ist, kann er zum einen in dem Namen der Stiftung den Stiftungszweck zum Ausdruck kommen lassen, zum anderen aber auch den eigenen Namen oder den eines erinnerungswürdigen Vorfahren wählen und damit das Gedenken an den Namensgeber erhalten; vgl. Hennerkes, Brun-Hagen/Schiffer, K. Jan, Stiftungsrecht, 2001, hier: S. 83. Derartige egoistische Motive mittelständischer Unternehmer, "ihr 'Lebenswerk' auf Dauer und ungeteilt [zu] erhalten", sind ebenfalls nicht selten Ausschlag gebend für die Errichtung einer unternehmensverbundenen Stiftung; Götz, Hellmut, Teil I, 1997, hier: S. 619.

534 Vgl. Ubert, Guido/Hochmuth, Johannes, Erbrecht, 2003, hier: S. 305. Aus diesem Grunde sind in der Praxis gemeinnützige Unternehmen zu finden, die in der Rechtsform einer GmbH betrieben werden und mit dem Zusatz *'Stiftung'* versehen sind, um die Verfolgung gemeinnütziger Zwecke nach außen erkennbar werden zu lassen, ohne dass sich hieraus materielle Konsequenzen ergeben würden; vgl. Hennerkes, Brun-Hagen/Schiffer, K. Jan, Regelung, 1992, hier: S. 1941, m.w.N. sowie Turner, Nikolaus/Doppstadt, Joachim, Nachfolgegestaltung, 1996, hier: S. 1449.

535 Hennerkes, Brun-Hagen/Schiffer, K. Jan, Stiftungsrecht, 2001, hier: S. 208; ebenso Pöllath, Reinhard, Handbuch, 1999, hier: § 13, Rz. 12 und Rz. 110.

536 Hierin sehen Hennerkes/Schiffer eine nicht zu unterschätzende Motivationswirkung; vgl. Hennerkes, Brun-Hagen/Schiffer, K. Jan, Stiftungsrecht, 2001, hier: S. 208; skeptisch Rawert, Peter, Einsatz, 1999, hier: S. 295.

rangiges handeln dürfte. Höhere Bedeutung ist daher sowohl den beiden zuerst erläuterten Motiven sowie dem nachfolgend dargestellten beizumessen.

4.2.3 Optimierung der Steuerbelastung

"Stiftungsgestaltungen sind grundsätzlich keine Steuersparmodelle. Das ist immer wieder klarzustellen."[537] Dieser Aussage ist zuzustimmen, wenngleich Stiftungskonstruktionen dazu beitragen können, eine Steueroptimierung im Unternehmensbereich zu bewirken. Zunächst gilt es jedoch festzuhalten, dass die Wahl einer Unternehmensträger- oder Beteiligungsträgerstiftung als Rechtsnachfolger des bisherigen Familienunternehmens dazu führt, dass sich die Familie dauerhaft ihres gestifteten Vermögens entledigt. Diese *'Enteignung'* ist folglich der zu zahlende Preis für eine mögliche Steuerersparnis. Zudem ist das Steuerrecht nur einer von zahlreichen Aspekten, denen bei der Wahl der günstigsten Rechtsform Beachtung zu schenken ist.[538]

Steuerersparnisse ergeben sich bei Stiftungskonstruktionen vornehmlich, sobald mit der Stiftung steuerbegünstigte Zwecke i.S.d. §§ 52-54 AO verfolgt werden und die Steuerbefreiungen der relevanten Steuergesetze greifen. Beabsichtigt der Familienunternehmer jedoch, mit der Errichtung einer Unternehmensträger- oder Beteiligungsträgerstiftung seine Angehörigen und Erben zwar von der Geschäftsführung auszunehmen, ihnen jedoch die erwirtschafteten Stiftungserträge zufließen zu lassen, so handelt es sich zwangsläufig um eine Familienstiftung, für die zunächst einmal die Erbersatzsteuer greift.[539] Um dieser zu entgehen, ist die Begünstigung der Familie daher auf mindestens die Hälfte, wenn nicht sogar ein Viertel des Stiftungseinkommens zu begrenzen.[540] Darüber

---

537 Schiffer, K. Jan/Schubert, Michael von, Unternehmensnachfolger, 2000, hier: S. 440.

538 Vgl. Schiffer, K. Jan/Schubert, Michael von, Unternehmensnachfolger, 2000, hier: S. 440.

539 In Zeitabständen von 30 Jahren ist das Vermögen einer Familienstiftung der Erbschaft- und Schenkungsteuer zu unterwerfen; vgl. § 1 Abs. 1 Nr. 4 ErbStG sowie die Ausführungen in Kapitel 3.3.3.1.5. Da der Komplementär-Stiftung lediglich die Leitungsfunktion in der (Stiftung & Co.) KG bzw. (Stiftung & Co.) KGaA zufällt, reicht bereits eine gewisse Mindestkapitalausstattung der Stiftung, sodass die Erbersatzsteuer allenfalls in geringer Höhe anfällt; vgl. Hennerkes, Brun-Hagen/Schiffer, K. Jan, Regelung, 1992, hier: S. 1943.

540 Die Finanzverwaltung unterstellt das Vorliegen einer Familienstiftung, sofern die Angehörigen des Stifters zu mehr als der Hälfte bezugs- oder anfallsberechtigt sind. Eine Bezugs- oder Anfallsberechtigung i.H.v. 25 v.H. reicht bereits aus, wenn zusätzliche Merkmale ein wesentliches Familieninteresse belegen, bspw. in der Form, dass die Familie wesentlichen Einfluss auf die Geschäftsführung der Stiftung ausüben kann; vgl. hierzu FinMin Niedersachsen, Erl. v. 06.12.1983 – S 3800 – 74 – 34, hier: S. 23; vgl. hierzu auch Kapitel 3.1.4.2.

hinaus wird – im Hinblick auf die Gemeinnützigkeit – als steuerlich unschädliche Betätigung die Unterstützung der nächsten Angehörigen[541] des Stifters mit lediglich bis zu einem Drittel des Stiftungseinkommens akzeptiert;[542] jenseits dieser Freigrenze liegt ein Verstoß gegen die Verfolgung steuerbegünstigter Zwecke vor, der zur regulären Steuerpflicht führt.[543]

Die Kombination dieser beiden Auflagen hat zur Folge, dass der Einräumung umfassender Steuervergünstigungen für eine gemeinnützige Stiftung enge Grenzen gesetzt sind. Ein beträchtlicher Teil der Stiftungserträge steht in diesem Falle für die Versorgung der Angehörigen des Stifters nicht zur Verfügung.[544] Folglich werden für einen Familienunternehmer etwaige Steuervergünstigungen nicht das Ausschlag gebende Kriterium für die Wahl einer Stiftungskonstruktion sein. Doch auch innerhalb der regulären Steuerpflicht und unter Berücksichtigung der Erbersatzsteuer weisen derartige Konstruktionen Möglichkeiten einer Optimierung der Steuerbelastung auf, die in Kapitel 6 in Bezug auf die Stiftung & Co. KGaA eingehend analysiert werden.

---

541 Unter dem Begriff der *'nächsten Angehörigen'* sind vornehmlich die Geschwister, Ehegatten Eltern, Großeltern sowie Kinder und Enkel zu subsumieren; vgl. AEAO Nr. 6 zu § 58 Nr. 5 AO sowie Leisner, Walter Georg, Familienstiftung, 2005, hier: S. 2434 f.

542 Vgl. § 58 Nr. 5 AO; hierzu auch Kapitel 3.1.4.1. Zum Begriff des Einkommens vgl. Müller, Thorsten/Schubert, Jörg, Stifterfamilie, 2000, hier: S. 1295 f., m.w.N.

543 Jedoch kann bereits die Steuerbegünstigung eingeschränkt sein, indem mit der Komplementärstellung der Tatbestand eines wirtschaftlichen Geschäftsbetriebes erfüllt ist, für den die Steuervorteile der Gemeinnützigkeit nicht greifen; vgl. hierzu Kapitel 6.1.

544 Auf Möglichkeiten der Errichtung einer Doppelstiftung – die Kombination einer Familienstiftung mit einer gemeinnützigen Stiftung – soll hier nicht eingegangen werden; vgl. hierzu Flämig, Christian, Unternehmensnachfolge, 1978, hier: S. 6 f. sowie Binz, Mark K./Sorg, Martin H., Renaissance, 1987/1988, hier: S. 158 f.

5. Die Stiftung & Co. KGaA im Gesellschaftsrecht

5.1 Zulässigkeit einer rechtsfähigen Stiftung des bürgerlichen Rechts als Komplementär einer kapitalistischen KGaA aus rechtssystematischer Sicht

Nachdem in Kapitel 4.1 die Zulässigkeit unternehmensverbundener Stiftungen analysiert und letztlich ein Rechtsanspruch auf deren Anerkennung identifiziert wurde, gilt es nun zu prüfen, ob eine rechtsfähige Stiftung des bürgerlichen Rechts für die Position des Komplementärs einer KGaA infrage kommt. Ausgangspunkt ist das Urteil des BGH vom 24. Februar 1997,[545] mit dem eine GmbH als alleiniger Komplementär einer KGaA für zulässig befunden wurde. Dieses Urteil beendete einen Jahrzehnte andauernden Literaturstreit über die rechtliche Zulässigkeit einer KGaA, deren persönlich haftender Gesellschafter keine natürliche Person ist.[546]

Ausschlag gebendes Kriterium für die Entscheidung des BGH war das Fehlen eines entsprechenden gesetzlichen Verbots.[547] Innerhalb der "durch zwingende gesetzliche Regelungen und die unabweisbaren Bedürfnisse des Rechtsverkehrs ... gezogenen Grenzen .. [müsse] Freiheit zu privatautonomer Gestaltung bestehen, die auch vom Gesetz nicht vorgesehene Mischformen und atypische Lösungen zuläßt."[548] In einem Rechtssystem, das grundsätzlich von Gestaltungsfreiheit geprägt ist, bedarf nicht die Erlaubnis, sondern das ausdrückliche Verbot einer gesonderten Begründung, und ein solches Verbot hat der BGH hier zu Recht

---

545 II ZB 11/96, hier: S. 1012-1014.

546 Für die Zulässigkeit einer GmbH & Co. KGaA sprachen sich z.B. aus Claussen, Carsten P., Perspektiven, 1991, hier: S. 69; Schürmann, Walter/Groh, Elmar, Aspekte, 1995, hier: S. 685; Strieder, Thomas/Habel, Michael, Kommanditgesellschaft, 1995, hier: S. 1860; Sethe, Rolf, Kapitalgesellschaft, 1996, hier: S. 155 sowie Baumann, Horst, Berufsfreiheit, 1997, hier: S. 2281 f. Dagegen sprachen sich z.B. aus Grobe, Hans, Rechtsverhältnis, 1968, hier: S. 1709 f.; Pflug, Hans-Joachim, Gesellschafter, 1971, hier: S. 345-351; Steindorff, Ernst, Kommanditgesellschaft, 1975, hier: S. 136 f.; Reuter, Dieter/Körnig, Jürgen, Mitbestimmung, 1976, hier: S. 515 f.; Lutter, Marcus, Bedeutung, 1980, hier: S. 1326; Wiesner, Georg, Enthaftung, 1984, hier: S. 60-64 sowie Semler, Johannes, Ausprägung, 1985, hier: S. 517.

547 Hierzu auch Mertens, Hans-Joachim, Handelsgesellschaft, 1997, hier: S. 732-735, m.w.N.

548 BGH v. 24.02.1997 II ZB 11/96, hier: S. 1012.

nicht gesehen.[549] Sofern in der Firma der Gesellschaft ein Hinweis auf den persönlich haftenden Gesellschafter zum Ausdruck komme, stehe – abgesehen von den allgemeinen Voraussetzungen einer Eintragung ins Handelsregister – der Eintragung einer GmbH & Co. KGaA nichts entgegen.[550]

Da weder die §§ 278-290 AktG[551] noch die §§ 80-88 BGB ein explizites Verbot der Konstruktion einer Stiftung & Co. KGaA enthalten, ist das zentrale Argument des BGH, nur ein solches Verbot könne der Genehmigungsfähigkeit einer GmbH & Co. KGaA entgegenstehen, grundsätzlich auch auf den Fall einer Stiftung & Co. KGaA anwendbar.[552] Sofern die Stiftung & Co. KGaA in ihrer Firma zum Ausdruck bringt, dass eine Stiftung die Funktion des Vollhafters ausübt, bestehen insoweit keine Bedenken gegen die Genehmigungsfähigkeit dieser Rechtsformkombination. Darüber hinaus hat der Gesetzgeber das vom BGH geforderte Firmierungserfordernis mit dem zum 01. Juli 1998 in Kraft getretenen Handelsrechtsreformgesetz in das Aktiengesetz aufgenommen und damit indirekt die Zulässigkeit der kapitalistischen KGaA bestätigt.[553]

Ein weiteres Argument, welches in dem angesprochenen BGH-Urteil angeführt wird, spricht ebenfalls für die rechtliche Zulässigkeit der KGaA ohne natürliche Person als Vollhafter: Der Gesetzgeber hat nicht nur kein entsprechendes Verbot hinsichtlich derartiger Rechtsformkombinationen erlassen, sondern er hat mit verschiedenen Maßnahmen speziell für diesen Fall greifende Regelungen erlassen. So wurden § 9 Nr. 2b GewStG und der inzwischen aufgehobene § 12 Abs. 3 Nr. 2b GewStG in das Gewerbesteuergesetz aufgenommen,[554] um die gewerbeertrag- und gewerbekapitalsteuerliche Doppelbelastung einer KGaA, deren persönlich haftender Gesellschafter selbst der Gewerbesteuer unterliegt,

---

549 Vgl. Grunewald, Barbara/Müller, Hans-Friedrich, Entwicklung, 1997, hier: S. 704 sowie Strieder, Thomas/Habel, Michael, Anmerkung, 1997, hier: S. 1376; vgl. hierzu auch BGH v. 25.11.1993 I ZR 281/91, hier: S. 787. Vgl. zudem Priester, Hans-Joachim, Kommanditgesellschaft, 1996, hier: S. 254-257 sowie Mertens, Hans-Joachim, Handelsgesellschaft, 1997, hier: S. 732-735.

550 Vgl. BGH v. 24.02.1997 II ZB 11/96, hier: S. 1014. Vgl. hierzu ausführlich auch Dirksen, Dirk/Möhrle, Florian, Kommanditgesellschaft, 1997, hier: S. 1379 f.

551 Zudem beschränkt das Aktiengesetz die Komplementärstellung einer KGaA nicht ausschließlich auf Handelsgesellschaften; andernfalls wäre eine Stiftung als Komplementär ausgeschlossen, da es sich bei einer Stiftung um eine eigentümerlose Vermögensmasse ohne Mitglieder und damit nicht um eine *'Gesellschaft'* handelt; vgl. Hueck, Götz, Gesellschaftsrecht, 2003, hier: § 1, Rz. 2. In diesem Falle käme hingegen eine Stiftung & Co. KG als Komplementär in Betracht.

552 So hält auch Wachter die Konstruktion einer Stiftung & Co. KGaA für denkbar; vgl. Wachter, Thomas, Steuerrecht, 2001, hier: S. 129.

553 Vgl. § 279 Abs. 2 AktG.

554 § 9 Nr. 2b GewStG wurde durch Art. 3 Nr. 2 lit. a) KultStiftFöG, § 12 Abs. 3 Nr. 2b GewStG durch Art. 3 Nr. 3 StÄndG 1991 aufgenommen.

zu beseitigen.[555] Hiermit hat der Gesetzgeber zu erkennen gegeben, dass er Kenntnis von atypischen Gestaltungen im Bereich der KGaA genommen hat, ohne mit gesetzgeberischen Maßnahmen gegen sie vorzugehen. Graf erkennt in der Beseitigung der gewerbeertragsteuerlichen Doppelbelastung durch Art. 3 Nr. 2 lit. a) KultStiftFöG eine gezielte Begünstigung der Organisationsform einer Stiftung & Co. KGaA, aus der er eine generelle Zulässigkeit der Kapitalgesellschaft & Co. KGaA ableitet.[556] Hartel hingegen geht hierbei noch einen Schritt weiter, wenn er unterstellt, dass der Gesetzgeber, indem er "nachteilige Folgen für die kapitalistische KGaA beseitigt, ... diese kapitalistische KGaA als Rechtsform voraussetzt."[557]

Eine weitere Maßnahme des Gesetzgebers, die auf die Zulässigkeit der kapitalistischen KGaA schließen lässt, stellt § 218 Abs. 2 UmwG dar: Bei der Umwandlung einer Gesellschaft in eine KGaA ist es lediglich erforderlich, dass sich mindestens ein Gesellschafter der formwechselnden Gesellschaft als Vollhafter beteiligt oder dass der Gesellschaft mindestens ein Vollhafter beitritt.[558] Weder in der Begründung zum Gesetzentwurf noch im eigentlichen Gesetz findet sich die Forderung, dass eine natürliche Person die Funktion des persönlich haftenden Gesellschafters zu übernehmen habe, "obwohl das [1994 erlassene] Umwandlungsgesetz dem Gesetzgeber Gelegenheit gegeben hätte, diese Frage zu regeln."[559]

Daher ist dem Urteil des BGH vom 24. Februar 1997 zuzustimmen, dass anstelle einer natürlichen Person auch eine GmbH die Funktion des Vollhafters einer KGaA übernehmen kann. Diese Option muss jedoch auch für andere Rechtsformen gelten, da sich unter den angeführten Argumenten keines befindet, dass ausschließlich auf die GmbH zugeschnitten wäre. Folglich kommt aus rechtssystematischer Sicht auch eine Stiftung als Komplementär einer KGaA in

---

[555] Vgl. BGH v. 24.02.1997 II ZB 11/96, hier: S. 1013. Vgl. hierzu auch Hartel, Ulrich M., Umwandlung, 1992, hier: S. 2332; Graf, Helmut Andreas, Kapitalgesellschaft, 1993, hier: S. 135-139; Strieder, Thomas/Habel, Michael, Problematik, 1994, hier: S. 1558 f. sowie Goette, Wulf, Anmerkung, 1997, hier: S. 1014. A.A. Ladwig, Peter/Motte, Frank, Unternehmen, 1996, hier: S. 843.

[556] Vgl. Graf, Helmut Andreas, Kapitalgesellschaft, 1993, hier: S. 138 f.

[557] Hartel, Ulrich M., Umwandlung, 1992, hier: S. 2332.

[558] Vgl. Kallmeyer, Harald, Anmerkung, 1998, hier: S. 236.

[559] BGH v. 24.02.1997 II ZB 11/96, hier: S. 1013. Vgl. hierzu auch Mertens, Hans-Joachim, Handelsgesellschaft, 1997, hier: S. 732-735, m.w.N. Bereits 1980 beschäftigte sich der Gesetzgeber anlässlich der GmbH-Novelle 1980 mit der GmbH & Co. KGaA: Während im Regierungsentwurf noch eine explizite Beschränkung der Komplementärstellung auf natürliche Personen enthalten war, wurde diese im Laufe des Gesetzgebungsverfahrens gestrichen; vgl. Hennerkes, Brun-Hagen/May, Peter, Familienunternehmen, 1988, hier: S. 2404. Hierzu auch ausführlich Graf, Helmut Andreas, Kapitalgesellschaft, 1993, hier: S. 129-134, m.w.N.

Betracht.[560] In Ermangelung eines entsprechenden gesetzlichen Verbots sollte damit der privatautonomen Gestaltung der Raum gegeben werden, eine Stiftung & Co. KGaA zu errichten.

Die übrigen Argumente, die von den Kritikern der GmbH & Co. KGaA angeführt werden, sind – im Gegensatz zu den vorstehenden rechtssystematischen – tendenziell gesellschaftsrechtlich ausgerichtet. Unter anderem werden darin gläubigerschutz-, mitbestimmungs- sowie publizitätsrechtliche Bedenken zum Ausdruck gebracht. Der BGH greift diese auf und spricht sich dennoch für die Zulässigkeit der GmbH & Co. KGaA aus, indem er der Gestaltungsfreiheit größeres Gewicht beimisst. Wie im Folgenden zu analysieren sein wird, können entsprechende Bedenken ebenfalls bei der Stiftung & Co. KGaA vorgebracht werden, jedoch sind diese auch hier nicht derartig durchgreifend, dass die private Gestaltungsautonomie einzuschränken und die rechtliche Zulässigkeit der Stiftung & Co. KGaA zu versagen wäre.

5.2 Nichtsteuerliche Charakteristika der Stiftung & Co. KGaA

5.2.1 Haftung

5.2.1.1 Allgemeine Anmerkungen zur Haftungssituation in der Stiftung & Co. KGaA

Haftungsrechtliche Aspekte werden sowohl von den Befürwortern als auch den Kritikern einer kapitalistischen KGaA vorgebracht, woraus sich das Gewicht dieses Charakteristikums für die Stiftung & Co. KGaA ableiten lässt. Die wesentliche Haftungsgrundlage für die Gesellschaftsgläubiger stellt das "von den Kommanditaktionären aufgebrachte, durch die aktienrechtlichen Kapitalaufbringungs- und -erhaltungsvorschriften geschützte Grundkapital"[561] dar; die Kommanditaktionäre haften demzufolge nur beschränkt mit ihren Aktien. Die unbeschränkte persönliche Haftung fällt dem Komplementär zu, der mit seinem

---

560 So auch Hennerkes, Brun-Hagen/Lorz, Rainer, Roma, 1997, hier: S. 1393; Pöllath, Reinhard, Handbuch, 1999, hier: § 13, Rz. 76 und Rz. 79; Schaumburg, Harald/Schulte, Christoph, Recht, 2000, hier: S. 28 f.; Hüffer, Uwe, Aktiengesetz, 2002, hier: § 278, Rz. 9a sowie Binz, Mark K./Sorg, Martin H., Standardwerk, 2003, hier: S. 544; erkennend, wenngleich deutlich ablehnend, Schmidt, Karsten, Deutschland, 2002, hier: S. 148, der in diesem Zusammenhang von einem *'Frankenstein-Kabinett'* spricht; vgl. Schmidt, Karsten, Deregulierung, 1996, hier: S. 284 f.

561 BGH v. 24.02.1997 II ZB 11/96, hier: S. 1013. So auch Kiefer, Sascha, Anlegerschutz, 2001, hier: S. 18 und S. 23, m.w.N.

gesamten Vermögen für die Verbindlichkeiten der Gesellschaft eintritt.[562] Im Gegensatz zur personalistischen KGaA übernimmt im Falle einer Stiftung & Co. KGaA jedoch keine natürliche Person die Funktion des Vollhafters, sondern eine rechtsfähige Stiftung des bürgerlichen Rechts, deren gesamtes Vermögen im Insolvenzfall zur Befriedigung der Gläubigeransprüche herangezogen wird. Damit gibt es auch bei einer Stiftung & Co. KGaA einen unmittelbar persönlich haftenden Gesellschafter, nur mit dem Unterschied, dass dieser keine natürliche, sondern eine juristische Person ist, die de facto einzig mit ihrer auf das Stiftungsvermögen begrenzten Haftungsmasse für Verbindlichkeiten der (Stiftung & Co.) KGaA eintreten kann. Es ist somit unpräzise, wenn der Stiftung & Co. KGaA eine persönliche unbeschränkte Haftung abgesprochen wird.[563]

In haftungsrechtlicher Hinsicht weist die Stiftung & Co. KGaA einen deutlichen Vorteil gegenüber dem vergleichbaren Konstrukt einer GmbH & Co. KGaA auf: Kommt es bei einer GmbH in der Funktion des Vollhafters – beispielsweise durch unmittelbare Auszahlungen der GmbH an ihre Gesellschafter – zu einer Reduktion des Stammkapitals, so sind die GmbH-Gesellschafter gemäß den §§ 30 und 31 GmbHG zur Rückzahlung verpflichtet.[564] Eine solche *'Durchgriffshaftung'* bewirkt folglich, dass in derartigen Fällen sehr wohl das Privatvermögen der hinter der Komplementär-Kapitalgesellschaft stehenden Anteilseigner für die Verbindlichkeiten der (GmbH & Co.) KGaA herangezogen werden kann. Demgegenüber ist bei der Stiftung & Co. KGaA die Haftungsbegrenzung "noch perfekter"[565] ausgestaltet: Da eine Stiftung als eigentümerlose Vermögensmasse keine Anteilseigner oder Mitglieder aufweist, kommt bei der Stiftung eine Durchgriffshaftung nicht infrage; einzig das Stiftungsvermögen steht damit für die Befriedigung von Gläubigeransprüchen zur Verfügung.[566]

---

562 Vgl. § 278 Abs. 1 AktG. Ladwig/Motte sprechen der Komplementärhaftung jedoch eine Gläubigerschutzfunktion ab, da für die KGaA ein Mindestgrundkapital i.H.v. 50.000 € vorgeschrieben ist (§ 278 Abs. 3 AktG i.V.m. § 7 AktG) und zudem der Gesetzgeber davon abgesehen hat, den Namen des Vollhafters in die Firma der KGaA zwingend aufzunehmen; vgl. Ladwig, Peter/Motte, Frank, Unternehmen, 1996, hier: S. 843.

563 In Analogie zu Hennerkes, Brun-Hagen/May, Peter, Familienunternehmen, 1988, hier: S. 2398, die Entsprechendes für die GmbH & Co. KGaA betonen.

564 Vgl. BGH v. 29.03.1973 II ZR 25/70, hier: S. 917 f.

565 Hennerkes, Brun-Hagen/Binz, Mark K./Sorg, Martin H., Stiftung, 1986, hier: S. 2271, die sich hierbei jedoch auf die Stiftung & Co. KG beziehen; ebenso Hennerkes, Brun-Hagen/May, Peter, Rechtsformwahl, 1988, hier: S. 488. Gleiches gilt jedoch auch für die Rechtsformkonstruktion einer Stiftung & Co. KGaA.

566 Vgl. Hennerkes, Brun-Hagen, Alternative, 1984/1985, hier: S. 114; Weimar, Robert/Reeh, Michael, Gestaltungsformen, 1988, hier: S. 1641 f. sowie die Nachweise in Kapitel 3.2.1.

5.2.1.2 Beschränkung der Haftungsmasse durch Vermeidung der unbeschränkten persönlichen Haftung einer natürlichen Person?

Von den Gegnern der kapitalistischen KGaA wird regelmäßig das Argument vorgebracht, die besonderen Privilegien dieser Rechtsform – so zum Beispiel die starke Stellung des Komplementärs oder das Fehlen eines Arbeitsdirektors – rechtfertigten sich erst durch die unbeschränkte persönliche Haftung einer natürlichen Person, dem Komplementär. Sofern dieser mit dem Privatvermögen für seine Geschäfte einzustehen habe, dürfe er in seiner Geschäftsführung nicht durch den Willen Dritter beeinträchtigt werden.[567] Da auch bei der GmbH & Co. KG ein Gleichlauf von Herrschaft und Haftung nicht gegeben ist, diese jedoch seit Jahrzehnten schon als rechtlich zulässig befunden wurde,[568] stellt sich die Frage nach dem Unterschied zwischen der Haftung einer natürlichen und einer juristischen Person, der eine Ungleichbehandlung zwischen KG und KGaA rechtfertigen könnte. Wie vorstehend erläutert, haften juristische Personen ebenso unmittelbar und unbeschränkt wie natürliche Personen, sodass sich hieraus keine Rechtfertigung ergeben kann.[569]

Auch wenn vordergründig die Haftung der natürlichen Person mit ihrem Privatvermögen – im Gegensatz zur Begrenzung der Haftungsmasse auf das Gesellschafts- oder Stiftungsvermögen – diese Ungleichbehandlung nahe zu legen scheint, so kann sich die Situation bei näherer Betrachtung gänzlich anders darstellen: Die theoretisch unbeschränkte Haftung der natürlichen Person ist de facto limitiert auf die im Einzelfall tatsächlich vorhandenen wirtschaftlichen Mittel ihres Privatvermögens.[570] Zudem kann sich durch das persönliche Schicksal der Person des Vollhafters – beispielsweise durch Krankheit – dessen wirtschaftliche Lage ändern, sodass bei einer angemessen ausgestatteten Komple-

---

567 Vgl. Binz, Mark K./Sorg, Martin H., Ausweg, 1988, hier: S. 2050, m.w.N.; ähnlich z.B. auch Pflug, Hans-Joachim, Gesellschafter, 1971, hier: S. 349.

568 Vgl. RG v. 04.07.1922 II B 2/22, hier: S. 101-106. Schmidt sieht zwar die Anerkennung der GmbH & Co. KG durch die Rechtsprechung, bezeichnet diese jedoch als "Sündenfall"; Schmidt, Karsten, Gesellschaftsrecht, 2002, hier: S. 1624. Barz sieht in der GmbH & Co. KG einen umständlich und schwierig zu handhabenden "Bastard", wenngleich er das Bedürfnis der Praxis nach einer Personengesellschaft mit Haftungsbeschränkung und Drittorganschaft akzeptiert; Barz, Carl Hans, Ende, 1972, hier: S. 465. Vgl. hierzu auch Reuter, Dieter, Perpetuierung, 1973, hier: S. 239 f.

569 Vgl. Strieder, Thomas/Habel, Michael, Problematik, 1994, hier: S. 1559 sowie Priester, Hans-Joachim, Kommanditgesellschaft, 1996, hier: S. 260, m.w.N.

570 Dieser Aspekt bekommt zusätzliches Gewicht, wenn man bedenkt, dass bei einer natürlichen Person als Vollhafter kein Mindesteigenkapital vorgeschrieben ist; vgl. Sethe, Rolf, Bewegung, 1996, hier: S. 2055 sowie Kiefer, Sascha, Anlegerschutz, 2001, hier: S. 23.

mentär-GmbH oder -Stiftung dem Gläubigerschutz durch eine umfangreichere Haftungsmasse, die zudem *'nur'* den Gefahren des Wirtschaftslebens ausgesetzt ist, besser gedient sein dürfte.[571] Da eine juristische Person zudem auf Dauer angelegt ist, kommt Nachfolgefällen im Hinblick auf den Komplementär keinerlei Bedeutung zu.[572]

Die Gegner der kapitalistischen KGaA stellen daher auch weniger auf die vorhandene Haftungsmasse und damit die Bonität des Komplementärs ab; vielmehr betonen sie die disziplinierende und motivierende Wirkung, die die Haftung des Komplementärs mit seiner gesamten wirtschaftlichen Existenz bewirkt. Schon aus eigenem Interesse werde er mit größter Sorgfalt, Vorsicht und Umsicht die Geschäfte der KGaA führen. Im Falle einer kapitalistischen KGaA gingen die Organe der juristischen Person hingegen – abgesehen vom Verlust des Arbeitsplatzes – kein unmittelbares Risiko ein, sodass hier die persönliche Haftung nicht die Funktion eines "objektiven Kontrollmechanismus"[573] erfüllen könne. Die mitbestimmungsrechtlichen Vorzüge der KGaA und die im Vergleich zur AG verminderten Befugnisse der Kommanditaktionäre seien nur durch die Verknüpfung der wirtschaftlichen Existenz des Komplementärs mit dem Schicksal der KGaA zu rechtfertigen.[574]

Dem ist allerdings entgegen zu halten, dass, gäbe es die vornehmliche Funktion der persönlichen Haftung als Instrument zur Verhaltenssteuerung, diese auch bei der GmbH & Co. KG Berücksichtigung finden müsste.[575] So spricht sich auch

---

571 So bereits – in Bezug auf das Urteil des Hanseatischen Oberlandesgerichts vom 05.12.1968, welches eine GmbH & Co. als persönlich haftenden Gesellschafter zuließ – Hesselmann, Malte, Anmerkung, 1969, hier: S. 142.

572 Vgl. Hartel, Ulrich M., Umwandlung, 1992, hier: S. 2331. Weitere Beispiele privater Unwägbarkeiten sehen Strieder/Habel in fälligen Zahlungen im Rahmen des Zugewinnausgleichs bei Scheidung oder in Ausgleichszahlungen an Miterben, sofern die Komplementärstellung ererbt wurde; vgl. Strieder, Thomas/Habel, Michael, Problematik, 1994, hier: S. 1559.

573 Mertens, Hans-Joachim, Kommanditgesellschaft, 1985, hier: § 278, Rz. 13.

574 Vgl. hierzu Pflug, Hans-Joachim, Gesellschafter, 1971, hier: S. 349-351; Reuter, Dieter/ Körnig, Jürgen, Mitbestimmung, 1976, hier: S. 516-518; Wiesner, Georg, Enthaftung, 1984, hier: S. 61 f.; Graf, Helmut Andreas, Kapitalgesellschaft, 1993, hier: S. 249 f. sowie Sethe, Rolf, Bewegung, 1996, hier: S. 2055-2057. Bereits das Reichsgericht betont in diesem Zusammenhang jedoch, dass "der natürliche persönlich haftende Gesellschafter [nicht ohne weiteres] größeren Kredit genießen oder den Gläubigern größere Sicherheit gewähren" werde als eine GmbH; nicht selten werde Letztere nämlich durch Geschäftsführer vertreten, die das Unternehmen geschaffen hätten und daher aufgrund ihrer Beziehung zu der Gesellschaft einen "besonderen Anreiz zu tüchtiger und erfolgreicher Arbeit .. [besäßen] und daher im wesentlichen mit dem Geschäfte ebenso verwachsen .. [seien] wie der natürliche Gesellschafter"; RG v. 04.07.1922 II B 2/22, hier: S. 104 f.

575 Vgl. Hennerkes, Brun-Hagen/May, Peter, Familienunternehmen, 1988, hier: S. 2402.

der BGH eindeutig gegen eine derartige Argumentation aus. Eine "persönliche Erfolgshaftung [der Geschäftsführer könne] ... die bei der KGaA fehlende (subjektive) Kontrolle durch den Aufsichtsrat"[576] nicht ersetzen. Die Gefahr des Verlustes der wirtschaftlichen Existenz als notwendige Voraussetzung einer pflichtgemäßen Führung der Geschäfte gehe an der Realität des modernen Wirtschaftslebens vorbei, zumal diese Gefahr aufgrund der üblichen Haftungsfreistellung einzig den Insolvenzfall betreffe. Außerdem könne hierdurch ein überaus defensives Verhalten des Geschäftsführers bewirkt werden, welches zu einem Verzicht auf risikobehaftete Geschäftschancen führen und die wirtschaftliche Entwicklung des Unternehmens beeinträchtigen könnte.[577] Somit ist es denkbar, dass der Ausschluss einer Gefährdung der wirtschaftlichen Existenz des Geschäftsführers eine motivationssteigernde und das Unternehmen begünstigende Wirkung auf ihn entfaltet.

Nicht übersehen werden darf zudem, dass auch die Geschäftsführer der Komplementär-GmbH – wenn auch in begrenztem Rahmen – bei Pflichtverstößen gegenüber der GmbH verantwortlich gemacht werden können.[578] Die Pflichten der Geschäftsführer umfassen dabei ebenfalls die Angelegenheiten der Gesellschaft, deren Komplementär die GmbH ist, sodass eine mittelbare Haftung der GmbH-Geschäftsführer gegenüber der (GmbH & Co.) KGaA in Betracht kommt.[579] Gleiches gilt auch im Falle einer Stiftung & Co. KGaA, da der Stiftungsvorstand bei vorsätzlicher oder grob fahrlässiger Verletzung seiner Obliegenheiten der Stiftung gegenüber regelmäßig zum Schadenersatz verpflichtet ist.[580]

5.2.1.3 Auswirkungen der Haftung auf die Qualifikation der geschäftsführenden Person

Eine wichtige Rolle in diesem Zusammenhang spielt meines Erachtens nicht nur der Wille des Geschäftsführers, die nötige Sorgfalt, Vorsicht und Umsicht walten zu lassen, sondern in ganz erheblichem Maße auch seine Befähigung hierzu. Der Geschäftsführer muss wirtschaftliche Wagnisse eingehen, deren

576 BGH v. 24.02.1997 II ZB 11/96, hier: S. 1013.

577 Vgl. BGH v. 24.02.1997 II ZB 11/96, hier: S. 1013 f.

578 Vgl. § 43 GmbHG. Demgegenüber halten Reuter/Körnig gerade die Erfolgshaftung für verantwortlichkeitsbegründend, weitaus stärker als die Verschuldenshaftung des Geschäftsführers; vgl. Reuter, Dieter/Körnig, Jürgen, Mitbestimmung, 1976, hier: S. 516 f.

579 Vgl. Priester, Hans-Joachim, Kommanditgesellschaft, 1996, hier: S. 260. Für die (GmbH & Co.) KGaA ergibt sich die Haftung aus § 283 Nr. 3 AktG i.V.m. § 93 AktG.

580 Vgl. hierzu auch die Ausführungen in Kapitel 3.2.1.

Chancen und Risiken er bestmöglich zu evaluieren hat.[581] Seine diesbezüglichen Fähigkeiten hängen weit mehr von seiner Persönlichkeit und unternehmerischen Kompetenz ab als von Erwägungen haftungsrechtlicher Art.[582] Eine permanente Überwachung oder die unbeschränkte persönliche Haftung des Geschäftsführers garantieren noch nicht seine fachliche Eignung für die Übernahme der Unternehmensleitung; die unbeschränkte Haftung des Komplementärs einer personalistischen KGaA steht dieser tendenziell sogar entgegen. Durch das Risiko der persönlichen Haftung mit seiner wirtschaftlichen Existenz werden potenzielle, qualifizierte Geschäftsführer eher abgeschreckt. Zudem bleibt es bei Familiengesellschaften in weiten Teilen dem Zufall überlassen, ob gerade diejenigen, die in zweiter oder dritter Generation das Unternehmen führen, die dafür erforderlichen Qualifikationen besitzen. Setzt der Familienunternehmer jedoch eine GmbH oder Stiftung als Komplementär einer kapitalistischen KGaA ein, die sich wiederum einer natürlichen Person zur Geschäftsführung bedienen muss, steht hierfür ein deutlich breiteres Personenspektrum zur Verfügung, das nicht nur gewillt, sondern hierzu auch befähigt ist.[583]

In diesem Zusammenhang weist der BGH darauf hin, dass die Kommanditaktionäre einer personalistischen KGaA einem fachlich nicht ausreichend qualifizierten Komplementär in höherem Maße ausgesetzt sind, als dies bei einer kapitalistischen KGaA der Fall ist: Während die natürliche Person als Komplementär bereits aufgrund ihrer unbeschränkten Haftung zur Geschäftsführung befugt ist, kann ein fachlich nicht geeigneter Geschäftsführer durch entsprechenden Beschluss der GmbH-Gesellschafter ausgetauscht werden.[584] Dieser Vorzug greift allerdings nur, sofern die Kommanditaktionäre zugleich die für die Abberufung des GmbH-Geschäftsführers notwendige Mehrheit an der Komplementär-GmbH halten. Andernfalls können zwar die GmbH-Gesellschafter, nicht jedoch die

---

581 Der Einwand, dass derartige Entscheidungen von Beratern vorbereitet werden und daher die Fähigkeiten des Vollhafters nur eine nachrangige Bedeutung spielen, verfängt nicht, da diesen Beratern eine ähnliche Risikofreudigkeit wie Vorständen von Kapitalgesellschaften unterstellt werden dürfte; so auch Strieder, Thomas/Habel, Michael, Problematik, 1994, hier: S. 1559. Pflug spricht in diesem Zusammenhang von "Angestelltenmentalität"; Pflug, Hans-Joachim, Gesellschafter, 1971, hier: S. 350.

582 So auch Priester, Hans-Joachim, Kommanditgesellschaft, 1996, hier: S. 260.

583 Vgl. hierzu auch Strieder, Thomas/Habel, Michael, Problematik, 1994, hier: S. 1559 f.

584 Vgl. BGH v. 24.02.1997 II ZB 11/96, hier: S. 1014. A.A. Priester, Hans-Joachim, Kommanditgesellschaft, 1996, hier: S. 261, der darauf hinweist, dass der *'gesetzliche Normalzustand'* den Kommanditaktionären sehr wohl eine starke Position bei der Auswahl der Komplementäre zubilligt, da bspw. bei der Gründung der Gesellschaft gemäß § 280 Abs. 2 AktG der Komplementär einstimmig zu bestimmen ist. Vgl. hierzu auch Kapitel 5.2.3.1.

unmittelbar betroffenen Kommanditaktionäre einen ungeeigneten Geschäftsführer abberufen.[585]

Die unbeschränkte persönliche Haftung des Komplementärs einer personalistischen KGaA ist folglich mit Vorteilen für die Gesellschaft, jedoch auch nicht zu unterschätzenden Nachteilen verbunden. Der Zulässigkeit einer GmbH & Co. KGaA steht die fehlende Verknüpfung der Geschäftsführung mit der wirtschaftlichen Existenz einer natürlichen Person dem BGH zufolge nicht entgegen, da ihr die bedeutsame Funktion, welche die Kritiker dieser Rechtsformkombination der Verknüpfung beimessen, nicht zukommt. Entsprechendes muss auch für die Stiftung & Co. KGaA folglich gelten, da sich hier ähnlich gelagerte Risiken ergeben.[586]

5.2.1.4 Gewährleistung einer ausreichenden Haftungsmasse

Neben der durch den Ausschluss der unbeschränkten persönlichen Haftung des Stiftungsvorstandes möglicherweise gesteigerten Motivation wirkt sich positiv aus, dass die zuständige Stiftungsaufsichtsbehörde über den ungeschmälerten Erhalt des Stiftungsvermögens zu wachen hat, worin eine ihrer wesentlichen Aufgaben liegt.[587] Um eine dauerhafte Erfüllung des Stiftungszweckes sicherzustellen, ist diese Anforderung in zahlreichen Landesstiftungsgesetzen explizit verankert.[588] Damit ist den Gläubigern eine konstante Haftungsmasse garantiert, über die – im Falle einer gemeinnützigen Komplementär-Stiftung – auch die Finanzverwaltung wacht.[589]

Von den Kritikern unternehmensverbundener Stiftungen wird insbesondere dieser Aspekt betont, dass nämlich im Falle einer Komplementär-Stiftung aufgrund der persönlichen unbeschränkten Haftung der Erhalt des Stiftungsvermögens gerade nicht gewährleistet sei.[590] Dem ist jedoch entgegen zu halten, dass nicht alle Landesstiftungsgesetze ein Bestandserhaltungsgebot vorsehen und diejeni-

---

585 Ähnlich auch Gonnella, Robert/Mikic, Sanja, Einheitsgesellschaft, 1998, hier: S. 509 sowie Schaumburg, Harald/Schulte, Christoph, Recht, 2000, hier: S. 41.

586 Wie vorstehend erläutert, haftet die Komplementär-Stiftung mit ihrem gesamten Vermögen, und die wirtschaftliche Existenz des Stiftungsvorstands ist nicht mit der Unternehmensleitung verbunden; ein Unterschied besteht lediglich hinsichtlich der ausgeschlossenen Durchgriffshaftung.

587 Vgl. Wachter, Thomas, Steuerrecht, 2001, hier: S. 64 f. Hierzu auch Reuter, Dieter, Stiftungsabhängigkeit, 1973, hier: S. 244.

588 Vgl. z.B. Art. 11 Abs. 1 BayStG; § 3 Abs. 3 BerlStiftG; § 7 Abs. 1 S. 1 BremStiftG sowie § 6 Abs. 1 S. 1 HessStiftG. Vgl. hierzu auch Hennerkes, Brun-Hagen/May, Peter, Rechtsformwahl, 1988, hier: S. 488.

589 Vgl. hierzu auch die Ausführungen in Kapitel 3.2.2.1. Zur Gemeinnützigkeit der Komplementär-Stiftung vgl. auch Kapitel 6.1.

590 Vgl. hierzu Schmidt, Karsten, Stiftungspraxis, 1987, hier: S. 262, m.w.N.

gen mit entsprechenden Vorschriften ein Abweichen hiervon einräumen, sofern die Stiftungssatzung ein Angreifen des Stiftungsvermögens gestattet oder sich der Stifterwille nicht anders verwirklichen lässt.[591] Hennerkes/Binz/Sorg betonen in diesem Zusammenhang, dass es durchaus die Ausnahme sei, dass ein Komplementär in seiner Funktion als Vollhafter in Anspruch genommen werde; zudem überwiege die Chance, das Stiftungsvermögen durch Beteiligungserträge sowie Geschäftsführungsvergütungen und Haftungsentschädigungen zu mehren.[592]

Insgesamt betrachtet stellt sich die Haftungssituation der Stiftung & Co. KGaA befriedigend dar. Auch wenn die unbeschränkte persönliche Haftung einer natürlichen Person vermieden wird, so steht bei einer angemessenen Vermögensausstattung der Komplementär-Stiftung gegebenenfalls eine – im Vergleich zu einer personalistischen KGaA – höhere Haftungsmasse zur Befriedigung von Gläubigeransprüchen zur Verfügung, über deren Erhalt zudem die Stiftungsaufsichtsbehörden zu wachen haben. Eine disziplinierende Wirkung durch das Risiko des Geschäftsführers, mit seiner wirtschaftlichen Existenz für das Gesellschaftsschicksal zu haften, mag letztlich sogar kontraproduktiv auf die wirtschaftliche Entwicklung des Unternehmens wirken, sodass aus haftungsrechtlicher Sicht die Stiftung & Co. KGaA eine durchaus reizvolle Rechtsformkonstruktion darstellt.

5.2.2 Finanzierungsmöglichkeiten

5.2.2.1 Zugang zu einem organisierten Kapitalmarkt

Im Rahmen der Auseinandersetzung mit der kapitalistischen KGaA stellt die Finanzierung ein Charakteristikum dar, welches – verglichen mit der Haftung oder Leitungsbefugnis – deutlich weniger Anlass für Diskussionen bietet. Der vornehmliche Grund hierfür liegt in der Tatsache, dass hierbei nicht der Schutz bestimmter Interessengruppen im Mittelpunkt steht, sondern die Fähigkeit der Unternehmung, ausreichend finanzielle Mittel zur Verfolgung ihrer Ziele zu beschaffen. Da der Kapitalmarkt weitestgehend als effizient und damit selbst regulierend anzusehen ist, erübrigen sich grundlegende Eingriffe des Gesetzgebers diesbezüglich. So geht das BGH-Urteil vom 24. Februar 1997 auch nicht näher auf die Finanzierung einer kapitalistischen KGaA ein.

---

591 Vgl. z.B. § 6 Abs. 1 S. 2 NdsStiftG; § 7 Abs. 1 S. 2 NRWStiftG sowie § 14 Abs. 2 SächsStiftG.

592 Vgl. Hennerkes, Brun-Hagen/Binz, Mark K./Sorg, Martin H., Stiftung, 1986, hier: S. 2269 f., die sich in ihren Ausführungen zwar auf die Stiftung & Co. KG beziehen, jedoch gilt Entsprechendes auch für die Komplementär-Stiftung einer (Stiftung & Co.) KGaA.

Um die Finanzierungsmöglichkeiten der Stiftung & Co. KGaA zu verdeutlichen, empfiehlt sich ein Blick auf die Struktur dieser Rechtsformkombination: Unternehmensträger – und damit der Ort des eigentlichen wirtschaftlichen Geschehens – ist die (Stiftung & Co.) KGaA. Demzufolge fällt auch hier der größte Finanzierungsbedarf an. Dieser wird primär durch das in Kommanditaktien zerlegte Grundkapital gedeckt, welches – wie bei einer AG – gemäß § 278 Abs. 3 AktG i.V.m. § 7 AktG mindestens 50.000 € betragen muss. Da auch für eine kapitalistische KGaA die gleichen strengen Regeln des Aktiengesetzes über die Kapitalaufbringung und -erhaltung gelten, also die Pflicht zur Leistung der Einlagen, das Verbot der Einlagenrückgewähr sowie das Verbot des Erwerbs eigener Anteile, ergeben sich insoweit keine Unterschiede zur personalistischen KGaA.[593]

Ein Vorteil der Stiftung & Co. KGaA – insbesondere gegenüber der verwandten Rechtsformkombination einer Stiftung & Co. KG[594] – liegt im Zugang zu einem organisierten Kapitalmarkt, der dem Unternehmen weitere Eigenfinanzierungsmöglichkeiten eröffnet.[595] Bei der Ausgabe von Kommanditaktien ist jedoch zu bedenken, dass die Akzeptanz dieser Aktien am Kapitalmarkt ganz entscheidend den Ausgabepreis beeinflussen wird. Für die Zulassung von Aktien zum Börsenhandel im amtlichen Markt ist die Gesellschaft verpflichtet, einen Emissionsprospekt zu erstellen, in dem die für die Bewertung der Wertpapiere relevanten Informationen enthalten sind.[596] Die Börsenzulassungs-Verordnung fordert bei einer KGaA zusätzliche "Angaben über die Struktur des persönlich haftenden Gesellschafters und die von der gesetzlichen Regelung abweichenden Bestimmungen der Satzung oder des Gesellschaftsvertrags"[597] im Emissionsprospekt,

---

593 Vgl. hierzu die Nachweise in Kapitel 2.2.3.2.

594 Auf den Nachteil nur beschränkter Kapitalbeschaffungsmöglichkeiten der Stiftung & Co. KG weist Verstl explizit hin; vgl. Verstl, Jörg, Rechtsinstitut, 1997, hier: S. 676.

595 Vgl. hierzu auch Gonnella, Robert/Mikic, Sanja, Einheitsgesellschaft, 1998, hier: S. 508 f. Hennerkes/May weisen ausdrücklich auf die Möglichkeiten der "aktienrechtlichen Sicherungsmechanismen (Vorzugsaktien, vinkulierte Namensaktien, Schutzgemeinschaftsvertrag)" einer KGaA hin; Hennerkes, Brun-Hagen/May, Peter, Überlegungen, 1988, hier: S. 540. Pflug spricht im Zusammenhang mit der Börsenfähigkeit einer KGaA plakativ von einer "Pumpwirkung", da auch durch die "Aufbringung individuell kleiner Beträge die für Investitionen notwendigen Summen bereitgestellt werden können"; Pflug, Hans-Joachim, Gesellschafter, 1973, hier: S. 350. Ausführlich zum going public einer KGaA auch Schaumburg, Harald/Schulte, Christoph, Recht, 2000, hier: S. 57-66.

596 Vgl. § 30 Abs. 3 Nr. 2 BörsG.

597 § 18 Nr. 3 BörsZulV. Vgl. hierzu auch Schaumburg, Harald/Schulte, Christoph, Recht, 2000, hier: S. 62 f.

sodass die Kapitalanleger über die Haftungsverhältnisse und ihre Mitwirkungsrechte informiert sind.[598]

Claussen vermutet daher, dass der Emissionspreis der Kommanditaktien einer KGaA mit einer juristischen Person als Vollhafter niedriger liegen werde als bei einer KGaA, bei der die Familienangehörigen als persönlich haftende Gesellschafter fungieren, da jede Sonderform der KGaA den Ausgabekurs senke.[599] Unzweifelhaft ist eine solche, den Ausgabepreis mindernde Wirkung zu erwarten, sofern die Mitwirkungsrechte der Kommanditaktionäre allzu stark eingeschränkt werden.[600] Dass jedoch eine Stiftung in der Position des Komplementärs im Verhältnis zu einer natürlichen Person eine negative Wirkung auf den Emissionspreis entfaltet, ist meines Erachtens zu bezweifeln. Wie im vorigen Kapitel erläutert, ist die Haftung einer Stiftung & Co. KGaA durchaus gleichwertig mit derjenigen einer personalistischen KGaA, wenn nicht sogar ihr überlegen. Die Stiftungsaufsichtsbehörde wacht grundsätzlich über den Erhalt des Stiftungsvermögens, das eine bestimmte Mindesthöhe aufzuweisen hat, während bei einer natürlichen Person als Vollhafter Derartiges nicht vorgesehen ist. Zudem kommt der unbeschränkten persönlichen Haftung einer natürlichen Person nur nachrangig eine disziplinierende Wirkung zu, die im Extremfall sogar eine das Unternehmen in seiner Entwicklung hemmende Wirkung entfalten kann.[601] Folglich steht zu vermuten, dass der Kapitalmarkt nur in begründeten Fällen – beispielsweise bei einer stark eingeschränkten Mitwirkungsbefugnis der Hauptversammlung – den Emissionspreis einer Stiftung & Co. KGaA niedriger als bei einer personalistischen KGaA festsetzen wird.[602]

---

598 Vgl. Hommelhoff, Peter, Anlegerschutz, 1998, hier: S. 10 f. sowie Herfs, Achim, Satzung, 1999, hier: S. 53 f. Raiser sähe es zudem als sachgerecht an, wenn der Emissionsprospekt die Statuten der KGaA und der Komplementär-Gesellschaft enthielte; vgl. Raiser, Thomas, Kapitalgesellschaften, 2001, hier: § 23, Rz. 46. Zur grundsätzlichen Börsenbewertung einer KGaA im Vergleich zu einer AG vgl. Ladwig, Peter/Motte, Frank, Alternative, 1996, hier: S. 802 f. sowie Ladwig, Peter/Motte, Frank, Unternehmen, 1996, hier: S. 846.

599 Vgl. Claussen, Carsten P., Perspektiven, 1991, hier: S. 71.

600 Dies ist bei der Emission von Vorzugsaktien zu beobachten, die mit einem Abschlag i.H.v. 10 v.H. bis 30 v.H. auf die Stammaktien gehandelt werden; vgl. Claussen, Carsten P., Perspektiven, 1991, hier: S. 71 f. sowie Herfs, Achim, Rechtsformoptimierung, 1997, hier: S. 690. Goette vermutet daher, dass eine kapitalistische KGaA ihre Kommanditaktionäre nicht von jeglichem Einfluss auf die Unternehmenspolitik ausschließen werde, "schon um Anleger nicht zu verschrecken"; Goette, Wulf, Anmerkung, 1997, hier: S. 1015. Zu den Mitwirkungsrechten der Kommanditaktionäre vgl. auch Kapitel 5.2.3.

601 Vgl. hierzu die Ausführungen in Kapitel 5.2.1.2 und Kapitel 5.2.1.3.

602 Da jedoch zahlreiche Kapitalanleger vorrangig Renditeinteressen verfolgen und primär an einer Wertsteigerung ihrer Kapitalanlage und einer hohen Dividende interessiert sind, steht selbst eine weit reichende Beschneidung der Mitwirkungsbefugnisse der Komman-

5.2.2.2 Beteiligung der Komplementär-Stiftung an der Finanzierung der (Stiftung & Co.) KGaA

Wie bei einer personalistischen KGaA steht es dem Komplementär einer Stiftung & Co. KGaA offen, sich durch den Erwerb von Kommanditaktien am Grundkapital der (Stiftung & Co.) KGaA zu beteiligen, um so seine Stellung in der Gesellschaft zu festigen und – zusätzlichen – Einfluss auf die Hauptversammlung zu gewinnen.[603] Allerdings werden für den Komplementär die den Kommanditaktien immanenten Mitwirkungsrechte auf der Hauptversammlung in bestimmten, im Aktiengesetz näher bezeichneten Fällen eingeschränkt.[604]

Ein wesentlicher Vorteil der KGaA – und damit auch einer Rechtsformkombination wie der Stiftung & Co. KGaA – gegenüber einer klassischen AG liegt in ihrer dualen Struktur, die folglich auch eine duale Finanzierung ermöglicht. Neben der vorstehend aufgezeigten Außenfinanzierung durch die Ausgabe von Kommanditaktien besteht zudem die Möglichkeit, dass sich der Komplementär an der Finanzierung der Unternehmenstätigkeit beteiligt, indem er eine Einlage erbringt, die in das alleinige Vermögen der Gesellschaft übergeht.[605] Im Falle einer Stiftung & Co. KGaA wird die Einlage entsprechend von der Komplementär-Stiftung erbracht. Hierbei zeigt sich, dass diese Rechtsformkombination der personalistischen KGaA überlegen ist: Das Stiftungsvermögen, für das zwar keine gesetzlich bestimmte Mindesthöhe vorgeschrieben ist, welches jedoch nach herrschender Meinung das Mindeststammkapital einer GmbH von 25.000 € überschreiten sollte,[606] kann als Einlage in die (Stiftung & Co.) KGaA eingebracht werden und damit deren Geschäftstätigkeit finanziell unter-

---

ditaktionäre einer erfolgreichen Emission nicht entgegen; vgl. Schwarz, Günter Christian, Instrument, 2001, hier: S. 2389. Hartel weist in diesem Zusammenhang auf die Börsenakzeptanz des Genussscheins hin: "Verglichen mit dem Genußschein, der keinerlei Mitwirkungsrechte beinhaltet, ist die Beteiligung an einer KGaA als Aktionär geradezu mitwirkungsfreundlich"; Hartel, Ulrich M., Umwandlung, 1992, hier: S. 2392.

603 Sowohl handels- als auch steuerbilanziell sind diese Aktien dem Betriebsvermögen der Komplementär-Stiftung zuzurechnen. Eine steuerliche Bilanzierung als Betriebsvermögen der (Stiftung & Co.) KGaA oder gar als Sonderbetriebsvermögen II der Stiftung bei der (Stiftung & Co.) KGaA scheidet aus; vgl. BFH v. 21.06.1989 X R 14/88, hier: S. 886. Vgl. hierzu auch Wehrheim, Michael/Gehrke, Matthias, Einkünftequalifikation, 2005, hier: S. 245.

604 Vgl. hierzu § 285 Abs. 1 S. 2 AktG sowie die Ausführungen in Kapitel 2.2.2.4. Hierzu auch Wichert, Joachim, GmbH & Co. KGaA, 2000, hier: S. 274.

605 Vgl. hierzu die Ausführungen in Kapitel 2.2.4.1 sowie § 286 Abs. 2 AktG.

606 Zum einen muss die dauerhafte und nachhaltige Erfüllung des Stiftungszweckes gewährleistet sein (§ 80 Abs. 2 BGB), zum anderen wird durch eine entsprechende Kapitalausstattung der Stiftung der Vorwurf entkräftet, die Stiftung ersetze nur – mangels Kapital – eine GmbH; vgl. hierzu die Ausführungen in Kapitel 4.1.1.

stützen.[607] Zwar besteht auch bei einer personalistischen KGaA diese Option, jedoch ist der Anreiz für den Komplementär als natürliche Person deutlich geringer, sein Privatvermögen, mit dem er bereits als persönlich haftender Gesellschafter für die Verbindlichkeiten der Gesellschaft eintritt, der KGaA zu übertragen und damit einer privaten Nutzung zu entziehen. Die Komplementär-Stiftung als eigentümerlose Vermögensmasse hingegen besitzt keine Privatsphäre, sodass das gesamte Stiftungsvermögen für die unternehmerischen Zwecke der (Stiftung & Co.) KGaA zur Verfügung steht. Der Stifter trennt sich mit dem Stiftungsgeschäft dauerhaft von seinem Vermögen, welches er der Komplementär-Stiftung mit der Maßgabe überträgt, die Geschäftsführung der (Stiftung & Co.) KGaA zu übernehmen und ihren Gesellschaftszweck zu fördern.[608]

5.2.2.3 Auswirkungen der Einsetzung einer Komplementär-Stiftung auf die Finanzierung

In Bezug auf die Finanzierung der Komplementär-Stiftung bestehen keine grundsätzlichen Unterschiede gegenüber der Finanzierung anderer Beteiligungsträgerstiftungen, da sich die Außenfinanzierung im Rahmen der Eigenfinanzierung auf die Vereinnahmung von Zustiftungen und Spenden beschränkt und folglich nur geringe Bedeutung entfalten kann.[609] Da die Komplementär-Stiftung jedoch neben der Übernahme der Geschäftsführungsfunktion in der (Stiftung & Co.) KGaA nicht zwingend einen eigenen wirtschaftlichen Geschäftsbetrieb unterhalten muss, ergibt sich bei ihr kein zusätzlicher Eigenfinanzierungsbedarf über den vom Stifter zur Verfügung gestellten Rahmen hinaus.[610]

Ebenso entfällt bei der Komplementär-Stiftung auch die in Kapitel 3.2.2.2 erläuterte Fremdfinanzierungsproblematik. Der deutlich größere Finanzierungsbedarf tritt am Ort des wirtschaftlichen Geschehens auf, nämlich bei der

---

607 Weimar/Geitzhaus/Delp weisen darauf hin, dass die Komplementär-Stiftung ihr gesamtes Vermögen als Einlage zur Verfügung stellen kann. Auch wenn sich ihre Ausführungen auf die Stiftung & Co. KG beziehen, so haben diese doch gleichermaßen für die Stiftung & Co. KGaA Gültigkeit; vgl. Weimar, Robert/Geitzhaus, Georg/Delp, Udo A., Stiftung & Co. KG, 1986, hier: S. 2005.

608 Dieser Vorteil der Stiftung & Co. KGaA besteht ebenfalls – wenn auch weniger stark ausgeprägt – im Vergleich mit der GmbH & Co. KGaA: Die Komplementär-GmbH besitzt zwar ebenfalls keine Privatsphäre, jedoch hat sie Gesellschafter, die Einfluss auf die GmbH nehmen und eine anderweitige Verwendung des Gesellschaftsvermögens einfordern können. Die Stiftung hingegen ist frei von derartigen Einflüssen; einzig der in der Stiftungsverfassung objektivierte Stifterwille entscheidet über die Verwendung des Stiftungsvermögens.

609 Vgl. Kapitel 3.2.2.1.

610 Vgl. Hennerkes, Brun-Hagen/Schiffer, K. Jan, Regelung, 1992, hier: S. 1942.

(Stiftung & Co.) KGaA. Sofern das Grundkapital in Form der Kommanditaktien und gegebenenfalls die von der Komplementär-Stiftung erbrachte Einlage den Kapitalbedarf nicht abdecken, steht der (Stiftung & Co.) KGaA die Aufnahme von Fremdkapital frei. Verglichen mit der personalistischen KGaA, wird sich die Funktion der Komplementär-Stiftung in der (Stiftung & Co.) KGaA positiv auf die Kreditwürdigkeit der Gesellschaft auswirken. Reuter bescheinigt der Stiftungsabhängigkeit von Großunternehmen eine solche Wirkung, da die teilweise Verantwortlichkeit der öffentlichen Hand für die praktizierte Unternehmenstätigkeit in den Augen der Kreditgeber vielleicht keine Gewähr für ökonomisch richtiges Verhalten biete, wohl aber eine gesicherte Erwartung auf Krisenhilfe begründe.[611] Auch wenn sich Reuter hierbei auf Unternehmensträgerstiftungen bezieht, so lässt sich doch eine Verbindung zur Rechtsformkombination einer Stiftung & Co. KGaA ziehen, da auch hier die Stiftungsaufsichtsbehörde über die Einhaltung des Stifterwillens wacht. Besteht der Stifterwille – neben der Versorgung seiner Angehörigen und deren Nachkommen – in der Übernahme der Geschäftsführung der (Stiftung & Co.) KGaA, so betrifft die Aufsichtsfunktion mittelbar auch die Geschäftstätigkeit der (Stiftung & Co.) KGaA.

Zu bedenken ist in diesem Zusammenhang indes, dass im Falle einer Familienstiftung die Stiftungsaufsicht in den meisten Bundesländern eingeschränkt, wenn nicht sogar gänzlich aufgehoben ist.[612] Da der Stifter jedoch – insbesondere zur fortwährenden Sicherstellung der Befolgung seines ursprünglichen Willens – auf die Befreiung von der Stiftungsaufsicht verzichten kann, bietet sich hiermit der Stiftung & Co. KGaA ein Instrument, die Kreditwürdigkeit zu erhöhen, indem den Kapitalgebern signalisiert wird, dass eine dauerhafte Unternehmenspolitik im Sinne des Stifters angestrebt wird und die Stiftungsaufsichtsbehörde die Konformität mit dem Stifterwillen überwacht.[613]

5.2.3 Leitungsbefugnis und Mitbestimmung

5.2.3.1 Zur Problematik der Minderheitenherrschaft

Neben haftungsrechtlichen Aspekten stellen insbesondere die Leitungsbefugnis und Mitbestimmung die zentralen Angriffspunkte der Kritiker einer kapitalistischen KGaA dar. Während sich bei der personalistischen KGaA die vom

---

611 Vgl. Reuter, Dieter, Stiftungsabhängigkeit, 1973, hier: S. 244.

612 Vgl. Kapitel 3.1.4.2. Ob jedoch die Ausgestaltung der Komplementär-Stiftung als Familienstiftung ratsam oder gar erforderlich ist, wird in Kapitel 6.1.2 thematisiert.

613 Auf die Möglichkeit eines Verzichts auf die Befreiung von der Stiftungsaufsicht weist das Hamburgische Stiftungsgesetz explizit hin; vgl. § 14 Abs. 2 S. 2 HambAGBG.

Gesetzgeber eingeräumten Privilegien hinsichtlich der Führungsstruktur[614] durch die unbeschränkte persönliche Haftung einer oder mehrerer natürlicher Personen noch rechtfertigen ließen, greife diese Argumentation bei einer kapitalistischen KGaA nicht; die Herrschaft einer Kapitalminderheit und die weit reichende Reduktion der unternehmerischen Mitbestimmung dürfe daher nur bei der gesetzestypischen KGaA zum Tragen kommen.[615] Inwiefern diese Forderungen berechtigt sind und welche Konsequenzen sich hieraus für die Stiftung & Co. KGaA ergeben, gilt es nachfolgend zu untersuchen.

Im Falle einer Stiftung & Co. KGaA sind die Kommanditaktionäre nur in geringem Maße, die Komplementär-Stiftung hingegen umfassend an den unternehmerischen Entscheidungen beteiligt.[616] Da § 278 Abs. 2 AktG bezüglich der Geschäftsführung auf das Recht der KG verweist, handelt es sich insoweit um dispositives Recht, welches durch den Gesellschaftsvertrag Änderungen erfahren kann.[617] Hieraus ergibt sich die Problematik, dass in der Stiftung & Co. KGaA die vorstehend erwähnte Minderheitenherrschaft auftreten kann, indem der Stiftungsvorstand die Geschäftsführung der (Stiftung & Co.) KGaA übernimmt und die Kommanditaktionäre weitgehend entmachtet, ohne dass er – oder zumindest die Komplementär-Stiftung – die Mehrheit der Stimmrechte in ebendieser Gesellschaft halten muss.[618] Dieser dominanten Position steht kein zwin-

---

614 Vgl. hierzu die Ausführungen in Kapitel 2.3.1.

615 Vgl. hierzu nur Bayer, Wilhelm F., Anwendungsbereich, 1977, hier: S. 192-194 sowie Binz, Mark K./Sorg, Martin H., Ausweg, 1988, hier: S. 2049 f., m.w.N.

616 Dies ergibt sich aus § 278 Abs. 2 und Abs. 3 AktG.

617 Bei einer gesetzestypischen KGaA können diese Änderungen von einer unangefochtenen Dominanz des persönlich haftenden Gesellschafters über den einem Vorstand ähnlichen Komplementär bis hin zu einem völlig weisungsgebundenen Geschäftsleiter als *'angestelltem'* Vollhafter reichen; vgl. Binz, Mark K./Sorg, Martin H., Ausweg, 1988, hier: S. 2043 sowie Kallmeyer, Harald, Familien-Aktiengesellschaft, 1997, hier: S. 151; hierzu auch ausführlich Fischer, Lothar, Mitbestimmungsgesetz, 1982, hier: S. 101-117.

618 Im Extremfall halten weder die Stiftung noch der Stiftungsvorstand eine Kapitalbeteiligung an der (Stiftung & Co.) KGaA. Dass der Gesetzgeber einer derartigen Minderheitenherrschaft grundsätzlich ablehnend gegenübersteht, kommt bereits in dem Verbot von Mehrstimmrechtsaktien des § 12 Abs. 2 AktG und der Beschränkung der Ausgabe von Vorzugsaktien ohne Stimmrecht auf die Hälfte des Grundkapitals (§ 139 Abs. 2 AktG) zum Ausdruck; vgl. hierzu auch Steindorff, Ernst, Kommanditgesellschaft, 1975, hier: S. 137, m.w.N. sowie Priester, Hans-Joachim, Kommanditgesellschaft, 1996, hier: S. 261. Semler fordert daher, dass juristische Personen als Komplementäre einer KGaA sowohl von der Vertretung als auch von der Geschäftsführung der Gesellschaft ausgeschlossen werden müssen, um eine Minderheitenherrschaft zu verhindern; vgl. Semler, Johannes, Kommentierung, 1986, hier: § 278, Rz. 34 f. Sethe hingegen verneint das Vorliegen einer verbotenen Minderheitenherrschaft, da die Gesellschafter durch die Gründung oder ihren Zutritt zu der Gesellschaft ihre Zustimmung zur Herrschaft des Komplementärs erklärten; zudem bestimme sich die Herrschaft in der KGaA nicht nach

gendes Korrektiv in Form eines Kontrollorgans mit Personalkompetenz gegenüber, welches ihn gegebenenfalls abberufen könnte.[619]

Auch der BGH greift in seinem Urteil vom 24. Februar 1997 die Problematik der Dominanz des Geschäftsführers der Komplementär-GmbH in der (GmbH & Co.) KGaA auf, wenngleich er sie nicht für derart entscheidend hält, dass er die kapitalistische KGaA für unzulässig erachten würde. Die Möglichkeit der Kommanditaktionäre einer gesetzestypischen KGaA, Einfluss auf die Wahl der geschäftsführenden Person zu nehmen, indem sie diese bei der Gründung der KGaA gemäß § 280 Abs. 2 AktG durch einen einstimmigen Gründungsbeschluss und bei einer späteren Aufnahme durch eine Satzungsänderung mehrheitlich billigen müssen, sei bei der kapitalistischen KGaA zwar nicht gegeben. "Die gesellschaftsrechtliche Treuepflicht der Komplementär-GmbH, bei der Auswahl der Geschäftsführer auf die Belange der Kommanditaktionäre Rücksicht zu nehmen",[620] stelle jedoch ein ausreichendes Schutzinstrument dar.[621]

Dieser Ansicht ist einerseits zuzustimmen, zumal das Recht der Kommanditaktionäre einer personalistischen KGaA auf Billigung neuer Komplementäre ebenfalls dispositiv ist und ersetzt werden kann durch abweichende Regelungen, die das Bestellen eines neuen Vollhafters beispielsweise dem Aufsichtsrat oder den Vollhaftern selbst übertragen.[622] Andererseits sind Zweifel angebracht, ob die Treuepflicht der Komplementär-GmbH bei der Auswahl der Geschäftsführer wirksam die Interessen der Kommanditaktionäre zu schützen vermag: Der (GmbH & Co.) KGaA zur Treue verpflichtet ist zweifelsohne die GmbH, die Gesellschafterin der (GmbH & Co.) KGaA ist.[623] Auch wenn diese Treuepflicht grundsätzlich ebenfalls die Auswahl der GmbH-Geschäftsführer umfassen sollte, so obliegt diese Entscheidung doch einzig den Gesellschaftern der

---

aktienrechtlichen Grundsätzen, sodass ein Rekurs auf das Recht der AG bereits vom Ansatz her unzulässig sei; vgl. Sethe, Rolf, Aufsichtsratsreform, 1996, hier: S. 297.

619 Vgl. hierzu Steindorff, Ernst, Kommanditgesellschaft, 1975, hier: S. 137 f. Dass dem Aufsichtsrat einer KGaA die Personalkompetenz entzogen ist, ergibt sich daraus, dass der persönlich haftende Gesellschafter *'geborenes'* Organ der KGaA ist; vgl. hierzu die Ausführungen in Kapitel 2.2.2.3.

620 BGH v. 24.02.1997 II ZB 11/96, hier: S. 1014.

621 Diesbezüglich pflichtet der BGH Priester explizit bei; vgl. Priester, Hans-Joachim, Kommanditgesellschaft, 1996, hier: S. 261. Vgl. hierzu auch Goette, Wulf, Anmerkung, 1997, hier: S. 1015.

622 Denkbar ist zudem auch, dass im Falle einer familienbezogenen KGaA dieses Recht Dritten – beispielsweise Familienstämmen – zugewiesen wird; vgl. Semler, Johannes, Kommentierung, 1986, hier: § 278, Rz. 60-62.

623 Grundlegend zur Treuepflicht vgl. BGH v. 01.02.1988 II ZR 75/87, hier: S. 191-197; zur Treuepflicht im Falle einer GmbH & Co. KG vgl. Wirth, Gerhard, Handbuch, 2004, hier: § 7, Rz. 82.

Komplementär-GmbH, die der (GmbH & Co.) KGaA – wenn überhaupt – nur noch nachrangig zur Treue verpflichtet sind. Andernfalls wären die Gesellschafter der Komplementär-GmbH gezwungen, ihre Interessen hinter die Interessen der – mit ihnen nicht in gesellschaftsrechtlicher Beziehung stehenden – Kommanditaktionäre der (GmbH & Co.) KGaA zu stellen. Dies käme einem Eingriff in die Eigentumsrechte der Komplementär-Gesellschafter gleich, "dessen Umfang sich im Zweifel nicht durch die Notwendigkeit des Schutzes der Interessen der Kommanditaktionäre rechtfertigen ließe."[624]

Diese Problematik vermutlich erkennend, erwägt der BGH darüber hinaus, bei einer kapitalistischen KGaA Satzungsgestaltungen, die zulasten der Kommanditaktionäre gehen, in engeren Grenzen als bei der gesetzestypischen KGaA zuzulassen, um eine einseitige Machtverschiebung zugunsten des Komplementärs zu unterbinden.[625] Als Beispiele für eine solche gerichtliche Inhaltskontrolle nennt er Einschränkungen der den Kommanditaktionären nach dem Gesetz zustehenden Mitwirkungsbefugnisse bei außergewöhnlichen Geschäften[626] und die Ausweitung der Kompetenzen der Komplementäre.[627] Da es sich hierbei um dispositives Recht handelt, sind derartige Abweichungen von den gesetzlichen Regelungen bislang zulässig.

Ein Eingriff des Gesetzgebers in das Machtgefüge innerhalb einer kapitalistischen KGaA, mit dem Abweichungen vom gesetzlichen Standardfall pauschal für unzulässig erklärt würden, erscheint jedoch aus nachfolgend aufgezeigten Gründen nicht angebracht: Bei einer Stiftung & Co. KGaA entfällt die angesprochene Problematik der Interessendivergenzen aufgrund der Treuepflicht. Da eine Stiftung keine Anteilseigner aufweist, existiert neben den Kommanditaktionären keine weitere Gesellschaftergruppe, deren Interessen von denen der Kommanditaktionäre abweichen könnten. Die Komplementär-Stiftung ist einzig sich selbst und – in ihrer Funktion als Komplementär – der (Stiftung & Co.) KGaA verpflichtet, sodass sie ihrer Treuepflicht gegenüber der (Stiftung & Co.) KGaA uneingeschränkt nachkommen kann.

Sofern es sich um eine aus einem Familienunternehmern hervorgegangene Stiftung & Co. KGaA handelt, deren Kommanditaktien lediglich von Familien-

---

624 Gonnella, Robert/Mikic, Sanja, Einheitsgesellschaft, 1998, hier: S. 509. Kritisch zur Treuepflicht auch Raiser, Thomas, Kapitalgesellschaften, 2001, hier: § 23, Rz. 47 f.

625 Vgl. BGH v. 24.02.1997 II ZB 11/96, hier: S. 1014. Schaumburg/Schulte betonen in diesem Zusammenhang, dass die gerichtliche Inhaltskontrolle nur dort Anwendung findet, wo die Satzungsstrenge des Aktienrechts bei der KGaA nicht gilt; vgl. Schaumburg, Harald/Schulte, Christoph, Recht, 2000, hier: S. 36.

626 Vgl. § 278 Abs. 2 AktG i.V.m. § 164 S. 1 HGB. Vgl. hierzu auch ausführlich Ihrig, Hans-Christoph/Schlitt, Michael, Folgen, 1998, hier: S. 64-68.

627 Vgl. § 285 Abs. 2 S. 1 AktG. Vgl. hierzu auch Ihrig, Hans-Christoph/Schlitt, Michael, Folgen, 1998, hier: S. 68-70.

mitgliedern gehalten werden, bedarf es regelmäßig weder eines gewissen Mindestumfanges von Zustimmungsrechten der Kommanditaktionäre noch einer Begrenzung der Zustimmungsvorbehalte der Komplementär-Stiftung.[628] Gerade der Entzug des Einflusses auf die Geschäftspolitik durch eine rein kapitalistische Beteiligung seiner Abkömmlinge kann im Interesse des bisherigen Familienunternehmers liegen, noch dazu, wenn Erstere ihre Kapitalbeteiligung im Zuge der vorweggenommenen Erbfolge erlangt haben. Die Geschäftspolitik des Familienunternehmens, nun in der Rechtsform einer Stiftung & Co. KGaA, soll auch künftig uneingeschränkt vom Stifter – fortan als Stiftungsvorstand – bestimmt werden; die Kommanditaktionäre partizipieren hingegen nur in den Grenzen des gesetzlich vorgeschriebenen Minimums an Mitwirkungsrechten.[629] In diesem Falle wären gesetzliche Vorschriften, die ein derartiges Machtgefüge unterbinden würden, folglich unangebracht.[630]

Unterstellt man auf der anderen Seite den Fall, dass das Grundkapital einer (Stiftung & Co.) KGaA, beispielsweise nach einem Börsengang, breit gestreut ist, so wird deutlich, dass eine Beteiligung der Kommanditaktionäre an außergewöhnlichen Geschäften unpraktikabel ist, wenngleich das Gesetz ihnen dieses Recht einräumt.[631] Die Kommanditaktionäre deshalb zugunsten der Komplementäre ihrer Mitwirkungsbefugnisse zu entledigen, wäre jedoch der falsche Weg. Priester schlägt daher mit Blick auf die GmbH & Co. KGaA vor, dass anstelle der Hauptversammlung der Aufsichtsrat bei außergewöhnlichen Geschäften mitwirken solle, da es auf diese Weise zugleich zu einer Rückbindung der Komplementärgesellschaft an den Aufsichtsrat und einer faktischen Kontrolle des Komplementärs käme.[632] Eine derartige Abweichung vom Gesetzeswortlaut ist aufgrund der Dispositivität des Rechts der KGaA zulässig und aufgrund der positiven Folgewirkungen auch sinnvoll, zumal so die Kommanditaktionäre mittelbar über den Aufsichtsrat an außergewöhnlichen Geschäften mitwirken würden und ihre Interessen gewahrt blieben.[633]

Die Empfehlung des BGH, eine kapitalistische KGaA einer gerichtlichen Inhaltskontrolle zu unterziehen, erscheint gegenüber einer starren gesetzlichen

---

628 So auch Schaumburg, Harald/Schulte, Christoph, Recht, 2000, hier: S. 34.

629 Vgl. hierzu die Ausführungen in Kapitel 2.2.2.4 sowie § 285 AktG.

630 Vgl. hierzu auch Hennerkes, Brun-Hagen/Binz, Mark K./Sorg, Martin H., Stiftung, 1986, hier: S. 2271.

631 Da bei einer börsennotierten GmbH & Co. KGaA die Hauptversammlung zu einem zügigen und effizienten Zusammenwirken mit der Geschäftsleitung nicht in der Lage ist, sieht Schilling eine Beschneidung der Rechte der Hauptversammlung als sachdienlich an; vgl. Schilling, Wolf Ulrich, Unternehmergeist, 1998, hier: S. 1906.

632 Vgl. Priester, Hans-Joachim, Kommanditgesellschaft, 1996, hier: S. 262.

633 Vgl. hierzu auch Ihrig, Hans-Christoph/Schlitt, Michael, Folgen, 1998, hier: S. 64 f. sowie Reichert, Jochem, Hauptversammlung, 2004, hier: § 5, Rz. 323.

Regelung, die den bisherigen Standardfall zwingend vorschriebe, die zu bevorzugende Alternative zu sein. Während bei einer familienbezogenen Stiftung & Co. KGaA atypische Satzungsgestaltungen für eine starke Vormachtstellung der Komplementär-Stiftung durchaus wünschenswert sein können, kommt eine Beteiligung des Aufsichtsrates bei einer kapitalistischen KGaA mit breit gestreutem Aktienbesitz – trotz der Treuepflicht des Komplementärs – verstärkt in Betracht. Aufgrund dieser unterschiedlich gelagerten Problemfelder vermag es eine gerichtliche Inhaltskontrolle weitaus besser, eine für den spezifischen Einzelfall adäquate Machtverteilung vorzugeben.

Abschließend sei in diesem Zusammenhang die Empfehlung ausgesprochen, in der Satzung der Komplementär-Stiftung zu bestimmen, ein zweites Stiftungsorgan zu errichten, welches mit der Überwachung der Geschäftsführung des Stiftungsvorstandes beauftragt ist und diese einer Rechtmäßigkeitskontrolle unterzieht.[634] Ein solches Kuratorium kann im Falle einer ungenügenden Geschäftsausübung des Stiftungsvorstandes dessen Ablösung vornehmen.[635] Aufgrund der weit reichenden Entscheidungsfreiheit des Stifters bei der Satzungsgestaltung ist es darüber hinaus sogar grundsätzlich denkbar, ein derartiges Kuratorium mit den Mitgliedern des Aufsichtsrates der (Stiftung & Co.) KGaA zu besetzen. Hierdurch käme es zu einer mittelbaren Verantwortlichkeit des Stiftungsvorstandes gegenüber den Kommanditaktionären, wodurch eines der Hauptargumente der Kritiker gegen derartige Rechtsformkonstruktionen, nämlich die Herrschaft einer Kapitalminderheit, entkräftet würde. Allerdings gilt es zu bedenken, dass im Falle einer solchen Rückkoppelung die Perpetuierung des Stifterwillens nicht ohne weiteres garantiert ist. Da bei gegenläufigen Interessenlagen von Stiftung und (Stiftung & Co.) KGaA der Aufsichtsrat in einen Interessenkonflikt käme, empfiehlt sich eine derartige Gestaltung ausschließlich bei einer Komplementär-Stiftung, deren Stiftungszweck in der Übernahme der Geschäftsführung der (Stiftung & Co.) KGaA im Interesse der Kommanditaktionäre besteht.[636] Unterhält die Stiftung hingegen beispielsweise noch einen eigenen wirtschaftlichen Geschäftsbetrieb, so ist von einer solchen Gestaltung abzuraten.

---

634 Der Stiftungsaufsichtsbehörde, die ebenfalls Vorstandsmitglieder abberufen kann, steht die Möglichkeit einer Rechtmäßigkeitskontrolle grundsätzlich nicht zu; vgl. Wachter, Thomas, Steuerrecht, 2001, hier: S. 42 f. sowie S. 65 f. Vgl. hierzu auch BVerwG v. 22.09.1972 – VII C 27.71, hier: S. 696 f.

635 Vgl. Götz, Hellmut, Teil II, 1997, hier: S. 653.

636 Wie in Kapitel 6.1.2 zu zeigen sein wird, empfiehlt es sich bei Familienunternehmen, die Angehörigen über die Kommanditaktien finanziell abzusichern.

5.2.3.2 Zur Problematik der unternehmerischen Mitbestimmung in der Stiftung & Co. KGaA

In mitbestimmungsrechtlicher Hinsicht ergibt sich ebenfalls Diskussionsbedarf bei der Stiftung & Co. KGaA. Während die – rechtsformunabhängige – betriebliche Mitbestimmung zweifelsohne greift und insoweit die Stiftung & Co. KGaA mit anderen Rechtsformen und Rechtsformkombinationen gleichstellt,[637] ergeben sich bei der unternehmerischen Mitbestimmung Vorzüge, die die Kritiker der kapitalistischen KGaA als weiteres Argument gegen deren Zulässigkeit ansehen. Wie bereits erläutert, ist bei der personalistischen KGaA die unternehmerische Mitbestimmung stark eingeschränkt:[638] Ab 500[639] respektive 2000[640] Arbeitnehmern ist zwar ein mitbestimmter Aufsichtsrat zu bilden; dessen unternehmerischen Kompetenzen sind jedoch im Vergleich zum mitbestimmten Aufsichtsrat einer AG deutlich beschnitten, da der Aufsichtsrat einer KGaA beispielsweise nicht über die Bestellung und Abberufung des geschäftsführenden Organs befindet. Zudem befreit § 33 Abs. 1 S. 2 MitbestG die KGaA von der Verpflichtung, einen Arbeitsdirektor als gleichberechtigtes Mitglied in das zur gesetzlichen Vertretung der Gesellschaft berechtigte Organ zu bestellen.[641]

Die vornehmliche Rechtfertigung einer deutlichen Reduzierung der Einflussmöglichkeiten der Arbeitnehmer liegt in der unbeschränkten persönlichen Haftung der natürlichen Person des Komplementärs. Da diese Begründung bei der KGaA ohne eine solche als Vollhafter nicht greift, kritisieren deren Gegner eine analoge Anwendung der Erleichterungen auf die kapitalistische KGaA.[642]

---

637 So werden gemäß § 1 Abs. 1 BetrVG in Betrieben mit in der Regel fünf ständigen wahlberechtigten Arbeitnehmern Betriebsräte gewählt; vgl. hierzu auch die Ausführungen in Kapitel 3.2.3.2 sowie Grafmüller, Frank, Familienunternehmen, 1994, hier: S. 191 f.

638 Vgl. insbesondere die Ausführungen in Kapitel 2.2.2.3.

639 Vgl. § 76 Abs. 1 BetrVG 1952 i.V.m. § 76 Abs. 6 BetrVG 1952.

640 Vgl. § 1 Abs. 1 MitbestG.

641 Vgl. BGH v. 24.02.1997 II ZB 11/96, hier: S. 1014. Vgl. hierzu auch Knur, Alexander, Eignung, 1978, hier: S. 189-191; Fischer, Lothar, Mitbestimmungsgesetz, 1982, hier: S. 65-67; Binz, Mark K./Sorg, Martin H., Ausweg, 1988, hier: S. 2050 sowie Hennerkes, Brun-Hagen/May, Peter, Überlegungen, 1988, hier: S. 539 f. Ausführlich zu der Position des Arbeitsdirektors z.B. Raiser, Thomas, Mitbestimmungsgesetz, 2002, hier: § 33.

642 Vgl. Steindorff, Ernst, Kommanditgesellschaft, 1975, hier: S. 138 f.; Fitting, Karl/ Wlotzke, Otfried/Wißmann, Hellmut, Mitbestimmungsgesetz, 1978, hier: § 31, Rz. 51; Binz, Mark K./Sorg, Martin H., Ausweg, 1988, hier: S. 2050; Kallmeyer, Harald, Rechtsformalternative, 1994, hier: S. 981; Ladwig, Peter/Motte, Frank, Unternehmen, 1996, hier: S. 844 sowie Ullrich, Thomas, Unternehmensmitbestimmung, 2002, hier: S. 29 f.

Im Mitbestimmungsgesetz ist die kapitalistische KGaA nicht geregelt. Der BGH spricht sich daher in seinem Urteil vom 24. Februar 1997 explizit gegen eine Rechtsfortbildung des auf politischem Wege gefundenen Mitbestimmungskompromisses aus und überlässt es dem Gesetzgeber, das "Mitbestimmungsgesetz den neuen Gegebenheiten anzupassen, wenn er der Ansicht sein sollte, die KGaA ohne natürliche Person als persönlich haftender Gesellschafter müsse der Mitbestimmung unterworfen werden."[643] Hieraus ergibt sich, dass der BGH davon ausgeht, dass nach derzeitiger Gesetzeslage eine kapitalistische KGaA die gleichen Mitbestimmungsprivilegien wie eine personalistische in Anspruch nehmen darf.

Gegenteilige Auffassungen, die beispielsweise eine analoge Anwendung des § 4 MitbestG fordern, verfangen hingegen nicht:[644] § 4 MitbestG schreibt die Ausdehnung der unternehmerischen Mitbestimmung auf ansonsten nicht vom Mitbestimmungsgesetz erfasste Kommanditgesellschaften vor, sofern eine dem Mitbestimmungsgesetz unterliegende Gesellschaft die Funktion des Komplementärs ausübt und die Anteilseigner beider Gesellschaften mehrheitlich identisch sind.[645] Die Forderung einer analogen Anwendung des § 4 MitbestG auf die kapitalistische KGaA übersieht jedoch, dass diese bereits stets einer – wenn auch eingeschränkten – Mitbestimmung unterliegt, während die GmbH & Co. KG erst durch die punktuelle Spezialvorschrift in den Anwendungsbereich des Mitbestimmungsgesetzes fällt.[646] Zudem käme es zur Bildung von zwei mitbestimmten Aufsichtsräten: einmal auf Ebene der kapitalistischen KGaA mit

---

643 BGH v. 24.02.1997 II ZB 11/96, hier: S. 1014.

644 Dies fordern bspw. Steindorff, Ernst, Kommanditgesellschaft, 1975, hier: S. 139; Knur, Alexander, Eignung, 1978, hier: S. 189 f.; Rehbinder, Eckard, Mitbestimmungsurteil, 1979, hier: S. 480; Ulmer, Peter, Kommentierung, 1981, hier: § 1, Rz. 40; Fischer, Lothar, Mitbestimmungsgesetz, 1982, hier: S. 141 sowie Raiser, Thomas, Mitbestimmungsgesetz, 2002, hier: § 31, Rz. 45.

645 In diesem Zusammenhang fordert Steindorff gar einen Verzicht auf die Bedingung einer mehrheitlichen Personenidentität; vgl. Steindorff, Ernst, Kommanditgesellschaft, 1975, hier: S. 139. Zu den sich hieran unmittelbar anschließenden Mitbestimmungsvermeidungsstrategien vgl. Hennerkes, Brun-Hagen/May, Peter, Rechtsform, 1988/1989, hier: S. 317.

646 Gesetzestypische Kommanditgesellschaften sind nicht im abschließenden Katalog des § 1 Abs. 1 MitbestG aufgeführt und unterliegen damit nicht der unternehmerischen Mitbestimmung. Vgl. ausführlich zu der hier nur kurz angeführten Argumentation Hennerkes, Brun-Hagen/May, Peter, Familienunternehmen, 1988, hier: S. 2398 f., m.w.N. So im Ergebnis auch Reuter, Dieter/Körnig, Jürgen, Mitbestimmung, 1976, hier: S. 517 f.; Lutter, Marcus, Anwendungsbereich, 1977, hier: S. 200 f.; Reuter, Dieter, Einfluß, 1979, hier: S. 550-553; Raiser, Thomas, Mitbestimmungsgesetz, 2002, hier: § 31, Rz. 45 sowie Binz, Mark K./Sorg, Martin H., Standardwerk, 2003, hier: S. 548 f.

den dort geltenden Einschränkungen, einmal auf Ebene der Komplementär-Gesellschaft ohne die genannten Einschränkungen.[647]

Die Stiftung & Co. KGaA wird jedoch von der Forderung nach einer analogen Anwendung des § 4 MitbestG nicht berührt: Da zum einen Stiftungen nicht im abschließenden Katalog des § 1 Abs. 1 Nr. 1 MitbestG aufgeführt sind, können sie als Komplementäre – selbst bei Befürwortung der Analogie – die KGaA nicht in den Bereich des § 4 MitbestG rücken. Zum anderen muss die zweite Bedingung einer mehrheitlichen Personenidentität scheitern, da eine Stiftung als eigentümerlose Vermögensmasse hierfür nicht die notwendige Voraussetzung schafft.[648]

Da der Gesetzgeber von der Existenz der kapitalistischen KGaA Kenntnis genommen hat,[649] gleichwohl aber bislang auf eine Modifikation der unternehmerischen Mitbestimmung in derartigen Rechtsformkombinationen verzichtet hat, greifen bis zu einem Tätigwerden des Gesetzgebers die mitbestimmungsrechtlichen Privilegien der personalistischen KGaA "uneingeschränkt"[650] auch im Falle der kapitalistischen KGaA.[651]

5.2.4 Gewinnverteilung und -verwendung

5.2.4.1 Problematik einer zweistufigen Gewinnermittlung

Die Gewinnverteilung in der Stiftung & Co. KGaA gestaltet sich in Analogie zur personalistischen KGaA. In einer zweistufigen Gewinnermittlung wird zunächst nach den für alle Kaufleute geltenden handelsrechtlichen Vorschriften ein vorläufiger Jahresabschluss aufgestellt,[652] um hieraus den Gewinnanspruch der Komplementär-Stiftung aufgrund einer von ihr erbrachten Vermögenseinlage zu bestimmen.[653] Der in dieser "Innenbilanz"[654] ausgewiesene Gewinn

---

647 Vgl. Joost, Detlev, Mitbestimmung, 1998, hier: S. 345 f. sowie Raiser, Thomas, Mitbestimmungsgesetz, 2002, hier: § 31, Rz. 45.

648 Dies ist eines der zentralen Argumente für die Errichtung einer Stiftung & Co. KG, da auch bei ihr § 4 MitbestG nicht zum Tragen kommt; vgl. Hennerkes, Brun-Hagen, Alternative, 1984/1985, hier: S. 116 f.

649 Vgl. hierzu die Ausführungen in Kapitel 5.1.

650 Schaumburg, Harald/Schulte, Christoph, Recht, 2000, hier: S. 55.

651 Dieser Ansicht letztlich wohl auch Herfs, Achim, Rechtsformoptimierung, 1997, hier: S. 691 sowie Schmidt, Karsten, Gesellschaftsrecht, 2002, hier: S. 980.

652 Vgl. §§ 238-265 HGB.

653 Des Weiteren hat die Komplementär-Stiftung Anspruch auf eine Geschäftsführungsvergütung, deren Höhe sich aus dem Gesellschaftsvertrag der Stiftung & Co. KGaA ergibt. Diese Vergütung stellt zwar auf Ebene der Komplementär-Stiftung einen Ertrag dar, mindert jedoch als Aufwand den Gewinn der (Stiftung & Co.) KGaA und ist somit bereits in der Ausgangsgröße des zu verteilenden Gewinns nicht mehr enthalten.

wird auf die Komplementär-Stiftung und die Kommanditaktionäre verteilt, ohne jedoch eine Wirkung für die Kommanditaktionäre zu entfalten. Die Kapitaleinlage der Komplementär-Stiftung und das in Aktien zerlegte Grundkapital werden zunächst mit 4 v.H. verzinst, um den eventuell noch übersteigenden Gewinnanteil festzustellen, der im Anschluss auf die Komplementär-Stiftung und – weiterhin nur fiktiv – auf die Kommanditaktionäre aufzuteilen ist.[655] Maßstab hierfür ist das Verhältnis des Nennwertes der Einlage der Komplementär-Stiftung bezogen auf das Grundkapital der (Stiftung & Co.) KGaA.[656] Hält die Komplementär-Stiftung darüber hinaus noch Kommanditaktien, wird sie insoweit den Kommanditaktionären gleichgestellt; der ihr hieraus zustehende Gewinnanteil ergibt sich erst auf der zweiten Stufe der Gewinnermittlung.

Auf dieser zweiten Stufe wird unter Berücksichtigung der speziell für Kapitalgesellschaften geltenden Rechnungslegungsvorschriften[657] der Jahresabschluss aufgestellt, nach dem sich der Gewinnanteil der Kommanditaktionäre bestimmt. Der bereits der Komplementär-Stiftung zugerechnete Gewinn wird in dieser zweiten Bilanz als Verbindlichkeit passiviert und schmälert somit den auszuweisenden Gewinn der Kommanditaktionäre.[658] Im Gegensatz zu den handelsrechtlichen Vorschriften bezüglich des Gewinnanspruchs der Komplementär-Stiftung sehen die aktienrechtlichen Bestimmungen, nach denen sich der Gewinnanspruch der Kommanditaktionäre richtet, keine feste Verzinsung des Grundkapitals vor, wenngleich der Gesellschaftsvertrag der Stiftung & Co. KGaA eine solche vorsehen kann.[659] Die Entscheidung über die Festlegung der Dividendenhöhe obliegt grundsätzlich einzig der Hauptversammlung der (Stiftung & Co.) KGaA;[660] allerdings kann der Gesellschaftsvertrag diesbezüglich der Komplementär-Stiftung ein Vetorecht einräumen.[661]

---

654 Elschenbroich, Manfred, Kommanditgesellschaft, 1959, hier: S. 92 in Bezug auf die Gewinnermittlung in der personalistischen KGaA.

655 Vgl. § 278 Abs. 2 AktG i.V.m. §§ 168 Abs. 1 und 121 HGB. Auch ein Verlust ist – in Ermangelung abweichender Satzungsregelungen – gemäß § 278 Abs. 2 AktG i.V.m. § 168 Abs. 2 HGB angemessen auf den Komplementär und die Kommanditaktionäre zu verteilen; vgl. hierzu auch Raiser, Thomas, Kapitalgesellschaften, 2001, hier: § 23, Rz. 56.

656 Vgl. hierzu die Nachweise in Kapitel 2.2.4.2.

657 Vgl. § 286 Abs. 2 bis 4 AktG i.V.m. §§ 264-289 HGB.

658 Vgl. Hesselmann, Malte, Zulässigkeit, 1988, hier: S. 476.

659 Vgl. Elschenbroich, Manfred, Kommanditgesellschaft, 1959, hier: S. 92, wobei dieser sich jedoch in seinen Ausführungen auf die Gewinnermittlung in der personalistischen KGaA bezieht.

660 Vgl. § 278 Abs. 3 AktG i.V.m. § 174 AktG.

661 Dies hat in der Literatur Kritik hervorgerufen: Da es bei dieser Entscheidung lediglich um den auf die Kommanditaktionäre entfallenden Gewinnanteil gehe, sei ein berechtigtes Interesse der Komplementär-Stiftung an einer über das Gesetz hinausgehenden

Zur Vermeidung einer derartigen zweistufigen Gewinnermittlung empfiehlt es sich, in den Gesellschaftsvertrag der Stiftung & Co. KGaA – in Analogie zur personalistischen KGaA – eine Regelung aufzunehmen, mit der eine einheitliche Gewinnermittlung ausschließlich nach den für Kapitalgesellschaften geltenden Vorschriften zwingend vorgeschrieben wird. Hüffer sieht in einer solchen Vorgehensweise gar die einzig adäquate Gewinnermittlung, da für die KGaA die gleichen Regeln wie für die AG gelten müssten, um eine Verletzung des Grundsatzes der Kapitalerhaltung durch mögliche Gewinnentnahmen der Komplementäre auszuschließen.[662] Dem ist zuzustimmen, zumal eine monistische Gewinnermittlung darüber hinaus aus Gründen der Effizienz vorziehenswürdig erscheint.

5.2.4.2 Stiftungsrechtlich eingeschränkte Gewinnverwendung

Bei der Gewinnverwendung ergeben sich in Hinblick auf die Komplementär-Stiftung Einschränkungen, die aus dem stiftungsrechtlichen Admassierungsverbot resultieren.[663] Eine mögliche von der Komplementär-Stiftung vereinnahmte Haftungsvergütung darf vom Stiftungsvorstand zwar zum Erhalt des Grundstockvermögens, jedoch nicht unbegrenzt zu dessen Aufstockung verwendet werden. Gleiches gilt für die Dividenden und Gewinnanteile, die die Komplementär-Stiftung mit den von ihr gehaltenen Kommanditaktien und der geleisteten Einlage erzielt.[664] Das Admassierungsverbot fordert eine primäre Verwendung der Stiftungserträge im Sinne des in der Satzung fixierten Stifterwillens. Handelt es sich um eine Familienstiftung, bei der der Stifter sich selbst, seine Angehörigen oder deren Abkömmlinge als Bezugs- oder Anfallsberech-

---

statutarischen Ausdehnung ihres Einflusses hier nicht ersichtlich; vgl. Raiser, Thomas, Kapitalgesellschaften, 2001, hier: § 23, Rz. 51. Mit dem gleichen Ergebnis auch Ihrig, Hans-Christoph/Schlitt, Michael, Folgen, 1998, hier: S. 68-70.

662 Vgl. Hüffer, Uwe, Aktiengesetz, 2002, hier: § 288, Rz. 2 f., dessen Ausführungen zur personalistischen KGaA auch auf die kapitalistische KGaA zutreffen. Eine solche monistische Gewinnermittlung fordert auch Mertens, der die dualistische Gewinnermittlung für "kompliziert, unpraktisch und intransparent" hält und zudem betont, dass sie "dem tragenden Grundgedanken des aktienrechtlichen Bilanzrechts" widerspreche; Mertens, Hans-Joachim, Kommanditgesellschaft, 1985, hier: § 288, Rz. 13; ebenso Frankenheim, Andreas, Substanzbesteuerung, 1994, hier: S. 64-67. Die dualistische Gewinnermittlung befürwortet hingegen explizit Semler, Johannes, Kommentierung, 1986, hier: § 286, Rz. 5, m.w.N.

663 Vgl. hierzu die Ausführungen in Kapitel 3.2.2.1.

664 Zwar erhält die Komplementär-Stiftung zudem eine Vergütung für die Übernahme der Geschäftsführung der (Stiftung & Co.) KGaA, jedoch wird dieser regelmäßig das wiederum von der Stiftung an ihren Vorstand zu leistende Entgelt größengleich gegenüberstehen. Sofern die Komplementär-Stiftung neben der Funktion des Vollhafters weiteren Betätigungen nachgeht, kommt es bei ihr sogar zu einem Aufwandsüberschuss.

tigte einsetzt, besteht der Stiftungszweck in deren finanzieller Unterstützung und Absicherung, sodass der Stiftungsvorstand – neben dem nominellen Erhalt des Stiftungsvermögens – vorrangig diesem Ziel zu dienen hat und die Stiftungserträge den Destinatären zukommen lassen muss.

Etwas anderes gilt für den Fall, dass der Stifter in der Satzung der Komplementär-Stiftung festlegt, dass das Unternehmen selbst, hier also die (Stiftung & Co.) KGaA, die Position des Destinatärs ausfüllt.[665] Eine derartige Regelung ist auch für Familienunternehmen, bei denen die finanzielle Absicherung der Angehörigen das zentrale Anliegen darstellt, durchaus reizvoll, da die Familie bereits über die Kommanditaktien finanziell versorgt werden kann. Bestimmt der Stifter daher, dass die von der Komplementär-Stiftung vereinnahmten Erträge solange bei dieser zu thesaurieren sind, bis die (Stiftung & Co.) KGaA – beispielsweise für eine größere Investition – auf diese Mittel angewiesen ist, läuft das Admassierungsverbot leer; die Rückstellungsbildung in der Stiftung ist uneingeschränkt möglich.[666]

5.2.5 Rechnungslegung, Prüfung und Publizität

5.2.5.1 Anforderungen an die (Stiftung & Co.) KGaA

Bezüglich Rechnungslegung und Publizität zeigt sich – beispielsweise im Vergleich mit einer personalistischen KGaA – ein grundsätzlicher Nachteil der Stiftung & Co. KGaA, welcher jedoch bei anderen Rechtsformkombinationen noch in stärkerem Maße auftritt: Da es sich sowohl bei der Komplementär-Stiftung als auch bei der (Stiftung & Co.) KGaA um rechtlich selbstständige Organisationseinheiten handelt, besteht auch die Verpflichtung, zwei voneinander unabhängige Rechenwerke aufzustellen und entsprechend den jeweiligen Vorschriften zu publizieren.[667] Für die (Stiftung & Co.) KGaA als Unternehmensträger ergeben sich im Vergleich zu einer personalistischen KGaA keine wesentlichen Unterschiede: Die ergänzenden Rechnungslegungsvorschrif-

---

665 Auf die Möglichkeit, das Unternehmen selbst als Bezugsberechtigten einzusetzen, weist bereits Hennerkes hin; vgl. Hennerkes, Brun-Hagen, Alternative, 1984/1985, hier: S. 116. Da nunmehr jedoch nicht der Stifter, seine Angehörigen oder deren Abkömmlinge unmittelbar Begünstigte der Stiftung sind, handelt es sich folglich nicht um eine Familienstiftung, sodass auch nicht die Erbersatzsteuer gemäß § 1 Abs. 1 Nr. 4 ErbStG greift; vgl. hierzu auch die Ausführungen in Kapitel 6.3.3.4.

666 Steuervorteile aufgrund der Verfolgung steuerbegünstigter Zwecke sind in diesem Falle allerdings ausgeschlossen, da insbesondere gegen die Forderung einer Förderung der Allgemeinheit verstoßen wird; vgl. § 52 Abs. 1 S. 2 AO.

667 Vgl. Hennerkes, Brun-Hagen/May, Peter, Familienunternehmen, 1988, hier: S. 2400, deren Ausführungen in Bezug auf die GmbH & Co. KGaA auch auf die Stiftung & Co. KGaA anwendbar sind.

ten der §§ 264-289 HGB sind weiterhin maßgeblich, sodass – in Abhängigkeit der Größenkriterien des § 267 HGB[668] – der Jahresabschluss, bestehend aus Bilanz, Gewinn- und Verlustrechnung sowie einem Anhang, und der Lagebericht zu erstellen und beim Handelsregister einzureichen sind.[669] Auch bezüglich der Prüfungsvorschriften der §§ 316-324 HGB ergeben sich für die (Stiftung & Co.) KGaA keine Unterschiede im Vergleich zu einer klassischen Kapitalgesellschaft: Sofern es sich nicht um eine kleine (Stiftung & Co.) KGaA i.S.d. § 267 Abs. 1 HGB handelt, sind sowohl der Jahresabschluss als auch der Lagebericht einem Abschlussprüfer vorzulegen.[670]

Gemäß den Bestimmungen des Aktiengesetzes haben die Komplementäre einer KGaA den Jahresabschluss aufzustellen und der Hauptversammlung vorzulegen, die über die Feststellung des Jahresabschlusses zu bestimmen hat.[671] Dieser Beschluss bedarf wiederum der Zustimmung aller persönlich haftenden Gesellschafter.[672] Übertragen auf die Stiftung & Co. KGaA bedeutet dies, dass die Komplementär-Stiftung – und damit der Stiftungsvorstand – den Jahresabschluss aufzustellen und der Hauptversammlung der (Stiftung & Co.) KGaA zur Feststellung vorzulegen hat. Da neben der Komplementär-Stiftung in aller Regel kein weiterer Komplementär existiert,[673] entfällt die Problematik des Einstimmigkeitserfordernisses bei der Zustimmung der Vollhafter.

In der Jahresbilanz der (Stiftung & Co.) KGaA ist eine mögliche Einlage der Komplementär-Stiftung nach der Bilanzposition "Gezeichnetes Kapital" gesondert auszuweisen.[674] Dies ist sachdienlich, da die Einlage des Vollhafters nicht zum Grundkapital der (Stiftung & Co.) KGaA zu rechnen ist;[675] ihre Passivierung dient – ebenso wie die Passivierung des Grundkapitals – dem Gläubigerschutz.[676] Auf der Passivseite der Bilanz kann die Einlage indes nur ausgewiesen werden, sofern es sich hierbei um einen bilanzierungsfähigen

---

668 Vgl. hierzu die Ausführungen in Kapitel 2.2.4.3.

669 Vgl. §§ 325-329 HGB.

670 Vgl. § 316 Abs. 1 S. 1 HGB.

671 Vgl. § 283 AktG i.V.m. § 286 Abs. 1 S. 1 AktG.

672 Vgl. § 286 Abs. 1 S. 2 AktG. Vgl. hierzu auch Hüffer, der darauf hinweist, dass zwar grundsätzlich die Zustimmung sämtlicher Vollhafter erforderlich ist, diese Vorschrift jedoch dispositiv ist und damit die Mehrheit der Komplementäre gegebenenfalls ausreicht; vgl. Hüffer, Uwe, Aktiengesetz, 2002, hier: § 286, Rz. 1.

673 Vgl. – in Bezug auf die Stiftung & Co. KG – Götz, Hellmut, Teil II, 1997, hier: S. 653 sowie Wachter, Thomas, Steuerrecht, 2001, hier: S. 133.

674 Vgl. § 286 Abs. 2 S. 1 AktG. Der im Gesetz verwendete Begriff *'Kapitalanteil'* umfasst zwar die Einlage, nicht jedoch die vom Vollhafter gehaltenen Kommanditaktien, da diese zum Grundkapital zählen und dort ausgewiesen werden.

675 Vgl. zur Begründung Fn. 678.

676 Vgl. Mertens, Hans-Joachim, Kommanditgesellschaft, 1985, hier: § 286, Rz. 7 sowie Sethe, Rolf, Rechnungslegung, 1998, hier: S. 1046.

Vermögensgegenstand handelt; Dienstleistungen, die gemäß § 706 Abs. 3 BGB ebenfalls einlagefähig sind, finden folglich keine bilanzielle Berücksichtigung.[677] Der auf die Komplementär-Stiftung entfallende Gewinn ist dem Kapitalanteil zuzuschreiben, ein Verlust von ihm abzusetzen.[678]

5.2.5.2 Verdoppelung der Rechnungslegungs-, Prüfungs- und Publizitätsaufwendungen durch Einsetzung einer Komplementär-Stiftung?

Durch den Austausch der natürlichen Person des Vollhafters durch eine juristische Person, die ihrerseits selbst der Rechnungslegungs-, Prüfungs- und Publizitätspflicht unterliegen kann, kommt es in der Regel zu einer Verdoppelung des hiermit zusammenhängenden Aufwandes. Bei einer GmbH & Co. KGaA ist die Komplementär-GmbH bereits Kaufmann kraft Rechtsform,[679] sodass sie als Kapitalgesellschaft die Rechnungslegungs- und Publizitätsvorschriften der §§ 264-289 HGB zu befolgen hat. Demgegenüber ist die Komplementär-Stiftung keine Handelsgesellschaft; sie erlangt nur nach den allgemeinen Grundsätzen der §§ 1 und 2 HGB die Kaufmannseigenschaft.[680] Da sich das Recht der Komplementäre einer KGaA gemäß § 278 Abs. 2 AktG nach den Vorschriften des HGB über die KG bestimmt, gebietet sich an dieser Stelle ein entsprechender Rekurs: Die KG als Handelsgesellschaft ist stets Kaufmann, ihr Vollhafter jedoch persönlich nicht.[681] Nur soweit er für die KG in Erscheinung tritt, dies also seine Eigenschaft als persönlich haftender Gesellschafter betrifft, wird er als Kaufmann angesehen.[682] Hieraus lässt sich ableiten, dass bei einer (Stiftung

---

677 Vgl. Semler, Johannes, Kommentierung, 1986, hier: § 286, Rz. 46; Sethe, Rolf, Rechnungslegung, 1998, hier: S. 1046 sowie Hüffer, Uwe, Aktiengesetz, 2002, hier: § 286, Rz. 2.

678 Vgl. hierzu auch die Bestimmungen in § 286 Abs. 2 S. 2-4 AktG zum Ausweis eines Verlustes, der die Einlage des Vollhafters übersteigt. Sethe weist in diesem Zusammenhang darauf hin, dass es sich folglich bei der Einlage des Vollhafters – im Gegensatz zum Grundkapital – um einen variablen Kapitalanteil handelt; vgl. Sethe, Rolf, Rechnungslegung, 1998, hier: S. 1047.

679 Vgl. § 6 HGB.

680 Vgl. Hennerkes, Brun-Hagen/Binz, Mark K./Sorg, Martin H., Stiftung, 1986, hier: S. 2270; Weimar, Robert/Geitzhaus, Georg/Delp, Udo A., Stiftung & Co. KG, 1986, hier: S. 2005 f. sowie Götz, Hellmut, Teil II, 1997, hier: S. 653 f. in Bezug auf die Stiftung & Co. KG.

681 Vgl. Hopt, Klaus J., Kommentierung, 2003, hier: § 161, Rz. 5 i.V.m. § 105, Rz. 18-23.

682 Vgl. Zöllner, Wolfgang, Formbedürftigkeit, 1964, hier: S. 796-798; Lieb, Manfred, Kaufmannseigenschaft, 1967, hier: S. 761-763, m.w.N.; Schmidt, Karsten, Gesamthandsgemeinschaften, 1973, hier: S. 300 sowie Arbeitskreis "Unternehmensnachfolge" des IDW (Hrsg.), Gestaltungen, 1985, hier: S. 57. Landwehr spricht in diesem Zusammenhang von "Gemeinschaftskaufleute[n]"; Landwehr, Götz, Kaufmannseigenschaft, 1967;

& Co.) KG die Komplementär-Stiftung, welche neben ihrer Funktion als Vollhafter selbst kein Handelsgewerbe betreibt, ebenfalls nicht die Kaufmannseigenschaft besitzt; daraus folgt, dass die Komplementär-Stiftung zum einen keine Firma, sondern nur einen Namen hat und zum anderen nicht den handelsrechtlichen Rechnungslegungsvorschriften unterliegt.[683]

Gleiches muss aufgrund des Verweises des § 278 Abs. 2 AktG auf das Recht der KG auch im Falle einer Stiftung & Co. KGaA gelten: Die (Stiftung & Co.) KGaA ist Formkaufmann gemäß § 6 HGB und besitzt demzufolge bereits kraft Rechtsform die Kaufmannseigenschaft, wohingegen die Komplementär-Stiftung – in Analogie zur Stiftung & Co. KG – nur in den Grenzen ihrer Eigenschaft als persönlich haftende Gesellschafterin, nicht jedoch persönlich, die Kaufmannseigenschaft besitzt.[684] Wie die Komplementär-Stiftung einer Stiftung & Co. KG, so führt auch die Komplementär-Stiftung einer Stiftung & Co. KGaA keine Firma, sondern nur einen Namen, und ist lediglich in den Grenzen des BGB und der landesstiftungsrechtlichen Vorschriften zur Erstellung einer Jahres(ab-)rechnung, aus der ihre Einnahmen und Ausgaben hervorgehen, einer Vermögensübersicht sowie eines Berichts über die Erfüllung des Stiftungszweckes verpflichtet.[685] Inwieweit der Stifter darüber hinausgehende Anforderungen an die Rechnungslegung der Komplementär-Stiftung in der Stiftungssatzung verankert, bleibt ihm überlassen. So kann er beispielsweise die handelsrechtlichen Rechnungslegungsvorschriften für alle Kaufleute[686] oder gar

---

hier: S. 201 f., m.w.N. A.A. noch BGH v. 16.02.1961 III ZR 71/60, hier: S. 296 f. sowie BGH v. 02.06.1966 VII ZR 292/64, hier: S. 284 f.

683 Vgl. Hennerkes, Brun-Hagen/Binz, Mark K./Sorg, Martin H., Stiftung, 1986, hier: S. 2270; Schulze zur Wiesche, Dieter, Unternehmensform, 1988, hier: S. 131 sowie Orth, Manfred, Handbuch, 1999, hier: § 37, Rz. 197.

684 Dies gilt jedoch nur, sofern die Komplementär-Stiftung neben ihrer Funktion als Vollhafter der (Stiftung & Co.) KGaA kein eigenes Handelsgewerbe betreibt. Die generelle Kaufmannseigenschaft des Komplementärs unterstellen – in Bezug auf die personalistische KGaA – Mertens, Hans-Joachim, Kommanditgesellschaft, 1985, hier: § 278, Rz. 17 sowie Semler, Johannes, Kommentierung, 1986, hier: § 278, Rz. 40. Vgl. hierzu auch Hennerkes, Brun-Hagen/Binz, Mark K., Personengesellschaft, 1985, hier: S. 2165 f.

685 § 86 BGB verweist auf die Vorschriften des Vereinsrechts, wenngleich es sich hierbei um dispositives Recht handelt, welches subsidiär zu den Vorschriften der jeweiligen Landesstiftungsgesetze zur Anwendung kommt; vgl. Delp, Udo A., Unternehmensform, 1991, hier: S. 76; o.V., Diskussionsentwurf, 1997, hier: S. 306-308, m.w.N. sowie Orth, Manfred, Handbuch, 1999, hier: § 37, Rz. 5; vgl. hierzu auch Kapitel 3.2.5.

686 Vgl. §§ 238-263 HGB.

diejenigen der Kapitalgesellschaften[687] für verbindlich erklären; eine Verpflichtung hierzu besteht jedoch nicht.[688]

Sofern sich nicht für steuerliche Zwecke bereits aus § 140 AO eine derivative Buchführungs- und Aufzeichnungspflicht ergibt, greifen in aller Regel auch keine entsprechenden originären Pflichten.[689] Zwar schreibt § 141 AO eine Buchführungspflicht unter anderem für gewerbliche Unternehmer vor, und als eine gewerbliche Tätigkeit ist die Funktion des persönlich haftenden Gesellschafters einer Stiftung & Co. KGaA steuerlich zu qualifizieren,[690] doch wird die Komplementär-Stiftung nur selten die Größenkriterien des § 141 Abs. 1 S. 1 AO überschreiten.[691] Dies dürfte beispielsweise erst eintreten, sofern die Komplementär-Stiftung sich auf freiwilliger Basis mit einer hohen Einlage an der (Stiftung & Co.) KGaA beteiligt oder zahlreiche Kommanditaktien der Gesellschaft hält, da in diesem Falle die Gefahr eines Überschreitens der Gewinngrenze des § 141 Abs. 1 S. 1 Nr. 4 AO droht.

Nachdem bereits zu Beginn dieses Kapitels kurz auf die Publizitätsanforderungen an die (Stiftung & Co.) KGaA eingegangen wurde, gilt es abschließend noch zu prüfen, ob auch die Komplementär-Stiftung von der Publizitätspflicht betroffen ist. Während es bei einer GmbH & Co. KGaA unstreitig zu einer Verdoppelung des Publizitätsaufwandes kommt, da sowohl die (GmbH & Co.) KGaA als auch die geschäftsführende Komplementär-GmbH ihren Jahres-

---

687 Vgl. §§ 264-289 HGB.

688 Das IDW empfiehlt, bei der Erstellung des Jahresabschlusses unternehmensverbundener Stiftungen bezüglich der Bewertung die Rechnungslegungsvorschriften für Kapitalgesellschaften zu beachten, da diese eine "dem Stiftungszweck widersprechende Bildung stiller Reserven [eher] unterbinden" würden und daher sachgerechter als die allgemeinen Bewertungsvorschriften seien; IDW, Rechnungslegung, 2000, hier: S. 394. A.A. Orth, der zwar keine Bedenken gegen eine sinngemäße Anwendung der Gliederungsvorschriften für die Bilanz und die Gewinn- und Verlustrechnung von Kapitalgesellschaften hat, jedoch eine generelle Anwendung der Bewertungsvorschriften zur Vermeidung stiller Reserven ablehnt; vgl. Orth, Manfred, Rechnungslegung, 1997, hier: S. 1347 f.

689 Eine Aufzeichnungspflicht aufgrund von § 63 Abs. 3 AO entfällt regelmäßig, da es sich bei der Komplementär-Stiftung nicht um eine steuerbegünstigte Stiftung handelt; vgl. Kapitel 6.1.3.

690 Vgl. hierzu die Ausführungen in Kapitel 6.3.3.

691 Für die Komplementär-Stiftung liegen die entscheidenden Größenkriterien bei Umsätzen über 350.000 € im Kalenderjahr und einem Gewinn von über 30.000 € im Wirtschaftsjahr; vgl. § 141 Abs. 1 S. 1 Nr. 1 und Nr. 4 AO. Die originären Buchführungs- und Aufzeichnungspflichten schließen Hennerkes/Binz/Sorg für die Stiftung & Co. KG ebenfalls weitestgehend aus; vgl. Hennerkes, Brun-Hagen/Binz, Mark K./Sorg, Martin H., Stiftung, 1986, hier: S. 2270.

abschluss und gegebenenfalls[692] ihren Lagebericht zu veröffentlichen haben, trifft dieser Nachteil die Stiftung & Co. KGaA nicht:[693] Für die Komplementär-Stiftung greifen die in Kapitel 3.2.5 aufgeführten Erleichterungen, nämlich die weitgehende Befreiung von Prüfungs- und Offenlegungsverpflichtungen.[694] Da eine Registerpublizität für Stiftungen nicht vorgesehen ist, entfällt der entsprechende Mehraufwand, der bei Rechtsformkombinationen üblicherweise anzutreffen ist.[695] Die Komplementär-Stiftung ist lediglich dazu verpflichtet, der Stiftungsaufsichtsbehörde ihre Jahres(ab-)rechnung offen zu legen, damit diese deren formelle Richtigkeit sowie den Erhalt des Stiftungsvermögens und die satzungsgemäße Verwendung der Stiftungserträge prüfen kann.[696]

5.2.5.3 Firmierungserfordernis

Ein wichtiger Aspekt, der bereits in Kapitel 5.1 aufgegriffen wurde, soll an dieser Stelle nochmals herausgestellt werden: In seiner Entscheidung vom 24. Februar 1997 hat der BGH die GmbH & Co. KGaA für zulässig erklärt, sofern "ihrem atypischen Charakter und ihren vom Regeltypus abweichenden Haftungs- und Herrschaftsverhältnissen ... mit den Mitteln der Publizität Rechnung [getragen werde]".[697] Da das Gericht eine Veröffentlichung der entsprechenden

---

692 Für kleine Kapitalgesellschaften entfällt gemäß § 264 Abs. 1 S. 3 HGB die Verpflichtung, einen Lagebericht aufzustellen; vgl. hierzu auch die Ausführungen in Kapitel 2.2.4.3. Hennerkes/May betonen, dass es sich bei der Komplementär-GmbH regelmäßig um eine kleine Kapitalgesellschaft i.S.d. § 267 Abs. 1 HGB handeln dürfte; vgl. Hennerkes, Brun-Hagen/May, Peter, Rechtsform, 1988/1989, hier: S. 319.

693 Vgl. Binz, Mark K./Sorg, Martin H., Ausweg, 1988, hier: S. 2045.

694 Erst bei Überschreitung der in § 1 Abs. 1 PublG fixierten Größenkriterien unterliegt eine gewerblich tätige Stiftung der Rechnungslegungs- und Publizitätspflicht; vgl. § 3 Abs. 1 Nr. 4 PublG. Allerdings wird dies bei einer Komplementär-Stiftung aufgrund der hoch angesetzten Merkmale so gut wie nie der Fall sein; vgl. hierzu die Ausführungen in Kapitel 3.2.5.

695 Folglich treffen die Stiftung & Co. KGaA nur die Publizitätsanforderungen, welche an die (Stiftung & Co.) KGaA gestellt werden. Gleiches gilt im Übrigen auch für die Rechtsformkombination einer Stiftung & Co. KG, bei der die (Stiftung & Co.) KG gemäß § 264a Abs. 1 HGB einer Kapitalgesellschaft gleichgestellt und damit zur Offenlegung verpflichtet wird; vgl. Schulze zur Wiesche, Dieter, Unternehmensform, 1988, hier: S. 133, m.w.N. Sofern eine Kapitalgesellschaft die Funktion des Vollhafters übernimmt, kommt es regelmäßig zu einer Verdoppelung der Publizitätspflicht, da sowohl die Komplementärgesellschaft als auch der Unternehmensträger der Publizität unterfallen (im Falle einer GmbH & Co. KG greift ebenfalls § 264a Abs. 1 HGB). Vgl. hierzu auch Schwarz, der in diesem Zusammenhang auf den Nutzen der Publizität als Marketinginstrument hinweist; vgl. Schwarz, Günter Christian, Instrument, 2001, hier: S. 2384 f.

696 Vgl. hierzu die Ausführungen in Kapitel 3.2.5.

697 BGH v. 24.02.1997 II ZB 11/96, hier: S. 1014.

Satzungsbestimmungen im Handelsregister als nicht ausreichend wertete, habe die GmbH & Co. KGaA – und damit auch die Stiftung & Co. KGaA – bereits in ihrer Firma zum Ausdruck zu bringen, dass die Funktion des Komplementärs von einer GmbH – respektive Stiftung – übernommen werde.[698] Dieses Publizitätserfordernis wurde 1998 mit dem Handelsrechtsreformgesetz in § 279 Abs. 2 AktG kodifiziert, sodass nunmehr die kapitalistische Ausgestaltung einer KGaA auch ohne Einsicht ins Handelsregister für jedermann erkennbar ist.[699]

5.2.6 Rechtsformabhängige Aufwendungen

Zusammengesetzte Rechtsformen leiden üblicherweise nicht nur bezüglich der Rechnungslegungs-, Prüfungs- und Publizitätsanforderungen unter einer Verdoppelung der hierdurch verursachten Aufwendungen, sondern es kommt generell zu einem gestiegenen Verwaltungsaufwand, der sich durch die erhöhte Komplexität der Gesellschaftsstruktur ergibt. Mehrbelastungen können sich auch vor dem Hintergrund zweier Firmennamen, zweier Gesellschafterversammlungen mit getrennter Beschlussfassung, mitunter sogar einer doppelten notariellen Beurkundungspflicht[700] sowie des Erfordernisses einer geschickten

---

[698] Diesbezüglich fordert der BGH eine analoge Anwendung des § 19 Abs. 5 HGB a.F. (inzwischen § 19 Abs. 2 HGB), der ein entsprechendes Firmierungserfordernis für die GmbH & Co. KG kodifiziert; vgl. BGH v. 24.02.1997 II ZB 11/96, hier: S. 1014. Er schließt sich hierbei explizit Priester an, der in diesem Zusammenhang zwar einräumt, dass erst eine "gestufte Einsicht" in das Handelsregister der (GmbH & Co.) KGaA und in das der Komplementär-GmbH die Haftungs- und Vertretungsverhältnisse offen legt, während bei einer natürlichen Person dies nicht notwendig sei, jedoch stehe diese "Erschwernis des Rechtsverkehrs" der Zulässigkeit einer GmbH & Co. KGaA – ebenso wie bei der GmbH & Co. KG – nicht entgegen; Priester, Hans-Joachim, Kommanditgesellschaft, 1996, hier: S. 258 f. A.A. Strieder, Thomas/Habel, Michael, Anmerkung, 1997, hier: S. 1376, die sich gegen eine analoge Anwendung des § 19 Abs. 5 HGB a.F. aussprechen, da Kapitalgesellschaften im Gegensatz zu Personengesellschaften nicht über eine Personen-, sondern eine Sachfirma verfügten, deren Aussagegehalt generell beschränkt sei, sodass ein Blick ins Handelsregister ohnehin unvermeidlich sei. Mit dem Inkrafttreten des Handelsrechtsreformgesetzes am 01. Juli 1998 wurde jedoch das Erfordernis einer Personenfirma für Personengesellschaften (§ 19 Abs. 1 und Abs. 2 HGB) aufgehoben, sodass fortan sowohl Personen- als auch Kapitalgesellschaften Personen-, Sach- oder Fantasiefirmen wählen können; vgl. Dirksen, Dirk/Möhrle, Florian, Kommanditgesellschaft, 1998, hier: S. 1379 sowie Binz, Mark K./Sorg, Martin H., Standardwerk, 2003, hier: S. 206.

[699] Vgl. Raiser, Thomas, Kapitalgesellschaften, 2001, hier: § 23, Rz. 8 und Rz. 46. Zur Firmierung einer GmbH & Co. KGaA vgl. auch Hennerkes, Brun-Hagen/May, Peter, Rechtsform, 1988/1989, hier: S. 318, m.w.N.

[700] Auch eine Komplementär-GmbH bedarf bspw. der notariellen Beurkundung von Satzungsänderungen; vgl. § 53 Abs. 2 GmbHG.

Koordinierung der beiden Gesellschaftsverträge ergeben.[701] All dies benachteiligt Rechtsformgestaltungen wie zum Beispiel eine GmbH & Co. KG oder eine GmbH & Co. KGaA, mit der Folge, dass die durch die Verdoppelung der Strukturen auftretenden finanziellen Mehrbelastungen durch spezifische materielle Vorzüge, die nur durch eine solche Rechtsformkombination erzielt werden können, ausgeglichen werden müssen, um eine konkurrenzfähige Rechtsformalternative dazustellen.[702]

Die Stiftung & Co. KGaA ist diesbezüglich deutlich privilegiert. Neben den vorstehend aufgeführten Entlastungen bezüglich der Rechnungslegung, Prüfung und Publizität entfällt für sie auch die Mehrbelastung einer doppelten Firmierung, da Stiftungen – im Gegensatz zu einer Komplementär-GmbH – nicht Kaufmann kraft Rechtsform sind und ihre Funktion als Komplementär keine generelle Kaufmannseigenschaft vermittelt; folglich führt die Komplementär-Stiftung nur einen Namen, jedoch keine Firma.[703] Da auch die §§ 80-88 BGB keine Vorschrift über die Namensgebung der Stiftung enthalten, ist die Komplementär-Stiftung in dieser Entscheidung grundsätzlich frei; die Bezeichnung *'Stiftung'* ist zudem entbehrlich.[704] Für die Firma der Stiftung & Co. KGaA hat dies zur Folge, dass der Name der Komplementär-Stiftung in der Firma der Gesellschaft zum Ausdruck gebracht werden darf; eine Verpflichtung hierzu existiert jedoch nicht.[705] Sollte diese Möglichkeit allerdings in Anspruch genommen werden, so ist bei der Namensgebung der Komplementär-Stiftung der Grundsatz der Firmenwahrheit zu beachten: Das Handelsgesetz verbietet die Verwendung eines über die wirtschaftlichen Verhältnisse der Gesellschaft irreführenden Namens.[706] Übertragen auf die Komplementär-Stiftung bedeutet

---

701 Vgl. Hennerkes, Brun-Hagen/May, Peter, Familienunternehmen, 1988, hier: S. 2400 sowie Kußmaul, Heinz, GmbH & Co. KG, 1990, hier: S. 493 f.

702 Hierauf weist bspw. Koch in Zusammenhang mit der GmbH & Co. KGaA hin; vgl. Koch, Ulrich, Entwicklung, 1989, hier: S. 3137.

703 Vgl. hierzu auch Kapitel 5.2.5. Weimar/Geitzhaus/Delp weisen zudem darauf hin, dass eine Komplementär-Stiftung privatwirtschaftlich und damit ohne notariellen Vertrag errichtet werden kann, wohingegen dies bei einer Komplementär-GmbH gemäß § 2 S. 1 GmbHG nicht möglich ist; vgl. Weimar, Robert/Geitzhaus, Georg/Delp, Udo A., Stiftung & Co. KG, 1986, hier: S. 2009.

704 Vgl. Weimar, Robert/Geitzhaus, Georg/Delp, Udo A., Stiftung & Co. KG, 1986, hier: S. 2006.

705 So betont Semler, dass eine Personenfirma bei der KGaA gerechtfertigt sei, sofern diese aus dem Namen des persönlich haftenden Gesellschafters gebildet werde; vgl. Semler, Johannes, Kommentierung, 1986, hier: § 279, Rz. 2. Folglich besteht die Möglichkeit, dass die Stiftung & Co. KGaA die Firma der Gesellschaft weiterführt, aus der sie hervorgegangen ist, ergänzt um einen die beschränkte Haftung kenntlich machenden Zusatz i.S.v. § 279 Abs. 2 AktG; vgl. hierzu auch Dirksen, Dirk/Möhrle, Florian, Kommanditgesellschaft, 1998, hier: S. 1380.

706 Vgl. § 18 Abs. 2 S. 1 HGB.

dies, dass die häufig verwendete Bezeichnung *'Verwaltungs-Stiftung'* nur dann in die Firma der Stiftung & Co. KGaA aufgenommen werden kann, sofern auch die (Stiftung & Co.) KGaA lediglich verwaltende Aufgaben wahrnimmt.[707]

Ebenfalls ausgeschlossen ist ein Mehraufwand aufgrund der Durchführung zweier Gesellschafterversammlungen, da die Komplementär-Stiftung als eigentümerlose Vermögensmasse keine Anteilseigner aufweist, was zur Folge hat, dass ihre Beschlussfassungen nicht auf regelmäßig abzuhaltenden Haupt- oder Gesellschafterversammlungen vorzunehmen sind, sondern lediglich intern. Einzig auf der Hauptversammlung der (Stiftung & Co.) KGaA werden den Kommanditaktionären Entscheidungen zur Beschlussfassung vorgelegt; für die Komplementär-Stiftung entscheidet der Stiftungsvorstand, der die Zustimmung eines Kuratoriums benötigt, sofern die Satzung dies vorschreibt.[708] Dies beschleunigt die Entscheidungsfindung und stellt damit einen nicht zu unterschätzenden Vorzug dar.

Bei der Abstimmung der Satzung der Komplementär-Stiftung mit dem Gesellschaftsvertrag der (Stiftung & Co.) KGaA bedarf es insbesondere einer sorgfältigen Ausarbeitung der Stiftungssatzung. Aufgrund der Tatsache, dass diese den Stifterwillen widerspiegelt und grundsätzlich unabänderbar ist, muss bei der Formulierung genaues Augenmerk auf die Kompatibilität der Stiftung in ihrer Funktion als Komplementär mit der (Stiftung & Co.) KGaA gelegt werden. Durch eine individuelle Satzungsgestaltung ist der Komplementär mit der (Stiftung & Co.) KGaA zu einer Einheit zu verbinden.[709] Da der Stiftungsvorstand die Geschäftsführung des eigentlichen Unternehmensträgers übernimmt, bietet sich die Möglichkeit, in der Stiftungssatzung dauerhaft festzuschreiben, welche Art von Unternehmenspolitik anzustreben ist. Jedoch sollte die Stiftungssatzung eine Klausel enthalten, die eine nachträgliche Anpassung bei-

---

[707] Andernfalls würde die Bezeichnung *'XYZ-Verwaltungs-Stiftung & Co. KGaA'* gegen den Grundsatz der Firmenwahrheit verstoßen; vgl. Weimar, Robert/Geitzhaus, Georg/Delp, Udo A., Stiftung & Co. KG, 1986, hier: S. 2006, die sich in ihren Ausführungen jedoch auf die Stiftung & Co. KG beziehen. Vgl. hierzu auch BGH v. 16.03.1981 II ZB 9/80, hier: S. 354-356.

[708] Auch hierin unterscheidet sich die Stiftung in der Rolle des Komplementärs von der GmbH in gleicher Funktion: Im Falle einer GmbH & Co. KGaA ist bspw. von den Geschäftsführern der Komplementär-GmbH der Jahresabschluss der (GmbH & Co.) KGaA aufzustellen und deren Hauptversammlung vorzulegen; dieser Beschluss bedarf wiederum der Zustimmung der Komplementär-GmbH, die gegebenenfalls durch Mehrheitsbeschluss ihrer Gesellschafterversammlung darüber entscheidet. Die hierdurch entstandene Verdoppelung der Beschlussfassung im jeweiligen Organ der Anteilseigner erfordert Zeit und verursacht zusätzliche Aufwendungen.

[709] Vgl. Ladwig, Peter/Motte, Frank, Unternehmen, 1996, hier: S. 844, die auf die Verzahnungs- und Abstimmungsschwierigkeiten bei der GmbH & Co. KG und der GmbH & Co. KGaA hinweisen.

spielsweise an geänderte wirtschaftliche Entwicklungen vorsieht, um dem Komplementär auch zukünftig eine ausreichende Flexibilität bei derartigen Veränderungen einzuräumen.[710] Dass es hierbei besonderer Sorgfalt bedarf, die zu zusätzlichem Aufwand führt, ist offensichtlich.[711]

Gegenüber Rechtsformkombinationen, bei denen keine eigentümerlose Vermögensmasse, sondern eine Gesellschaft mit Anteilseignern die Position des Vollhafters ausfüllt, genießt die Stiftung & Co. KGaA jedoch in Bezug auf die Satzungsgestaltung den Vorteil, dass eine aufwendige Abstimmung der Beteiligungsverhältnisse bei ihr entfällt. So besteht beispielsweise im Falle einer GmbH & Co. KG, bei der eine Verzahnung der GmbH-Anteile mit der Kommanditbeteiligung angestrebt wird, die Problematik, dass Erstere grundsätzlich frei übertragbar sind, es sei denn, der Gesellschaftsvertrag knüpft bestimmte Voraussetzungen – insbesondere die Zustimmung der Gesellschaft – an eine Übertragung.[712] Demgegenüber ist die Übertragbarkeit der Kommanditbeteiligung grundsätzlich ausgeschlossen, sofern nicht der Gesellschaftsvertrag dies zulässt oder alle übrigen Gesellschafter ihre Zustimmung geben.[713] Um die Verzahnung der Anteile an der GmbH & Co. KG dauerhaft gewährleisten zu können, bedarf es Regelungen, die bei Maßnahmen des jeweiligen Gesellschafters, der übrigen Mitgesellschafter oder Dritter und bei Versterben eines Gesellschafters das Auseinanderfallen der Beteiligungsverhältnisse unterbinden: Als Maßnahmen des Gesellschafters kommen die beabsichtigte Übertragung, eine Belastung der Anteile, die Kündigung sowie eine Auflösungsklage in Betracht; Maßnamen der Mitgesellschafter bestehen in der Ausschließung eines Gesellschafters durch Kündigung oder Ausschließungsklage. Zudem ist im Gesellschaftsvertrag der GmbH & Co. KG an den Fall zu denken, dass Privatgläubiger Zwangsvollstreckungsmaßnahmen gegen einen Gesellschafter einleiten oder über das Vermögen des Gesellschafters ein Insolvenzverfahren eröffnet wird. Sämtliche Fälle bedürfen einer präzise formulierten Regelung, da andernfalls eine Verschiebung der Beteiligungsverhältnisse in der GmbH & Co. KG droht.[714]

---

710 Ist die Stiftungssatzung zu restriktiv formuliert, ergibt sich dieselbe Problematik, die Unternehmensträgerstiftungen in einer raschen Änderungen unterliegenden Wirtschaft so wenig praktikabel macht; vgl. hierzu Delp, Udo A., Unternehmensform, 1991, hier: S. 33.

711 Vgl. hierzu auch die Ausführungen zur Unternehmenskontinuität im nachfolgenden Kapitel.

712 Vgl. § 15 Abs. 1 GmbHG i.V.m. § 15 Abs. 5 GmbHG.

713 Vgl. BGH v. 24.02.1986 II ZR 142/85, hier: S. 346 f.

714 Vgl. hierzu auch ausführlich Reichert, Jochem/Winter, Martin, Ausschließung, 1988, hier: S. 981-992 sowie Binz, Mark K./Sorg, Martin H., Standardwerk, 2003, hier: S. 166-172.

All dies erübrigt sich bei einer Stiftung & Co. KGaA: In Ermangelung von Anteilseignern können bei der Komplementär-Stiftung keine mitgliedschaftsähnlichen Rechte durch Veräußerung oder Erbfolge an fremde Dritte übergehen, sodass ein Auseinanderfallen der Beteiligungen am Komplementär einerseits und der Unternehmensträgergesellschaft andererseits bereits denkgesetzlich ausgeschlossen ist.[715] Dies erspart die Ausarbeitung umfangreicher Satzungsgestaltungen und führt folglich zu einer weniger komplexen und damit besser handhabbaren Struktur.[716]

Gegenüber vergleichbaren Rechtsformkombinationen trifft die Stiftung & Co. KGaA indes der zusätzliche Verwaltungsaufwand, der aufgrund der Zuständigkeit der jeweiligen Landesstiftungsbehörde entsteht. Eine derartige Rechtsaufsicht, die die Einhaltung des in der Stiftungssatzung fixierten Stifterwillens überwacht, führt dazu, dass die Komplementär-Stiftung wenig flexibel auf marktliche Änderungen reagieren kann, zumal nachträgliche Satzungsänderungen regelmäßig der Genehmigung durch die zuständige Stiftungsaufsichtsbehörde bedürfen.[717] Da jedoch – im Gegensatz zur Unternehmensträgerstiftung – die (Stiftung & Co.) KGaA der eigentliche Unternehmensträger und damit der Ort des wirtschaftlichen Geschehens ist, fällt dieser Nachteil bei der hier betrachteten Rechtsformkombination weitaus weniger ins Gewicht: Der Anpassungsbedarf an geänderte Rahmenbedingungen des Marktes wird ganz überwiegend bei der (Stiftung & Co.) KGaA auftreten, deren Gesellschaftsvertrag durch die Hauptversammlung unter Zustimmung des persönlich haftenden Gesellschafters abgeändert werden kann; eine Genehmigung des Beschlusses durch die Stiftungsaufsichtsbehörde ist hierbei nicht erforderlich, sodass kein über das übliche Maß hinausgehender Verwaltungsaufwand anfällt.

5.2.7 Unternehmenskontinuität

Die Vorteile, die sich der Stiftung & Co. KGaA im Hinblick auf die Unternehmenskontinuität bieten, sind schließlich ein weiteres Argument dafür, dass es sich bei dieser Rechtsformkombination um eine ernsthaft zu erwägende Alternative bei der Rechtsformwahl handeln kann. So stellt sich die Nachfolgesituation – verglichen mit einer personalistischen KGaA, aber auch mit einer

---

715 Vgl. hierzu Hennerkes, Brun-Hagen, Alternative, 1984/1985, hier: S. 121 sowie Wachter, Thomas, Steuerrecht, 2001, hier: S. 130, die sich jedoch in ihren Ausführungen jeweils auf die Stiftung & Co. KG beziehen.

716 Der Vorwurf, den Ladwig/Motte der KGaA und speziell der GmbH & Co. KGaA machen, wird somit entkräftet; vgl. Ladwig, Peter/Motte, Frank, Unternehmen, 1996, hier: S. 844.

717 Vgl. BGH v. 26.04.1976 II ZR 21/74, hier: S. 716 f.; hierzu auch Wachter, Thomas, Steuerrecht, 2001, hier: S. 68.

GmbH & Co. KGaA – im Falle einer Stiftung & Co. KGaA deutlich günstiger dar. Die KGaA mit einer natürlichen Person als Vollhafter ist mit dem Tod des persönlich haftenden Gesellschafters aufzulösen, sofern der Gesellschaftsvertrag keine gesonderten Bestimmungen hierfür enthält.[718] Zum Beispiel wird im Falle eines Familienunternehmens der Gesellschaftsvertrag regelmäßig vorsehen, dass die Nachkommen des bisherigen Vollhafters beziehungsweise deren Vormünder die Position des Komplementärs übernehmen, ein familienfremder Dritter an dessen Stelle tritt oder die – gegebenenfalls börsennotierte – KGaA in eine AG umgewandelt wird.[719]

Handelt es sich bei der KGaA nicht um eine personalistische, sondern um eine kapitalistische, bei der eine GmbH die Stellung des Vollhafters innehat, so reduziert sich das Problem der Nachfolgeregelung bereits ganz erheblich: Verstirbt der Geschäftsführer der Komplementär-GmbH, so berührt dies weder den Bestand der Komplementärgesellschaft noch den der (GmbH & Co.) KGaA.[720] Durch die Bestellung eines fähigen Fremdgeschäftsführers, der zudem nicht für die Verbindlichkeiten der beiden betroffenen Gesellschaften haften muss,[721] lässt sich die Vakanz in der Geschäftsführung problemlos beheben.[722] Übernimmt anstelle der GmbH eine Stiftung die Position des persönlich haftenden Gesellschafters, so ist die Nachfolge bei Versterben der geschäftsführenden Person gleichwertig geregelt: In Übereinstimmung mit der Stiftungssatzung ist ein neuer Stiftungsvorstand zu benennen, der zugleich die Geschäfte der (Stiftung & Co.) KGaA führt. Auch hier kommt – verglichen mit der personalistischen KGaA – ein größerer Personenkreis in Betracht.

Doch nicht nur vor dem Hintergrund der personellen Absicherung des Fortbestehens der Unternehmung ist die Stiftung & Co. KGaA der personalistischen KGaA überlegen. Vielmehr ist auch in Hinblick auf die tatsächliche Ausrichtung der Geschäftspolitik die Unternehmenskontinuität bei einer Stiftung & Co. KGaA in weitaus stärkerem Maße garantiert. So kann der Familienunternehmer durch Errichtung einer Komplementär-Stiftung weit über seinen Tod

---

[718] In aller Regel wird in der Satzung die Auflösung der Gesellschaft durch Tod des Komplementärs ausgeschlossen; vgl. Semler, Johannes, Kommentierung, 1986, hier: § 289, Rz. 16 f.

[719] Vgl. Hennerkes, Brun-Hagen/May, Peter, Familienunternehmen, 1988, hier: S. 2398 sowie Haase, Karsten, Vorteile, 1997, hier: S. 922.

[720] Hennerkes/May sprechen in diesem Zusammenhang von "'Unsterblichkeit' der Komplementär-Kapitalgesellschaft"; Hennerkes, Brun-Hagen/May, Peter, Überlegungen, 1988, hier: S. 540.

[721] Vgl. hierzu die Ausführungen der Kapitel 5.2.1.2 und 5.2.1.3.

[722] Vgl. Hennerkes, Brun-Hagen/May, Peter, Familienunternehmen, 1988, hier: S. 2398; Bayreuther, Frank, Kapitalgesellschaft, 1999, hier: S. 653; Schaumburg, Harald/Schulte, Christoph, Recht, 2000, hier: S. 30 sowie Kiefer, Sascha, Anlegerschutz, 2001, hier: S. 99 f., m.w.N.

hinaus Einfluss auf die Unternehmensführung nehmen, indem er eine präzise formulierte Stiftungssatzung verfasst, die dem geschäftsführenden Stiftungsvorstand eine bestimmte Unternehmenspolitik vorschreibt.[723] Wie bereits mehrfach erwähnt, überwacht die Stiftungsaufsichtsbehörde fortwährend die Einhaltung der Stiftungssatzung und damit die umfassende Beachtung des Stifterwillens. Eine Aufhebung oder Änderung der Satzung kommt nur mit Genehmigung der Behörde in Betracht, wobei diese die Bewilligung einer Satzungsänderung davon abhängig zu machen hat, ob damit dem erklärten oder mutmaßlichen Willen des Stifters entsprochen wird.[724] Änderungen sind im Regelfall nur zulässig, wenn die Stiftungssatzung diese Möglichkeit explizit vorsieht und sich die vom Stifter zugrunde gelegten Rahmenbedingungen wesentlich geändert haben.[725] Demzufolge werden willkürliche Anpassungen der Unternehmenspolitik an stiftungsfremde Eigeninteressen der Geschäftsführer durch die stiftungsrechtlichen Sicherungsmechanismen – Beachtung der Stiftungssatzung und deren Überwachung durch die Stiftungsaufsichtsbehörde – wirksam unterbunden. Der Stifter hat es folglich in der Hand, nachträgliche Änderungen der Stiftungssatzung nach seinem Tode zuzulassen, zu beschränken oder gar gänzlich auszuschließen.

Allerdings gilt es zu bedenken, dass durch eine zu restriktiv ausgestaltete Stiftungssatzung den Stiftungsorganen die Möglichkeit verbaut wird, sich innerhalb eines angemessenen Spielraumes geänderten wirtschaftlichen Rahmenbedingungen anzupassen. Beispielhaft sei hier eine Änderung des Unternehmensgegenstandes oder gar die Liquidation der Gesellschaft erwähnt. Beide Maßnahmen könnten sich im Zeitablauf als notwendige Schritte erweisen, die indes von der Stiftungsaufsicht untersagt würden, da sie nicht mit einer allzu eng formulierten Stiftungssatzung zu vereinbaren wären. Hennerkes/Binz/Sorg ist daher zuzustimmen, wenn sie konstatieren, dass "zwischen notwendiger Anpassungsfähigkeit einerseits und Verstetigung des Stifterwillens andererseits .. ein Zielkonflikt [liegt], den die Beteiligten selbst entsprechend ihren Vorstellungen lösen müssen."[726]

Verzichtet der Familienunternehmer jedoch auf die Errichtung einer Komplementär-Stiftung und setzt auf eine Sicherung der Unternehmenskontinuität nach seinem Ableben durch klassische erbrechtliche Auflagen oder die Anordnung einer Testamentsvollstreckung, so kann er nur bedingt Einfluss auf die künftige Geschäftspolitik seiner Nachfolger nehmen: Der Erbende kann die Auflagen des

---

723 Vgl. Götz, Hellmut, Teil II, 1997, hier: S. 653.

724 Vgl. Wachter, Thomas, Steuerrecht, 2001, hier: S. 67 f. Vgl. hierzu auch BVerwG v. 29.11.1990 – VII B 155/90, hier: S. 713.

725 Vgl. z.B. § 5 BerlStiftG; § 11 MecklVorPStiftG; § 7 NdsStiftG sowie § 21 SächsStiftG; vgl. hierzu auch BGH v. 26.04.1976 III ZR 21/74, hier: S. 716 f.

726 Hennerkes, Brun-Hagen/Binz, Mark K./Sorg, Martin H., Stiftung, 1986, hier: S. 2272.

Erblassers umgehen, indem er die Erbschaft ausschlägt und anstelle dieser den Pflichtteil verlangt.[727] Auch eine Dauervollstreckung des Testaments kann keine hinreichende und fortwährende Sicherstellung der Unternehmenskontinuität darstellen, da diese regelmäßig nach 30 Jahren endet, mit der Folge, dass nach Ablauf die Unbeachtlichkeit des Erblasserwillens eintritt.[728] Zudem gilt es zu bedenken, dass der Bestand des Unternehmens nach dem Ableben des Familienunternehmers durch die Pflichtteilsansprüche der Erben akut gefährdet wird. Möglicherweise umfasst die Erbmasse nicht genügend liquide Mittel oder anderes Vermögen als das Betriebsvermögen, sodass die geltend gemachten Ansprüche der Erben erst durch den Verkauf von Betriebsvermögen – gegebenenfalls gar durch die Veräußerung einer wesentlichen Betriebsgrundlage – befriedigt werden können.

Diesen Gefahren kann wirksam begegnet werden, indem der bisherige Familienunternehmer sich für die Rechtsform einer Stiftung & Co. KGaA entscheidet und eine Komplementär-Stiftung errichtet.[729] Wie bereits erwähnt,[730] fällt das der Komplementär-Stiftung zur Verfügung gestellte Vermögen aus der Erbmasse des Stifters heraus, sofern zwischen der Stiftungserrichtung und dem Ableben des Erblassers mindestens zehn Jahre vergangen sind. In diesem Falle beziehen sich die Pflichtteilsansprüche der Erbenden lediglich auf das nach Abzug der gestifteten Vermögenswerte verbleibende Vermögen des Erblassers.[731] Da die Komplementär-Stiftung wiederum das Stiftungsvermögen als Einlage in die (Stiftung & Co.) KGaA einbringen und es damit dem eigentlichen Unternehmensträger zur Verfügung stellen kann,[732] wird die Erwerbsgrundlage des bisherigen Familienunternehmens nicht beeinträchtigt.

Hierbei zeigt sich, dass die Stiftung & Co. KGaA der GmbH & Co. KGaA überlegen ist: Der Ausschluss von Pflichtteilsergänzungsansprüchen nach Ablauf der Zehn-Jahres-Frist wird nur bei Errichtung einer Komplementär-Stiftung, nicht jedoch einer Komplementär-GmbH erreicht. Im Falle einer GmbH & Co. KGaA erhält der bisherige Familienunternehmer für die Übertragung von Betriebs-

---

727 Vgl. § 2307 Abs. 1 S. 1 BGB.

728 Vgl. §§ 2209 f. BGB; hierzu auch Hennerkes, Brun-Hagen/Binz, Mark K./Sorg, Martin H., Stiftung, 1986, hier: S. 2272 sowie Schmitt, Joachim/Götz, Hellmut, Familienstiftung, 1997, hier: S. 12.

729 Alternativ bietet sich die Errichtung einer Stiftung & Co. KG an, da auch hier das gestiftete Vermögen – bei Einhaltung der Zehn-Jahres-Frist – aus der Erbmasse herausfällt.

730 Vgl. hierzu auch die Ausführungen in Kapitel 3.2.2.3.

731 Bei Unterschreiten der Zehn-Jahres-Frist können von den Erben Pflichtteilsergänzungsansprüche i.S.v. § 2325 BGB geltend gemacht werden, die die gestifteten Vermögenswerte in die Erbmasse mit einbeziehen; vgl. hierzu auch die Nachweise in Fn. 276.

732 Vgl. Kapitel 5.2.2.2.

vermögen auf die Komplementär-GmbH Anteile an dieser, mit der Folge, dass nach dem Tod des Unternehmers auch diese GmbH-Anteile – gegebenenfalls mit Auflagen – vererbt werden. Schlagen nun die Erbenden das Erbe aus und fordern ihre Pflichtteilsansprüche ein, so sind möglicherweise für die Erfüllung dieser Ansprüche GmbH-Anteile an fremde Dritte zu veräußern, die damit Einfluss auf das bisherige Familienunternehmen erhielten. Dadurch, dass der bisherige Familienunternehmer keine Gesellschafterrechte an einer Komplementär-Stiftung hält, fällt das Stiftungsvermögen aus der Erbmasse – bei Einhaltung der Zehn-Jahres-Frist – heraus.

In diesem Zusammenhang ist auch ein weiterer, bereits in Kapitel 3.4 angesprochener Aspekt nochmals hervorzuheben: Die Stiftung als eigentümerlose Vermögensmasse vermittelt gerade keine mitgliedschaftsähnlichen Rechte, mit der Folge, dass es keine Anteilseigner gibt, die Einfluss auf die Ausrichtung der Geschäftspolitik nehmen können. Im Gegensatz zur GmbH & Co. KGaA, bei der nach einem Erbgang die GmbH-Anteile in den Händen der nachfolgenden Generation liegen, die damit Einfluss auf die Unternehmenspolitik sowohl der Komplementär-GmbH und als auch der (GmbH & Co.) KGaA nehmen kann, ist bei einer Stiftung & Co. KGaA aufgrund der Eigentümerlosigkeit des Komplementärs die Geschäftsführung im Sinne des ursprünglichen Stifterwillens dauerhaft gewährleistet.[733] In Ermangelung von Anteilseignern der juristischen Person des geschäftsführenden Komplementärs drohen keine Interessenkonflikte mit ausschließlich auf hohe Ausschüttungen fokussierten Erben.

Folglich bietet erst die Integration der einer Stiftung immanenten Vorzüge in die Gesellschaft eine fortwährende Absicherung der Unternehmenskontinuität im Sinne des bisherigen Familienunternehmers.[734] Sowohl die Vermeidung von Pflichtteils- und Pflichtteilsergänzungsansprüchen bei vorausschauender, rechtzeitiger Planung zur Absicherung der Unternehmenssubstanz als auch der

---

[733] Dieses Risiko der GmbH & Co. KGaA wird in der Literatur regelmäßig unterschätzt: Es wird vornehmlich auf die Möglichkeiten hingewiesen, die sich durch eine Dominanz der Familie in der Komplementär-GmbH ergeben, namentlich die Bestimmung des GmbH-Geschäftsführers und damit die Ausrichtung der Unternehmenspolitik nach den von der Familie für richtig gehaltenen Grundsätzen; die Schwierigkeiten, die sich nach einem Erbgang ergeben können, werden hingegen vernachlässigt. Vgl. anstelle vieler nur Hennerkes, Brun-Hagen/May, Peter, Überlegungen, 1988, hier: S. 540 sowie Haase, Karsten, Vorteile, 1997, hier: S. 922 f.

[734] Vgl. hierzu auch Weimar, Robert/Geitzhaus, Georg/Delp, Udo A., Stiftung & Co. KG, 1986, hier: S. 2010, die in der Stiftung & Co. KG die einzige Unternehmensform sehen, die "mit einer vergleichsweise großen Wahrscheinlichkeit gewährleisten kann, dass ein Unternehmen über diverse Erbgänge hinweg, trotz der verschiedenen Möglichkeiten von Zerwürfnissen zwischen den Beteiligten, seine wirtschaftliche Kontinuität bewahrt". Dem ist zuzustimmen, wenngleich einschränkend der Verweis auf die der Stiftung & Co. KG ebenbürtige Stiftung & Co. KGaA anzubringen ist.

Ausschluss von Einwirkungsmöglichkeiten der Unternehmenserben auf die tatsächliche Geschäftsführung ermöglichen es dem bisherigen Familienunternehmer, eine künftige Unternehmensentwicklung in seinem Sinne bestmöglich sicherzustellen.

6. Die Besteuerung der Stiftung & Co. KGaA

6.1 Zur Anwendungsform der Komplementär-Stiftung

6.1.1 Allgemeines

Bevor detailliert auf die Besteuerung der Stiftung & Co. KGaA eingegangen werden kann, ist es zunächst unabdingbar, die spezifische Anwendungsform der Komplementär-Stiftung zu definieren, da sich hieraus gravierende steuerliche Konsequenzen sowohl für den Stifter als auch die Stiftung selbst unmittelbar ergeben. Aufgrund der Beteiligung der Komplementär-Stiftung an der (Stiftung & Co.) KGaA handelt es sich zwangsläufig um eine Beteiligungsträgerstiftung und damit um die Anwendungsform einer Unternehmensstiftung. Dem steht mitnichten entgegen, dass es der Komplementär-Stiftung freisteht, auf den Erwerb von Kommanditaktien der (Stiftung & Co.) KGaA oder die Erbringung einer Einlage zu verzichten; die bloße Übernahme der Haftungs- und Geschäftsführungsfunktion genügt für das Vorliegen einer Beteiligungsträgerstiftung. Die Beteiligung besteht in diesen Fällen nicht in finanzieller Art, sondern im Hinblick auf die Teilnahme an den wirtschaftlichen Risiken und Chancen sowie in der Ausübung der Geschäftsführung der (Stiftung & Co.) KGaA.

Mit der Klassifikation der Komplementär-Stiftung als Beteiligungsträgerstiftung ist jedoch keinesfalls das Vorliegen weiterer Merkmale ausgeschlossen, die zugleich die Anwendungsform der gemeinnützigen Stiftung oder die der Familienstiftung indizieren. So weist Pöllath zu Recht darauf hin, dass es "keinen 'natürlichen' Gegensatz zwischen Unternehmensstiftung und gemeinnütziger Stiftung"[735] gebe. Für zahlreiche Unternehmer stelle ihre unternehmerische Betätigung auch eine Betätigung zum Gemeinwohl dar, sodass sie in der Errichtung einer gemeinnützigen Unternehmensstiftung die logische Fortsetzung ihres Unternehmenswillens sehen.[736] Eine regulär steuerpflichtige Unternehmensträger- oder Beteiligungsträgerstiftung wird zu einer gemeinnützigen Unternehmensträger- oder Beteiligungsträgerstiftung, sofern der Stifter in der Stiftungssatzung bestimmt, dass die Unternehmenserträge ausschließlich und unmittelbar gemeinnützigen, mildtätigen oder kirchlichen Zwecken zufließen

---

[735] Pöllath, Reinhard, Handbuch, 1999, hier: § 13, Rz. 196.
[736] Vgl. Pöllath, Reinhard, Handbuch, 1999, hier: § 13, Rz. 197.

sollen.[737] Auch der Komplementär-Stiftung einer Stiftung & Co. KGaA steht dieser Weg offen, sofern in der Stiftungssatzung bestimmt ist, dass die durch die Haftungs- und Geschäftsführungsvergütung vereinnahmten Mittel ebendiesen Zwecken zufließen sollen.[738] Die Übernahme der Position des Vollhafters in der (Stiftung & Co.) KGaA dient folglich als Dotationsquelle zur Erfüllung der steuerbegünstigten Stiftungszwecke.[739]

Dass eine Unternehmensstiftung zugleich die Anwendungsform einer Familienstiftung aufweisen kann, ist nahe liegend und stellt in der Praxis einen häufig anzutreffenden Fall dar. Durch die Beteiligung an einer Personen- oder Kapitalgesellschaft soll das Vermögen der Stiftung gemehrt werden, deren Destinatäre überwiegend[740] Mitglieder der Stifterfamilie sind.[741] Doch selbst eine auf das Wohl der Familie des Stifters ausgerichtete Unternehmensstiftung kann unter bestimmten Umständen die Anforderungen erfüllen, die die Abgabenordnung an die Verfolgung steuerbegünstigter Zwecke knüpft: Auch wenn die Stiftungserträge gemäß § 51 S. 1 AO ausschließlich und unmittelbar gemeinnützigen, mildtätigen oder kirchlichen Zwecken zukommen müssen, so sieht der Gesetzgeber doch eine angemessene Unterstützung des Stifters sowie dessen Angehörige mit bis zu einem Drittel der Stiftungserträge als steuerlich unschädliche Betätigung an.[742]

Diese *'Freigrenze'* bestimmt den Spielraum, innerhalb dessen die Anwendungsform einer gemeinnützigen Unternehmensstiftung, die überwiegend im Interesse einer bestimmten Familie betrieben wird, vorliegt.[743] Eine derartige Kombina-

---

737 Vgl. § 51 S. 1 AO.

738 Gleiches gilt auch für die möglicherweise erzielten Dividenden aus den Kommanditaktien und den Gewinnen, die der Komplementär-Stiftung aus einer etwaigen Kapitaleinlage zufließen.

739 Vgl. hierzu auch die Ausführungen in Kapitel 3.1.4.3.

740 Wie in Kapitel 3.1.4.2 ausgeführt, geht die Finanzverwaltung vom Vorliegen einer Familienstiftung aus, sofern die Stiftungserträge zu mehr als der Hälfte dem Stifter, seinen Angehörigen und deren Nachkommen zugute kommen; verfügen diese über einen maßgeblichen Einfluss auf die Geschäftsführung der Stiftung, sodass von einem wesentlichen Familieninteresse auszugehen ist, genügt bereits eine Bezugs- oder Anfallsberechtigung i.H.v. 25 v.H. der Stiftungserträge.

741 Unternehmensträgerstiftungen werden im Folgenden aufgrund ihrer geringen praktischen Bedeutung vernachlässigt; vgl. hierzu auch die Ausführungen in Kapitel 3.1.4.3.2.

742 Vgl. § 58 Nr. 5 AO.

743 Vgl. Schiffer, K. Jan/Schubert, Michael von, Unternehmensnachfolger, 2001, hier: S. 440; Schwarz, Günter Christian, Instrument, 2001, hier: S. 2387 f. sowie Leisner, Walter Georg, Familienstiftung, 2005, hier: S. 2434 f. Hennerkes/Binz/Sorg weisen jedoch zu Recht darauf hin, dass im Bereich von Familienunternehmen nur selten gemeinnützige Stiftungen existieren, da der Unternehmer "in der Regel [...] die Früchte seiner Arbeit nicht der Allgemeinheit, sondern seiner Familie zugute kommen lassen"

tion aller drei Anwendungsformen ergibt sich bei der Verfolgung steuerbegünstigter Zwecke unter gleichzeitiger Ausschöpfung des Rahmens, den die steuerlich unschädliche Betätigung in Form der Unterstützung des Stifters und seiner Angehörigen in Höhe eines Drittels der Stiftungserträge setzt; verfügen der Stifter oder seine nächsten Angehörigen zudem über einen maßgeblichen Einfluss auf die Stiftung, sodass von einem *'wesentlichen Familieninteresse'* auszugehen ist,[744] genügt – wie vorstehend erwähnt – bereits eine Bezugs- oder Anfallsberechtigung von 25 v.H. der Stiftungserträge, damit eine Familienstiftung vorliegt. Eine dergeartete gemeinnützige Familienstiftung, die zudem Beteiligungen an Personen- oder Kapitalgesellschaften hält, erfüllt folglich die jeweiligen Kriterien sämtlicher Anwendungsformen. Besteht diese Unternehmensbeteiligung wiederum in der Übernahme der Position des persönlich haftenden Gesellschafters in einer (Stiftung & Co.) KGaA, so handelt es sich de facto um eine steuerbegünstigte Zwecke verfolgende und wesentlich im Interesse einer Familie betriebene Komplementär- und damit Beteiligungsträgerstiftung.

6.1.2 Komplementär-Stiftung als Familienstiftung?

Auch wenn somit die Verknüpfung der Komplementär-Stiftung mit einer starken Familienkomponente respektive der Verfolgung gemeinnütziger Zwecke grundsätzlich möglich ist, so stellt sich doch die Frage der daraus jeweils resultierenden Vorteilhaftigkeit. Zu untersuchen sind zunächst einmal die Konsequenzen, die sich aus der Ausgestaltung der Komplementär-Stiftung der Stiftung & Co. KGaA als Familienstiftung ergeben. Hierzu zählt an erster Stelle die weitgehende Befreiung von der laufenden Stiftungsaufsicht, die in den meisten Bundesländern für Familienstiftungen greift.[745] Indem die Stiftung von der staatlichen Überwachung befreit ist, kann sie ihren Aufgaben – vornehmlich der Übernahme der Geschäftsführung in der (Stiftung & Co.) KGaA – ungehindert nachgehen. Der Kritikpunkt, der gegenüber der Unternehmensträgerstiftung regelmäßig hervorgebracht wird, dass nämlich durch die staatliche Stiftungsaufsicht die Unternehmensführung zu sehr beeinträchtigt wird und nicht flexibel genug auf marktliche Veränderungen reagieren kann,[746] könnte auf den ersten Blick auch bei einer Komplementär-Stiftung greifen und erst durch die Ausgestaltung als Familienstiftung umgangen werden.

---

möchte; Hennerkes, Brun-Hagen/Binz, Mark K./Sorg, Martin H., Rechtsform, 1986, hier: S. 2219; a.A. Pöllath, Reinhard, Handbuch, 1999, hier: § 13, Rz. 196 f.

744 Vgl. FinMin Niedersachsen, Erl. v. 06.12.1983 – S 3800 – 74 – 34, hier: S. 23.

745 Vgl. z.B. § 13 Abs. 2 BadWürttStiftG; § 17 S. 2 BremStiftG; § 21 Abs. 2 HessStiftG; § 10 Abs. 2 NdsStiftG; § 27 RhPfStiftG sowie § 19 SchlHolStiftG.

746 Vgl. hierzu auch die Ausführungen in Kapitel 3.1.4.3.2.

Zu bedenken ist hierbei indes die Tatsache, dass zum einen die Stiftungsaufsicht als reine Rechtsaufsicht ausgestaltet ist und sich auf die Einhaltung der Stiftungssatzung und der relevanten Gesetzesbestimmungen beschränkt; es findet keine Beurteilung der vom Stiftungsvorstand ergriffenen Maßnahmen zur Erfüllung des Stiftungszweckes statt.[747] Zum anderen ist die (Stiftung & Co.) KGaA der eigentliche Unternehmensträger und damit Ort des wirtschaftlichen Geschehens, der gerade nicht mehr in den Bereich der staatlichen Aufsicht fällt. Insofern hängt das Ausmaß der Beeinträchtigung einer ungehinderten Geschäftspolitik durch die Stiftungsaufsichtsbehörde entscheidend von der Formulierung der Satzung der Komplementär-Stiftung ab: Ist dort lediglich verankert, dass die Stiftung die Geschäfte der (Stiftung & Co.) KGaA führt und für deren Verbindlichkeiten mit ihrem Stiftungsvermögen einzutreten hat, so liegt de facto keine Beeinträchtigung der eigentlichen Geschäftstätigkeit durch die staatliche Überwachung vor. In diesem Falle wären beispielsweise selbst strukturelle Maßnahmen wie ein Branchenwechsel der Stiftung & Co. KGaA oder eine Fusion ohne Zustimmung der Stiftungsaufsichtsbehörde zulässig.[748] Der Befreiung von der laufenden Stiftungsaufsicht wäre eine nur geringe Entlastungswirkung beizumessen.

Anders verhält es sich hingegen, sofern die Stiftungssatzung detaillierte Bestimmungen über die Vornahme der Geschäftstätigkeit beinhaltet. Aufgrund der weit reichenden Stifterfreiheit, die es dem Stifter ermöglicht, in der Satzung zu verankern, dass der Stiftungsvorstand beispielsweise vorstehend genannten strukturellen Maßnahmen seine Zustimmung zu versagen hat, kommt der überwachenden Tätigkeit der Stiftungsaufsichtsbehörde bei einer restriktiven Stiftungssatzung deutlich größere Bedeutung zu. Ohne ihre Genehmigung sind entsprechende Eingriffe ausgeschlossen, mit der Folge, dass sich die Komplementär-Stiftung mit derselben Problematik wie eine Unternehmensträgerstiftung konfrontiert sieht.

In diesem Falle wäre die Befreiung von der Stiftungsaufsicht tatsächlich ein deutlicher Vorteil, der durch eine Ausgestaltung als Familienstiftung erzielbar wäre.[749] Dem Stiftungsvorstand würde so ein ausreichender Entscheidungsspiel-

---

747 Vgl. hierzu auch die Ausführungen in Kapitel 3.1.2.1.

748 Bei Unternehmensträgerstiftungen erfordern derartige Maßnahmen regelmäßig die Zustimmung der Stiftungsaufsichtsbehörde, die dabei die starre Bindung der Geschäftspolitik an den Stifterwillen zu berücksichtigen hat; schließt die Stiftungssatzung bspw. einen Branchenwechsel aus, hat die Stiftungsaufsichtsbehörde ihre Zustimmung zu versagen; vgl. hierzu auch Reuter, Dieter, Stiftungsabhängigkeit, 1973, hier: S. 242 sowie Fasselt, Martin, Beteiligungsstiftung, 1989, hier: S. 56-59.

749 Wie bereits in Kapitel 3.1.4.2 ausgeführt, findet die weitgehende oder gar vollständige Befreiung von der Stiftungsaufsicht ihre Rechtfertigung in dem regelmäßig engen Bezug

raum eingeräumt, innerhalb dessen er die Geschäftspolitik der Stiftung & Co. KGaA bestimmen könnte. Um eine Beachtung des Stifterwillens auch bei der laufenden Geschäftsführung zu gewährleisten, käme ein stiftungsinternes Kontrollorgan in Betracht, welches zeitnah die vom Stiftungsvorstand ergriffenen Maßnahmen auf ihre Vereinbarkeit mit der Stiftungssatzung überprüfen könnte.[750] Einzig Maßnahmen, die eine Änderung der Stiftungssatzung oder gar die Aufhebung der Komplementär-Stiftung bedingen würden, bedürften – ungeachtet der Befreiung von der staatlichen Überwachung der laufenden Geschäftspolitik – der Zustimmung der Stiftungsaufsichtsbehörde.[751] Allerdings ist es dem Stifter freigestellt, in der Stiftungssatzung einen Verzicht auf die Befreiung von der staatlichen Überwachung der laufenden Geschäftstätigkeit zu verankern, um die Einhaltung seines erklärten Willens umfassend abzusichern; die Nachteile einer nur eingeschränkten Geschäftsführungsautonomie des Stiftungsvorstandes müssen hierbei jedoch in Kauf genommen werden.[752]

Zu bedenken ist jedoch der nicht zu vernachlässigende Nachteil, der mit der Klassifizierung der Komplementär-Stiftung als Familienstiftung im Sinne der Finanzverwaltung und des Steuerrechts einhergeht: Während bei Stiftungen ohne Familienbezug das einmal eingebrachte Stiftungsvermögen "auf ewig"[753] erbschaft- und schenkungsteuerfrei verbleibt, greift bei Familienstiftungen die bereits erwähnte Erbersatzsteuer, die in Zeitabständen von jeweils 30 Jahren einen fiktiven Generationenwechsel unterstellt und das gesamte Stiftungsvermögen der Erbschaft- und Schenkungsteuer unterwirft.[754] Auch wenn der Gesetzgeber durch die Möglichkeit der Verrentung der Steuerschuld über einen Zeitraum von 30 Jahren die stichtagsbezogene Belastung des Stiftungsvermögens mit Erbschaft- und Schenkungsteuer abmildert,[755] so kommt es doch zu einer deutlichen Schlechterstellung der Familienstiftungen, die diese Anwen-

---

der Stiftungsorgane zur Familie des Stifters, der eine staatliche Überwachung entbehrlich macht.

750 In eine solche Richtung weist insbesondere die Bestimmung in § 14 Abs. 2 S. 2 HambAGBG.

751 Vgl. grundlegend Wachter, Thomas, Steuerrecht, 2001, hier: S. 146.

752 Sofern der Stifter selbst als Stiftungsvorstand fungiert, erscheint eine Befreiung von der Stiftungsaufsicht sinnvoll; eine spätere Aufhebung der Befreiung bei Ausscheiden des Stifters aus dem Stiftungsvorstand kann indes in der Stiftungssatzung verankert werden.

753 Hennerkes, Brun-Hagen, Alternative, 1984/1985, hier: S. 116.

754 Vgl. hierzu die Ausführungen in Kapitel 3.3.3.1.5.

755 Vgl. § 24 ErbStG sowie Rose, Gerd/Glorius-Rose, Cornelia, Unternehmen, 2001, hier: S. 83.

dungsform gegenüber Nicht-Familienstiftungen weitestgehend unattraktiv macht.[756]

Zu fragen ist an dieser Stelle, ob es vor dem Hintergrund dieses Nachteils im Falle einer Stiftung & Co. KGaA überhaupt eine Veranlassung für die Ausgestaltung der Komplementär-Stiftung als Familienstiftung gibt. Vornehmliches Motiv für die Errichtung einer Stiftung dieser Anwendungsform ist die finanzielle Absicherung des Stifters, seiner Familie und deren Abkömmlinge, indem diese als Destinatäre bestimmt werden und somit in den Genuss der Stiftungserträge gelangen, ohne jedoch Einfluss auf die Geschäftsführung zu erhalten. Bestünde eine Möglichkeit, diese Personengruppe auf anderem Wege finanziell zu unterstützen und damit nicht in den Anwendungsbereich der Erbersatzsteuer zu fallen, so hätte dies die steuerliche Entlastung der Komplementär-Stiftung und damit der Stiftung & Co. KGaA in toto zur Folge.[757]

Die Rechtsformkonstruktion einer Stiftung & Co. KGaA ermöglicht gerade eine derartige Gestaltung:[758] Werden sowohl der Stifter als auch seine Angehörigen und deren Abkömmlinge bereits über Kommanditaktien an der Stiftung & Co. KGaA beteiligt und damit finanziell abgesichert, so besteht kein Anlass, sie auch als Bezugsberechtigte der Komplementär-Stiftung zu benennen. Letztere ist folglich nicht als Familienstiftung und damit auch nicht als eine der Erbersatzsteuer unterworfene Anwendungsform zu klassifizieren. Die von der Stiftung vereinnahmten Mittel durch die Übernahme der Haftung[759] sowie aus einer etwaigen finanziellen Beteiligung an der (Stiftung & Co.) KGaA können bei der Stiftung als persönlich haftendem Gesellschafter thesauriert werden. Als letztlich Begünstigte der Komplementär-Stiftung sollte die (Stiftung & Co.)

---

756 Vgl. z.B. Oertzen, Christian von, Renaissance, 1997, hier: S. 103-105. Die Möglichkeit einer günstigeren Steuerklasse bei der Errichtung der Komplementär-Stiftung vermag diesen Nachteil nicht aufzuheben; vgl. hierzu auch die Ausführungen in Kapitel 6.2.3.

757 Anzumerken ist an dieser Stelle allerdings, dass die Komplementär-Stiftung in aller Regel nur mit einem geringen Vermögen ausgestattet wird, sofern sie lediglich die Stellung des Vollhafters innehat, sodass die Erbersatzsteuerbelastung nur gering ist oder aufgrund des Freibetrags des § 15 Abs. 2 S. 3 ErbStG i.V.m. § 16 Abs. 1 Nr. 2 ErbStG i.H.v. 410.000 € gänzlich entfällt; vgl. Schulze zur Wiesche, Dieter, Unternehmensform, 1988, hier: S. 134 sowie Hennerkes, Brun-Hagen/Schiffer, K. Jan, Regelung, 1992, hier: S. 1943, die sich in ihren Ausführungen jedoch auf die Stiftung & Co. KG beziehen, sowie – mit einem Beispiel zu der Freibetragsregelung der Erbersatzsteuer – Oertzen, Christian von, Renaissance, 1997, hier: S. 104.

758 Nachfolgendes gilt im Übrigen auch für die Stiftung & Co. KG.

759 Der Geschäftsführervergütung, die die Komplementär-Stiftung von der (Stiftung & Co.) KGaA erhält, wird in aller Regel das dem Stiftungsvorstand gewährte Entgelt größengleich gegenüber stehen, sodass es sich hierbei um einen erfolgsneutralen Posten der Komplementär-Stiftung handelt; vgl. hierzu auch die Ausführungen in Kapitel 6.3.3.1.

KGaA als eigentlicher Unternehmensträger eingesetzt werden.[760] Dabei ist es sinnvoll, dass die Stiftungssatzung bestimmt, der (Stiftung & Co.) KGaA beispielsweise bei der Vornahme größerer Investitionen die thesaurierten Gewinne in Form von Destinaten zur Verfügung zu stellen, um auf diese Weise das langfristige Wachstum der Gesellschaft zu unterstützen.

Demzufolge ist die Anwendungsform einer Familienstiftung für die Komplementär-Stiftung entbehrlich. In Kauf zu nehmen ist bei dieser Gestaltung allerdings die reguläre Überwachung der Komplementär-Stiftung durch die Stiftungsaufsichtsbehörde, die jedoch durch allgemein gehaltene Formulierungen in der Stiftungssatzung auf ein verantwortbares Maß reduziert werden kann. Daher ist es dem Stifter anheim gestellt, zwischen einer rigiden Vorgabe der Unternehmenspolitik in der Stiftungssatzung und dem Belassen einer gewissen unternehmerischen Flexibilität bei der Komplementär-Stiftung abzuwägen.[761]

6.1.3 Gemeinnützigkeit der Komplementär-Stiftung?

Neben der Anwendungsform einer Familienstiftung kommt auch diejenige einer steuerbegünstigte Zwecke verfolgenden Komplementär-Stiftung in Betracht. Vor dem Hintergrund der umfangreichen Steuervergünstigungen, die gemeinnützigen Stiftungen in zahlreichen Einzelsteuergesetzen gewährt werden,

---

760 Diesen Weg schlagen – allerdings in Bezug auf die Stiftung & Co. KG – sowohl Hennerkes als auch Weimar/Geitzhaus/Delp vor, die damit die Komplementär-Stiftung als Finanzierungsinstrument für die Zwecke des Unternehmensträgers einsetzen möchten; vgl. Hennerkes, Brun-Hagen, Alternative, 1984/1985, hier: S. 116 sowie Weimar, Robert/Geitzhaus, Georg/Delp, Udo A., Stiftung & Co. KG, 1986, hier: S. 2005. A.A. Wachter, Thomas, Steuerrecht, 2001, hier: S. 132, der die (Stiftung & Co.) KG als Destinatär der Komplementär-Stiftung ablehnt und damit eine *'Einheits-Stiftung & Co. KG'* als nicht zulässig erachtet.

761 Eine interessante Kombination der hier vorgestellten Alternativen – von der Stiftungsaufsicht befreite Familienstiftung versus von der Erbersatzsteuer befreite Nicht-Familienstiftung – ließe sich wie folgt organisieren: Der Stifter übernimmt in der Komplementär-Stiftung die Position des Stiftungsvorstandes und setzt sich selbst als Destinatär ein; seine Angehörigen und deren Abkömmlinge werden über die Kommanditaktien finanziell versorgt. Damit liegt eine Familienstiftung vor, die von der Stiftungsaufsicht bereit ist, sodass der Stifter weitestgehend autonom die Geschäftsführung der Stiftung & Co. KGaA ausführen kann. In der Stiftungssatzung ist darüber hinaus vorgesehen, dass mit dem Ableben des Stifters die (Stiftung & Co.) KGaA als Destinatär eingesetzt wird, mit der Folge, dass es sich ab diesem Zeitpunkt nicht mehr um eine Familienstiftung handelt, woraus die umfassende Stiftungsaufsicht resultiert. Verscheidet der Stifter nun vor Ablauf der 30-jährigen Frist, die § 1 Abs. 1 Nr. 4 ErbStG setzt, so fällt keine Erbersatzsteuer an, da es sich hierbei um eine stichtagsbezogene Steuerpflicht handelt; vgl. hierzu auch die Ausführungen in Fn. 465.

erscheint dies auf den ersten Blick besonders erstrebenswert.[762] Bei näherer Betrachtung jedoch wird ersichtlich, dass eine Komplementär-Stiftung in der überwiegenden Anzahl der Fälle gar nicht in den Genuss der Steuervergünstigungen gelangen kann. Selbst wenn sie aufgrund der Stiftungssatzung dazu verpflichtet ist, die von ihr vereinnahmten Mittel steuerbegünstigten Zwecken i.S.d. §§ 52-54 AO zukommen zu lassen, so unterliegt die Komplementär-Stiftung – ungeachtet dessen – mit ihren Einkünften aus einem wirtschaftlichen Geschäftsbetrieb der regulären Steuerpflicht, und genau um derartige Einkünfte handelt es sich sowohl bei einer etwaig erzielten Geschäftsführungs- und Haftungsvergütung als auch bei den Einkünften aus einer möglichen Einlage bei der (Stiftung & Co.) KGaA oder den von ihr gehaltenen Kommanditaktien.[763]

Der in Kapitel 3.3.3.1.1 erläuterten Sphärenbetrachtung gemeinnütziger Stiftungen liegt die Intention zugrunde, die Steuerbefreiungen nur den Sphären des ideellen Bereichs, der Vermögensverwaltung und des Zweckbetriebes zu gewähren, nicht jedoch einem wirtschaftlichen Geschäftsbetrieb, der anderen regulär steuerpflichtigen Wettbewerbern gleichzustellen ist. Die Beteiligung an einer Kapitalgesellschaft wird zwar grundsätzlich der Sphäre der Vermögensverwaltung zugeordnet, jedoch gilt dies nur, solange die gemeinnützige Stiftung keinen entscheidenden Einfluss auf die tatsächliche Geschäftsführung der Gesellschaft nehmen kann; andernfalls nimmt sie selbst am allgemeinen wirtschaftlichen Verkehr teil, mit der Folge, dass die Beteiligung der Sphäre des wirtschaftlichen Geschäftsbetriebes zuzuweisen ist.[764]

In der Literatur finden sich in diesem Zusammenhang mitunter Empfehlungen, den für die Gemeinnützigkeit schädlichen Einfluss der mehrheitlich an einer Kapitalgesellschaft beteiligten Stiftung durch das Halten stimmrechtsloser Anteile oder durch die Vermeidung einer personenidentischen Besetzung von Stiftungsvorstand und geschäftsführendem Organ der Kapitalgesellschaft auszuschließen, da es somit nicht zu einer Beteiligung am allgemeinen wirtschaft-

---

762 Zu den Steuervergünstigungen aufgrund der Verfolgung steuerbegünstigter Zwecke vgl. die Ausführungen in Kapitel 3.3.

763 So auch Rose, Gerd/Glorius-Rose, Cornelia, Unternehmen, 2001, hier: S. 96.

764 Vgl. Götz, Hellmut, Teil I, 1997, hier: S. 621; Boochs, Wolfgang, Steuerhandbuch, 2001, hier: S. 342 sowie Buchna, Johannes, Gemeinnützigkeit, 2003, hier: S. 212 f.; vgl. hierzu auch die Ausführungen in Kapitel 3.1.4.3.3 und Kapitel 3.3.3.1.1.3. Ausführlich zur Abgrenzung der Vermögensverwaltung von einem wirtschaftlichen Geschäftsbetrieb bei Mehrheitsbeteiligung einer steuerbegünstigten Körperschaft an einer Kapitalgesellschaft z.B. Roolf, Willy J., Beteiligung, 1985, hier: S. 1157; Schick, Stefan, Beteiligung, 1985, hier: S. 1812-1814; Lex, Peter, Mehrheitsbeteiligung, 1997, hier: S. 349-352 sowie Schick, Stefan, Körperschaft, 1999, hier: S. 1188 f.

lichen Verkehr komme.[765] Dem ist zuzustimmen, wenngleich dies in dem hier betrachteten Falle einer Stiftung & Co. KGaA keine Gestaltungsmöglichkeit zur Vermeidung des Vorliegens eines wirtschaftlichen Geschäftsbetriebes und damit der regulären Steuerpflicht darstellt. Der BFH und die Finanzverwaltung stellen bei der Sphärenzuordnung vielmehr auf das Kriterium einer maßgeblichen Einflussnahme der gemeinnützigen Körperschaft auf die tatsächliche Geschäftsführung der Kapitalgesellschaft ab.[766] Gerade diese ist jedoch bei der Komplementär-Stiftung einer Stiftung & Co. KGaA unabdingbar gegeben, da gemäß § 278 Abs. 2 AktG i.V.m. § 164 S. 1 HGB ausschließlich der persönlich haftende Gesellschafter zur Geschäftsführung in der KGaA befugt ist.[767] Daraus resultiert unmittelbar die zwingende Einstufung der Beteiligung der Komplementär-Stiftung an der (Stiftung & Co.) KGaA in die Sphäre des steuerpflichtigen wirtschaftlichen Geschäftsbetriebes.[768]

Zurückkommend zu der eingangs geäußerten Vermutung, die Verfolgung steuerbegünstigter Zwecke sei auch im Falle einer Komplementär-Stiftung erstrebenswert, zeigt sich nunmehr, dass durch die Gemeinnützigkeit keine spezifischen Steuerbefreiungen – im Hinblick auf die Betätigung der Komplementär-Stiftung als Vollhafter einer (Stiftung & Co.) KGaA – greifen. Damit sollen keinesfalls Steuerbefreiungen für weitere Betätigungen der Komplementär-Stiftung, die gegebenenfalls den drei steuerbegünstigten Sphären zuzurechnen sind, ausgeschlossen werden; es gilt jedoch festzuhalten, dass die von der Stiftung vereinnahmten Mittel aus ihrer Stellung als Komplementär unabdingbar der regulären Steuerpflicht unterliegen.[769]

---

765 Vgl. z.B. Hennerkes, Brun-Hagen/Binz, Mark K./Sorg, Martin H., Rechtsform, 1986, hier: S. 2220; Schwarz, Günter Christian, Instrument, 2001, hier: S. 2388 sowie Wachter, Thomas, Steuerrecht, 2001, hier: S. 88.

766 Vgl. BFH v. 30.06.1971 I R 57/70, hier: S. 754. Dieses Urteil hat Eingang gefunden sowohl in den Anwendungserlass zur Abgabenordnung als auch in die Körperschaftsteuerrichtlinien; vgl. AEAO Nr. 3 S. 4 zu § 64 Abs. 1 AO sowie Abschn. 8 Abs. 5 S. 4 KStR.

767 Vgl. Schaumburg, Harald/Schulte, Christoph, Recht, 2000, hier: S. 10.

768 Gleiches gilt grundsätzlich auch für die Zuordnung der Einkünfte der Komplementär-Stiftung einer gewerblich tätigen Stiftung & Co. KG; vgl. hierzu auch Hennerkes, Brun-Hagen/Binz, Mark K./Sorg, Martin H., Stiftung, 1986, hier: S. 2273 sowie Schwarz, Günter Christian, Instrument, 2001, hier: S. 2388.

769 Dass die Verfolgung steuerbegünstigter Zwecke der Komplementär-Stiftung eine positive Außenwirkung entfalten und damit speziell unter Marketinggesichtspunkten erstrebenswert sein mag, soll hier nicht weiter vertieft werden.

6.2 Gründungsbesteuerung

6.2.1 Errichtung der Stiftung & Co. KGaA

Die Gründung der Stiftung & Co. KGaA vollzieht sich regelmäßig in zwei Phasen: Zunächst ist eine Stiftung zu errichten, in deren Satzung bereits die Übernahme der Komplementärstellung in der neu zu gründenden (Stiftung & Co.) KGaA fixiert ist;[770] in der zweiten Phase beschließt diese Stiftung mit den künftigen Kommanditaktionären – im Falle einer familienbezogenen Stiftung & Co. KGaA sind dies die finanziell abzusichernden Personengruppen, also vornehmlich der Stifter, seine Angehörigen und deren Abkömmlinge – gemäß § 280 AktG die Satzung der Stiftung & Co. KGaA.[771]

Die Gründung der Stiftung erfordert ein Stiftungsgeschäft und die Anerkennung vonseiten der zuständigen Stiftungsaufsichtsbehörde.[772] Seit dem Inkrafttreten des Gesetzes zur Modernisierung des Stiftungsrechts am 01. September 2002 besteht unter den Voraussetzungen des § 80 Abs. 2 BGB – wie oben ausgeführt[773] – ein bundeseinheitlicher Rechtsanspruch auf Anerkennung, sodass nunmehr die Rechtsunsicherheit bei der Errichtung einer Stiftung, deren einzige Betätigung in der Übernahme der Haftungs- und Geschäftsführungsfunktion in einer Stiftung & Co. KGaA besteht, deutlich reduziert ist. Da eine *'Vorstiftung'* nicht existiert, kann erst nach der staatlichen Anerkennung der Komplementär-Stiftung die (Stiftung & Co.) KGaA gegründet werden.[774] Hierbei wird die Komplementär-Stiftung durch ihren Vorstand vertreten, da

---

770 Die Umwandlung einer Stiftung in eine Stiftung & Co. KGaA ist nicht möglich, da Erstere kein nach § 191 Abs. 1 UmwG in den Rechtsformwechsel einbezogener Rechtsträger ist; vgl. Hennerkes, Brun-Hagen/Schiffer, K. Jan, Stiftungsrecht, 2001, hier: S. 205 f. sowie Schwarz, Günter Christian, Instrument, 2001, hier: S. 2389. Möglich ist daneben nur die Ausgliederung eines von einer rechtsfähigen Stiftung betriebenen Unternehmens gemäß §§ 161-167 UmwG; vgl. ausführlich hierzu Wachter, Thomas, Steuerrecht, 2001, hier: S. 247-261.

771 Handelt es sich hingegen um eine bereits bestehende Personen- oder Kapitalgesellschaft, die durch Formwechsel in eine Stiftung & Co. KGaA umgewandelt werden soll, so muss der Beitritt der Stiftung als persönlich haftender Gesellschafter ebenfalls notariell beurkundet werden; zudem hat die Komplementär-Stiftung die Satzung der (Stiftung & Co.) KGaA zu genehmigen; vgl. §§ 221 und 240 Abs. 2 UmwG.

772 Vgl. § 80 Abs. 1 BGB.

773 Vgl. Kapitel 4.1.

774 Dies unterscheidet die Stiftung & Co. KGaA von der GmbH & Co. KGaA, da bei Letzterer bereits eine Vor-GmbH mit den Kommanditaktionären der (GmbH & Co.) KGaA deren Satzung beschließen kann.

dieser die Geschäfte der Stiftung führt und sie nach außen vertritt.[775] Die Satzung der Stiftung & Co. KGaA ist schließlich durch einen notariellen Vertrag, der den inhaltlichen Anforderungen des § 281 AktG genügen muss, zu beurkunden.[776]

6.2.2 Ertragsteuerliche Konsequenzen

Im Hinblick auf die ertragsteuerlichen Konsequenzen der Gründung einer Stiftung & Co. KGaA ist zwischen der Vermögensausstattung der Komplementär-Stiftung und der Vermögensausstattung der (Stiftung & Co.) KGaA zu differenzieren. Bei Ersterer profitiert der Stifter zunächst einmal von der Übertragung von Vermögen auf die Komplementär-Stiftung, sofern diese steuerbegünstigte Zwecke i.S.d. §§ 52-54 AO verfolgt, da er in diesem Falle in den Genuss der umfangreichen Sonderausgabenabzugsregelungen gelangt.[777] In aller Regel wird die Komplementär-Stiftung – wie vorstehend erläutert[778] – jedoch nicht als gemeinnützige Stiftung ausgestaltet sein, sodass die vom Gesetzgeber eingeräumten Steuervorteile für den Stifter entfallen. Dieser Aspekt verliert allerdings erheblich an Gewicht, wenn man bedenkt, dass im Gegenzug die Stiftungserträge in vollem Umfange im Unternehmen[779] und damit letztlich im Kreise der Anteilseigner verbleiben können, wohingegen bei gemeinnützigen Stiftungen ein Großteil der Stiftungserträge für die Erfüllung der steuerbegünstigten Zwecke verwendet werden muss.[780] Zudem gilt es zu bedenken, dass die Komplementär-Stiftung zumeist mit einem nur geringen Stiftungsvermögen ausgestattet wird, welches den quantitativen Anforderungen der Stiftungsaufsichtsbehörde genügt und darüber hinaus eine angemessene Ausübung der Geschäftsführungs- und Haftungsfunktion zu gewährleisten

---

775 Vgl. Weimar, Robert/Geitzhaus, Georg/Delp, Udo A., Stiftung & Co. KG, 1986, hier: S. 2004 sowie Wachter, Thomas, Steuerrecht, 2001, hier: S. 132, die sich in ihren Ausführungen jedoch auf die Gründung einer Stiftung & Co. KG beziehen.

776 Vgl. § 280 Abs. 1 S. 1 AktG; vgl. hierzu auch Hesselmann, Malte, Zulässigkeit, 1988, hier: S. 474.

777 Bei körperschaftsteuerpflichtigen Stiftern greifen hingegen die Vorschriften über abziehbare Aufwendungen i.S.d. § 9 Abs. 1 Nr. 2 KStG; bei der Gewerbesteuer findet eine Kürzung gemäß § 9 Nr. 5 GewStG statt; vgl. hierzu ausführlich auch Kapitel 3.3.2.1.1.

778 Vgl. Kapitel 6.1.3.

779 Dies gilt, sofern die (Stiftung & Co.) KGaA als Destinatär der Komplementär-Stiftung benannt wird; bei einer als Familienstiftung ausgestalteten Komplementär-Stiftung fließen die Stiftungserträge hingegen den jeweiligen Familienangehörigen unmittelbar zu; vgl. hierzu auch die Ausführungen in Kapitel 6.1.2.

780 Maximal ein Drittel des Stiftungseinkommens darf dem Stifter und seinen nächsten Angehörigen zufließen; vgl. § 58 Nr. 5 AO i.V.m. § 56 AO sowie Fleischmann, Michael, Anmerkungen, 2002, hier: S. 420.

vermag.[781] Folglich kommt dem Sonderausgabenabzug des Stifters von vornherein nur nachrangige Bedeutung zu.

Wichtiger im Zusammenhang mit der Vermögensausstattung der Komplementär-Stiftung sind indes die Rechtsfolgen, die sich speziell bei der Übertragung von Betriebsvermögen ergeben. Während Privatvermögen ertragsteuerneutral der Stiftung übertragen werden kann,[782] ist bei der unentgeltlichen Übertragung von Betriebsvermögen auf eine nichtgemeinnützige Stiftung zu differenzieren, ob der Stifter einzelne Wirtschaftsgüter aus seinem Betriebsvermögen überträgt oder ob es sich um einen Betrieb, Teilbetrieb[783] oder Mitunternehmeranteil handelt.[784] In ersterem Falle handelt es sich um eine Entnahme, die – soweit der Teilwert den Buchwert übersteigt – zwingend zu einer Gewinnrealisierung führt.[785] Wird hingegen ein Betrieb, Teilbetrieb oder Mitunternehmeranteil unentgeltlich auf eine Stiftung übertragen, so ist die Stiftung an die Fortführung der ursprünglichen Buchwerte gebunden,[786] mit der Folge, dass insoweit keine Ertragsteuern anfallen; die enthaltenen stillen Reserven werden nicht aufgedeckt, sondern auf die Komplementär-Stiftung übertragen.[787]

Im Sinne einer anzustrebenden Minimierung der Ertragsteuerbelastung empfiehlt es sich daher, die Komplementär-Stiftung entweder mit Privatvermögen auszustatten oder ihr einen Betrieb, Teilbetrieb oder Mitunternehmeranteil zu übertragen. Da die Komplementär-Stiftung ihrerseits das ihr übertragene Ver-

---

781 Vgl. Hennerkes, Brun-Hagen/Schiffer, K. Jan, Regelung, 1992, hier: S. 1942. Daher ist Weimar/Geitzhaus/Delp beizupflichten, wenn sie die Höhe des Mindestkapitals einer Komplementär-Stiftung – allerdings bezogen auf die Stiftung & Co. KG – von der Größe und der Organisation der zu gründenden Gesellschaft abhängig machen; vgl. Weimar, Robert/Geitzhaus, Georg/Delp, Udo A., Stiftung & Co. KG, 1986, hier: S. 2004; zustimmend Wachter, Thomas, Steuerrecht, 2001, hier: S. 133.

782 Dies gilt auch, wenn es sich bei dem aus dem Privatvermögen eingebrachten Vermögen um Anteile an Kapitalgesellschaften handelt; die Grenze einer wesentlichen Beteiligung gemäß § 17 EStG ist hierbei ebenso unbeachtlich wie die Einhaltung der Spekulationsfrist des § 23 Abs. 1 Nr. 2 EStG; vgl. Wachter, Thomas, Veräußerungsgewinne, 2003, hier: S. 64 sowie Brandmüller, Gerhard/Lindner, Reinhold, Stiftungen, 2005, hier: S. 53.

783 Zum Begriff *Teilbetrieb'* vgl. BFH v. 06.02.1962 I 197/61 S, hier: S. 190; BFH v. 07.08.1979 VIII R 153/77, hier: S. 183; BFH v. 14.07.1993 X R 74-75/90, hier: S. 18 sowie R 139 Abs. 3 EStR.

784 Vgl. hierzu auch die Ausführungen in Kapitel 3.3.2.1.2.

785 Vgl. § 6 Abs. 1 Nr. 4 S. 1 EStG.

786 Vgl. § 6 Abs. 3 S. 1 EStG.

787 Vgl. Kußmaul, Heinz/Meyering, Stephan, Stiftung, 2004, hier: S. 57 sowie Brandmüller, Gerhard/Lindner, Reinhold, Stiftungen, 2005, hier: S. 53 f.

mögen – gegebenenfalls sogar in vollem Umfange[788] – als Einlage in die (Stiftung & Co.) KGaA einbringen kann, besteht das Stiftungsvermögen im Extremfall ausschließlich in den von ihr gehaltenen Anteilen am Unternehmensträger.[789]

Neben der Vermögensausstattung der Komplementär-Stiftung spielt auch diejenige der (Stiftung & Co.) KGaA eine entscheidende Rolle. Im Regelfall geht die (Stiftung & Co.) KGaA durch Formwechsel aus einer bereits bestehenden Personen- oder Kapitalgesellschaft hervor, sodass folglich die §§ 190-304 UmwG Anwendung finden.[790] Im Gegensatz zu den übrigen Arten einer Unternehmensumwandlung – Verschmelzung, Spaltung sowie Vermögensübertragung – ist beim Formwechsel nur ein Rechtsträger beteiligt, dessen Identität gewahrt bleibt, sodass es handelsrechtlich zu keinem Übertragungsvorgang kommt.[791]

In steuerrechtlicher Hinsicht wird hingegen beim Formwechsel ein Rechtsträgerwechsel fingiert, da der maßgebliche § 25 UmwStG auf die §§ 20-23 UmwStG verweist, welche die Einbringung eines Betriebes, Teilbetriebes oder Mitunternehmeranteils in eine Kapitalgesellschaft regeln.[792] Der übernehmenden Kapitalgesellschaft ist es grundsätzlich freigestellt, das eingebrachte Betriebsvermögens mit den Buchwerten anzusetzen, sodass eine Aufdeckung stiller Reserven

---

788 Voraussetzung hierfür ist allerdings, dass die Stiftungssatzung eine derartige Vermögensumschichtung zulässt und die Stiftungsaufsichtsbehörde dem zustimmt; vgl. Weimar, Robert/Geitzhaus, Georg/Delp, Udo A., Stiftung & Co. KG, 1986, hier: S. 2005, die sich jedoch abermals auf die Stiftung & Co. KG beziehen.

789 Die Einbringung einer Einlage erfolgt dann gemäß § 24 UmwStG, welcher die Einbringung eines Betriebs, Teilbetriebs oder Mitunternehmeranteils in eine Personengesellschaft regelt, da der persönlich haftende Gesellschafter einer KGaA steuerlich wie ein Mitunternehmer behandelt wird; vgl. Schaumburg, Harald/Schulte, Christoph, Recht, 2000, hier: S. 106 f.; näher zur steuerlichen Behandlung des Komplementärs in Kapitel 6.3.3. Der (Stiftung & Co.) KGaA ist die Bewertung der Einlage mit dem Buchwert oder einem darüber liegenden Wert freigestellt; die Teilwerte bilden hierbei den maximalen Wertansatz; vgl. § 24 Abs. 2 UmwStG.

790 Da die neu zu gründende Stiftung & Co. KGaA als Kapitalgesellschaft klassifiziert wird, handelt es sich um einen *'einbezogenen Rechtsträger'* i.S.d. § 191 Abs. 2 Nr. 3 UmwG. Je nachdem, ob es sich bei der formwechselnden Gesellschaft um eine Personen- oder eine Kapitalgesellschaft handelt, sind speziell die §§ 214-225 UmwG bzw. die §§ 226, 227, 238-250 UmwG zu beachten.

791 Vgl. BFH v. 04.12.1996 II B 116/96, hier: S. 662 sowie Kußmaul, Heinz, Steuerlehre, 2006, hier: S. 568. Daraus resultiert, dass in Ermangelung einer Vermögensübertragung im engeren Sinne kein notariell beurkundeter Beschluss gefasst werden muss, woraus sich die günstigere Kostenstruktur eines Formwechsels zum Beispiel gegenüber einer Verschmelzung ergibt; vgl. Kußmaul, Heinz/Blank, Oliver, Einzelunternehmen, 2001, hier: S. 224, m.w.N.

792 Vgl. BMF v. 25.03.1998 – IV B 7 – S 1978 – 21/98, hier: Rz. 20.02 sowie Schmitt, Joachim, Kommentierung, 2001, hier: Vorb. § 25, Rz. 1-3.

vermieden wird.[793] Hierbei tritt sie in die Rechtsstellung der einbringenden Personengesellschaft ein.[794] Alternativ kann jedoch auch ein höherer Wert angesetzt werden; die Obergrenze hierbei bilden die Teilwerte der übernommenen Wirtschaftsgüter.[795]

Aus dem Wertansatz, den die (Stiftung & Co.) KGaA für das übertragene Betriebsvermögen zugrunde legt, ergibt sich unmittelbar der Veräußerungspreis der bisherigen Gesellschaft und damit auch deren Anschaffungskosten der Anteile an der neu gegründeten Kapitalgesellschaft.[796] Sofern diese einen unter dem Teilwert des Betriebsvermögens liegenden Wertansatz wählt, werden die im eingebrachten Betriebsvermögen gebundenen stillen Reserven auf die neu gegründete Kapitalgesellschaft übertragen. Folglich kommt es zu einer vollständigen oder teilweisen Verdoppelung dieser stillen Reserven,[797] da sie fortan sowohl im Betriebsvermögen der Kapitalgesellschaft als auch in den Anteilen an ebendieser existieren.[798] Um die Steuerverhaftung der stillen Reserven gewährleisten zu können,[799] schafft das Umwandlungssteuergesetz das Institut der so genannten *'einbringungsgeborenen Anteile'*.[800] Werden diese einbringungsgeborenen Anteile veräußert oder wird ein Ersatzrealisationstatbestand[801]

---

793 Der Buchwert ist hierbei der Wert, mit dem der Einbringende "das eingebrachte Betriebsvermögen im Zeitpunkt der Sacheinlage nach den steuerlichen Vorschriften über die Gewinnermittlung anzusetzen hat"; § 20 Abs. 2 S. 3 UmwStG. Hervorzuheben ist an dieser Stelle der Umstand, dass das Wahlrecht des Buchwert-, Zwischenwert- oder Teilwertansatzes der übernehmenden Gesellschaft zugebilligt wird, die damit über die Höhe eines möglichen Einbringungsgewinns bei der übertragenden Gesellschaft entscheidet. Kußmaul/Zabel sprechen in diesem Zusammenhang von einer *'Umkehrung des Wertansatzwahlrechts'*, da dieses bei den anderen Arten einer Unternehmensumstrukturierung der übertragenden Gesellschaft zusteht; vgl. Kußmaul, Heinz/Zabel, Michael, Unternehmensumstrukturierungen, 2004, hier: S. 492.

794 Dies gilt vornehmlich für die Absetzung für Abnutzung und die den Gewinn mindernden Rücklagen; vgl. § 12 Abs. 3 S. 1 UmwStG. Vgl. hierzu auch Kußmaul, Heinz/Zabel, Michael, Behandlung, 2003, hier: S. 827.

795 Vgl. § 20 Abs. 2 S. 1 UmwStG i.V.m. § 20 Abs. 2 S. 6 UmwStG. Hierzu auch Patt, Joachim, Beurteilung, 1998, hier: S. 156.

796 Vgl. § 20 Abs. 4 S. 1 UmwStG. Herzig/Rieck sprechen daher von einem "Bewertungsdreieck"; Herzig, Norbert/Rieck, Ulrich, Problembereiche, 1998, hier: S. 98.

797 Eine vollständige Verdoppelung liegt bei der Wahl der Buchwertfortführung vor, eine nur teilweise bei einem Ansatz des Betriebsvermögens zu Zwischenwerten.

798 Vgl. Herzig, Norbert/Rieck, Ulrich, Problembereiche, 1998, hier: S. 98 f.

799 Die stillen Reserven könnten speziell bei einer Sacheinlage gegen Gewährung einer nicht wesentlichen Beteiligung i.S.d. § 17 EStG aus der Steuerverstrickung herausfallen.

800 Vgl. § 21 Abs. 1 S. 1 UmwStG; zu einbringungsgeborenen Anteilen vgl. Patt, Joachim, Beurteilung, 1998, hier: S. 157 sowie Strahl, Martin, Gestaltungsmöglichkeiten, 2001, hier: S. 12728-12740.

801 Ein solcher Ersatzrealisationstatbestand liegt bspw. dann vor, wenn das Besteuerungsrecht der Bundesrepublik Deutschland hinsichtlich der stillen Reserven ausgeschlossen

verwirklicht, so unterliegt der sich ergebende Veräußerungsgewinn als nachträglicher gewerblicher Gewinn der Besteuerung.[802]

Bezieht man das in § 5 Abs. 1 EStG kodifizierte Maßgeblichkeitsprinzip in die Betrachtungen mit ein, so reduziert sich das Bewertungswahlrecht der übernehmenden (Stiftung & Co.) KGaA deutlich. Da bei einem Formwechsel handelsrechtlich kein Übertragungsvorgang stattfindet, ist dort – in Ermangelung einer gesonderten Handelsbilanz – ausschließlich die Buchwertfortführung zulässig. Da die (Stiftung & Co.) KGaA aufgrund des Maßgeblichkeitsprinzips bei der Erstellung ihrer Steuerbilanz zwingend an die Wertansätze der Handelsbilanz gebunden ist, läuft das vorstehend erwähnte Bewertungswahlrecht des § 20 Abs. 2 UmwStG leer; einzig die Buchwertfortführung kommt beim Formwechsel von einer Personengesellschaft in eine Kapitalgesellschaft infrage.[803]

Der Grund dafür, dass der Gesetzgeber die steuerneutrale Fortführung der Buchwerte bei einem Formwechsel ermöglicht bzw. fordert, liegt darin, dass die wirtschaftliche Aktivität des Unternehmens – wenn auch in einer geänderten gesellschaftsrechtlichen Struktur – aufrechterhalten wird und folglich eine Steuerverstrickung der stillen Reserven, die in den einzelnen Wirtschaftsgütern enthalten sind, gewährleistet ist.[804] Sofern bei grenzüberschreitenden Umstrukturierungen deren Steuerverstrickung nicht gesichert ist, schreibt das Umwandlungssteuergesetz den Ansatz des eingebrachten Betriebsvermögens bei der übernehmenden Gesellschaft mit dem Teilwert zwingend vor bzw. unterstellt den Teilwert der eingebrachten Anteile als Veräußerungspreis bei der übertragenden Gesellschaft.[805]

---

wird oder wenn die Kapitalgesellschaft, an der die Anteile bestehen, liquidiert wird; vgl. § 21 Abs. 2 S. 1 UmwStG.

802 Vgl. hierzu ausführlich Herzig, Norbert/Rieck, Ulrich, Problembereiche, 1998, hier: S. 97-99 sowie Killinger, Wolfgang, Übergang, 1998, hier: S. 981-984.

803 Vgl. BMF v. 25.03.1998 - IV B 7 - S 1978 - 21/98, hier: Rz. 20.30; Thiel, Jochen/ Eversberg, Horst/Lishaut, Ingo van/Neumann, Steffen, Umwandlungssteuer-Erlaß, 1998, hier: S. 435 sowie Wacker, Roland, Einführungsschreiben, 1998, hier: S. 8; a.A. Schmitt, Joachim, Kommentierung, 2001, hier: § 25, Rz. 37 f. Zur Durchbrechung der Maßgeblichkeit im Falle eines Formwechsels vgl. Weber-Grellet, Heinrich, Unmaßgeblichkeit, 1997, hier: S. 655 f.; Kußmaul, Heinz/Blank, Oliver, Einzelunternehmen, 2001, hier: S. 224 f., m.w.N. sowie Kußmaul, Heinz/Zabel, Michael, Behandlung, 2003, hier: S. 826 f.

804 Vgl. Kußmaul, Heinz/Zabel, Michael, Unternehmensumstrukturierungen, 2004, hier: S. 488.

805 Vgl. §§ 20 Abs. 3 und 23 Abs. 4 S. 2 UmwStG.

6.2.3 Erbschaft- und Schenkungsteuer

In erbschaft- und schenkungsteuerlicher Hinsicht ist ausschließlich die Vermögensausstattung der Komplementär-Stiftung durch den Stifter von Relevanz; bei der Übertragung von Vermögen auf die (Stiftung & Co.) KGaA erhält der Übertragende im Gegenzug Anteile an der übernehmenden Gesellschaft, sodass es folglich am Kriterium der Freigebigkeit gemäß R 14 EStR mangelt.[806] Der Stifter hingegen trennt sich endgültig von dem der Komplementär-Stiftung übertragenen Vermögen, da er keine mitgliedschaftsähnlichen Rechte an ihr erwirbt.[807]

Bei der Übertragung von Vermögenswerten auf die Komplementär-Stiftung handelt es sich um einen erbschaft- und schenkungsteuerpflichtigen Vorgang, sofern entweder der Stifter im Zeitpunkt der Schenkung oder die Komplementär-Stiftung zum Zeitpunkt der Entstehung der Steuer[808] Inländer sind.[809] Die in Kapitel 3.3.2.2 erläuterte Möglichkeit, die grundsätzlich anzuwendende ungünstigste Steuerklasse III durch die Errichtung einer Familienstiftung i.S.d. § 1 Abs. 1 Nr. 4 ErbStG zu umgehen, sodass sich die nunmehr greifende Steuerklasse nach dem Verhältnis des verwandtschaftlich entferntesten Destinatärs zum Stifter bemisst, ist zwar auch hier gegeben.[810] Dieser Vorteil wird jedoch durch die – ausschließlich bei einer Familienstiftung – in regelmäßigen Abständen von 30 Jahren anfallende Erbersatzsteuer aufgehoben.[811] Eine derartige Ausgestaltung der Komplementär-Stiftung erscheint folglich weitestgehend unattraktiv, zumal auch die nichtsteuerlichen Spezifika einer Familienstiftung eine solche Anwendungsform der Komplementär-Stiftung nicht zwingend erfordern.[812]

Die Wertbemessung für das zu übertragende Vermögen richtet sich im Allgemeinen nach den Bestimmungen des Bewertungsgesetzes.[813] Bei der Wertermittlung für Betriebsvermögen, für land- und forstwirtschaftliches Ver-

---

806 Vgl. hierzu auch R 18 Abs. 2 EStR.

807 Dies resultiert aus der bereits mehrfach angesprochenen Eigenschaft der Stiftung als eigentümerlose Vermögensmasse; vgl. hierzu nur Kapitel 3.2.1.

808 Der Zeitpunkt der Entstehung der Steuer richtet sich nach § 9 ErbStG.

809 Handelt es sich um eine Stiftungserrichtung von Todes wegen, so ist beim Stifter der Zeitpunkt des Todes maßgeblich; vgl. § 2 Abs. 1 Nr. 1 ErbStG.

810 Vgl. die Nachweise in Kapitel 3.3.2.2 sowie Esch, Günter/Baumann, Wolfgang/Schulze zur Wiesche, Dieter, Handbuch, 2001, hier: S. 801 f., die sich in ihren Ausführungen jedoch auf die Stiftung & Co. KG beziehen.

811 Vgl. Kapitel 3.3.3.1.5.

812 Die Familienangehörigen des Stifters können über die Kommanditaktien finanziell abgesichert werden; vgl. hierzu auch die Ausführungen in Kapitel 6.1.2.

813 Vgl. § 12 Abs. 1 ErbStG.

mögen sowie für Anteile an Kapitalgesellschaften gilt jedoch ein gesonderter Freibetrag in Höhe von 225.000 €, und der übersteigende Wert ist zudem nur mit 65 v.H. anzusetzen.[814] Hieraus ergibt sich, dass es bei der Ausstattung der Komplementär-Stiftung mit Vermögenswerten aus erbschaft- und schenkungsteuerlicher Sicht empfehlenswert ist, Anteile an einer Kapitalgesellschaft mit Sitz oder Geschäftsleitung im Inland, an der der Stifter zu mindestens 25 v.H. beteiligt ist, auf die Komplementär-Stiftung zu übertragen:[815] Der erbschaft- und schenkungsteuerliche Freibetrag und verminderte Wertansatz werden bei der Wertbemessung berücksichtigt, und die Übertragung erfolgt – wie vorstehend dargestellt[816] – ertragsteuerneutral, sofern die Anteile bislang zum Privatvermögen des Stifters gezählt haben.

Alternativ bietet sich aus erbschaft- und schenkungsteuerlicher Sicht die Möglichkeit, Betriebsvermögen steuerbegünstigt auf die Komplementär-Stiftung zu übertragen.[817] Handelt es sich hierbei um einen Betrieb, Teilbetrieb oder Mitunternehmeranteil, so ist die Übertragung zudem ebenfalls ertragsteuerfrei.[818] Die Komplementär-Stiftung kann dieses Betriebsvermögen wiederum als Einlage in die (Stiftung & Co.) KGaA einbringen, wofür sie im Gegenzug Anteile an letzterer Gesellschaft erhält.[819]

6.2.4 Umsatzsteuer

Die Gründung einer Stiftung & Co. KGaA ist umsatzsteuerlich von Bedeutung, sofern Lieferungen oder sonstige Leistungen vorliegen, die ein Unternehmer im Inland gegen Entgelt im Rahmen seines Unternehmens ausführt.[820] Ist eines dieser Kriterien nicht erfüllt, so handelt es sich grundsätzlich um einen nichtsteuerbaren Umsatz.[821] Bei der Ausstattung der Komplementär-Stiftung mit einem angemessenen Grundstockvermögen ist – wie bereits vor dem Hintergrund der Ertragsbesteuerung und der Erbschaft- und Schenkungsteuer – die

---

814 Vgl. § 13a Abs. 1 S. 1 ErbStG i.V.m. § 13a Abs. 2 ErbStG unter den Voraussetzungen des § 13a Abs. 4 ErbStG. Vgl. hierzu auch Götz, Hellmut, Familienstiftung, 2000, hier: S. 7383; Noll, Bernd, Erbschaftsteuerrecht, 2002, hier: S. 1700 sowie Kußmaul, Heinz/ Meyering, Stephan, Stiftung, 2004, hier: S. 57.

815 Vgl. § 13a Abs. 4 Nr. 3 ErbStG.

816 Vgl. Fn. 782.

817 Vgl. § 13a Abs. 1 S. 1 ErbStG i.V.m. § 13a Abs. 2 ErbStG unter den Voraussetzungen des § 13a Abs. 4 Nr. 1 ErbStG.

818 Vgl. § 6 Abs. 3 S. 1 EStG. Einzig die Übertragung einzelner Wirtschaftsgüter auf die Komplementär-Stiftung ist ertragsteuerlich nicht begünstigt, da dieser Vorgang eine Entnahme darstellt, die unter die Vorschrift des § 6 Abs. 1 Nr. 4 S. 1 EStG fällt.

819 Vgl. hierzu die Ausführungen in Kapitel 6.2.2.

820 Vgl. § 1 Abs. 1 Nr. 1 S. 1 UStG.

821 Vgl. hierzu nur Wehrheim, Michael, Unternehmensbesteuerung, 2002, hier: S. 84-88.

unentgeltliche Übertragung eines Betriebs, Teilbetriebs oder Mitunternehmeranteils auf die Komplementär-Stiftung vorteilhaft, da sie gemäß § 1 Abs. 1a UStG in die Sphäre einer nichtsteuerbaren Geschäftsveräußerung fällt, mit der Folge, dass keine Umsatzsteuer anfällt.[822]

Umsatzsteuerpflichtig ist hingegen die unentgeltliche Übertragung einzelner Wirtschaftsgüter aus einem Betriebsvermögen des Stifters auf die Komplementär-Stiftung: Auch wenn hierbei das Kriterium der Entgeltlichkeit nicht erfüllt ist, so handelt es sich doch um eine steuerpflichtige Lieferung gemäß § 1 Abs. 1 Nr. 1 S. 1 UStG, da gemäß § 3 Abs. 1b Nr. 1 UStG die Entnahme eines Gegenstandes aus einem Betriebsvermögen für Zwecke, die außerhalb des Unternehmens liegen, einer Lieferung gegen Entgelt gleichgestellt wird.[823] Damit ist die Übertragung einzelner Wirtschaftsgüter auf die Komplementär-Stiftung auch im Lichte der hier betrachteten Steuerart – abermals – nicht empfehlenswert.

Für die umsatzsteuerliche Beurteilung der Vermögensausstattung der (Stiftung & Co.) KGaA ist ebenfalls von entscheidender Bedeutung, ob es sich um einzelne Wirtschaftsgüter oder um einen (Teil-)Betrieb handelt, welche der (Stiftung & Co.) KGaA übertragen werden. Während im ersteren Falle die vorstehend genannten Kriterien unstreitig erfüllt sind und damit ein steuerbarer Umsatz vorliegt, besteht für Geschäftsveräußerungen eine Befreiungsvorschrift: Wird ein Geschäft vollständig veräußert, so stellt dies eine Sachgesamtheit und deren Veräußerung folglich eine einzige Lieferung dar, welche seit dem 01. Januar 1994 gemäß § 1 Abs. 1a UStG als nichtsteuerbarer Vorgang behandelt wird.[824] Voraussetzung hierfür ist, dass das Geschäft an einen Unternehmer für dessen Unternehmen veräußert wird, sodass die enthaltenen Wirtschaftsgüter den unternehmerischen Bereich nicht verlassen und folglich ein unversteuerter Endverbrauch ausgeschlossen ist.[825]

Wird hingegen nicht das vollständige Geschäft veräußert, sondern lediglich ein Teil dessen, so sieht das Umsatzsteuergesetz die Nichtsteuerbarkeit nur vor, sofern ein "in der Gliederung eines Unternehmens gesondert geführter Betrieb im ganzen [...] in eine Gesellschaft eingebracht wird".[826] Ein derart gesondert geführter Betrieb setzt wirtschaftliche Selbstständigkeit voraus und verlangt damit, dass "der veräußerte Teil des Unternehmens einen für sich lebenden

---

822 Vgl. Götz, Hellmut, Steuerrecht, 2000, hier: S. 7328.

823 Vgl. Kußmaul, Heinz/Meyering, Stephan, Stiftung, 2004, hier: S. 57.

824 Vgl. Völkel, Dieter/Karg, Helmut, Umsatzsteuer, 2004, hier: S. 9.

825 Entnimmt der Erwerber des Geschäfts einzelne Wirtschaftsgüter aus dem Betriebsvermögen, so hat er die Entnahme als fiktive Lieferung gegen Entgelt gemäß § 3 Abs. 1b S. 1 Nr. 1 UStG zu versteuern; vgl. hierzu auch Völkel, Dieter/Karg, Helmut, Umsatzsteuer, 2004, hier: S. 9 f.

826 § 1 Abs. 1a S. 2 UStG.

Organismus gebildet hat, der unabhängig von den anderen Geschäften des Unternehmens nach Art eines selbständigen Unternehmens betrieben worden ist und nach außen hin ein selbständiges, in sich abgeschlossenes Wirtschaftsgebilde gewesen ist".[827] Auch wenn der Begriff *Teilbetrieb'* an dieser Stelle im Gesetz nicht verwendet wird, so verweisen die Umsatzsteuerrichtlinien doch auf die einkommensteuerrechtliche Teilbetriebsveräußerung gemäß R 139 Abs. 3 EStR, bei deren Vorliegen die Veräußerung eines gesondert geführten Betriebes im Sinne des Umsatzsteuergesetzes anzunehmen ist.[828]

6.2.5 Grunderwerbsteuer

Grunderwerbsteuerlich ist die Gründung der Stiftung & Co. KGaA wie folgt einzuordnen: Wird beim Formwechsel des bisherigen Familienunternehmens in die Rechtsform einer (Stiftung & Co.) KGaA ein Grundstück mit übertragen, so löst dieser Vorgang keine Grunderwerbsteuer aus.[829] Der Übertragungsvorgang wird nur steuerlich fingiert, während zivilrechtlich die Rechtsträgeridentität gewahrt bleibt.[830] Da die Regelungen des Grunderwerbsteuergesetzes vornehmlich an zivilrechtlichen Übertragungsvorgängen anknüpfen, entsteht hierbei keine Grunderwerbsteuerpflicht.[831]

Überträgt der Stifter der Komplementär-Stiftung ein Grundstück, welches er aus seinem Privat- oder Betriebsvermögen entnimmt, so unterliegt diese Handlung ebenfalls nicht der Grunderwerbsteuer, da sie bereits erbschaft- und schenkungsteuerpflichtig ist und das Grunderwerbsteuergesetz die Steuerpflicht für derartige Grundstücksübertragungen ausschließt.[832] Demzufolge ist die Übertragung eines Grundstückes im Rahmen der Gründung einer Stiftung & Co. KGaA in keinem Falle grunderwerbsteuerpflichtig.

---

827 Abschn. 5 Abs. 3 S. 2 UStR.

828 Vgl. Abschn. 5 Abs. 3 S. 3 UStR; vgl. hierzu auch Völkel, Dieter/Karg, Helmut, Umsatzsteuer, 2004, hier: S. 11.

829 Vgl. Kußmaul, Heinz/Zabel, Michael, Unternehmensumstrukturierungen, 2004, hier: S. 487 sowie Schmitt, Joachim, Kommentierung, 2001, hier: Vorb. § 25, Rz. 2.

830 Vgl. hierzu die Ausführungen in Kapitel 6.2.2.

831 Vgl. BFH v. 04.12.1996 II B 116/96, hier: S. 662. Vgl. hierzu auch FinMin Baden-Württemberg, Erl. v. 18.09.1997 – S 4500/2, hier: S. 2002 f. sowie Schmitt, Joachim, Kommentierung, 2001, hier: § 25, Rz. 62.

832 Vgl. § 3 Nr. 2 GrEStG sowie Fischer, Peter, Grunderwerbsteuergesetz, 1992, hier: § 3, Rz. 91.

6.3 Laufende Besteuerung

6.3.1 Vorbemerkung

Bei der Beurteilung der laufenden Besteuerung einer Stiftung & Co. KGaA als zusammengesetzte Rechtsform empfiehlt es sich, an der Besteuerung der personalistischen KGaA als dominierendes Element dieser Rechtsformkombination anzuknüpfen. Nachdem die Grundzüge der Besteuerung einer KGaA bereits in Kapitel 2.3 dargelegt wurden, wird nun in einem zweiten Schritt zunächst in einem Exkurs die laufende Besteuerung der GmbH & Co. KGaA analysiert.[833] Diese in der Literatur bereits diskutierte Rechtsformkombination ist augenscheinlich ähnlich geartet wie eine Stiftung & Co. KGaA; einziger Unterschied ist die Tatsache, dass die Stellung des persönlich haftenden Gesellschafters nicht von einer Stiftung, sondern von einer GmbH ausgeübt wird, woraus sich jedoch unmittelbar Konsequenzen für die steuerliche Beurteilung einzelner Sachverhaltsgestaltungen ergeben können. In einem dritten Schritt soll hernach der Transfer dieser Erkenntnisse auf die Stiftung & Co. KGaA vorgenommen werden, sodass schließlich mittels Deduktion die laufende Besteuerung der Stiftung & Co. KGaA herausgearbeitet worden ist.

6.3.2 Exkurs: Die laufende Besteuerung der GmbH & Co. KGaA und deren Gesellschafter

6.3.2.1 GmbH-Gesellschafter sind nicht zugleich Kommanditaktionäre

Bei der Beurteilung der laufenden Besteuerung einer GmbH & Co. KGaA ist die jeweils vorliegende Beteiligungskonstellation von entscheidender Bedeutung. Wie bei einer GmbH & Co. KG,[834] so lassen sich auch bei einer GmbH & Co. KGaA zwei Fälle unterscheiden: Im ersten hier zu behandelnden Fall ist kein Kommanditaktionär zugleich an der Komplementär-GmbH beteiligt, wie die nachfolgende Abbildung verdeutlicht.

---

[833] Hierbei sollen die relevanten einkommen- und körperschaftsteuerlichen Aspekte herausgearbeitet werden; die gewerbesteuerliche Behandlung der kapitalistischen KGaA wird in Kapitel 6.3.3.2.2 thematisiert.

[834] Ausführlich zur Besteuerung der GmbH & Co. KG vgl. Wehrheim, Michael, Steuerwirkungslehre, 2004, hier: S. 100-110.

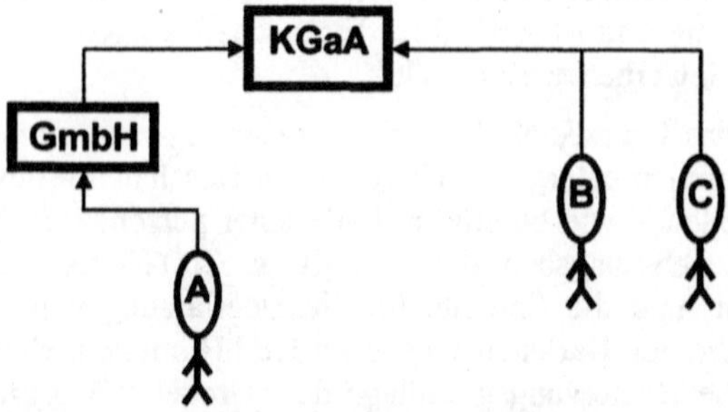

Abb. 1: GmbH & Co. KGaA ohne Beteiligung des GmbH-Gesellschafters an der (GmbH & Co.) KGaA

In Analogie zur personalistischen KGaA beziehen die Kommanditaktionäre mit den Ausschüttungen der (GmbH & Co.) KGaA Einkünfte aus Kapitalvermögen i.S.d. § 20 Abs. 1 Nr. 1 EStG.[835] Sofern sie der (GmbH & Co.) KGaA Wirtschaftsgüter oder Darlehen zur Verfügung stellen, liegen entsprechend Einkünfte aus der jeweils originär betroffenen Einkunftsart – Einkünfte aus Vermietung und Verpachtung gemäß § 21 Abs. 1 EStG bzw. Einkünfte aus Kapitalvermögen gemäß § 20 Abs. 1 Nr. 7 EStG – vor. Das den Kapitalgesellschaften eigene Trennungsprinzip gilt für Kommanditaktionäre uneingeschränkt.[836]

Der persönlich haftende Gesellschafter einer personalistischen KGaA ist dazu berechtigt, Kommanditaktien der Gesellschaft zu erwerben.[837] Gleiches gilt auch für den Vollhafter einer kapitalistischen KGaA – hier also zunächst der GmbH. Sofern die GmbH dieses Recht in Anspruch nimmt, liegen die von ihr erworbenen Kommanditaktien zwingend im Betriebsvermögen der Komplementärgesellschaft; sie können niemals Betriebsvermögen der (GmbH & Co.) KGaA oder gar Sonderbetriebsvermögen des Komplementärs bei der (GmbH & Co.) KGaA werden.[838] Die von der Komplementär-GmbH aus den Kommanditaktien

835 Vgl. hierzu die Ausführungen in Kapitel 2.3.3.1.

836 Vgl. Watrin, Christoph/Middendorf, Oliver/Sievert, Elke, Probleme, 2005, hier: S. 194 sowie Wehrheim, Michael/Gehrke, Matthias, Einkünftequalifikation, 2005, hier: S. 245.

837 Vgl. § 285 Abs. 1 S. 1 AktG.

838 Dies entspricht der steuerlichen Behandlung einer personalistischen KGaA, da die Kommanditaktien des Vollhafters dort ebenfalls unabdingbar dessen Privatvermögen zuzuordnen sind. Der BFH fordert eine derartige Zuordnung sogar auch für den Fall, dass der Vollhafter durch die Kommanditaktien seine Stellung in der KGaA festigt und die Möglichkeit des Einflusses auf die Hauptversammlung erhält; vgl. BFH v. 21.06.1989 X R 14/88, hier: S. 886. A.A. Theisen, Manuel R., Besteuerung, 1989, hier: S. 1293 sowie Theisen, Manuel R., Kommanditgesellschaft, 1989, hier: S. 157.

bezogenen Dividenden stellen bei dieser gewerbliche Einkünfte dar, was daraus resultiert, dass die GmbH kraft ihrer Eigenschaft als Körperschaft regelmäßig Einkünfte aus Gewerbebetrieb erzielt.[839]

Der nicht auf das Grundkapital entfallende Gewinnanteil und die Sondervergütungen der Komplementärgesellschaft für die Geschäftsführung der (GmbH & Co.) KGaA stellen – wie bereits im Falle einer personalistischen KGaA – abzugsfähige Betriebsausgaben der (GmbH & Co.) KGaA gemäß § 9 Abs. 1 Nr. 1 KStG dar, und die Entgelte für die Überlassung von Wirtschaftsgütern oder die Hingabe von Darlehen seitens der GmbH mindern ebenfalls die körperschaftsteuerliche Bemessungsgrundlage der (GmbH & Co.) KGaA gemäß § 4 Abs. 4 EStG i.V.m. § 8 Abs. 1 S. 1 KStG.[840] Bei der GmbH führt dieser Mittelzufluss zu gewerblichen Einkünften i.S.d. § 15 Abs. 1 S. 1 Nr. 3 EStG i.V.m. § 8 Abs. 1 S. 1 KStG.[841]

Überlässt die Komplementär-GmbH der (GmbH & Co.) KGaA nun ein Wirtschaftsgut, so ist umstritten, ob es sich hierbei steuerlich um Betriebsvermögen der GmbH oder – in Analogie zur GmbH & Co. KG – um Sonderbetriebsvermögen I[842] der GmbH bei der (GmbH & Co.) KGaA handelt.[843] Die Befürworter ersterer Auffassung sehen die Besteuerung der Entgelte auch bei Belassung der Wirtschaftsgüter im Betriebsvermögen der Komplementär-GmbH sichergestellt, zumal es sich in beiden Fällen um gewerbliche Einkünfte handele, die mittels Betriebsvermögensvergleich zu ermitteln seien; zudem fehle es an einer einheitlichen und gesonderten Gewinnfeststellung i.S.d. §§ 179 und 180 AO.[844]

Auch wenn es vordergründig keine Bedeutung zu haben scheint, ob das Wirtschaftsgut zum Betriebsvermögen der GmbH oder zum Sonderbetriebsvermögen der GmbH bei der (GmbH & Co.) KGaA zu zählen ist, da die daraus resultierenden Entgelte in beiden Fällen gewerbliche Einkünfte darstellen, so ergeben sich doch im Hinblick auf unterschiedliche Gewerbesteuerhebesätze

---

839 Vgl. § 8 Abs. 2 KStG. Folglich sind die Dividenden als Einkünfte aus Kapitalvermögen i.S.d. § 20 Abs. 1 Nr. 1 EStG umzuqualifizieren; vgl. § 20 Abs. 3 EStG. Zum gleichen Ergebnis kommt auch Frankenheim, Andreas, Substanzbesteuerung, 1994, hier: S. 177.

840 Vgl. die Ausführungen zur personalistischen KGaA in Kapitel 2.3.2.1.

841 Dass es sich bei der Komplementär-GmbH hierbei um gewerbliche Einkünfte handeln muss, ergibt sich aus § 8 Abs. 2 KStG.

842 Zum Sonderbetriebsvermögen I werden Wirtschaftsgüter gerechnet, die nicht zum Gesamthandsvermögen der Mitunternehmer der Personengesellschaft zählen und doch unmittelbar dem Betrieb der Personengesellschaft dienen; vgl. R 13 Abs. 2 S. 2 EStR.

843 Vgl. Wehrheim, Michael, Steuerwirkungslehre, 2004, hier: S. 108.

844 Vgl. Frankenheim, Andreas, Substanzbesteuerung, 1994, hier: S. 181-183; so auch Hölzl, Michael, Besteuerung, 2003, hier: S. 167 f.

mitunter materielle Konsequenzen.[845] Aufgrund der Auslegung des § 15 Abs. 1 S. 1 Nr. 3 EStG als Zurechnungsnorm im Falle einer personalistischen KGaA ist meines Erachtens die bilanzielle Berücksichtigung als Sonderbetriebsvermögen I und damit eine entsprechende Auslegung des § 15 Abs. 1 S. 1 Nr. 3 EStG auch für die GmbH & Co. KGaA zu präferieren.[846] Dies resultiert zum einen daraus, dass auch bei einer KGaA mit natürlicher Person als Vollhafter die Qualifizierung der Einkünfte als gewerblich garantiert ist, da § 15 Abs. 1 S. 1 Nr. 3 EStG greift. Zum anderen muss die Aufgabe der Subsidiaritätsthese[847] aufgrund der Anlehnung des § 15 Abs. 1 S. 1 Nr. 3 EStG an Nr. 2 derselben Vorschrift auch auf die kapitalistische KGaA grundsätzlich anwendbar sein. Wenn das von der Komplementär-GmbH einer (GmbH & Co.) KG zur Verfügung gestellte Wirtschaftsgut als Sonderbetriebsvermögen I bewertet wird, da es sich bei der Komplementär-GmbH um einen Mitunternehmer handelt,[848] so kann es konsequenterweise – unter Einhaltung der Forderung, den Komplementär einer KGaA *'wie einen Mitunternehmer'* zu behandeln – bei der GmbH & Co. KGaA keine abweichende Bewertung geben.[849] Auch eine GmbH als Vollhafter einer (GmbH & Co.) KGaA ist daher insofern einem Mitunternehmer gleichzustellen, sodass für sie eine Sonderbilanz auszuweisen ist.[850]

Die GmbH-Anteile des A, der – bislang – nicht zugleich Kommanditaktionär ist, liegen notwendigerweise in dessen Privatvermögen. Die ihm zufließenden Ausschüttungen der Komplementär-GmbH stellen damit unbestritten Einkünfte aus Kapitalvermögen i.S.d. § 20 Abs. 1 Nr. 1 EStG dar. Stellt A der Komplementär-GmbH oder der (GmbH & Co.) KGaA ein Wirtschaftsgut oder Darlehen zur Verfügung, so gilt in beiden Fällen das Trennungsprinzip uneingeschränkt: Die A hieraus zufließenden Entgelte stellen Einkünfte aus Vermietung und Verpachtung i.S.d. § 21 Abs. 1 EStG bzw. Einkünfte aus Kapitalvermögen i.S.d. § 20 Abs. 1 Nr. 7 EStG dar; eine Umqualifizierung in gewerbliche Einkünfte aufgrund einer Stellung als Mitunternehmer kommt nicht infrage. Sofern A im Auftrag der Komplementär-GmbH die Geschäfte der (GmbH & Co.) KGaA führt,[851] erhält er hierfür eine Vergütung, die unzweifelhaft als Einkünfte aus nichtselbstständiger Tätigkeit i.S.d. § 19 Abs. 1 S. 1 Nr. 1 EStG zu erachten ist.

---

845 Vgl. Wehrheim, Michael, Steuerwirkungslehre, 2004, hier: S. 132.

846 So bereits Wehrheim, Michael, Einkünftequalifikation, 2001, hier: S. 947 f. sowie Halasz, Christian/Kloster, Lars/Kloster, Anja, Rechtsformalternative, 2002, hier: S. 88.

847 Vgl. BFH v. 18.07.1979 I R 199/75, hier: S. 750.

848 Vgl. Wehrheim, Michael, Steuerwirkungslehre, 2004, hier: S. 108.

849 Vgl. Wehrheim, Michael, Steuerwirkungslehre, 2004, hier: S. 132.

850 Dafür spricht auch, dass der BFH diese Forderung nicht explizit auf natürliche Personen als Komplementäre begrenzt hat; vgl. BFH v. 21.06.1989 X R 14/88, hier: S. 883.

851 Als juristische Person muss sich die Komplementär-GmbH einer natürlichen Person für die Geschäftsführung der (GmbH & Co.) KGaA bedienen.

Die an A gezahlte Vergütung stellt eine abzugsfähige Betriebsausgabe der Komplementär-GmbH dar, der – sofern die Komplementär-GmbH keinen eigenen wirtschaftlichen Geschäftsbetrieb unterhält – größengleich Sonderbetriebseinnahmen und damit Einkünfte aus Gewerbebetrieb i.S.d. § 15 Abs. 1 S. 1 Nr. 3 EStG i.V.m. § 8 Abs. 1 S. 1 KStG in Form der von der (GmbH & Co.) KGaA geleisteten Geschäftsführungsvergütung gegenüberstehen.[852]

6.3.2.2 GmbH-Gesellschafter sind zugleich Kommanditaktionäre

Sofern nun der GmbH-Gesellschafter zugleich auch die Stellung eines Kommanditaktionärs bekleidet, ergeben sich weitere Fragestellungen.

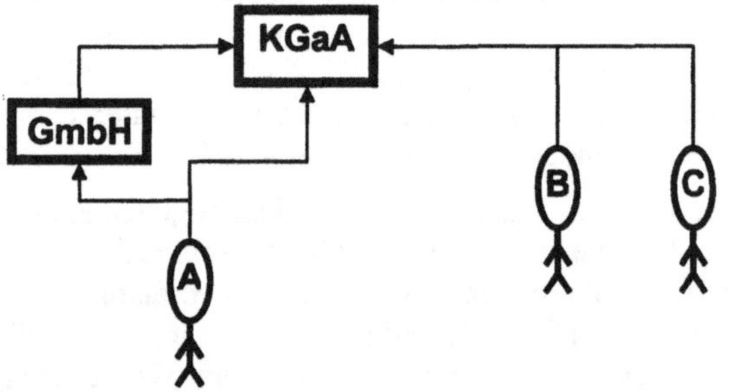

Abb. 2: GmbH & Co. KGaA mit Beteiligung des GmbH-Gesellschafters an der (GmbH & Co.) KGaA

Während die Kommanditaktionäre B und C keine Änderungen hinsichtlich ihrer Einkünftequalifikation erfahren und folglich mit ihren Dividenden weiterhin Einkünfte aus Kapitalvermögen i.S.d. § 20 Abs. 1 Nr. 1 EStG vereinnahmen, gilt es nun, die Einkünftequalifikation des zugleich an der Komplementär-GmbH beteiligten Kommanditaktionärs A neu zu bestimmen. Seine Kommanditaktien können unbestritten weiterhin keinesfalls Betriebsvermögen der (GmbH & Co.) KGaA oder gar Sonderbetriebsvermögen werden; sie liegen auch zukünftig im Privatvermögen des A, und die ihm zufließenden Dividenden auf seine Anteile am Grundkapital der (GmbH & Co.) KGaA stellen zwingend Einkünfte aus Kapitalvermögen i.S.d. § 20 Abs. 1 Nr. 1 EStG dar.[853]

---

[852] Vgl. Frankenheim, Andreas, Substanzbesteuerung, 1994, hier: S. 180.
[853] Vgl. BFH v. 21.06.1989 X R 14/88, hier: S. 886.

Schwieriger gestaltet sich die Einkünftequalifikation des A in Bezug auf seine GmbH-Anteile: Hierbei ist zu beurteilen, ob die Ausschüttungen, die A vonseiten der Komplementär-GmbH erhält, Einkünfte aus Gewerbebetrieb oder Einkünfte aus Kapitalvermögen darstellen. Für das Vorliegen gewerblicher Einkünfte müssten die GmbH-Anteile zum Sonderbetriebsvermögen II des A bei der (GmbH & Co.) KGaA zählen. Für eine derartige Auffassung spricht, dass bei einer GmbH & Co. KG genau dies der Fall ist: Sofern ein Kommanditist zugleich an der Komplementär-GmbH beteiligt ist, werden dessen GmbH-Anteile als dessen Sonderbetriebsvermögen II bei der (GmbH & Co.) KG ausgewiesen, da er über diese Anteile seine Stellung in der (GmbH & Co.) KG stärkt.[854]

Da A im Falle der hier behandelten GmbH & Co. KGaA dieselbe Intention verfolgt, nämlich seinen Einfluss in der (GmbH & Co.) KGaA zu stärken, läge ein analoger Ausweis nahe.[855] Sofern A die Mehrheit der GmbH-Anteile hält, kann er seinen Willen ungehindert in der GmbH und damit mittelbar auch in der (GmbH & Co.) KGaA durchsetzen, zumal das Recht der KGaA es dem Komplementär ermöglicht, die Kommanditaktionäre weitgehend zu entmachten.[856] Wirtschaftlich betrachtet kann A somit eine ähnliche Position bekleiden wie der Kommanditist einer GmbH & Co. KG, der zugleich die Mehrzahl der Anteile der Komplementär-GmbH hält.

Noch ein weiterer Grund spricht für den Ausweis der GmbH-Anteile des A als Sonderbetriebsvermögen II bei der KGaA: Bei der personalistischen KGaA existiert Sonderbetriebsvermögen, und im Falle der GmbH & Co. KGaA sind die Wirtschaftsgüter, die die Komplementär-GmbH der (GmbH & Co.) KGaA überlässt, aufgrund der Aufgabe der Subsidiaritätsthese meines Erachtens als Sonderbetriebsvermögen I der GmbH bei der (GmbH & Co.) KGaA auszuweisen. Da somit Sonderbetriebsvermögen ebenfalls bei der kapitalistischen KGaA existiert, stellt sich die Frage, ob nicht auch Sonderbetriebsvermögen II des mehrheitlich hinter der Komplementär-GmbH stehenden Gesellschafters bei der (GmbH & Co.) KGaA zu bilden ist.[857] Wenn der Komplementär einer KGaA wie ein Mitunternehmer zu behandeln ist und A eine eindeutige Vormachtstellung – wirtschaftlich betrachtet wie ein Mitunternehmer, der sowohl Anteile an der Komplementär-GmbH und der (GmbH & Co.) KG hält – genießt, dann könnte auch für den hinter der Komplementär-GmbH einer GmbH & Co. KGaA stehenden Anteilseigner Sonderbetriebsvermögen II zu bilden sein.

---

854 Vgl. Wehrheim, Michael, Steuerwirkungslehre, 2004, hier: S. 107. Vgl. hierzu auch BFH v. 05.12.1979 I R 184/76, hier: S. 119-121.

855 So bereits Wehrheim, Michael, Einkünftequalifikation, 2001, hier: S. 948.

856 Vgl. insbesondere die Ausführungen in Kapitel 5.2.3.1.

857 Vgl. Wehrheim, Michael, Einkünftequalifikation, 2001, hier: S. 948.

Gleichwohl sprechen auch Gründe gegen einen derartigen Ausweis: Der BFH hat in seinem Urteil vom 21. Juni 1989 ausgeführt, dass der Komplementär einer KGaA im Gesetz zwar nicht *'als Mitunternehmer'* bezeichnet wird, doch *'wie ein Mitunternehmer'* zu behandeln ist.[858] Die Behandlung *'wie ein Mitunternehmer'* bezieht sich ausschließlich auf den Komplementär, nicht jedoch auf die Kommanditaktionäre. Letztere sind weder als Mitunternehmer anzusehen, noch sind sie wie Mitunternehmer zu behandeln. Da A zunächst einmal die Position eines Kommanditaktionärs bekleidet, lediglich daneben noch (gegebenenfalls die Mehrheit der) GmbH-Anteile hält, kommt eine Anwendung des – die mitunternehmerähnliche Behandlung auslösenden – § 15 Abs. 1 S. 1 Nr. 3 EStG für ihn nicht infrage. Die Auffassung, dass eine Sonderbilanz für die Komplementär-GmbH bei der (GmbH & Co.) KGaA zu bilden ist, vermag nicht dahingehend ausgelegt zu werden, dass zur Bilanzierung der GmbH-Anteile des A auch eine Sonderbilanz des A bei der (GmbH & Co.) KGaA gebildet werden darf. Dies hätte zur Folge, dass auch ein Kommanditaktionär und Nicht-Komplementär – denn dies ist A unzweifelhaft – mitunternehmerähnlich behandelt würde und für ihn eine Sonderbilanz zu bilden wäre.[859]

Zudem spricht noch ein weiteres Argument gegen die Bilanzierung der GmbH-Anteile des A als Sonderbetriebsvermögen II: Im Falle einer GmbH & Co. KG genießt der GmbH-Gesellschafter gemäß § 15 Abs. 1 S. 1 Nr. 2 EStG aufgrund seiner Kommanditanteile bereits Mitunternehmerstatus, sodass folglich das Mitunternehmerkonzept für ihn greift und eine Bilanzierung seiner GmbH-Anteile als dessen Sonderbetriebsvermögen II bei der (GmbH & Co.) KG ermöglicht.[860] Bei der GmbH & Co. KGaA stellt sich die Situation gänzlich anders dar: Die Kommanditaktien des A vermitteln unbestritten gerade keine Mitunternehmerstellung oder auch nur mitunternehmerähnlichen Rechte, da die Kommanditaktien zwingend dem Privatvermögen des A zuzuordnen sind.[861] Daher kann das Mitunternehmerkonzept für A im Falle der GmbH & Co. KGaA weder über § 15 Abs. 1 S. 1 Nr. 3 EStG noch über die Kommanditaktien und damit über § 15 Abs. 1 S. 1 Nr. 2 EStG zum Tragen kommen. Auch eine mögliche – mitunternehmerähnliche – Vormachtstellung vermag hieran nichts zu ändern.[862]

---

858 Vgl. BFH v. 21.06.1989 X R 14/88, hier: S. 883.

859 Vgl. Wehrheim, Michael/Gehrke, Matthias, Einkünftequalifikation, 2005, hier: S. 244.

860 So auch Frankenheim, Andreas, Substanzbesteuerung, 1994, hier: S. 180.

861 Selbst die Kommanditaktien des persönlich haftenden Gesellschafters, dem bereits eine mitunternehmerähnliche Stellung eingeräumt wird, werden nicht als Sonderbetriebsvermögen II klassifiziert, sondern sind zwingend zu dessen Privatvermögen zu rechnen; vgl. BFH v. 21.06.1989 X R 14/88, hier: S. 886.

862 Zum gleichen Ergebnis kommen auch Halasz, Christian/Kloster, Lars/Kloster, Anja, Rechtsformalternative, 2002, hier: S. 88.

Sofern jedoch für den an der Komplementär-GmbH beteiligten Kommanditaktionär A keine Sonderbilanz bei der (GmbH & Co.) KGaA gebildet werden darf, sondern nur für die Komplementär-GmbH selbst, stellt sich die Frage, ob die GmbH-Anteile des A in der Sonderbilanz der GmbH bei der (GmbH & Co.) KGaA ausgewiesen werden können. Dies ist jedoch zu verneinen, da sich die GmbH-Anteile des A nicht im Eigentum der GmbH selbst, sondern im Eigentum des GmbH-Gesellschafters A befinden. Folglich würde eine derartige Bilanzierung gegen § 39 Abs. 1 und Abs. 2 AO verstoßen, da mit den GmbH-Anteilen ein Wirtschaftsgut ausgewiesen würde, das weder Eigentum der GmbH darstellt, noch der wirtschaftlichen Verfügungsmacht der GmbH unterliegt.

Folgt man letzterer Auffassung, die sich gegen eine Bilanzierung der GmbH-Anteile des A als dessen Sonderbetriebsvermögen II bei der (GmbH & Co.) KGaA ausspricht, dann stellen die Ausschüttungen, die A durch seine GmbH-Anteile vereinnahmt, keine gewerblichen Einkünfte, sondern Einkünfte aus Kapitalvermögen i.S.d. § 20 Abs. 1 Nr. 1 EStG dar. Übernimmt A im Auftrag der Komplementär-GmbH die Geschäftsführung der (GmbH & Co.) KGaA, so ist sein Geschäftsführergehalt eindeutig als Einkünfte aus nichtselbstständiger Tätigkeit i.S.d. § 19 Abs. 1 S. 1 Nr. 1 EStG zu qualifizieren. Entsprechendes gilt für den Fall, dass A der Komplementär-GmbH ein Wirtschaftsgut oder Darlehen zur Verfügung stellt: Die A dafür gewährten Entgelte fallen in die jeweils originär betroffene Einkunftsart. Eine Umqualifizierung in gewerbliche Einkünfte entfällt; dies gilt selbst dann, wenn die Komplementär-GmbH das Wirtschaftsgut an die (GmbH & Co.) KGaA weiterreicht oder mit dem Darlehen ihre Einlage bei der (GmbH & Co.) KGaA erhöht.[863]

[863] Für den Fall, dass dem Ausweis der GmbH-Anteile des Komplementär-Gesellschafters als Sonderbetriebsvermögen II des A bei der (GmbH & Co.) KGaA der Vorzug gegeben wird, kommt es zu den jeweils gegenteiligen Ergebnissen: Die Geschäftsführungsvergütung wäre in gewerbliche Einkünfte umzuqualifizieren, da A eine mitunternehmerähnliche Stellung einnimmt und durch die Übernahme der Geschäftsführung seinen Einfluss in der (GmbH & Co.) KGaA stärkt; die Überlassung von Wirtschaftsgütern und die Hingabe von Darlehen wäre nun als Förderung des Gesellschaftszweckes einzustufen, mit der Folge, dass anstelle der Einkünfte aus Vermietung und Verpachtung respektive Kapitalvermögen gewerbliche Einkünfte erwüchsen. Der Ausweis der Wirtschaftsgüter oder Darlehen hätte demnach als Sonderbetriebsvermögen I des A bei der (GmbH & Co.) KGaA zu erfolgen.

6.3.3 Übertragung der Erkenntnisse auf die Stiftung & Co. KGaA

6.3.3.1 Allgemeines

Die in dem vorstehenden Exkurs gewonnenen Erkenntnisse gilt es nun auf die kapitalistische KGaA mit einer Stiftung als persönlich haftendem Gesellschafter zu übertragen.

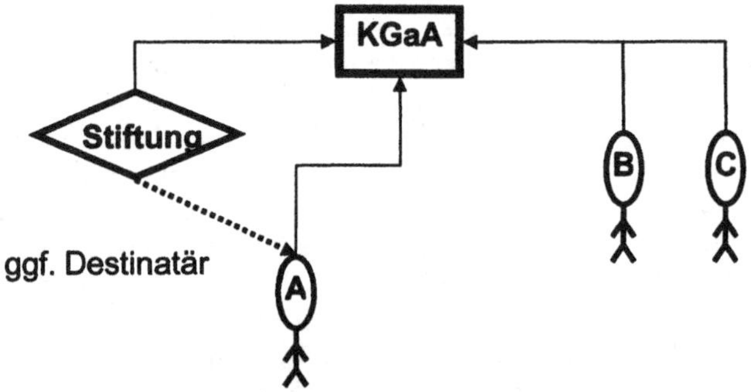

Abb. 3: Stiftung & Co. KGaA

Grundsätzlich stellt sich die laufende Besteuerung vergleichbar dar, jedoch spielt eine entscheidende Rolle, dass die Komplementär-Stiftung als eigentümerlose Vermögensmasse – im Unterschied zu einer Komplementär-GmbH – keine Gesellschafter aufweist. Folglich entfällt die Problematik der Bilanzierung von Anteilen, die ein Kommanditaktionär an der jurischen Person des Komplementärs hält, da diese bei einer Stiftung & Co. KGaA denknotwendigerweise nicht existieren können. Entsprechend erübrigt sich auch die Fragestellung, ob die Einkünfte, die die Kommanditaktionäre erzielen, gegebenenfalls umzuqualifizieren sind,[864] selbst wenn die Kommanditaktionäre zugleich die Stellung eines Destinatärs bekleiden.[865]

---

864 Näher hierzu in Kapitel 6.3.3.3 sowie Kapitel 6.3.3.4.

865 Um die Klassifikation als Familienstiftung zu vermeiden, empfiehlt es sich, als Begünstigten der Komplementär-Stiftung die (Stiftung & Co.) KGaA einzusetzen; vgl. Kapitel 6.1.2.

6.3.3.2 Laufende Besteuerung der Komplementär-Stiftung und der (Stiftung & Co.) KGaA

6.3.3.2.1 Körperschaftsteuer

Wie in Kapitel 6.3.1 herausgearbeitet, wird die Betätigung der Komplementär-Stiftung als persönlich haftender Gesellschafter und damit der Auftrag zur Geschäftsführung der (Stiftung & Co.) KGaA der Sphäre des wirtschaftlichen Geschäftsbetriebes zugeordnet, welche der regulären Steuerpflicht unterliegt. Das Vorliegen eines wirtschaftlichen Geschäftsbetriebes hat unmittelbar zur Folge, dass die hieraus erzielten Einkünfte der Komplementär-Stiftung stets als gewerbliche Einkünfte i.S.d. § 15 Abs. 2 EStG i.V.m. § 8 Abs. 1 S. 1 KStG qualifiziert werden.

Sofern die Stiftung Kommanditaktien der (Stiftung & Co.) KGaA hält, liegen diese zwingend in ihrem Betriebsvermögen; in Anlehnung an das bereits mehrfach erwähnte BFH-Urteil vom 21. Juni 1989 können diese niemals Betriebsvermögen der (Stiftung & Co.) KGaA oder Sonderbetriebsvermögen II der Stiftung bei der (Stiftung & Co.) KGaA werden.[866] Da die Komplementär-Stiftung gemäß § 8 Abs. 2 KStG ausschließlich Einkünfte aus Gewerbebetrieb erzielt, stellen die von ihr vereinnahmten, auf die Kommanditaktien entfallenden Ausschüttungen der (Stiftung & Co.) KGaA bei der Komplementär-Stiftung keine Einkünfte aus Kapitalvermögen i.S.d. § 20 Abs. 1 Nr. 1 EStG dar, sondern sie sind in gewerbliche Einkünfte i.S.d. § 15 Abs. 2 EStG i.V.m. § 8 Abs. 1 S. 1 KStG umzuqualifizieren.[867]

Der nicht auf das Grundkapital der (Stiftung & Co.) KGaA entfallende Gewinnanteil der Komplementär-Stiftung sowie deren Vergütung für die Übernahme der Geschäftsführung stellen bei der (Stiftung & Co.) KGaA gemäß § 9 Abs. 1 Nr. 1 KStG abzugsfähige Betriebsausgaben dar.[868] Gemeinsam mit den Sondervergütungen für die Überlassung von Wirtschaftsgütern und die Hingabe von Darlehen erzielt die Komplementär-Stiftung hiermit gewerbliche Einkünfte i.S.d. § 15 Abs. 1 S. 1 Nr. 3 EStG i.V.m. § 8 Abs. 1 S. 1 KStG. Da die Einkünfte der Komplementär-Stiftung – wie soeben erläutert – regelmäßig als gewerblich qualifiziert werden, erübrigt sich eine gesonderte Umqualifizierung.

---

866 Vgl. BFH v. 21.06.1989 X R 14/88, hier: S. 886.

867 Vgl. Wehrheim, Michael/Gehrke, Matthias, Einkünftequalifikation, 2005, hier: S. 245.

868 Die geleisteten Entgelte für die von der Komplementär-Stiftung überlassenen Wirtschaftsgüter oder erhaltenen Darlehen stellen bei der (Stiftung & Co.) KGaA – wie auch bei der personalistischen KGaA und der GmbH & Co. KGaA – Betriebsausgaben i.S.d. § 4 Abs. 4 EStG i.V.m. § 8 Abs. 1 S. 1 KStG dar; vgl. hierzu auch die Ausführungen in Kapitel 2.3.2.1 sowie Kapitel 6.3.2.1.

Bei der Komplementär-Stiftung ist der von der (Stiftung & Co.) KGaA vereinnahmten Geschäftsführungsvergütung das Entgelt gegenüberzustellen, das dem Stiftungsvorstand für seine Tätigkeit gewährt wird.[869] Entwickelt die Komplementär-Stiftung neben ihrer Funktion als persönlich haftender Gesellschafter keine eigenen Aktivitäten, werden sich das Geschäftsführergehalt des Stiftungsvorstandes und die Sonderbetriebseinnahmen nach § 15 Abs. 1 S. 1 Nr. 3 EStG i.V.m. § 8 Abs. 1 S. 1 KStG größengleich gegenüberstehen, sodass diese *'Weiterleitung'* für die Komplementär-Stiftung ergebnisneutral ist.[870]

Sofern die Komplementär-Stiftung der (Stiftung & Co.) KGaA ein Wirtschaftsgut überlässt, so ist meines Erachtens dieses Wirtschaftsgut – in Analogie zur GmbH & Co. KGaA[871] – als Sonderbetriebsvermögen I der Komplementär-Stiftung bei der (Stiftung & Co.) KGaA auszuweisen. Dies ergibt sich aus der Tatsache, dass die Stiftung *'wie ein Mitunternehmer'* zu behandeln ist und sie mit der Überlassung den Gesellschaftszweck der (Stiftung & Co.) KGaA fördert. Nach Aufgabe der Subsidiaritätsthese[872] verbleibt kein Raum für eine Bilanzierung bei der Komplementär-Stiftung.

6.3.3.2.2 Gewerbesteuer

Im Hinblick auf die gewerbesteuerliche Behandlung sowohl der Komplementär-Stiftung als auch der (Stiftung & Co.) KGaA empfiehlt sich ebenfalls ein Anknüpfen an die Ausführungen zur personalistischen KGaA.[873] Wie diese unterliegt auch die kapitalistische KGaA gemäß § 2 Abs. 2 S. 1 GewStG mit sämtlichen Einkünften der Gewerbesteuer. Bemessungsgrundlage ist abermals der Gewerbeertrag i.S.d. § 7 GewStG, welcher sich ergibt, indem das zu versteuernde körperschaftsteuerliche Einkommen um die Hinzurechnungen und Kürzungen der §§ 8 und 9 GewStG korrigiert wird.

Speziell § 8 Nr. 4 GewStG ist hierbei von zentraler Bedeutung, da dieser die "Gewinnanteile, die an persönlich haftende Gesellschafter einer Kommanditgesellschaft auf Aktien auf ihre nicht auf das Grundkapital gemachten Einlagen oder als Vergütung (Tantieme) für ihre Geschäftsführung verteilt worden

---

[869] Der Stiftungsvorstand erzielt unstreitig Einkünfte aus nichtselbstständiger Arbeit gemäß § 19 Abs. 1 S. 1 Nr. 1 EStG; vgl. hierzu nur die Ausführungen zur GmbH & Co. KGaA in Kapitel 6.3.2.1.

[870] Andernfalls kommt es zu einem Aufwandsüberschuss bei der Komplementär-Stiftung; vgl. – in Bezug auf die GmbH & Co. KG – Wehrheim, Michael, Steuerwirkungslehre, 2004, hier: S. 109 f. sowie – in Bezug auf die GmbH & Co. KGaA – Frankenheim, Andreas, Substanzbesteuerung, 1994, hier: S. 180.

[871] Vgl. die Ausführungen hierzu in Kapitel 6.3.2.1.

[872] Vgl. BFH v. 18.07.1979 I R 199/75, hier: S. 750.

[873] Vgl. Kapitel 2.3.2.2 sowie 2.3.3.2.2.

sind",[874] auf Ebene der (Stiftung & Co.) KGaA dem Gewerbeertrag hinzugerechnet. Hierbei handelt es sich um eine Korrekturvorschrift zu § 9 Abs. 1 Nr. 1 KStG, der die entsprechenden Positionen als abziehbare Aufwendungen auf Ebene der (Stiftung & Co.) KGaA zulässt, welche somit nicht in der gewerbesteuerlichen Ausgangsgröße – dem zu versteuernden körperschaftsteuerlichen Einkommen – enthalten sind.[875] Darüber hinaus sind die Entgelte für die Überlassung von Wirtschaftsgütern oder die Hingabe von Darlehen, die bei der (Stiftung & Co.) KGaA als Betriebsausgabe i.S.d. § 4 Abs. 4 EStG i.V.m. § 8 Abs. 1 S. 1 KStG den Gewinn gemindert haben, gemäß § 8 Nr. 7 und Nr. 1 GewStG hälftig der Ausgangsgröße wieder hinzuzurechnen.[876]

Die Komplementär-Stiftung unterhält aufgrund ihrer Stellung als persönlich haftender Gesellschafter der (Stiftung & Co.) KGaA zwingend einen wirtschaftlichen Geschäftsbetrieb, sodass auch sie regelmäßig der Gewerbesteuer unterliegt.[877] Um eine Doppelbelastung der nach § 8 Nr. 7 GewStG bereits beim Unternehmensträger hälftig hinzugerechneten Miet- oder Pachtvergütungen zu vermeiden, wird der Gewerbeertrag der Komplementär-Stiftung um den bei der (Stiftung & Co.) KGaA hinzugerechneten Betrag gemäß § 9 Nr. 4 GewStG wieder gekürzt. Demgegenüber ist für Darlehenszinsen eine Vermeidung der gewerbesteuerlichen Doppelbelastung nicht vorgesehen: Die bei der (Stiftung & Co.) KGaA nach § 8 Nr. 1 GewStG hälftig hinzugerechneten Dauerschuldentgelte unterliegen zudem bei der Komplementär-Stiftung uneingeschränkt der Gewerbesteuer, sodass es insoweit im Ergebnis zu einer 150-prozentigen Belastung mit Gewerbesteuer kommt.[878] Dies bedeutet, dass es für die Komplementär-Stiftung steuerlich günstiger ist, der (Stiftung & Co.) KGaA Wirtschaftsgüter zu überlassen, als dieser ein Darlehen zur Verfügung zu stellen, da letztere Variante gewerbesteuerlich benachteiligt ist.

Da auf Ebene der (Stiftung & Co.) KGaA die nicht auf das Grundkapital entfallenden Gewinnanteile der Komplementär-Stiftung und deren Geschäftsführungsvergütung nach § 8 Nr. 4 GewStG dem körperschaftsteuerlichen

---

874 § 8 Nr. 4 GewStG.

875 Dies resultiert aus dem Objektsteuercharakter der Gewerbesteuer, der u.a. rechtsformspezifische Korrekturen des Gewerbeertrags untersagt; vgl. hierzu auch Kapitel 2.3.2.2.

876 Vgl. hierzu z.B. Hesselmann, Malte, Kommanditgesellschaft, 1989, hier: S. 2348, der sich jedoch auf die GmbH & Co. KGaA bezieht.

877 Vgl. § 2 Abs. 3 GewStG sowie die Ausführungen in Kapitel 3.3.3.1.3. Der Begriff *'wirtschaftlicher Geschäftsbetrieb'* ist weiter gefasst als der Begriff *'Gewerbebetrieb'* des Einkommensteuergesetzes, da eine Gewinnerzielungsabsicht nicht notwendige Voraussetzung ist; vgl. § 14 S. 2 AO; hierzu auch Fn. 417.

878 Vgl. Schaumburg, Harald/Schulte, Christoph, Recht, 2000, hier: S. 77 f. sowie Halasz, Christian/Kloster, Lars/Kloster, Anja, Rechtsformalternative, 2002, hier: S. 89, die sich in ihren Ausführungen jedoch sämtlich auf die GmbH & Co. KGaA beziehen.

Gewinn für Zwecke der Gewerbesteuer hinzugerechnet werden, bedarf es zur Vermeidung einer gewerbesteuerlichen Doppelbelastung einer entsprechenden Korrekturvorschrift auf Ebene der Komplementär-Stiftung. Daher wird der gemäß § 8 Nr. 4 GewStG bei der (Stiftung & Co.) KGaA hinzugerechnete Betrag nach § 9 Nr. 2b GewStG bei der Komplementär-Stiftung wieder gekürzt.[879]

Der Umfang der Kürzung bemisst sich dabei – aufgrund ihrer Eigenschaft als korrespondierende Vorschrift zu § 8 Nr. 4 GewStG – exakt nach dem bei der (Stiftung & Co.) KGaA hinzugerechneten Betrag.[880] Hierdurch kann jedoch nachfolgende Problematik auftreten: Die Komplementär-Stiftung als juristische Person muss sich zur Ausführung der Geschäftsführung eines fremden Dritten bedienen, wodurch ihr Aufwendungen entstehen, die ihren körperschaftsteuerlichen und damit auch gewerbesteuerlichen Gewinn mindern. Die Korrekturvorschriften des § 8 Nr. 4 GewStG sowie des § 9 Nr. 2b GewStG führen jedoch dazu, dass die Geschäftsführungsvergütung auf der Ebene der (Stiftung & Co.) KGaA der Gewerbesteuer unterworfen wird und folglich bei der Komplementär-Stiftung als den Gewerbeertrag mindernd zu berücksichtigen ist. Im Ergebnis bedeutet dies, dass es bei der Komplementär-Stiftung zu einer doppelten Entlastung in Höhe der Geschäftsführungsvergütung kommt.[881]

Die Komplementär-Stiftung wird jedoch nicht unmittelbar in den Genuss dieser doppelten Entlastung gelangen: In aller Regel wird sie sich auf die Position des Vollhafters und die Übernahme der Geschäftsführung beschränken, sodass sie neben einer Geschäftsführungsvergütung und ihrem Gewinnanteil keine weiteren Einkünfte erzielt.[882] Da gerade diese Einkünfte gewerbesteuerlich jedoch nicht bei der Komplementär-Stiftung, sondern bei der (Stiftung & Co.) KGaA erfasst werden, verbleibt in Ermangelung weiterer Einkünfte der Komplementär-

---

879 Vgl. Thiel, Jochen/Eversberg, Horst, Förderung, 1991, hier: S. 128 sowie Ladwig, Peter/ Motte, Frank, Alternative, 1996, hier: S. 806 in Bezug auf die personalistische KGaA.

880 Vgl. BFH v. 31.10.1990 I R 32/86, hier: S. 255 sowie Gosch, Dietmar, Kommanditgesellschaft, 1991, hier: S. 347 f.

881 Vgl. ausführlich hierzu Frankenheim, Andreas, Substanzbesteuerung, 1994, hier: S. 196-202, der als Ausweg zur Vermeidung einer doppelten Entlastung die Beschränkung der Kürzungsvorschrift des § 9 Nr. 2b GewStG auf den Gewinnanteil, nicht jedoch die Geschäftsführungsvergütung empfiehlt.

882 Eine gesonderte Haftungsvergütung des Komplementärs ist nur zu gewähren, sofern sich die Komplementär-Stiftung nicht mit einer Einlage an der (Stiftung & Co.) KGaA beteiligt; vgl. – wenn auch am Beispiel der GmbH & Co. KG – BFH v. 03.02.1977 IV R 122/73, hier: S. 347 sowie Wehrheim, Michael, Steuerwirkungslehre, 2004, hier: S. 106.

Stiftung bei dieser einzig ein gewerbesteuerlicher Verlustvortrag gemäß § 10a GewStG in Höhe der Geschäftsführungsvergütung.[883]

6.3.3.3 Laufende Besteuerung der Destinatäre

Die Bestimmung der steuerlichen Behandlung von Destinaten einer Komplementär-Stiftung erfordert es zunächst, die Begünstigten näher zu identifizieren. Während bei einer GmbH & Co. KGaA Ausschüttungen einer Komplementär-GmbH zwingend deren Gesellschaftern zufließen, ist bei einer Komplementär-Stiftung als eigentümerlose Vermögensmasse diese Frage nicht bereits ex ante beantwortet. Der Stifter kann in der Stiftungssatzung den begünstigten Personenkreis festlegen, wobei dies sowohl natürliche als auch juristische Personen sein können.

In der Praxis wird zumeist der bisherige Familienunternehmer und Stifter beabsichtigen, seine Familienangehörigen an den Unternehmenserträgen partizipieren zu lassen, ohne ihnen Einfluss auf unternehmerische Entscheidungen einzuräumen. Indem er seine Angehörigen und Nachkommen als Destinatäre bestimmt, gelingt ihm dies. In diesem Falle wird die Komplementär-Stiftung "wesentlich im Interesse einer Familie oder bestimmter Familien"[884] betrieben, sodass sie als Familienstiftung klassifiziert wird und damit der Erbersatzsteuer unterliegt.[885] Die Destinate der Komplementär-Stiftung sind bei den Begünstigten als Einkünfte aus Kapitalvermögen i.S.d. § 20 Abs. 1 Nr. 9 EStG zu versteuern, sofern Letztere einen Rechtsanspruch hierauf haben.[886] Dafür ist es erforderlich, dass in der Stiftungssatzung die Bezugsberechtigten sowie die Art

---

883 Gleiches gilt auch bei einer GmbH & Co. KGaA; vgl. Schmincke, Andreas, Gewerbesteuerfalle, 2004, hier: S. 863 f. Im Falle einer GmbH & Co. KG oder einer Stiftung & Co. KG tritt diese Problematik indes nicht auf: Da es sich bei beiden Rechtsformkombinationen jeweils um Mitunternehmerschaften handelt, ist die erzielte Geschäftsführungsvergütung zwar als Sonderbetriebseinnahme in der Sonderbilanz des Komplementärs beim Unternehmensträger zu berücksichtigen, zugleich jedoch das der natürlichen Person gewährte Entgelt als Sonderbetriebsausgabe und somit den Gewerbeertrag mindernd zu behandeln. Folglich kommt es zu keiner Belastung der Geschäftsführungsvergütung mit Gewerbesteuer; vgl. hierzu auch das Beispiel in Kapitel 7.2.3.2.

884 § 1 Abs. 1 Nr. 4 ErbStG.

885 Zu den Vor- und Nachteilen einer derartigen Konstruktion vgl. die Ausführungen in Kapitel 6.1.2.

886 Voraussetzung hierfür ist, dass es sich erstens um Einnahmen aus Leistungen einer nicht von der Körperschaftsteuer befreiten Stiftung handelt, die zweitens nicht zu den Einnahmen i.S.d. § 20 Abs. 1 Nr. 1 EStG gehören und drittens mit derartigen Gewinnausschüttungen wirtschaftlich vergleichbar sind. Ist dies der Fall, liegen Einkünfte aus Kapitalvermögen i.S.d. § 20 Abs. 1 Nr. 9 EStG vor, die beim Empfänger nach dem Halbeinkünfteverfahren des § 3 Nr. 40 lit. d) EStG zu versteuern sind. Vgl. hierzu auch Kußmaul, Heinz/Meyering, Stephan, Destinatare, 2004, hier: 42 f.

und Höhe der Zuwendungen detailliert fixiert sind und dem Stiftungsvorstand kein Ermessensspielraum bei der Gewährung der Destinate zusteht.[887]

Liegt ein solcher Rechtsanspruch nicht vor und hat der Stiftungsvorstand beispielsweise die Möglichkeit, einzelne Personen eines in der Stiftungssatzung näher umschriebenen Kreises von Destinatären auszuwählen, so handelt es sich um eine freiwillig begründete Rechtspflicht der Komplementär-Stiftung.[888] Die Destinate sind damit wirtschaftlich mit Gewinnausschüttungen i.S.d. § 20 Abs. 1 Nr. 1 EStG nicht mehr vergleichbar, mit der Folge, dass eine Klassifizierung als Einkünfte aus Kapitalvermögen scheitert und die Option einer Besteuerung als sonstige Einkünfte i.S.d. § 22 Nr. 1 EStG verbleibt.[889]

§ 22 Nr. 1 S. 2 lit. a) EStG sieht eine Steuerpflicht für wiederkehrende Bezüge vor, die von einer unbeschränkt steuerpflichtigen Stiftung außerhalb der Erfüllung steuerbegünstigter Zwecke i.S.d. §§ 52-54 AO gewährt werden.[890] Das Kriterium der *'wiederkehrenden Bezüge'* ist jedoch nur erfüllt, sofern sich die Bezüge aufgrund eines von vornherein gefassten einheitlichen Beschlusses oder eines einheitlichen Rechtsgrundes mit einer gewissen Regelmäßigkeit wiederholen.[891] Hat der Destinatär jedoch schriftlich um Destinate zu ersuchen und ist für die Zuwendung jeweils ein erneuter Beschluss der Komplementär-Stiftung erforderlich, liegen keine wiederkehrenden Bezüge vor, sodass folglich die Grenzen des § 22 Nr. 1 S. 2 lit. a) EStG überschritten sind und es sich um nicht-steuerbare Einkünfte der Destinatäre handelt.[892]

Ein damit dem Stifter an die Hand gegebener Gestaltungsspielraum ist von ihm bei der Formulierung der Stiftungssatzung unbedingt zu berücksichtigen. Jedoch muss nicht notwendigerweise ein Kommanditaktionär Destinatär der Komplementär-Stiftung sein. Zur Vermeidung der bei Familienstiftungen anfallenden Erbersatzsteuer ist es durchaus erwägenswert, gerade keine Angehörigen des Stifters oder gar den Stifter selbst als Begünstigte der Stiftung einzusetzen, sondern diese Position der (Stiftung & Co.) KGaA zuzuweisen. Wie in

---

887 Vgl. Brandmüller, Gerhard/Lindner, Reinhold, Stiftungen, 2005, hier: S. 103 f.

888 Vgl. BFH v. 25.11.1966 VI R 111/66, hier: S. 178 f. sowie BFH v. 25.08.1987 IX R 98/82, hier: S. 346.

889 Vgl. Orth, Manfred, Stiftungen, 2001, hier: S. 332 sowie Kußmaul, Heinz/Meyering, Stephan, Destinatare, 2004, hier: S. 43.

890 Für wiederkehrende Bezüge i.S.d. § 22 Nr. 1 S. 2 lit. a) EStG greift auf Ebene des Empfängers das Halbeinkünfteverfahren des § 3 Nr. 40 lit. i) EStG.

891 Die Bezüge dürfen indes hinsichtlich der Höhe schwanken; vgl. hierzu R 165 Abs. 1 S. 2 und S. 3 EStR.

892 Vgl. BFH v. 20.07.1971 VIII 24/65, hier: S. 171. Vgl. hierzu auch Jansen, Rudolf, Kommentierung, 2000, hier: § 22, Rz. 112; Kußmaul, Heinz/Meyering, Stephan, Destinatare, 2004, hier: S. 43; Brandmüller, Gerhard/Lindner, Reinhold, Stiftungen, 2005, hier: S. 103 f. sowie Stuhrmann, Gerd, Kommentierung, 2005, hier: § 22, Rz. 27.

Kapitel 6.1.2 gezeigt, können die Angehörigen des Stifters auch über Kommanditaktien finanziell abgesichert und in nur beschränktem Maße an Entscheidungen der (Stiftung & Co.) KGaA beteiligt werden. Bestimmt der Stifter die (Stiftung & Co.) KGaA als Destinatär, welcher für die Durchführung größerer Investitionen Zuwendungen vonseiten der Komplementär-Stiftung gewährt werden sollen, um das nachhaltige Wachstum der Gesellschaft zu gewährleisten, so lässt sich zum einen durch den Ausschluss eines Rechtsanspruches des Unternehmensträgers auf Destinate die Steuerpflicht nach § 20 Abs. 1 Nr. 9 EStG umgehen. Hat die (Stiftung & Co.) KGaA zudem die Zuwendungen zu beantragen und in jedem Einzelfall darzulegen, für welche Investitionsmaßnahmen diese benötigt werden, ist eine Einzelfallbetrachtung durch den Stiftungsvorstand erforderlich, die eine Besteuerung nach § 22 Nr. 1 S. 2 lit. a) EStG ausschließt.[893] Folglich gelingt es auf diese Weise, die Destinate bei der (Stiftung & Co.) KGaA steuerfrei zu vereinnahmen.

Unabhängig jedoch davon, wer als Destinatär der Komplementär-Stiftung fungiert, entfällt bei der Stiftung & Co. KGaA die – bei einer GmbH & Co. KGaA auftretende[894] – Problematik einer Bilanzierung von Anteilen, die der *'Ausschüttungsempfänger'* des Komplementärs hält: Die Stiftung als eigentümerlose Vermögensmasse vermittelt keine Anteilseignerrechte, sodass weder der Stifter noch der Destinatär Gesellschafterrechte an der Stiftung besitzen. Folglich ist die Bilanzierung von Sonderbetriebsvermögen II des Destinatärs bereits a priori ausgeschlossen.[895]

Übernimmt ein Destinatär, der gegebenenfalls zugleich Kommanditaktionär der (Stiftung & Co.) KGaA ist,[896] die Position des Stiftungsvorstandes, um Einfluss auf die Geschäftsführung der (Stiftung & Co.) KGaA nehmen zu können, so greift das körperschaftliche Trennungsprinzip: Die ihm hierdurch zufließenden Vergütungen stellen zwingend Einkünfte aus nichtselbstständiger Tätigkeit i.S.d. § 19 Abs. 1 S. 1 Nr. 1 EStG dar. Da auch ihm keine Mitunternehmerstellung oder auch nur mitunternehmerähnlichen Rechte zufallen, scheidet eine Umqualifizierung der erzielten Vergütung für die Übernahme der Geschäftsführung in Sonderbetriebseinnahmen des A bei der (Stiftung & Co.) KGaA zwangsläufig aus. Dem steht auch nicht entgegen, dass im Fall einer Stiftung & Co. KG die Vergütungen, die die Kommanditisten für die Geschäftsführung der (Stiftung & Co.) KG im Auftrag der Komplementär-Stiftung erhalten, als gewerbliche

---

[893] Dass die (Stiftung & Co.) KGaA keinen Rechtsanspruch auf Destinate hat und damit eine Einzelfallbetrachtung gerechtfertigt ist, erklärt sich auch durch die Tatsache, dass die Erträge der Komplementär-Stiftung aus dem von ihr vereinnahmten Gewinnanteil und damit letztlich dem gestifteten Kapital resultieren.

[894] Zur Bilanzierung von Anteilen an der Komplementär-GmbH vgl. Kapitel 6.3.2.

[895] Vgl. Wehrheim, Michael/Gehrke, Matthias, Einkünftequalifikation, 2005, hier: S. 245.

[896] In der obigen Abbildung 3 ist dies A.

Einkünfte i.S.d. § 15 Abs. 1 S. 1 Nr. 2 EStG qualifiziert werden.[897] Schließlich handelt es sich bei der Stiftung & Co. KG um eine Personengesellschaft, für die das Mitunternehmerkonzept greift. Während die Kommanditisten dort als Mitunternehmer anzusehen sind, ist dies bei der Stiftung & Co. KGaA als Kapitalgesellschaft gerade nicht der Fall.[898] Folglich liegen hier im Hinblick auf die Geschäftsführungsvergütung zwingend Einkünfte aus nichtselbstständiger Tätigkeit i.S.d. § 19 Abs. 1 S. 1 Nr. 1 EStG vor.

Die Tatsache, dass A nicht als Mitunternehmer der (Stiftung & Co.) KGaA angesehen werden kann und er auch nicht *'wie ein Mitunternehmer'* zu behandeln ist, hat unmittelbare Auswirkungen auf die steuerliche Qualifikation der Vergütungen, die A für die Überlassung eines Wirtschaftsgutes oder für die Hingabe eines Darlehens an die Komplementär-Stiftung vereinnahmt. Selbst für den Fall, dass die Komplementär-Stiftung das Wirtschaftsgut an die (Stiftung & Co.) KGaA weitergibt oder mit dem Darlehen ihre dortige Einlage aufstockt, verbleibt doch – mangels Mitunternehmerstellung – keine andere Möglichkeit, als die A zufließenden Entgelte der jeweils originär betroffenen Einkunftsart zuzuweisen. Dass A somit mittelbar den Gesellschaftszweck der (Stiftung & Co.) KGaA fördert oder seine Stellung hierin stärkt, ist für die steuerliche Beurteilung der von ihm vereinnahmten Entgelte unerheblich. Es kann denknotwendigerweise kein Sonderbetriebsvermögen des A bei der (Stiftung & Co.) KGaA ausgewiesen werden, auch wenn er – wirtschaftlich betrachtet – im Extremfall eine Position innehaben kann, die ihm eine mitunternehmerähnliche Vormachtstellung einräumt.

6.3.3.4 Laufende Besteuerung der Kommanditaktionäre

Für die Kommanditaktionäre ergeben sich auch im Falle einer Stiftung & Co. KGaA keine steuerlichen Besonderheiten: Sie beziehen mit den Dividenden aus ihren Kommanditaktien – wie im Falle einer personalistischen KGaA, aber auch einer GmbH & Co. KGaA[899] – Einkünfte aus Kapitalvermögen i.S.d. § 20 Abs. 1 Nr. 1 EStG. Da die Kommanditaktien des A, der gegebenenfalls zugleich die Stellung des Destinatärs der Komplementär-Stiftung einnimmt, zwingend zu dessen Privatvermögen zu rechnen sind, erzielt auch A mit den Ausschüttungen der (Stiftung & Co.) KGaA insoweit unabdingbar Einkünfte aus Kapitalvermögen i.S.d. § 20 Abs. 1 Nr. 1 EStG.[900] Beteiligt sich die Komplementär-Stiftung neben einer etwaigen Einlage bei der (Stiftung & Co.) KGaA darüber hinaus am Grundkapital der Gesellschaft, so nimmt sie insoweit die Stellung eines

---

[897] Vgl. Schulze zur Wiesche, Dieter, Unternehmensform, 1988, hier: S. 136.
[898] Vgl. hierzu die Ausführungen in Kapitel 6.3.2.2.
[899] Vgl. die Ausführungen in Kapitel 2.3.3.1 sowie Kapitel 6.3.2.2.
[900] Vgl. Wehrheim, Michael/Gehrke, Matthias, Einkünftequalifikation, 2005, hier: S. 245.

Kommanditaktionärs ein. Wie bereits oben angesprochen, stellen die von ihr aufgrund der Kommanditaktien erzielten Dividenden Einkünfte aus Kapitalvermögen i.S.d. § 20 Abs. 1 Nr. 1 EStG dar, die jedoch nach § 8 Abs. 2 KStG in gewerbliche Einkünfte umzuqualifizieren sind.[901]

Übernehmen B oder C als Kommanditaktionäre der (Stiftung & Co.) KGaA eine Position im Vorstand der Stiftung, so greift abermals das Trennungsprinzip, mit der Folge, dass die B und C zufließenden Vergütungen Einkünfte aus nichtselbstständiger Tätigkeit i.S.d. § 19 Abs. 1 S. 1 Nr. 1 EStG darstellen.[902] Die Überlassung von Wirtschaftsgütern führt bei den Kommanditaktionären zu Einkünften aus Vermietung und Verpachtung i.S.d. § 21 Abs. 1 EStG, während von ihnen vereinnahmte Fremdkapitalzinsen als Einkünfte aus Kapitalvermögen i.S.d. § 20 Abs. 1 Nr. 7 EStG zu qualifizieren sind. Es ergeben sich folglich keine Divergenzen gegenüber dem Fall einer personalistischen KGaA oder einer GmbH & Co. KGaA.

6.4 Auflösungsbesteuerung

Soll die wirtschaftliche Betätigung unter der Rechtsform der Stiftung & Co. KGaA eingestellt werden, so sind einerseits die steuerrechtlichen Einschränkungen bei der Aufhebung der Komplementär-Stiftung und andererseits die ertragsteuerrechtlichen Vorschriften bei der Liquidation der (Stiftung & Co.) KGaA zu beachten. Das Steuerrecht verlangt bei der Aufhebung steuerbegünstigter Stiftungen die Einhaltung des Grundsatzes der Vermögensbindung, also die Gewährleistung, dass das akkumulierte Stiftungsvermögen, soweit es das vom Stifter zur Verfügung gestellte Kapital übersteigt, auch weiterhin steuerbegünstigten Zwecken zugute kommt.[903] Da die Komplementär-Stiftung einer Stiftung & Co. KGaA jedoch – wie in Kapitel 6.1.3 erläutert – nur in Ausnahmefällen steuerbegünstigte Zwecke verfolgt, ganz überwiegend indes als regulär steuerpflichtige Stiftung ausgestaltet sein wird, kommt der Grundsatz der Vermögensbindung folglich in aller Regel nicht zum Tragen.

Unabhängig davon, ob die Komplementär-Stiftung als Familienstiftung i.S.d. § 1 Abs. 1 Nr. 4 ErbStG klassifiziert und demzufolge von der laufenden Stiftungsaufsicht befreit ist, bedarf die Aufhebung der Stiftung regelmäßig der

---

[901] Vgl. die Ausführungen in Kapitel 6.3.3.2.1.

[902] Vgl. – in Bezug auf die GmbH & Co. KGaA – Wehrheim, Michael, Einkünftequalifikation, 2001, hier: S. 948.

[903] Vgl. § 55 Abs. 1 Nr. 4 S. 1 AO i.V.m. § 61 Abs. 1 AO; vgl. hierzu auch die Ausführungen in Kapitel 3.3.4.

Zustimmung der zuständigen Stiftungsaufsichtsbehörde.[904] Die Durchführung der Auflösung der Komplementär-Stiftung obliegt dem Stiftungsvorstand, der das Stiftungsvermögen nach Befriedigung aller Gläubiger an die Anfallsberechtigten zu verteilen hat.[905] Die Vermögenszuwendung an die Anfallsberechtigten gilt als Schenkung unter Lebenden, die der Erbschaft- und Schenkungsteuer unterliegt, sofern die Komplementär-Stiftung oder die Erwerber Inländer sind.[906] Allerdings gilt hinsichtlich der Berechnung der Steuer nicht die Stiftung, sondern der Stifter als Schenker,[907] sodass für die Ermittlung der Steuerklasse und möglicher Freibeträge das Verhältnis des Stifters zu den jeweils Berechtigten entscheidend ist.[908] Demzufolge gelten die in Kapitel 3.3.4 getroffenen Ausführungen auch für die Aufhebung einer Komplementär-Stiftung; es ergeben sich keine steuerlichen Besonderheiten aus dem Umstand, dass es sich bei der Stiftung um den persönlich haftenden Gesellschafter einer (Stiftung & Co.) KGaA handelt.

Die Liquidation der (Stiftung & Co.) KGaA bedingt deren Auflösung und anschließende Abwicklung, wobei das verbleibende Vermögen an die Gesellschafter verteilt wird. An die Stelle des jährlichen Veranlagungs- und Besteuerungsrhythmus tritt der Abwicklungszeitraum,[909] und der Abwicklungsgewinn wird anstelle der laufenden jährlichen Gewinne der Besteuerung zugrunde gelegt.[910] Zur Ermittlung eines möglichen Abwicklungsgewinnes oder -verlustes ist vom gemeinen Wert des Abwicklungsendvermögens i.S.d. § 11 Abs. 3 KStG der Buchwert des Abwicklungsanfangsvermögens i.S.d. § 11 Abs. 4 KStG zu subtrahieren; wird die verbleibende Residualgröße noch um einen eventuell vorhandenen Verlustvortrag gekürzt, so ergibt sich das zu versteuernde Abwicklungseinkommen.[911]

Die an die Kommanditaktionäre der (Stiftung & Co.) KGaA fließenden Liquidationsausschüttungen werden regulären Gewinnausschüttungen gleichgestellt, allerdings nur insoweit, als es sich bei den Ausschüttungen nicht um

---

904 Vgl. Wachter, Thomas, Steuerrecht, 2001, hier: S. 146; zur Auflösung einer Stiftung vgl. die Ausführungen in Kapitel 3.2.7.

905 Vgl. § 88 BGB; hierzu auch Ries, Gerhard, Rahmenbedingungen, 2001, hier: S. 68 f.

906 Vgl. § 7 Abs. 1 Nr. 9 S. 1 ErbStG i.V.m. § 2 Abs. 1 Nr. 1 S. 1 ErbStG.

907 Vgl. § 15 Abs. 2 S. 2, 1. Hs. ErbStG.

908 Vgl. BFH v. 25.11.1992 II R 77/90, hier: S. 238 f. sowie Kußmaul, Heinz/Meyering, Stephan, Stiftung, 2004, hier: S. 60.

909 § 11 Abs. 1 S. 2 KStG fordert die Einhaltung einer Drei-Jahres-Frist für den Besteuerungszeitraum der Abwicklung.

910 Die Besteuerung der im Gesellschaftsvermögen enthaltenen stillen Reserven ist bei der Auflösung sicherzustellen; vgl. Jacobs, Otto H., Unternehmensbesteuerung, 2002, hier: S. 393 f.

911 Vgl. hierzu ausführlich Heigl, Anton, Unternehmensbesteuerung, 1996, hier: S. 515 f.

Kapitalrückzahlungen handelt, die nicht steuerpflichtig sind.[912] Folglich stellen die über die Kapitalrückzahlungen hinausgehenden Kapitalerträge auf Ebene der Kommanditaktionäre Einkünfte aus Kapitalvermögen i.S.d. § 20 Abs. 1 Nr. 2 EStG dar, die dem Halbeinkünfteverfahren des § 3 Nr. 40 lit. d) EStG unterliegen.[913]

912 Die Kommanditaktionäre verlieren ihre Anteile durch Untergang, wofür sie im Gegenzug Liquidationszahlungen erhalten, sofern sich ein Abwicklungsgewinn und kein Abwicklungsverlust ergibt.

913 Vgl. Kußmaul, Heinz, Steuerlehre, 2006, hier: S. 489.

7. Die Stiftung & Co. KGaA – eine optimale Rechtsform?

7.1 Kritische Würdigung der Charakteristika einer Stiftung & Co. KGaA

7.1.1 Einleitende Bemerkungen

Auch wenn die Rechtsformkombination der Stiftung & Co. KGaA bislang in Literatur und Praxis kaum Beachtung gefunden hat, so konnten die Ausführungen in Kapitel 5.2 und Kapitel 6 doch zeigen, dass eine Stiftung & Co. KGaA ganz spezifische nichtsteuerliche und steuerliche Merkmale aufweist, die sie von anderen Rechtsformen und Rechtsformkombinationen unterscheidet. Inwiefern die jeweiligen Ausprägungen dieser Charakteristika sie zu einer ernsthaft in Erwägung zu ziehenden Rechtsformalternative machen, ist Gegenstand der beiden folgenden Abschnitte. Zur Beurteilung der Vorteilhaftigkeit werden jeweils die gewichtigsten Vorzüge und Nachteile der Stiftung & Co. KGaA herausgegriffen.

7.1.2 Bewertung der nichtsteuerlichen Charakteristika

7.1.2.1 Positiva

Unter den nichtsteuerlichen Charakteristika nehmen sowohl Haftung als auch Leitungsbefugnis sicherlich eine exponierte Stellung ein. Der zentrale Widerstand der Kritiker einer kapitalistischen KGaA[914] gegen deren Zulässigkeit manifestiert sich gerade an der Haftungssituation in Verbindung mit dem Auftrag zur Geschäftsführung.[915] Dies deutet bereits darauf hin, dass auch gewichtige Vorzüge, die in der Kombination einer Stiftung mit einer KGaA liegen, hierin zu sehen sind.

---

[914] Dass die zum Teil heftige Kritik an der kapitalistischen KGaA annähernd ausschließlich auf die GmbH & Co. KGaA, nicht jedoch die Stiftung & Co. KGaA bezogen wird, liegt daran, dass Letztere bislang keinen Eingang in die wissenschaftliche Diskussion gefunden hat. Es ist jedoch davon auszugehen, dass die Kritiker der kapitalistischen KGaA die Stiftung & Co. KGaA nicht hiervon ausnehmen werden.

[915] Die Ausführungen in Kapitel 5 haben jedoch letztlich gezeigt, dass die Einwände der Kritiker die Zulässigkeit der kapitalistischen KGaA nicht entscheidend gefährden können.

Tatsächlich stellt sich die Haftungssituation der Stiftung & Co. KGaA äußerst günstig dar: Indem die Haftungsmasse ausschließlich auf das in Aktien zerlegte Grundkapital der (Stiftung & Co.) KGaA und die Vermögensmasse der Komplementär-Stiftung beschränkt ist, darüber hinaus zudem die Kommanditaktionäre nur in Höhe ihrer bereits geleisteten Einlagen haften und schließlich die bereits mehrfach angesprochene Durchgriffshaftung beim Komplementär ex ante ausgeschlossen ist,[916] liegt keinerlei persönliche unbeschränkte Haftung einer natürlichen Person vor. Speziell die fehlende Durchgriffshaftung führt dazu, dass die Stiftung & Co. KGaA in haftungsrechtlicher Hinsicht der ansonsten weitgehend gleichwertigen GmbH & Co. KGaA überlegen ist, da bei dieser die GmbH-Gesellschafter im Falle der Unterkapitalisierung der Komplementär-GmbH persönlich für die Befriedigung der Gläubigeransprüche herangezogen werden können. Es bleibt folglich festzuhalten, dass bei der Stiftung & Co. KGaA die Haftungsmasse ausschließlich auf das Unternehmensvermögen begrenzt ist.

Auch im Hinblick auf die Leitungsbefugnis vermag die Stiftung & Co. KGaA zu überzeugen: Indem das Recht der KGaA die Grenzen der Vertragsfreiheit relativ weit steckt und insofern dem Komplementär eine umfassende Machtposition einräumt, verfügt dieser bereits bei einer klassischen KGaA gegebenenfalls über weit reichende Befugnisse. Nimmt man nun noch die auf Ebene der Komplementär-Stiftung greifende Autonomie des Stifters bei der Formulierung der Stiftungssatzung hinzu, so stellt die Stiftung & Co. KGaA eine Rechtsformalternative dar, bei der die Komplementär-Stiftung und damit deren geschäftsführender Stiftungsvorstand über eine unangefochtene Vormachtstellung verfügen können.[917] Dass es jedoch nicht zwingend zu einer derartig einseitigen Machtverteilung kommen muss, ergibt sich daraus, dass zum einen die gesetzlich vorgesehenen Kompetenzen der Hauptversammlung der (Stiftung & Co.) KGaA beibehalten werden können und zum anderen ein zweites Stiftungsorgan, welches – einem Aufsichtsrat ähnlich – den Stiftungsvorstand zu überwachen hat, errichtet werden kann.

Folglich hält die hier betrachtete Rechtsformkombination ein hohes Maß an Flexibilität bereit, welches in Abhängigkeit von den individuellen Bedürfnissen des Unternehmensgründers ausgeschöpft werden kann. Handelt es sich beispielsweise um einen Familienunternehmer, der sein Unternehmen künftig weitestgehend frei von der Einflussnahme Dritter führen und darüber hinaus

---

916 Vgl. die Nachweise in Fn. 93 sowie Fn. 247.

917 Dass auch die unternehmerische Mitbestimmung weniger stark ausgeprägt ist als bei anderen Rechtsformen und Rechtsformkombinationen, wurde in Kapitel 5.2.3.2 herausgearbeitet. Auch dies führt zu einem Ausbau der Dominanz des Stiftungsvorstandes in der Stiftung & Co. KGaA.

seine Familienangehörigen an den Unternehmenserträgen teilhaben lassen möchte, so gelingt ihm dies unter weit reichender Ausnutzung der Gestaltungsspielräume einer Stiftung & Co. KGaA. Er selbst übernimmt die Position des Stiftungsvorstandes, und seine Angehörigen werden über die Kommanditaktien finanziell abgesichert, ohne maßgeblich Einfluss auf die Unternehmenspolitik nehmen zu können.[918]

Möchte sich der bisherige Geschäftsführer eines Familienunternehmens hingegen aus der laufenden Geschäftsführung zurückziehen, jedoch eine Weiterführung des Unternehmens im Sinne seiner Familie gewährleistet sehen, so vermag er dies durch Errichtung einer Stiftung & Co. KGaA ebenfalls vorzunehmen. Mit einer Stiftungssatzung, welche die künftige Ausrichtung der Unternehmenspolitik detailliert vorschreibt, gelingt ihm dies über viele Jahre hinweg.[919] Er ist bei der Besetzung des geschäftsführenden Stiftungsvorstandes nicht auf Familienmitglieder beschränkt, sondern kann aufgrund der Fremdorganschaft qualifizierte Dritte in diese Position berufen, die wiederum an seinen in der Stiftungssatzung zum Ausdruck gebrachten Willen gebunden sind.

In diesem Szenario wird auch ein weiterer ganz entscheidender Vorzug der Stiftung & Co. KGaA gegenüber anderen Rechtsformen und Rechtsformkombinationen deutlich: Vor dem Hintergrund der Unternehmenskontinuität sind Stiftungskonstruktionen anderen Rechtsformen generell überlegen, da das Stiftungsrecht die fortwährende Beachtung des ursprünglichen Stifterwillens fordert. Diese stiftungs-rechtliche Besonderheit können sich auch Familienunternehmer zunutze machen, um den Erhalt *'ihres Lebenswerkes'* abzusichern. Da Stiftungen und folglich auch unternehmerische Stiftungskonstruktionen einzig in den engen Grenzen des § 87 BGB ihren Zweck ändern oder gar aufgelöst werden können, ist in sämtlichen anderen Fällen die Fortführung des Unternehmens im Sinne des bisherigen Familienunternehmers durch die Überwachungstätigkeit der Stiftungsaufsichtsbehörde garantiert.[920]

Einen deutlichen Vorteil – speziell gegenüber der ansonsten in vielerlei Hinsicht vergleichbaren Stiftung & Co. KG – erzielt die Stiftung & Co. KGaA mit Blick

---

918 So erkennen Hennerkes/Lorz die "optimale Trennung von Herrschaft und Kapital" im Falle einer Stiftung & Co. KGaA; Hennerkes, Brun-Hagen/Lorz, Rainer, Roma, 1997, hier: S. 1393.

919 Wie in Kapitel 5.2.7 erläutert, ist hierbei allerdings zu bedenken, dass genügend Raum für eine spätere Anpassung der Unternehmenspolitik an geänderte wirtschaftliche Rahmenbedingungen verbleiben muss, da es sonst zu der Problematik kommen kann, mit der sich Unternehmensträgerstiftungen konfrontiert sehen; vgl. hierzu auch die Ausführungen in Kapitel 3.1.4.3.2.

920 Dies gilt auch für von der Stiftungsaufsicht befreite Familienstiftungen, da sich der Befreiungstatbestand ausschließlich auf die laufende Geschäftstätigkeit bezieht, keinesfalls jedoch auf Satzungsänderungen oder gar die Aufhebung der Stiftung.

auf die Finanzierung. Während das Finanzierungspotenzial der Komplementär-Stiftung bei beiden Rechtsformkombinationen gleichsam beschränkt ausfällt, da einzig über spätere Zustiftungen und Spenden der Komplementär-Stiftung neues Eigenkapital zugeführt werden kann,[921] steht lediglich der Stiftung & Co. KGaA, nicht jedoch der Stiftung & Co. KG der Weg an die Börse und damit ein organisierter Kapitalmarkt zur Beschaffung zusätzlichen Eigenkapitals offen. Gerade Familienunternehmen, die im Allgemeinen unter einer dünnen Eigenkapitaldecke zu leiden haben, bietet sich mit der Rechtsformalternative einer Stiftung & Co. KGaA ein gangbarer Weg, die in Kapitel 2.2.3.1.1 beschriebenen negativen Konsequenzen für die Wettbewerbsfähigkeit abzuwenden. Aufgrund der geringeren Fungibilität der Kommanditanteile einer Stiftung & Co. KG bietet diese keinen vergleichbaren Ausweg aus einer Krise aufgrund mangelnder Eigenkapitalausstattung.

7.1.2.2 Negativa

Die vorstehend dargestellten Vorzüge der Stiftung & Co. KGaA sind allerdings nicht ohne *'Gegenleistung'* zu erlangen: Aufgrund der Tatsache, dass es sich juristisch betrachtet bei der Stiftung & Co. KGaA um zwei rechtlich selbstständige Organisationseinheiten handelt,[922] kommt es infolgedessen zu einer partiellen Verdoppelung der Organisationsstrukturen und den damit einhergehenden Verwaltungsaufwendungen.[923] Zweifelsohne stellt dies im Vergleich mit klassischen Rechtsformen – beispielsweise einer KG oder einer AG – einen Nachteil dar. Zwei Aspekte dürfen hierbei indes nicht übersehen werden: Zum einen weisen sämtliche Rechtsformkombinationen – nicht nur die Stiftung & Co. KGaA, sondern auch solche wie beispielsweise eine Stiftung & Co. KG, eine GmbH & Co. KG sowie nicht zuletzt auch eine GmbH & Co. KGaA – ähnliche Nachteile auf, sodass nicht von einer *'Stiftung & Co. KGaA-spezifischen'* Problematik gesprochen werden kann. Im Gegenteil ist die Verzahnungsproblematik gerade im Falle der Stiftung & Co. KG und der Stiftung & Co. KGaA weniger stark ausgeprägt, da es auf Ebene des Komplementärs keine

---

921 Sowohl bei Zustiftungen als auch bei Spenden entledigen sich die Kapitalgeber ihres Vermögens, sodass der Umfang dieser Finanzierungsalternative äußerst beschränkt ist; vgl. Kapitel 3.2.2.1.

922 Auf der einen Seite ist dies die (Stiftung & Co.) KGaA als eigentlicher Unternehmensträger, auf der anderen Seite die Komplementär-Stiftung als geschäftsführender Vollhafter.

923 Zu denken ist hier insbesondere an Buchführungs- und Rechnungslegungsaufwendungen sowie den durch das Erfordernis einer Koordination der Stiftungssatzung mit dem Gesellschaftsvertrag der (Stiftung & Co.) KGaA anfallenden Mehraufwand.

Gesellschaftsanteile gibt, die mit den Anteilen am Unternehmensträger (Kommanditanteile bzw. -aktien) abzustimmen wären.[924]

Zum anderen ist der Verzahnungsproblematik in der Praxis keine derart große Bedeutung beizumessen. Zweifelsohne bedarf es zwar eines exakt formulierten Gesellschaftsvertrages und einer mit Bedacht verfassten Stiftungssatzung, um den individuellen Bedürfnissen aller an der Stiftung & Co. KGaA Beteiligten gerecht zu werden. Hennerkes/May ist jedoch zuzustimmen, wenn sie konzedieren, dass demjenigen, der "komplizierte gesellschaftsrechtliche Konstruktionen wie die Einheits-GmbH & Co. KG oder die 'doppelstöckige' GmbH & Co. KG bewältigt, [...] auch vor der GmbH & Co. KGaA nicht bange sein [sollte]."[925] Gleiches darf auch für die Konstruktion einer Stiftung & Co. KGaA Geltung beanspruchen. Jedenfalls sollte die Verbreitung der hier betrachteten Rechtsformkombination nicht daran scheitern, dass sie in der Öffentlichkeit und speziell bei den unternehmensberatenden Personengruppen nicht hinlänglich bekannt ist.[926]

Stiftungskonstruktionen weisen gegenüber anderen Rechtsformen generell den Nachteil auf, dass unter den rechtsformabhängigen Aufwendungen auch der Verwaltungsaufwand zu subsumieren ist, der aufgrund der Zuständigkeit der Stiftungsaufsichtsbehörde für die Belange der Stiftung entsteht. Auch bei einer Komplementär-Stiftung schränkt die Rechtsaufsicht der Landesstiftungsbehörde die unternehmerische Flexibilität ein, wenngleich durch eine geschickte Formulierung der Stiftungssatzung der Entscheidungsspielraum beim Unternehmensträger – der (Stiftung & Co.) KGaA – weitestgehend erhalten bleiben kann.[927] Insofern ist die Stiftung & Co. KGaA einer klassischen Unternehmensträgerstiftung zwar deutlich überlegen, jedoch gegenüber Rechtsformen und Rechtsformkonstruktionen ohne Stiftungsbeteiligung mit Nachteilen behaftet.

Nicht verschwiegen werden darf der Nachteil der Stiftung & Co. KGaA im Bereich der unternehmerischen Mitbestimmung gegenüber einer reinen Unternehmensträgerstiftung oder einer Stiftung & Co. KG:[928] Letztere sind von der

---

924 Dies unterscheidet sowohl Stiftung & Co. KG als auch Stiftung & Co. KGaA von den Rechtsformkombinationen, die sich einer Komplementär-GmbH bedienen.

925 Hennerkes, Brun-Hagen/May, Peter, Familienunternehmen, 1988, hier: S. 2400.

926 Elschenbroich vermutete diese Problematik bereits bei der klassischen KGaA, deren seltene Anwendung er vor allem in der geringen Kenntnis der unternehmensberatenden Rechtsanwälte und Wirtschaftsprüfer über diese Rechtsform begründet sah; vgl. Elschenbroich, Manfred, Kommanditgesellschaft, 1959, hier: S. 189-191.

927 Vgl. hierzu die Ausführungen in Kapitel 5.2.6 sowie Kapitel 6.1.2.

928 Der Nachteil besteht ausschließlich gegenüber den beiden hier aufgeführten Rechtsformen. Anderen Kapitalgesellschaften ohne Stiftungsbeteiligung oder der GmbH & Co. KG ist die Stiftung & Co. KGaA überlegen; vgl. hierzu auch die Ausführungen in Kapitel 5.2.3.2.

Einflussnahme der Arbeitnehmer auf die Ausrichtung der Unternehmenspolitik vollständig freigestellt, da sie zum einen nicht zu den in § 1 Abs. 1 MitbestG genannten Rechtsformen zählen und zum anderen nicht unter die Sondervorschrift des § 4 MitbestG fallen, welche eine KG mit einem Komplementär in der in § 1 Abs. 1 MitbestG aufgezählten Rechtsform der unternehmerischen Mitbestimmung unterwirft.[929] Demgegenüber wird die Stiftung & Co. KGaA gemäß § 1 Abs. 1 Nr. 1 MitbestG von der unternehmerischen Mitbestimmung erfasst, sodass bei ihr ein mitbestimmter Aufsichtsrat zu bilden ist. Diese Benachteiligung relativiert sich jedoch im Rahmen der einer personalistischen KGaA eingeräumten mitbestimmungsrechtlichen Erleichterungen, welche – wie oben in Kapitel 5.2.3.2 herausgearbeitet – ebenfalls für die kapitalistische KGaA und damit auch für die Stiftung & Co. KGaA vorbehaltlos greifen.[930]

Insofern vermag selbst dieser auf den ersten Blick doch recht gravierende Nachteil das zuvor gezeichnete positive Bild der Stiftung & Co. KGaA nicht entscheidend zu beeinträchtigen, zumal die ganz überwiegende Anzahl der Rechtsformen und Rechtsformkombinationen von der unternehmerischen Mitbestimmung erfasst werden. Sowohl die Unternehmensträgerstiftung als auch die Stiftung & Co. KG sind der Stiftung & Co. KGaA zwar diesbezüglich überlegen, doch weisen diese anderweitige Nachteile – exemplarisch sei hier nur auf den begrenzten Finanzierungsrahmen verwiesen – auf, sodass es auf die individuellen Bedürfnisse der Unternehmensgründer ankommen wird, welcher Rechtsform oder Rechtsformkombination jeweils der Vorzug zu geben sein dürfte.

Abschließend ist an dieser Stelle nochmals zu betonen, dass die Entscheidung des bisherigen (Familien-)Unternehmers für die Rechtsform einer Stiftung & Co. KGaA in dem Bewusstsein erfolgen muss, dass er sich endgültig von dem Vermögen trennt, das er der Komplementär-Stiftung überträgt. Die Entscheidung für oder gegen eine Komplementär-Stiftung hat über Jahrzehnte hinaus Bestand, da Stiftungen grundsätzlich auf *'Ewigkeit'* angelegt sind und nicht ohne weiteres wieder aufgehoben werden können, wohingegen bei der Entscheidung für eine Komplementär-GmbH der Weg der Umwandlung in eine andere Rechtsform mittelfristig offen bleibt. Folglich sollte es sich bei den spezifischen Vorzügen der Stiftung & Co. KGaA – beispielsweise bei Mitbestimmung und Publizität – immer nur um positive Mitnahmeeffekte, nicht jedoch entschei-

929 Vgl. Wehrheim, Michael/Gehrke, Matthias, Einkünftequalifikation, 2005, hier: S. 239.

930 Zu den zentralen Erleichterungen zählen nicht nur die deutlich reduzierten Befugnisse des Aufsichtsrates einer KGaA im Hinblick auf die Personal- und Mitbestimmungskompetenz, sondern auch die Befreiungsvorschrift des § 33 Abs. 1 S. 2 MitbestG, einen Arbeitsdirektor als gleichberechtigtes Mitglied in das zur gesetzlichen Vertretung der Gesellschaft berechtigte Organ zu bestellen; vgl. hierzu die Ausführungen in Kapitel 2.2.2.3.

dungsbestimmende Faktoren handeln, da diese stiftungsfremden Parameter relativ raschen Änderungen unterliegen können.[931] Die Entscheidung für oder gegen eine Komplementär-Stiftung sollte unbedingt aufgrund stiftungsimmanenter Charakteristika gefällt werden.

7.1.3 Bewertung der steuerlichen Charakteristika

Bevor in Kapitel 7.2 die Stiftung & Co. KGaA einem quantitativen Steuerbelastungsvergleich unterzogen und hierbei anderen Rechtsformen und Rechtsformkombinationen gegenübergestellt wird, sollen an dieser Stelle die wesentlichen Merkmale der Besteuerung einer Stiftung & Co. KGaA herausgegriffen und bewertet werden. Wie in Kapitel 6.1.3 erläutert, scheiden spezifische steuerliche Vorteile aufgrund der Verfolgung steuerbegünstigter Zwecke i.S.d. §§ 52-54 AO durch die Einsetzung einer Komplementär-Stiftung regelmäßig aus: Sofern die Komplementär-Stiftung neben ihrer Betätigung als persönlich haftender Gesellschafter der (Stiftung & Co.) KGaA steuerbegünstigte Zwecke verfolgt und folglich den Status der Gemeinnützigkeit genießt, ist bei ihr eine Sphärenbildung vorzunehmen, da die Erträge, die in Zusammenhang mit der Komplementärstellung stehen, der regulären Besteuerung unterliegen müssen. Es handelt sich insoweit um einen steuerpflichtigen wirtschaftlichen Geschäftsbetrieb, der strikt von den drei anderen – steuerbegünstigten – Sphären zu trennen ist.[932]

Aufgrund der insoweit greifenden Steuerpflicht der Komplementär-Stiftung ergeben sich keine entscheidungsrelevanten Divergenzen zwischen der Besteuerung einer Stiftung & Co. KGaA und der Besteuerung einer GmbH & Co. KGaA, da es sich bei beiden Komplementärtypen um regulär steuerpflichtige Körperschaften i.S.d. § 1 Abs. 1 KStG handelt. Zudem sind in beiden Fällen die eigentlichen Unternehmensträger – die (Stiftung & Co.) KGaA bzw. die (GmbH & Co.) KGaA – steuerpflichtig gemäß § 1 Abs. 1 Nr. 1 KStG, wobei hier jeweils die Gewinnanteile des Komplementärs und dessen Geschäftsführungsvergütung nach § 9 Abs. 1 Nr. 1 KStG von der Steuerbemessungsgrundlage abzuziehen und auf der Ebene des Komplementärs der Besteuerung zuzuführen sind. Gemeinsam mit etwaigen Sondervergütungen für die Überlassung von Wirtschaftsgütern und die Hingabe von Darlehen erzielen sowohl eine Komplementär-Stiftung als auch eine Komplementär-GmbH gewerbliche Einkünfte i.S.d. § 15 Abs. 1 S. 1 Nr. 3 EStG i.V.m. § 8 Abs. 1 S. 1 KStG.

---

931 Dies betonen auch Binz/Sorg, allerdings in Bezug auf die klassische Familienstiftung; vgl. Binz, Mark K./Sorg, Martin H., Renaissance, 1987/1988, hier: S. 156.

932 Zur Sphärenbildung einer steuerbegünstigten Stiftung vgl. Kapitel 3.3.3.1.1.

Ein Unterschied besteht lediglich im Hinblick auf die steuerliche Beurteilung der Ausschüttungen des Komplementärs der kapitalistischen KGaA: Während eine Komplementär-GmbH Gesellschafter aufweist, die in den Genuss der nicht-thesaurierten GmbH-Gewinne gelangen, gibt es keine Anteilseigner einer Stiftung, da es sich bei dieser um eine eigentümerlose Vermögensmasse handelt. Dem Stifter steht es frei zu entscheiden, wer in den Genuss der Destinate der Komplementär-Stiftung gelangen soll. Entscheidet er sich dafür, seinen Familienangehörigen die Gewinne der Stiftung zufließen zu lassen, handelt es sich um eine Familienstiftung mit den daraus resultierenden Konsequenzen.[933] Zur Vermeidung der Erbersatzsteuer bietet sich ihm – neben der Benennung Familienfremder als Destinatäre – die Möglichkeit, der (Stiftung & Co.) KGaA die Destinate zukommen zu lassen, beispielsweise zweckgebunden für die Vornahme größerer Investitionen. Folglich stellt die Erbersatzsteuer zwar einen unbedingt zu berücksichtigenden Faktor bei der Formulierung der Stiftungssatzung dar, welcher sich jedoch recht leicht neutralisieren lässt, zumal der stiftende Unternehmer seine Familienangehörigen bequem über die Kommanditaktien der (Stiftung & Co.) KGaA an den Unternehmenserträgen partizipieren lassen kann.[934] Somit kommt der Erbersatzsteuer keine maßgebliche Bedeutung zu, sodass sie demzufolge in dem in Kapitel 7.2 folgenden Steuerbelastungsvergleich außer Acht gelassen wird.

Wie in Kapitel 6.2.3 ausgeführt, handelt es sich bei der Vermögensausstattung der Komplementär-Stiftung um einen erbschaft- und schenkungsteuerpflichtigen Vorgang, da sich der Stifter insoweit endgültig von seinem Vermögen trennt. Dieser Umstand stellt einen deutlichen Nachteil der Stiftung & Co. KGaA gegenüber der GmbH & Co. KGaA dar. Bei Letzterer ist die Vermögensausstattung der Komplementär-GmbH erbschaft- und schenkungsteuerlich ohne Bedeutung, da es am Kriterium der Freigebigkeit mangelt; die zukünftigen GmbH-Gesellschafter erhalten im Gegenzug Anteile an der Komplementär-GmbH. Um die Erbschaft- und Schenkungsteuerbelastung bei der Errichtung einer Komplementär-Stiftung zu minimieren, empfiehlt sich die Übertragung von Betriebsvermögen oder von Anteilen einer inländischen Kapitalgesellschaft, an der der Stifter zu mindestens 25 v.H. beteiligt ist.[935] Durch geschickte Wahl der auf die

933 Zu denken ist hierbei insbesondere an die dann greifende Erbersatzsteuer; vgl. die Ausführungen in Kapitel 3.3.3.1.5 sowie Kapitel 6.1.2.

934 Dies ist ein wesentlicher Vorteil der Stiftung & Co. KGaA gegenüber einer klassischen (Unternehmensträger-)Stiftung, bei der diese Möglichkeit nicht besteht; um die Familienangehörigen an den Stiftungserträgen teilhaben zu lassen, ist hier die Erbersatzsteuer in Kauf zu nehmen.

935 Auch vor dem Hintergrund der Ertragsbesteuerung der Vermögensausstattung der Komplementär-Stiftung empfehlen sich diese Alternativen; zu den weiteren Voraussetzungen und Konsequenzen vgl. die Ausführungen in Kapitel 6.2.2 und Kapitel 6.2.3.

Komplementär-Stiftung zu übertragenden Vermögensgegenstände lässt sich zwar die Steuerbelastung verringern und gegebenenfalls sogar gänzlich vermeiden, doch stellt dies eine deutliche Einschränkung des Handlungsspielraumes des Stifters dar, welche bei der Errichtung einer Komplementär-GmbH entfällt.

Die laufende Besteuerung der Stiftung & Co. KGaA vollzieht sich in Analogie zur GmbH & Co. KGaA, sodass es hier zu keinen gravierenden Unterschieden kommen kann. Durch die in den jeweiligen Einzelsteuergesetzen verankerten Maßnahmen zur Vermeidung einer Doppelbesteuerung bei zusammengesetzten Rechtsformen besteht kaum eine spezifische Benachteiligung gegenüber anderen Rechtsformen.[936] Inwiefern die Steuerbelastung der Stiftung & Co. KGaA jedoch von der Steuerbelastung vergleichbarer Rechtsformen und Rechtsformkombinationen abweicht, ist Gegenstand des quantitativen Steuerbelastungsvergleichs.

7.2 Steuerbelastungsvergleich ausgewählter Rechtsformen

7.2.1 Einleitende Bemerkungen zur Vorgehensweise

Im folgenden quantitativen Steuerbelastungsvergleich soll die Steuerbelastung einer Stiftung & Co. KGaA derjenigen anderer Rechtsformen und Rechtsformkombinationen gegenübergestellt werden. Bei der Auswahl der in den Vergleich einzubeziehenden Rechtsformen spielt einerseits das Ziel einer langfristigen Gewährleistung der Unternehmenskontinuität eine gewichtige Rolle, andererseits ist jedoch auch die beabsichtigte unternehmerische Betätigung zu berücksichtigen, sodass beispielsweise eine reine Unternehmensträgerstiftung als Alternative ausscheidet.[937] Neben einer klassischen Personengesellschaft – hier am Beispiel einer KG – und einer Kapitalgesellschaft – hier am Beispiel einer personalistischen KGaA[938] – wird daher auch eine Stiftung & Co. KG aufgrund ihrer Nähe zur Stiftung & Co. KGaA in die Analyse mit einbezogen. Zur besseren Vergleichbarkeit der Resultate sei hierbei unterstellt, dass die Komple-

---

936 Zu denken ist hierbei insbesondere an die Vorschriften des § 9 Abs. 1 Nr. 1 KStG sowie des § 9 Nr. 2b und Nr. 4 GewStG; vgl. Kapitel 6.3.3.2. Wie in Kapitel 6.3.3.2.2 ausgeführt, kommt es einzig im Bereich der Dauerschuldentgelte zu einer 150-prozentigen Belastung mit Gewerbesteuer.

937 Dies ergibt sich aufgrund ihrer gravierenden nichtsteuerlichen Nachteile; vgl. hierzu auch Kapitel 3.1.4.3.2.

938 Auch wenn eine personalistische KGaA nicht als *'klassischer'* Vertreter einer Kapitalgesellschaft anzusehen ist, so soll dieser aufgrund der Artverwandtschaft mit der Stiftung & Co. KGaA doch der Vorzug gegenüber einer AG oder GmbH gegeben werden.

mentär-Stiftung ausschließlich der unternehmerischen Betätigung nachgeht; steuerbegünstigte Zwecke i.S.d. §§ 52-54 AO werden nicht verfolgt, zumal diese aufgrund der Sphärenbetrachtung keinen Einfluss auf die reguläre Steuerpflicht des wirtschaftlichen Geschäftsbetriebes haben.[939]

Zur Verdeutlichung der Besteuerungssystematik einer Stiftung & Co. KGaA erfolgt der quantitative Steuerbelastungsvergleich im Rahmen einer einperiodigen Veranlagungssimulation, bei der einzig die laufende Besteuerung berücksichtigt wird. Aus Gründen der Übersichtlichkeit und zur besseren Vergleichbarkeit der Ergebnisse wird zudem ausschließlich auf die Einkünfte abgestellt, die aus der unternehmerischen Betätigung resultieren; anderweitige Einkünfte der an dem jeweiligen Unternehmen Beteiligten werden bewusst vernachlässigt, um externe Einflüsse auf die Progression der Einkommensbesteuerung auszuschließen. Durch Variation der der Veranlagungssimulation zugrunde liegenden Rahmendaten werden die daraus resultierenden Steuerbelastungsabweichungen herausgearbeitet. Hiermit soll verdeutlicht werden, dass mit einem derartigen quantitativen Steuerbelastungsvergleich zwar eine grundsätzliche Tendenz über die relative Vorteilhaftigkeit einzelner Rechtsformen bzw. Rechtsformkombinationen unter den jeweils getroffenen Annahmen möglich ist, dass sich jedoch zur absoluten Vorteilhaftigkeit keine Aussagen treffen lassen können, da diese zu eng mit den im Einzelfall gegebenen Rahmendaten verknüpft sind. Die nachfolgende Veranlagungssimulation dient somit vornehmlich einer Veranschaulichung der unterschiedlichen Besteuerungssystematiken der behandelten Rechtsformalternativen.

Darüber hinaus ist selbstverständlich zu betonen, dass die Steuerbelastung der Unternehmung nur eines der zahlreichen Entscheidungskriterien darstellt. Den in Kapitel 5 analysierten nichtsteuerlichen Charakteristika der Stiftung & Co. KGaA kommt ein zumindest ebenso großes Gewicht bei der Entscheidung für oder gegen die hier betrachtete Rechtsformkombination zu, wie dies auch bei den übrigen Gestaltungsmöglichkeiten der Fall ist. So weisen sämtliche in den Steuerbelastungsvergleich einbezogenen Rechtsformalternativen spezifische Stärken und Schwächen auf, die sie in einer ganz bestimmten Konstellation zu der vorziehenswürdigen Rechtsform werden lassen. Letztlich kommt es immer auf die im Einzelfall vorliegenden individuellen Präferenzen des Entscheidenden an, die für ihn demnach günstigste Alternative zu wählen.

---

939 Wie bei der Stiftung & Co. KGaA, so ist auch bei einer Stiftung & Co. KG die Betätigung der Komplementär-Stiftung als wirtschaftlicher Geschäftsbetrieb zu klassifizieren, da der Komplementär-Stiftung die Stellung eines Mitunternehmers i.S.v. § 15 Abs. 1 S. 1 Nr. 2 EStG zukommt. Zur Abgrenzung der steuerbegünstigten Sphäre der Vermögensverwaltung von einem steuerpflichtigen wirtschaftlichen Geschäftsbetrieb vgl. die Ausführungen in Kapitel 3.3.3.1.1.

7.2.2 Rahmendaten der Berechnungsbeispiele

Dem Berechnungsbeispiel liegen die folgenden Annahmen zugrunde: Der ledige, konfessionslose Unternehmer U plant die Gründung eines gewerblich tätigen Unternehmens, an dem sich die ebenfalls ledigen und konfessionslosen natürlichen Personen A und B durch die Hingabe von Eigenkapital beteiligen werden. Da Letztere jedoch über ihre Kapitalbeteiligung hinaus nicht persönlich für die Verbindlichkeiten der zu errichtenden Gesellschaft eintreten möchten, kommt für beide folglich einzig die Position eines Kommanditisten respektive Kommanditaktionärs infrage. 50 v.H. des Eigenkapitals der Gesellschaft werden von U aufgebracht, 30 v.H. von A und 20 v.H. von B; an den Kapitalquoten sollen sich gemäß Gesellschafterbeschluss auch die Gewinnbeteiligungsansprüche orientieren. Für die Übernahme der Geschäftsführung ist U eine Vergütung i.H.v. 80.000 € p.a. zugesichert worden, während A durch die Hingabe eines Darlehens 10.000 € p.a. in Form von Fremdkapitalzinsen und durch die Überlassung beweglicher Wirtschaftsgüter 15.000 € p.a. erzielen soll. B hingegen beschränkt sich auf seine 20-prozentige Kapitalbeteiligung. Da sich der jeweilige Komplementär – bei der klassischen KG und der personalistischen KGaA wird diese Funktion von U übernommen, in den anderen Fällen von der Stiftung – finanziell an der Gesellschaft beteiligt, wird auf die Gewährung einer gesonderten Haftungsvergütung für den Komplementär verzichtet.[940] Sämtliche Vergütungen sind als angemessen anzusehen, sodass es in keinem der betrachteten Fälle zu einer verdeckten Gewinnausschüttung i.S.d. § 8 Abs. 3 S. 2 KStG kommen kann.

Da es sich im Folgenden um einen einperiodigen Steuerbelastungsvergleich handelt, ist zu unterstellen, dass im Falle einer ausschüttenden Kapitalgesellschaft – hier also sowohl der personalistischen KGaA als auch der Stiftung & Co. KGaA – die Dividenden den Anteilseignern bereits im Jahr der wirtschaftlichen Zugehörigkeit zugerechnet werden. Auch wenn es sich hierbei um eine realitätsferne Prämisse handelt, so soll sie doch aus Gründen der Vereinfachung des Berechnungsbeispieles insoweit Gültigkeit beanspruchen dürfen.[941]

Berücksichtigt werden die Einkommen-, die Körperschaft- sowie die Gewerbesteuer und der auf den beiden zuerst genannten Ertragsteuern lastende Solidaritätszuschlag.[942] Wie bereits in Kapitel 7.3.1 angesprochen, beschränkt sich das

---

940 Vgl. hierzu auch BFH v. 03.02.1977 IV R 122/73, hier: S. 347.

941 Eine solche *'phasengleiche Dividendenaktivierung'* hat der Große Senat des BFH grundsätzlich ausgeschlossen; vgl. BFH v. 07.08.2000 GrS 2/99, hier: S. 633-638.

942 Aufgrund der unterstellten Konfessionslosigkeit der Gesellschafter bleibt die Kirchensteuer unberücksichtigt. Die Kapitalertragsteuer als Teilsteuer der Einkommensteuer soll

Berechnungsbeispiel auf die unmittelbaren Konsequenzen der Rechtsformwahl für die Steuerbelastung der unternehmerischen Einkünfte; somit erzielen die Gesellschafter keine weiteren Einkünfte, ebenso wie etwaige Sonderausgaben oder außergewöhnliche Belastungen ausgeblendet werden.[943]

Der Steuerbelastungsvergleich stellt zwei Szenarien gegenüber: Zunächst wird ein Handelsbilanzgewinn – nach Abzug aller Betriebsausgaben einschließlich der von den Gesellschaftern erzielten Sondervergütungen – i.H.v. 50.000 € den Berechnungen zugrunde gelegt, bevor dieser auf 1.000.000 € erhöht wird.[944] Der Vergleich dieser beiden Szenarien soll verdeutlichen, dass bei der Ermittlung der steuerlich optimalen Rechtsform maßgebliche Bedeutung den zugrunde liegenden Rahmendaten zukommt. Je nach Gewinnsituation ergeben sich divergierende Empfehlungen, sodass Pauschalurteile nur geringe Aussagekraft entfalten.

7.2.3 Quantitativer Steuerbelastungsvergleich

7.2.3.1 Kommanditgesellschaft

7.2.3.1.1 Die Struktur der Kommanditgesellschaft im Beispielfall

Bei der Wahl einer klassischen KG haften A und B als Kommanditisten bis zur Höhe ihrer Einlage unmittelbar. Sobald die Einlage voll geleistet wurde, ist die persönliche Haftung der Kommanditisten ausgeschlossen.[945] Da A der Gesellschaft über seine Einlage hinaus zudem ein Darlehen und bewegliche Wirtschaftsgüter zur Verfügung stellt, werden diese als Sonderbetriebsvermögen I in einer Sonderbilanz des A bei der KG bilanziert. Die ihm daraus zufließenden Vergütungen in Form von Fremdkapitalzinsen und eines Mietzinses stellen Sonderbetriebseinnahmen des A dar, die in einer Sonder-Gewinn- und Verlust-

aus Vereinfachungsgründen vernachlässigt werden, zumal sie keine Auswirkung auf die letztendliche Steuerbelastung hat.

943 Da unterstellt wird, dass die Gesellschafter keine Sonderausgaben geltend machen, wird bei ihnen der Sonderausgabenpauschbetrag des § 10c Abs. 1 EStG i.H.v. 36 € berücksichtigt. Sofern die von U vereinnahmte Geschäftsführungsvergütung als Einkünfte aus nichtselbstständiger Arbeit i.S.d. § 19 Abs. 1 S. 1 Nr. 1 EStG zu qualifizieren sind, wird bei seiner Einkommensermittlung zudem die Vorsorgepauschale des § 10c Abs. 2 EStG angesetzt und damit unterstellt, dass er keine höheren Vorsorgeaufwendungen geltend macht.

944 Zudem sei angemerkt, dass lediglich in vollen Euro-Beträgen gerechnet wird; Dezimalstellen werden nicht gerundet, sondern abgeschnitten, worauf im Steuerbelastungsvergleich gelegentlich auftretende, geringfügige Berechnungsabweichungen zurückzuführen sind.

945 Vgl. § 171 Abs. 1 HGB.

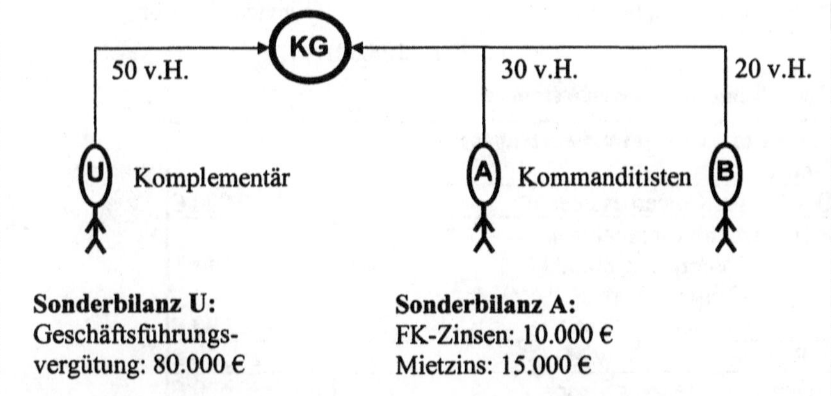

Abb. 4: Die Struktur der Kommanditgesellschaft im Beispielfall

rechnung des A bei der KG erfolgswirksam erfasst werden und seinen Sonderbilanzgewinn erhöhen. Folglich handelt es sich nicht um Einkünfte aus Kapitalvermögen i.S.d. § 20 Abs. 1 Nr. 7 EStG bzw. Einkünfte aus Vermietung und Verpachtung i.S.d. § 21 Abs. 1 EStG, sondern um gewerbliche Einkünfte i.S.d. § 15 Abs. 1 S. 1 Nr. 2 EStG. Dem Komplementär U als persönlich haftender Gesellschafter steht die Geschäftsführungsvergütung i.H.v. 80.000 € zu, welche als Sonderbetriebseinnahme den Sonderbilanzgewinn des U bei der KG steigert.

7.2.3.1.2 Fall A: Handelsbilanzgewinn von 50.000 €

Zunächst gilt es, die Gewerbesteuer der KG zu ermitteln. Da die Gewerbesteuer als Betriebsausgabe gemäß § 4 Abs. 4 EStG von ihrer eigenen Bemessungsgrundlage abzugsfähig ist, ergibt sich eine rekursive Beziehung. Zur Ermittlung der endgültigen Gewerbesteuer stehen zwei Berechnungsmethoden zur Verfügung: Bei Gewerbebetrieben, die weder von natürlichen Personen noch von Personengesellschaften betrieben werden[946] und bei denen gemäß § 11 Abs. 2 Nr. 2 GewStG eine einheitliche Steuermesszahl i.H.v. 5 v.H. auf den Gewerbeertrag angewendet wird, stellt die Fünf-Sechstel-Methode eine hinreichend präzise Berechnungsmethode dar.[947] In dem hier vorliegenden Falle einer KG ist aufgrund der gestaffelten Steuermesszahl des § 11 Abs. 2 Nr. 1 GewStG indes die Divisormethode anzuwenden, bei der die vorläufige Gewerbesteuer durch einen Divisor geteilt wird, welcher sich aus nachfolgender Formel ergibt:

$$1 + (\text{Messzahl der höchsten erreichten Stufe} * \text{Hebesatz} \div 10.000)$$

---

[946] Dies sind vornehmlich Kapitalgesellschaften.
[947] Vgl. hierzu auch R 20 Abs. 2 EStR.

In dem hier gewählten Beispiel ergibt sich somit folgender Divisor:

$$1 + (5 * 400 \div 10.000) = 1,2$$

Ermittlung der Gewerbesteuer:

Ermittlung des Gewerbeertrages nach Steuer:	
Gewinn vor Gewerbesteuer	50.000 €
+ Sonderbetriebseinnahmen (GF-Vergütung 80.000 € FK-Zinsen 10.000 € Mietzinsen 15.000 €)	+ 105.000 €
./. Freibetrag § 11 GewStG	./. 24.500 €
= Gewerbeertrag vor Steuer	= 130.500 €
./. Endgültige Gewerbesteuer[948]	./. 17.750 €
= Gewerbeertrag nach Steuer	**= 112.750 €**
Ermittlung des endgültigen Steuermessbetrages:	
12.000 € * 1 v.H.	120 €
12.000 € * 2 v.H.	+ 240 €
12.000 € * 3 v.H.	+ 360 €
12.000 € * 4 v.H.	+ 480 €
Verbleibender Gewerbeertrag * 5 v.H.	+ 3.237 €
= Endgültiger Steuermessbetrag	**= 4.437 €**
* Hebesatz (400 v.H.)	
= Endgültige Gewerbesteuer	**= 17.750 €**

Berechnung der endgültigen Gewerbesteuer:

Ermittlung des vorläufigen Steuermessbetrages:	
Gewerbeertrag vor Steuer	130.500 €
Davon:	
12.000 € * 1 v.H.	120 €
12.000 € * 2 v.H.	+ 240 €
12.000 € * 3 v.H.	+ 360 €

948 Vgl. nachfolgende Tabelle, in der aufgrund der rekursiven Beziehung die endgültige Gewerbesteuer separat ermittelt werden muss.

12.000 € * 4 v.H.	+ 480 €
Verbleibender Gewerbeertrag * 5 v.H.	+ 4.125 €
= Vorläufiger Steuermessbetrag	**= 5.325 €**
* Hebesatz (400 v.H.)	
= Vorläufige Gewerbesteuer	**= 21.300 €**
÷ Divisor (1,2)	
= Endgültige Gewerbesteuer	**= 17.750 €**

Nachdem nun die endgültige Belastung der Gesellschaft mit Gewerbesteuer berechnet wurde, ergibt sich ein Steuerbilanzgewinn 1. Stufe der KG i.H.v. 32.250 € (50.000 € ./. 17.750 €). Dieser ist laut Gesellschaftsvertrag auf die Gesellschafter im Verhältnis der Kapitalanteile zu verteilen, sodass dem Komplementär U 50 v.H. (16.125 €), A 30 v.H. (9.675 €) und B 20 v.H. (6.450 €) als Kommanditisten zustehen. Wie bereits vorstehend erläutert, sind im Falle von U und A zu diesen gewerblichen Einkünften noch deren Sondervergütungen zu addieren.

Ermittlung der festzusetzenden Einkommensteuer und des Solidaritätszuschlages der Gesellschafter:

Komplementär U:

Einkünfte aus Gewerbebetrieb:	
Verteilungsfähiger Gewinn	32.250 €
Anteil des U (50 v.H.)	16.125 €
+ Sonderbilanzgewinn U (GF-Vergütung 80.000 €)	+ 80.000 €
= Einkünfte aus Gewerbebetrieb	= 96.125 €
= Summe der Einkünfte	= 96.125 €
= Gesamtbetrag der Einkünfte	= 96.125 €
./. Sonderausgaben-Pauschbetrag	./. 36 €
= Zu versteuerndes Einkommen	= 96.089 €
Tarifliche Einkommensteuer	32.443 €
./. Steuerermäßigung nach § 35 EStG[949]	./. 3.993 €

[949] § 35 EStG sieht eine Steuerermäßigung bei Einkünften aus Gewerbebetrieb vor, um die Doppelbelastung gewerblicher Einkünfte mit Einkommen- und Gewerbesteuer abzumildern. Dabei wird von der tariflichen Einkommensteuer des Gesellschafters das 1,8-fache des auf ihn entfallenden Gewerbesteuer-Messbetrages abgezogen, maximal jedoch in

= Festzusetzende Einkommensteuer	**= 28.450 €**
BMG Solidaritätszuschlag	28.450 €
* Steuersatz (5,5 v.H.)	
= Solidaritätszuschlag	**= 1.564 €**

Kommanditist A:

Einkünfte aus Gewerbebetrieb:	
Verteilungsfähiger Gewinn	32.250 €
Anteil des A (30 v.H.)	9.675 €
+ Sonderbilanzgewinn A (FK-Zinsen 10.000 € Mietzinsen 15.000 €)	+ 25.000 €
= Einkünfte aus Gewerbebetrieb	= 34.675 €
= Summe der Einkünfte	= 34.675 €
= Gesamtbetrag der Einkünfte	= 34.675 €
./. Sonderausgaben-Pauschbetrag	./. 36 €
= Zu versteuerndes Einkommen	= 34.639 €
Tarifliche Einkommensteuer	7.335 €
./. Steuerermäßigung nach § 35 EStG[950]	./. 2.395 €
= Festzusetzende Einkommensteuer	**= 4.940 €**
BMG Solidaritätszuschlag	4.940 €
* Steuersatz (5,5 v.H.)	
= Solidaritätszuschlag	**= 271 €**

Höhe des Betrages, der anteilig auf die gewerblichen Einkünfte des Gesellschafters im Verhältnis zur Summe der Einkünfte entfällt; vgl. § 35 Abs. 1 und Abs. 3 EStG; vgl. hierzu auch BMF v. 15.05.2002 – IV A 5 – S 2296 a – 16/02, hier: S. 534 sowie Wehrheim, Michael, Steuerwirkungslehre, 2004, hier: S. 52-54. Da im hier gewählten Beispiel der Gesellschafter ausschließlich gewerbliche Einkünfte erzielt, erübrigt sich die Höchstbetragsberechnung. Folglich beträgt die Steuerermäßigung für den Komplementär U 50 v.H. des Gewerbesteuer-Messbetrages der KG i.H.v. 4.437 €, somit also 2.218 €, multipliziert mit dem Faktor 1,8 = 3.993 €.

950 4.437 € * 30 v.H. * 1,8 = 2.395 €.

Kommanditist B:

Einkünfte aus Gewerbebetrieb:	
Verteilungsfähiger Gewinn	32.250 €
Anteil des B (20 v.H.)	6.450 €
= Einkünfte aus Gewerbebetrieb	= 6.450 €
= Summe der Einkünfte	= 6.450 €
= Gesamtbetrag der Einkünfte	= 6.450 €
./. Sonderausgaben-Pauschbetrag	./. 36 €
= Zu versteuerndes Einkommen	= 6.414 €
Tarifliche Einkommensteuer[951]	0 €
./. Steuerermäßigung nach § 35 EStG[952]	./. 0 €
= Festzusetzende Einkommensteuer	**= 0 €**
BMG Solidaritätszuschlag	0 €
* Steuersatz (5,5 v.H.)	
= Solidaritätszuschlag	**= 0 €**

Berechnung der Gesamtsteuerbelastung und der Steuerquote:

Gewerbesteuer	17.750 €
+ Einkommensteuer U	+ 28.450 €
+ Solidaritätszuschlag U	+ 1.564 €
+ Einkommensteuer A	+ 4.940 €
+ Solidaritätszuschlag A	+ 271 €
+ Einkommensteuer B	+ 0 €
+ Solidaritätszuschlag B	+ 0 €
= Gesamtsteuerbelastung	**= 52.975 €**
Steuerquote[953]	**= 106,0 v.H.**

951 Die tarifliche Einkommensteuer beträgt 0 €, da das zu versteuernde Einkommen des Kommanditisten B unterhalb des Grundfreibetrags des § 32a Abs. 1 S. 2 Nr. 1 EStG i.H.v. 7.664 € liegt.

952 Grundsätzlich steht dem Kommanditisten B ein Anrechnungsvolumen i.H.v. 4.437 € * 20 v.H. * 1,8 = 1.597 € zu. Dieses entfaltet jedoch keine Wirkung, da nichtgenutzte Anrechnungsvolumina nicht interperiodisch genutzt werden können, sodass sie verfallen; vgl. BMF v. 15.05.2002 – IV A 5 – S 2296 a – 16/02, hier: S. 534.

953 Eine derart hohe Steuerbelastung resultiert aus den Sondervergütungen der Gesellschafter, die den Handelsbilanzgewinn i.H.v. 50.000 € deutlich übersteigen. Unter Einbezug

7.2.3.1.3 Fall B: Handelsbilanzgewinn von 1.000.000 €

Um im weiteren Verlauf des Steuerbelastungsvergleiches aufzeigen zu können, welche Auswirkungen ein deutlich höherer Gewinn auf die Steuerquote in Abhängigkeit der jeweiligen Rechtsform hat, wird nun von einem Handelsbilanzgewinn i.H.v. 1.000.000 € ausgegangen. Da sich die Berechnungen an obiger Vorgehensweise orientieren, wird hier lediglich das Ergebnis vorgestellt; die detaillierte Ermittlung der Steuerbelastung ist Anhang 1 zu entnehmen.

Berechnung der Gesamtsteuerbelastung und der Steuerquote:

Gewerbesteuer	176.083 €
+ Einkommensteuer U	+ 159.075 €
+ Solidaritätszuschlag U	+ 8.749 €
+ Einkommensteuer A	+ 82.614 €
+ Solidaritätszuschlag A	+ 4.543 €
+ Einkommensteuer B	+ 45.432 €
+ Solidaritätszuschlag B	+ 2.498 €
= Gesamtsteuerbelastung	**= 478.994 €**
Steuerquote[954]	**= 47,9 v.H.**

7.2.3.2 Stiftung & Co. KG

7.2.3.2.1 Die Struktur der Stiftung & Co. KG im Beispielfall

Wie in Kapitel 6.1.3 herausgearbeitet, sind Steuervergünstigungen aufgrund der Verfolgung steuerbegünstigter Zwecke i.S.d. §§ 52-54 AO bei einer Beteiligungsträgerstiftung, welche die Funktion eines Komplementärs übernimmt, zwingend ausgeschlossen, da es sich hierbei insoweit notwendigerweise um einen steuerpflichtigen wirtschaftlichen Geschäftsbetrieb handelt. Daher unterliegt die in den nachfolgenden Beispielen eingesetzte rechtsfähige Stiftung des privaten Rechts der regulären Steuerpflicht des § 1 Abs. 1 Nr. 4 KStG.

Für die Kommanditisten A und B ergeben sich im Vergleich zur klassischen KG nur geringfügige Änderungen. Sie werden weiterhin als Mitunternehmer behandelt, sodass ihre Gewinnanteile sowie die von A bezogenen Sondervergütungen gewerbliche Einkünfte i.S.d. § 15 Abs. 1 S. 1 Nr. 2 EStG darstellen. Allerdings

---

dieser Sondervergütungen ergibt sich eine Steuerquote i.H.v. 52.975 € ÷ (50.000 € + 80.000 € + 10.000 € + 15.000 €) = 34,2 v.H.

954 Unter Einbezug der Sondervergütungen, die die Gesellschafter von der KG erhalten haben, ergibt sich eine Steuerquote von 478.994 € ÷ 1.105.000 € = 43,3 v.H.

erhöht sich der ihnen zugerechnete Gewinn, da aufgrund einer niedrigeren Gewerbesteuerbelastung der Gesellschaft der verteilungsfähige Gewinn steigt.

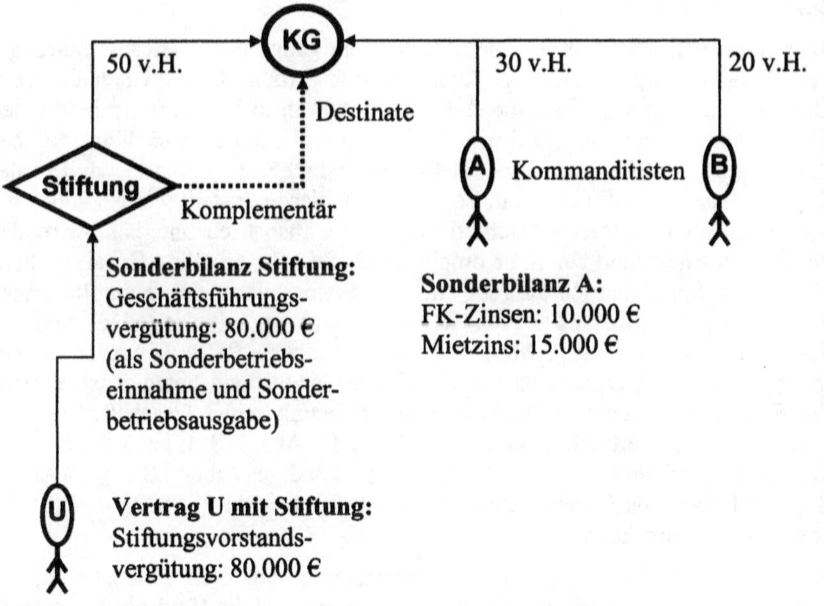

Abb. 5: Die Struktur der Stiftung & Co. KG im Beispielfall

An die Stelle des bisherigen Komplementärs U tritt nun die Stiftung, der somit die Stellung eines Mitunternehmers zufällt. Der Gesellschafter U errichtet mit seinem Kapital die Komplementär-Stiftung, welche wiederum ihr Stiftungsvermögen in die (Stiftung & Co.) KG einbringt.[955] Durch die Übernahme der unbeschränkten Haftung und damit der Position des Komplementärs steht der Stiftung die Geschäftsführungsbefugnis und die entsprechende Vergütung i.H.v. 80.000 € zu.

[955] Unterstellt man an dieser Stelle den günstigsten Fall, dass der Stifter zur ertragsteuerfreien Vermögensausstattung der Stiftung, die zudem erbschaft- und schenkungsteuerbegünstigt ist, im Privatvermögen gehaltene Anteile an einer Kapitalgesellschaft mit Sitz oder Geschäftsleitung im Inland, an der der Stifter zu mindestens 25 v.H. beteiligt ist, der Stiftung überträgt, so besteht die Möglichkeit, dass sich U mit einem identischen oder nur geringfügig höheren Kapitaleinsatz in der hier aufgezeigten Form unternehmerisch engagiert. Zur steuerbegünstigten Vermögensausstattung der Komplementär-Stiftung vgl. die Ausführungen in Kapitel 6.2.2 sowie Kapitel 6.2.3.

Da es sich bei der Komplementär-Stiftung jedoch um eine juristische Person handelt, bedarf sie einer natürlichen Person zur Ausübung der Geschäftsführung. U bestimmt sich selbst in der Stiftungssatzung als Stiftungsvorstand und führt damit auch die Geschäfte der (Stiftung & Co.) KG, wodurch er Anspruch auf das Entgelt erhält.

Steuerbilanziell stellt sich die Berücksichtigung der Geschäftsführungsvergütung wie folgt dar: Die der Komplementär-Stiftung für die Übernahme der Geschäftsführung der (Stiftung & Co.) KG gewährte Vergütung mindert den Steuerbilanzgewinn der (Stiftung & Co.) KG (1. Stufe) und führt bei der Komplementär-Stiftung zu Sonderbetriebseinnahmen, die deren Gewinn in der Sonderbilanz (2. Stufe) erhöhen. Sofern – was hier unterstellt werden soll – die Stiftung keinen eigenen wirtschaftlichen Geschäftsbetrieb unterhält, wird das dem Stiftungsvorstand von der Komplementär-Stiftung gewährte Gehalt größengleich als Sonderbetriebsausgabe in der Sonderbilanz der Komplementär-Stiftung bei der (Stiftung & Co.) KG berücksichtigt, mit der Folge, dass der Sonderbilanzgewinn der Stiftung unverändert bleibt.[956] Da U weder an der (Stiftung & Co.) KG noch an der Komplementär-Stiftung beteiligt ist, entfällt die Problematik einer möglichen Umqualifizierung seiner Geschäftsführungsvergütung in gewerbliche Einkünfte i.S.d. § 15 Abs. 1 S. 1 Nr. 2 EStG;[957] es bleibt zwingend bei Einkünften aus nichtselbstständiger Arbeit i.S.d. § 19 Abs. 1 S. 1 Nr. 1 EStG, da U keinesfalls als Mitunternehmer der (Stiftung & Co.) KG angesehen werden kann.

Da es vor dem Hintergrund der Erbersatzsteuer steuerlich günstiger ist, die Klassifizierung als Familienstiftung zu umgehen, wird die (Stiftung & Co.) KG in der Stiftungssatzung als Destinatär bestimmt, welcher in unregelmäßigen Abständen – beispielsweise in Abhängigkeit der Vornahme größerer Investition beim Begünstigten – die Erträge der Komplementär-Stiftung zufließen sollen.[958] Diese Destinate sind beim Begünstigten steuerfrei, da sie weder mit Gewinnausschüttungen i.S.d. § 20 Abs. 1 Nr. 1 EStG vergleichbar sind, noch unter die *'wiederkehrenden Bezüge'* des § 22 Nr. 1 EStG fallen.[959] Da es zu keiner Steuerbelastung der Destinate kommen kann, erübrigt sich eine Unterscheidung zwischen einer Periode, in der die Komplementär-Stiftung Destinate ausschüttet, und einer Periode, in der dies nicht der Fall ist.

---

956 Vgl. – allerdings in Bezug auf die GmbH & Co. KG – Wehrheim, Michael, Steuerwirkungslehre, 2004, hier: S. 110.

957 Zu dieser Problematik vgl. Schulze zur Wiesche, Dieter, Unternehmensform, 1988, hier: S. 136.

958 Vgl. hierzu die Ausführungen in Kapitel 3.1.4.2 sowie in Kapitel 6.1.2.

959 Vgl. hierzu die Ausführungen in Kapitel 6.3.3.3.

7.2.3.2.2 Fall A: Handelsbilanzgewinn von 50.000 €

Ermittlung der Gewerbesteuer der (Stiftung & Co.) KG:

Ermittlung des Gewerbeertrages nach Steuer:	
Gewinn vor Gewerbesteuer	50.000 €
+ Sonderbetriebseinnahmen (GF-Vergütung 80.000 € FK-Zinsen 10.000 € Mietzinsen 15.000 €)	+ 105.000 €
./. Sonderbetriebsausgaben (GF-Vergütung 80.000 €)	./. 80.000 €
./. Freibetrag § 11 GewStG	./. 24.500 €
= Gewerbeertrag vor Steuer	= 50.500 €
./. Endgültige Gewerbesteuer[960]	./. 4.482 €
= Gewerbeertrag nach Steuer	**= 46.018 €**
Ermittlung des endgültigen Steuermessbetrages:	
12.000 € * 1 v.H.	120 €
12.000 € * 2 v.H.	+ 240 €
12.000 € * 3 v.H.	+ 360 €
Verbleibender Gewerbeertrag * 4 v.H.	+ 400 €
= Endgültiger Steuermessbetrag	**= 1.120 €**
* Hebesatz (400 v.H.)	
= Endgültige Gewerbesteuer	**= 4.482 €**

Berechnung der endgültigen Gewerbesteuer:

Ermittlung des vorläufigen Steuermessbetrages:	
Gewerbeertrag vor Steuer	50.500 €
Davon:	
12.000 € * 1 v.H.	120 €
12.000 € * 2 v.H.	+ 240 €
12.000 € * 3 v.H.	+ 360 €
12.000 € * 4 v.H.	+ 480 €

960 Vgl. nachfolgende Tabelle.

Verbleibender Gewerbeertrag * 5 v.H.	+ 125 €
= Vorläufiger Steuermessbetrag	**= 1.325 €**
* Hebesatz (400 v.H.)	
= Vorläufige Gewerbesteuer	**= 5.300 €**
÷ Divisor (1,2)	
= Endgültige Gewerbesteuer	**= 4.482 €**

Die endgültige Belastung der (Stiftung & Co.) KG mit Gewerbesteuer beträgt somit 4.482 €, sodass ein verteilungsfähiger Steuerbilanzgewinn (1. Stufe) i.H.v. 45.518 € (50.000 € ./. 4.482 €) verbleibt. Dieser ist an die Mitunternehmer in Höhe ihrer Kapitalanteile aufzuteilen. Auf die Komplementär-Stiftung entfallen folglich 50 v.H. (22.759 €), auf den Kommanditisten A 30 v.H. (13.655 €) und auf den Kommanditisten B 20 v.H. (9.103 €).

Nun gilt es, die Steuerbelastung der Mitunternehmer und des Stiftungsvorstandes U zu ermitteln. Hierbei ist zu berücksichtigen, dass die Komplementär-Stiftung mit ihrem wirtschaftlichen Geschäftsbetrieb gemäß § 2 Abs. 3 GewStG ebenfalls der Gewerbesteuer unterliegt. Da deren Gewinnanteil jedoch bereits auf Ebene der (Stiftung & Co.) KG der Gewerbesteuer unterlegen hat, greift insoweit die Kürzungsvorschrift des § 9 Nr. 2 GewStG. Der von der Komplementär-Stiftung vereinnahmten Geschäftsführungsvergütung steht das dem Stiftungsvorstand gewährte Entgelt in identischer Höhe gegenüber, sodass die Sonderbilanz der Komplementär-Stiftung bei der (Stiftung & Co.) KG einen Gewinn von 0 € aufweist. Dies hat zur Folge, dass die Komplementär-Stiftung im Ergebnis nicht mit Gewerbesteuer, sondern nur mit Körperschaftsteuer und dem Solidaritätszuschlag belastet wird.

Ermittlung der Körperschaftsteuer und des Solidaritätszuschlages der Komplementär-Stiftung :

Verteilungsfähiger Gewinn	45.518 €
Anteil der Komplementär-Stiftung (50 v.H.)	22.759 €
+ Sonderbilanzgewinn der Komplementär-Stiftung[961]	+ 0 €
= Zu versteuerndes Einkommen	= 22.759 €
* Steuersatz (25 v.H.)	

[961] Der Sonderbilanzgewinn der Komplementär-Stiftung beträgt 0 €, da der Sonderbetriebseinnahme i.H.v. 80.000 € die an den Stiftungsvorstand gezahlte Geschäftsführungsvergütung als Sonderbetriebsausgabe größengleich gegenübersteht.

= Körperschaftsteuer	**= 5.689 €**
BMG Solidaritätszuschlag	5.689 €
* Steuersatz (5,5 v.H.)	
= Solidaritätszuschlag	**= 312 €**

Ermittlung der festzusetzenden Einkommensteuer und des Solidaritätszuschlages der Kommanditisten und des Stiftungsvorstandes:

Kommanditist A:

Einkünfte aus Gewerbebetrieb:	
Verteilungsfähiger Gewinn	45.518 €
Anteil des A (30 v.H.)	13.655 €
+ Sonderbilanzgewinn A (FK-Zinsen 10.000 € Mietzinsen 15.000 €)	+ 25.000 €
= Einkünfte aus Gewerbebetrieb	= 38.655 €
= Summe der Einkünfte	= 38.655 €
= Gesamtbetrag der Einkünfte	= 38.655 €
./. Sonderausgaben-Pauschbetrag	./. 36 €
= Zu versteuerndes Einkommen	= 38.619 €
Tarifliche Einkommensteuer	8.724 €
./. Steuerermäßigung nach § 35 EStG[962]	./. 604 €
= Festzusetzende Einkommensteuer	**= 8.122 €**
BMG Solidaritätszuschlag	8.122 €
* Steuersatz (5,5 v.H.)	
= Solidaritätszuschlag	**= 446 €**

Kommanditist B:

Einkünfte aus Gewerbebetrieb:	
Verteilungsfähiger Gewinn	45.518 €
Anteil des B (20 v.H.)	9.103 €
= Einkünfte aus Gewerbebetrieb	= 9.103 €
= Summe der Einkünfte	= 9.103 €
= Gesamtbetrag der Einkünfte	= 9.103 €

---

[962] 1.120 € * 30 v.H. * 1,8 = 604 €.

./. Sonderausgaben-Pauschbetrag	./. 36 €
= Zu versteuerndes Einkommen	= 9.067 €
Tarifliche Einkommensteuer	227 €
./. Steuerermäßigung nach § 35 EStG[963]	./. 227 €
= Festzusetzende Einkommensteuer	**= 0 €**
BMG Solidaritätszuschlag	0 €
* Steuersatz (5,5 v.H.)	
= Solidaritätszuschlag	**= 0 €**

Stiftungsvorstand U:

Einkünfte aus nichtselbstständiger Arbeit:	
Bruttoarbeitslohn	80.000 €
./. Werbungskosten-Pauschbetrag	./. 920 €
= Einkünfte aus nichtselbstständiger Arbeit	= 79.080 €
= Summe der Einkünfte	= 79.080 €
= Gesamtbetrag der Einkünfte	= 79.080 €
./. Vorsorgepauschale[964]	./. 2.974 €
./. Sonderausgaben-Pauschbetrag	./. 36 €
= Zu versteuerndes Einkommen	= 76.070 €
Tarifliche Einkommensteuer	24.035 €
= Festzusetzende Einkommensteuer	**= 24.035 €**
BMG Solidaritätszuschlag	24.035 €
* Steuersatz (5,5 v.H.)	
= Solidaritätszuschlag	**= 1.321 €**

963 Der Steuerermäßigungsbetrag des § 35 EStG beläuft sich für den Kommanditisten B auf 403 € (1.120 € * 20 v.H. * 1,8). Da die tarifliche Einkommensteuer des B jedoch lediglich 227 € beträgt, reduziert sich die Entlastungswirkung auf 227 € und das nicht nutzbare Anrechnungsvolumen verfällt; vgl. hierzu auch Fn. 952.

964 Sofern der Steuerpflichtige – wie hier unterstellt – keine höheren Vorsorgeaufwendungen nachweist, wird die Vorsorgepauschale des § 10c Abs. 2 EStG angesetzt; zur Ermittlung der Vorsorgepauschale vgl. die nachfolgende Tabelle.

Ermittlung der Vorsorgepauschale gemäß § 10c Abs. 2 EStG:

Bruttoarbeitslohn	80.000 €
Geleistete Rentenversicherungsbeiträge (19,5 v.H. * 63.000 €)[965]	12.285 €
Davon 50 v.H. (§ 10c Abs. 2 S. 2 Nr. 1 EStG)	6.142 €
Davon 24 v.H. (§ 10c Abs. 2 S. 4 EStG)	1.474 €
+ 11 v.H. des Bruttoarbeitslohns, jedoch höchstens 1.500 € (§ 10c Abs. 2 S. 2 Nr. 2 EStG)	+ 1.500 €
= Vorsorgepauschale[966]	**= 2.974 €**

Berechnung der Gesamtsteuerbelastung und der Steuerquote:

Gewerbesteuer der (Stiftung & Co.) KG	4.482 €
+ Körperschaftsteuer der Komplementär-Stiftung	+ 5.689 €
+ Gewerbesteuer der Komplementär-Stiftung	+ 0 €
+ Solidaritätszuschlag der Komplementär-Stiftung	+ 312 €
+ Einkommensteuer A	+ 8.122 €
+ Solidaritätszuschlag A	+ 446 €
+ Einkommensteuer B	+ 0 €
+ Solidaritätszuschlag B	+ 0 €
+ Einkommensteuer U	+ 24.035 €
+ Solidaritätszuschlag U	+ 1.321 €
= Gesamtsteuerbelastung	**= 44.407 €**
Steuerquote[967]	**= 88,8 v.H.**

---

965 Im Kalenderjahr 2006 beträgt die Beitragsbemessungsgrenze der gesetzlichen Rentenversicherung (West) 63.000 €.

966 Die Günstigerprüfung des § 10c Abs. 5 EStG ergibt lediglich eine Vorsorgepauschale von 2.001 €, sodass es bei der ermittelten Vorsorgepauschale des § 10c Abs. 2 EStG bleibt. Zur Ermittlung der für die Günstigerprüfung relevanten Vorsorgepauschale nach der für das Kalenderjahr 2004 geltenden Fassung des § 10c Abs. 2 bis Abs. 4 EStG vgl. z.B. Wehrheim, Michael, Steuerwirkungslehre, 2004, hier: S. 86.

7.2.3.2.3 Fall B: Handelsbilanzgewinn von 1.000.000 €

Wie bei der klassischen KG, so soll auch im Falle der Stiftung & Co. KG nun von einem höheren Handelsbilanzgewinn ausgegangen werden, um die entsprechenden Auswirkungen auf die Steuerbelastung zu identifizieren. Abermals wird auf den Anhang für eine detaillierte Berechnung verwiesen.

Berechnung der Gesamtsteuerbelastung und der Steuerquote:

Gewerbesteuer der (Stiftung & Co.) KG	162.750 €
+ Körperschaftsteuer der Komplementär-Stiftung	+ 104.656 €
+ Gewerbesteuer der Komplementär-Stiftung	+ 0 €
+ Solidaritätszuschlag der Komplementär-Stiftung	+ 5.756 €
+ Einkommensteuer A	+ 86.094 €
+ Solidaritätszuschlag A	+ 4.735 €
+ Einkommensteuer B	+ 47.752 €
+ Solidaritätszuschlag B	+ 2.626 €
+ Einkommensteuer U	+ 24.035 €
+ Solidaritätszuschlag U	+ 1.321 €
= Gesamtsteuerbelastung	**= 439.725 €**
Steuerquote[968]	**= 44,0 v.H.**

7.2.3.3 Kommanditgesellschaft auf Aktien

7.2.3.3.1 Die Struktur der Kommanditgesellschaft auf Aktien im Beispielfall

Im Folgenden soll die Steuerbelastung einer Kapitalgesellschaft aufgezeigt werden. Auch wenn es sich bei einer personalistischen KGaA nicht um *'den'* klassischen Vertreter einer Kapitalgesellschaft handelt, so soll dieser Rechtsform doch der Vorzug vor einer AG oder GmbH gegeben werden, da die gesell-

---

967 Unter Einbezug der übrigen Vergütungen, die die Gesellschafter von der KG und der Stiftungsvorstand von der Komplementär-Stiftung erhalten haben, ergibt sich eine Steuerquote von 44.407 € ÷ 155.000 € = 28,6 v.H.

968 Unter Einbezug der übrigen Vergütungen, die die Gesellschafter von der KG und der Stiftungsvorstand von der Komplementär-Stiftung erhalten haben, ergibt sich eine Steuerquote von 439.725 € ÷ 1.105.000 € = 39,8 v.H.

schaftsrechtliche Struktur der Stiftung & Co. KGaA sowie deren steuerliche Behandlung auf derjenigen der KGaA aufbaut.

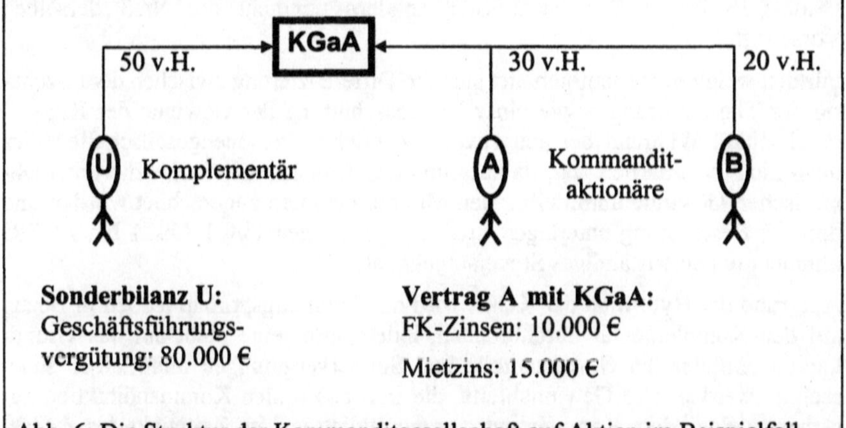

Abb. 6: Die Struktur der Kommanditgesellschaft auf Aktien im Beispielfall

Im Falle einer personalistischen KGaA übt der Gesellschafter U weiterhin die Rolle des Vollhafters aus, während die Kommanditaktionäre A und B ausschließlich in Höhe ihrer bereits geleisteten Kapitaleinlage haften.[969] Da für Letztere nunmehr das den Kapitalgesellschaften eigene Trennungsprinzip greift und sie damit keine Mitunternehmerstellung innehaben, sind die ihnen – in dem hier behandelten Falle nur A – zufließenden Vergütungen der jeweils originär betroffenen Einkunftsart zuzuweisen; eine Umqualifizierung in gewerbliche Einkünfte i.S.d. § 15 Abs. 1 S. 1 Nr. 2 EStG aufgrund einer Mitunternehmerstellung entfällt. Somit erzielt A durch die Hingabe des Darlehens Einkünfte aus Kapitalvermögen i.S.d. § 20 Abs. 1 Nr. 7 EStG sowie mit der Überlassung der Wirtschaftsgüter Einkünfte aus Vermietung und Verpachtung i.S.d. § 21 Abs. 1 EStG.

Für den Komplementär U ergeben sich im Vergleich zur klassischen KG indes keine Unterschiede hinsichtlich der Qualifikation seiner Einkünfte: Das von ihm bezogene Entgelt für die Übernahme der Geschäftsführung der KGaA i.H.v. 80.000 € stellt auf Gesellschaftsebene gemäß § 9 Abs. 1 Nr. 1 KStG eine abzugsfähige Betriebsausgabe dar und wird ihm auf Gesellschafterebene unmittelbar zugerechnet. Gleiches gilt für den ihm zustehenden Gewinnanteil,

[969] Vgl. hierzu die Ausführungen in Kapitel 2.2.5.

soweit dieser nicht auf einen Anteil am Grundkapital entfällt.[970] Sowohl bei der Geschäftsführungsvergütung als auch dem Gewinnanteil handelt es sich um Einkünfte aus Gewerbebetrieb, im Gegensatz zur klassischen KG jedoch nicht i.S.d. § 15 Abs. 1 S. 1 Nr. 2 EStG, sondern nunmehr der Nr. 3 derselben Vorschrift.

Für den weiteren Verlauf gebietet sich die Differenzierung zwischen dem Szenario der Thesaurierung sowie einer Vollausschüttung der Gewinne der Kapitalgesellschaft. Während bei den zuvor behandelten Personengesellschaften dies noch nicht erforderlich war, da aufgrund des Transparenzprinzips die unternehmerischen Gewinne unmittelbar den Mitunternehmern zugerechnet wurden und dort der Besteuerung unterlagen, stellt die KGaA gemäß § 1 Abs. 1 Nr. 1 KStG nunmehr ein eigenständiges Steuersubjekt dar.

Aufgrund der Hybridität der KGaA wird das Trennungsprinzip jedoch in Bezug auf den Komplementär durchbrochen, indem ihm seine nicht auf das Grundkapital entfallenden Gewinnanteile und Sondervergütungen unmittelbar zugerechnet werden. Die Gewinnanteile, die ihm aus seinen Kommanditaktien zustehen, werden dem Komplementär grundsätzlich erst im Zeitpunkt des Zuflusses zugerechnet und versteuert, wie dies auch für die übrigen Kommanditaktionäre der Fall ist.[971] Gemäß der in Kapitel 7.2.2 getroffenen Annahme sollen jedoch im Falle einer Vollausschüttung der Gewinne die auf die Kommanditaktionäre entfallenden Gewinnanteile diesen bereits in der hier betrachteten Periode zufließen, um eine Vergleichbarkeit der Steuerbelastung zwischen den verschiedenen Rechtsformen gewährleisten zu können.

7.2.3.3.2 Thesaurierung

7.2.3.3.2.1 Fall A: Handelsbilanzgewinn von 50.000 €

Zunächst soll auch im Falle der Thesaurierung der Unternehmensgewinne von einem niedrigen Handelsbilanzgewinn ausgegangen werden, bevor dieser auf 1.000.000 € angehoben wird. In einem ersten Schritt ist die Steuerbelastung der Gesellschaft zu ermitteln.

---

970 Da der Komplementär U keine Kommanditaktien hält und folglich nicht am Grundkapital der KGaA beteiligt ist, läuft diese Einschränkung in dem hier unterstellten Falle leer.

971 Vgl. hierzu die Ausführungen in Kapitel 2.3.3.

Ermittlung der Gewerbesteuer:

Ermittlung des Gewerbeertrages nach Steuer:	
Handelsbilanzgewinn	50.000 €
+ Hinzurechnungen[972] (50 v.H. der FK-Zinsen = 5.000 € Geschäftsführergehalt = 80.000 €[973] 50 v.H. der Mietzinsen = 7.500 €)	+ 92.500 €
= Gewerbeertrag vor Steuer	= 142.500 €
./. Endgültige Gewerbesteuer[974]	./. 23.750 €
= Gewerbeertrag nach Steuer	**= 118.750 €**
* Gewerbesteuer-Messzahl (5 v.H.)	
= Endgültiger Steuermessbetrag	**= 5.937 €**
* Hebesatz (400 v.H.)	
= Endgültige Gewerbesteuer	**= 23.750 €**

Berechnung der endgültigen Gewerbesteuer:

Ermittlung des vorläufigen Steuermessbetrages:	
Gewerbeertrag vor Steuer	142.500 €
* Gewerbesteuer-Messzahl (5 v.H.)	
= Vorläufiger Steuermessbetrag	**= 7.125 €**
* Hebesatz (400 v.H.)	
= Vorläufige Gewerbesteuer	**= 28.500 €**
÷ Divisor (1,2)[975]	

---

972 Die hier relevanten Hinzurechnungsvorschriften des Gewerbesteuergesetzes sind diejenigen des § 8 Nr. 1 GewStG (hälftige Hinzurechnung der Dauerschuldentgelte), des § 8 Nr. 4 GewStG (volle Hinzurechnung der nicht auf das Grundkapital entfallenden Gewinnanteile und der Geschäftsführungsvergütung des Komplementärs) sowie des § 8 Nr. 7 GewStG (hälftige Hinzurechnung der Miet- und Pachtzinsen).

973 Hier bedarf es nur einer vollen Hinzurechnung des Geschäftsführergehaltes, nicht jedoch des Gewinnanteiles des Komplementärs, da Letzterer bereits in der Ausgangsgröße enthalten ist.

974 Vgl. nachfolgende Tabelle.

= Endgültige Gewerbesteuer	**= 23.750 €**

Nach Ermittlung der Gewerbesteuer lässt sich nun der Gewinnanteil des Komplementärs U bestimmen, der – gemeinsam mit seiner Geschäftsführungsvergütung – körperschaftsteuerlich gemäß § 9 Abs. 1 Nr. 1 KStG eine abzugsfähige Betriebsausgabe bei der KGaA darstellt. U stehen 50 v.H. des nach Abzug der Gewerbesteuer verbleibenden Gewinnes i.H.v. 26.250 € (50.000 € ./. 23.750 €) zu, somit 13.125 €, die für Zwecke der Körperschaftsteuer und des Solidaritätszuschlages zu subtrahieren sind.

Ermittlung der Körperschaftsteuer und des Solidaritätszuschlages:

Handelsbilanzgewinn	50.000 €
./. Endgültige Gewerbesteuer	./. 23.750 €
./. Gewinnanteil des Komplementärs[976]	./. 13.125 €
= Gewinn nach Gewerbesteuer	= 13.125 €
= Zu versteuerndes Einkommen	= 13.125 €
* Steuersatz (25 v.H.)	
= Körperschaftsteuer	**= 3.281 €**
BMG Solidaritätszuschlag	= **3.281** €
* Steuersatz (5,5 v.H.)	
= Solidaritätszuschlag	**= 180 €**

Der auf Ebene der KGaA verbleibende und zu thesaurierende Gewinn beträgt somit 9.664 € (50.000 € ./. 23.750 € ./. 13.125 ./. 3.281 € ./. 180 €). Für die Gesellschafter ergibt sich die nachfolgend dargestellte Belastung mit Einkommensteuer und Solidaritätszuschlag.

975 Da es sich bei der KGaA um eine Kapitalgesellschaft handelt, für die gemäß § 11 Abs. 2 Nr. 2 GewStG eine einheitliche Gewerbesteuer-Messzahl i.H.v. 5 v.H. greift und zudem der Gewerbesteuer-Hebesatz 400 v.H. beträgt, besteht alternativ die Möglichkeit, die Fünf-Sechstel-Methode zu verwenden; vgl. die Ausführungen in Kapitel 7.2.3.1.2.

976 Vgl. § 9 Abs. 1 Nr. 1 KStG. Eine Korrektur um die gezahlte Geschäftsführungsvergütung ist nicht erforderlich, da diese bereits in der Handelsbilanz den Gewinn gemindert hat. Die A gewährten Vergütungen, die nach § 4 Abs. 4 EStG i.V.m. § 8 Abs. 1 S. 1 KStG als Betriebsausgabe abzugsfähig sind, haben bereits ebenfalls den handelsbilanziellen Gewinn als Aufwand gemindert.

Ermittlung der festzusetzenden Einkommensteuer und des Solidaritätszuschlages der Gesellschafter:

Komplementär U:

Einkünfte aus Gewerbebetrieb:	
Dem Komplementär zugerechneter Gewinnanteil der KGaA	13.125 €
+ Sonderbilanzgewinn U (GF-Vergütung 80.000 €)	+ 80.000 €
= Einkünfte aus Gewerbebetrieb	= 93.125 €
= Summe der Einkünfte	= 93.125 €
= Gesamtbetrag der Einkünfte	= 93.125 €
./. Sonderausgaben-Pauschbetrag	./. 36 €
= Zu versteuerndes Einkommen	= 93.089 €
Tarifliche Einkommensteuer	31.183 €
./. Steuerermäßigung nach § 35 EStG[977]	./. 5.343 €
= Festzusetzende Einkommensteuer	**= 25.840 €**
BMG Solidaritätszuschlag	25.840 €
* Steuersatz (5,5 v.H.)	
= Solidaritätszuschlag	**= 1.421 €**

Da die KGaA keinen Gewinn an die Kommanditaktionäre ausschüttet und der Kommanditaktionär B darüber hinaus keinen Anspruch auf anderweitige Vergütungen vonseiten der KGaA hat, hat lediglich A seine Vergütungen für die Hingabe eines Darlehens und die Überlassung eines Wirtschaftsgutes zu versteuern.

Kommanditaktionär A:

Einkünfte aus Kapitalvermögen:	
FK-Zinsen	10.000 €
./. Werbungskosten-Pauschbetrag	./. 51 €

977 Auch bei einer KGaA richtet sich die Steuerermäßigung für gewerbliche Einkünfte des Komplementärs nach dem allgemeinen Gewinnverteilungsschlüssel der Gesellschaft, sodass U 50 v.H. des Gewerbesteuer-Messbetrages der KGaA zustehen; vgl. § 35 Abs. 3 EStG; hierzu auch BMF v. 15.05.2002 – IV A 5 – S 2296 a – 16/02, hier: S. 535. Wie bereits oben, so erübrigt sich auch hier eine Höchstbetragsberechnung, da U ausschließlich gewerbliche Einkünfte bezieht. Folglich beträgt die Steuerermäßigung für den Komplementär 5.937 € * 50 v.H. * 1,8 = 5.343 €.

./. Sparer-Freibetrag	./. 1.370 €
= Einkünfte aus Kapitalvermögen	= 8.579 €
+Einkünfte aus Vermietung und Verpachtung	15.000 €
= Summe der Einkünfte	= 23.579 €
= Gesamtbetrag der Einkünfte	= 23.579 €
./. Sonderausgaben-Pauschbetrag	./. 36 €
= Zu versteuerndes Einkommen	= 23.543 €
Tarifliche Einkommensteuer	3.845 €
= Festzusetzende Einkommensteuer	**= 3.845 €**
BMG Solidaritätszuschlag	3.845 €
* Steuersatz (5,5 v.H.)	
= Solidaritätszuschlag	**= 211 €**

Kommanditaktionär B:

Festzusetzende Einkommensteuer	**0 €**
Solidaritätszuschlag	**0 €**

Berechnung der Gesamtsteuerbelastung und der Steuerquote:

Körperschaftsteuer	3.281 €
Gewerbesteuer	+ 23.750 €
Solidaritätszuschlag	+ 180 €
+ Einkommensteuer U	+ 25.840 €
+ Solidaritätszuschlag U	+ 1.421 €
+ Einkommensteuer A	+ 3.845 €
+ Solidaritätszuschlag A	+ 211 €
+ Einkommensteuer B	+ 0 €
+ Solidaritätszuschlag B	+ 0 €
= Gesamtsteuerbelastung	**= 58.528 €**
Steuerquote[978]	**= 117,1 v.H.**

978 Die für eine ihren Gewinn thesaurierende Kapitalgesellschaft äußerst hohe Steuerbelastung resultiert zum einen aus der unmittelbaren Besteuerung der Gewinnanteile des Komplementärs auf Gesellschafterebene und zum anderen aus dem Einbezug der übrigen Vergütungen, die die Gesellschafter von der KGaA erhalten haben. Werden Letztere bei

7.2.3.3.2.2 Fall B: Handelsbilanzgewinn von 1.000.000 €

Es ergeben sich die folgenden Werte:[979]

Berechnung der Gesamtsteuerbelastung und der Steuerquote:

Körperschaftsteuer	102.239 €
Gewerbesteuer	+ 182.084 €
Solidaritätszuschlag	+ 5.623 €
+ Einkommensteuer U	+ 156.465 €
+ Solidaritätszuschlag U	+ 8.605 €
+ Einkommensteuer A	+ 3.845 €
+ Solidaritätszuschlag A	+ 211 €
+ Einkommensteuer B	+ 0 €
+ Solidaritätszuschlag B	+ 0 €
= Gesamtsteuerbelastung	**= 459.072 €**
Steuerquote[980]	**= 45,9 v.H.**

7.2.3.3.3 Vollausschüttung

7.2.3.3.3.1 Fall A: Handelsbilanzgewinn von 50.000 €

Unter der Annahme, dass die KGaA die den Kommanditaktionären zustehenden Gewinne unmittelbar an diese ausschüttet, wird zunächst von einem Handelsbilanzgewinn i.H.v. 50.000 € ausgegangen. Auf Ebene des Unternehmens ergeben sich keine Unterschiede zum vorherigen Fall, da es bei der Ermittlung der unternehmerischen Steuerbelastung auf die Gewinnverwendung nicht ankommt.[981] Folglich können die Werte aus Kapitel 7.2.3.3.2.1 insoweit übernommen werden.

---

der Ermittlung der Steuerquote berücksichtigt, so ergibt sich eine Steuerquote von 58.528 € ÷ 155.000 € = 37,8 v.H.

979 Zur Berechnung vgl. die Ausführungen in Anhang 3.

980 Auch hier ergibt sich die recht hohe Steuerquote vorwiegend aus der unmittelbaren Besteuerung des Gewinnanteiles des Komplementärs, während die Vergütungen, die die Gesellschafter von der KGaA erhalten haben, aufgrund des hohen Gewinnes i.H.v. 1.000.000 € nicht mehr so stark ins Gewicht fallen. Unter Einbezug dieser Vergütungen ergibt sich eine Steuerquote von 459.072 € ÷ 1.105.000 € = 41,5 v.H.

981 Seit der 2001 erfolgten Ablösung des Vollanrechnungsverfahrens durch das Halbeinkünfteverfahren gilt ein einheitlicher Körperschaftsteuersatz, der gemäß § 23 Abs. 1 KStG für das Jahr 2006 bei 25 v.H. liegt.

Körperschaftsteuer	**3.281 €**
Gewerbesteuer	**23.750 €**
Solidaritätszuschlag	**180 €**

Die Belastung der Gesellschaft mit Körperschaftsteuer, Gewerbesteuer und Solidaritätszuschlag bleibt identisch, sodass der an die Kommanditaktionäre ausschüttungsfähige Gewinn der KGaA – nach Abzug des Gewinnanteiles und der Geschäftsführungsvergütung des Komplementärs U – weiterhin 9.664 € (50.000 € ./. 23.750 € ./. 13.125 ./. 3.281 € ./. 180 €) beträgt.[982] Für die Kommanditaktionäre A und B bewirkt die Vollausschüttungsfiktion, dass sie nunmehr in den Genuss einer Dividende kommen, die sie gemäß § 20 Abs. 1 Nr. 1 EStG zu versteuern haben.[983] Für den Komplementär U ergeben sich indes keine Änderungen, da sein Gewinnanteil ihm bereits im Falle der Thesaurierung unmittelbar zugerechnet und gemäß § 15 Abs. 1 S. 1 Nr. 3 EStG besteuert wurde.

Ermittlung der festzusetzenden Einkommensteuer und des Solidaritätszuschlages der Gesellschafter:

Komplementär U:

Festzusetzende Einkommensteuer	**25.840 €**
Solidaritätszuschlag	**1.421 €**

Kommanditaktionär A:

Einkünfte aus Kapitalvermögen:	
Ausschüttungsfähiger Gewinn	9.664 €
Anteil des A (60 v.H.) = Dividende[984]	5.798 €
Hiervon 50 v.H.[985]	2.899 €
+ FK-Zinsen	+ 10.000 €
./. Werbungskosten-Pauschbetrag	./. 51 €
./. Sparer-Freibetrag	./. 1.370 €
= Einkünfte aus Kapitalvermögen	= 11.478 €
+ Einkünfte aus Vermietung und Verpachtung	15.000 €

982 Vgl. die Erläuterungen in Kapitel 7.2.3.3.2.1.

983 Hierfür greift das Halbeinkünfteverfahren des § 3 Nr. 40 lit. d) EStG.

984 Von dem an die Kommanditaktionäre zu verteilenden Gewinn entfallen 60 v.H. auf A und 40 v.H. auf B, da der Gewinnanteil des Komplementärs U bereits vorher subtrahiert wurde; somit verteilt sich der verbliebene Gewinn der KGaA im Verhältnis 3:2.

985 Vgl. Fn. 983.

= Summe der Einkünfte	= 26.478 €
= Gesamtbetrag der Einkünfte	= 26.478 €
./. Sonderausgaben-Pauschbetrag	./. 36 €
= Zu versteuerndes Einkommen	= 26.442 €
Tarifliche Einkommensteuer	4.703 €
= Festzusetzende Einkommensteuer[986]	**= 4.703 €**
BMG Solidaritätszuschlag	4.703 €
* Steuersatz (5,5 v.H.)	
= Solidaritätszuschlag	**= 258 €**

Kommanditaktionär B:

Einkünfte aus Kapitalvermögen:	
Ausschüttungsfähiger Gewinn	9.664 €
Anteil des B (40 v.H.) = Dividende[987]	3.865 €
Hiervon 50 v.H.[988]	1.932 €
./. Werbungskosten-Pauschbetrag	./. 51 €
./. Sparer-Freibetrag	./. 1.370 €
= Einkünfte aus Kapitalvermögen	= 511 €
= Summe der Einkünfte	= 511 €
= Gesamtbetrag der Einkünfte	= 511 €
./. Sonderausgaben-Pauschbetrag	./. 36 €
= Zu versteuerndes Einkommen	= 475 €
Tarifliche Einkommensteuer[989]	0 €
= Festzusetzende Einkommensteuer	**= 0 €**
BMG Solidaritätszuschlag	0 €
* Steuersatz (5,5 v.H.)	

986 Eine Berücksichtigung der auf Unternehmensebene gezahlten Gewerbesteuer in Form einer Steuervergünstigung gemäß § 35 EStG ist ausgeschlossen, da es sich bei der bezogenen Dividende des A um Einkünfte aus Kapitalvermögen, nicht aber um Einkünfte aus Gewerbebetrieb handelt.

987 Vgl. Fn. 984.

988 Vgl. Fn. 983.

989 Da das zu versteuernde Einkommen des Kommanditaktionärs B unterhalb des Grundfreibetrages i.H.v. 7.664 € liegt, fällt weder Einkommensteuer noch der Solidaritätszuschlag an.

= Solidaritätszuschlag	**= 0 €**

Berechnung der Gesamtsteuerbelastung und der Steuerquote:

Körperschaftsteuer	3.281 €
Gewerbesteuer	+ 23.750 €
Solidaritätszuschlag	+ 180 €
+ Einkommensteuer U	+ 25.840 €
+ Solidaritätszuschlag U	+ 1.421 €
+ Einkommensteuer A	+ 4.703 €
+ Solidaritätszuschlag A	+ 258 €
+ Einkommensteuer B	+ 0 €
+ Solidaritätszuschlag B	+ 0 €
= Gesamtsteuerbelastung	**= 59.433 €**
Steuerquote[990]	**= 118,9 v.H.**

7.2.3.3.3.2 Fall B: Handelsbilanzgewinn von 1.000.000 €

Es ergeben sich die folgenden Werte:[991]

Berechnung der Gesamtsteuerbelastung und der Steuerquote:

Körperschaftsteuer	102.239 €
Gewerbesteuer	+ 182.084 €
Solidaritätszuschlag	+ 5.623 €
+ Einkommensteuer U	+ 156.465 €
+ Solidaritätszuschlag U	+ 8.605 €
+ Einkommensteuer A	+ 39.911 €
+ Solidaritätszuschlag A	+ 2.195 €
+ Einkommensteuer B	+ 16.766 €
+ Solidaritätszuschlag B	+ 922 €
= Gesamtsteuerbelastung	**= 514.810 €**
Steuerquote[992]	**= 51,5 v.H.**

990 Unter Einbezug der Vergütungen, die die Gesellschafter von der KGaA erhalten haben, ermäßigt sich die Steuerquote auf 59.433 € ÷ 155.000 € = 38,3 v.H.

991 Zur Berechnung vgl. die Ausführungen in Anhang 4.

992 Unter Einbezug der Vergütungen, die die Gesellschafter von der KGaA erhalten haben, ergibt sich eine Steuerquote von 514.810 € ÷ 1.105.000 € = 46,6 v.H.

7.2.3.4 Stiftung & Co. KGaA

7.2.3.4.1 Die Struktur der Stiftung & Co. KGaA im Beispielfall

Zur Gewährleistung einer Vergleichbarkeit der Ergebnisse sollen in dem hier besprochenen Falle einer Stiftung & Co. KGaA dieselben Prämissen getroffen werden wie im Beispiel der Stiftung & Co. KG. Bei der Komplementär-Stiftung handelt es sich folglich um eine rechtsfähige Stiftung des privaten Rechts, die keine steuerbegünstigten Zwecke i.S.d. §§ 52-54 AO verfolgt und daher der regulären Steuerpflicht unterliegt. Aufgrund der *'mitunternehmerähnlichen'* Stellung der Komplementär-Stiftung in Bezug auf die (Stiftung & Co.) KGaA und der unmittelbaren Zurechnung ihrer Einkünfte gemäß § 15 Abs. 1 S. 1 Nr. 3 EStG i.V.m. § 8 Abs. 1 S. 1 KStG ergeben sich im Vergleich zur Stiftung & Co. KG nur geringfügige Divergenzen, die im Folgenden aufgezeigt werden.

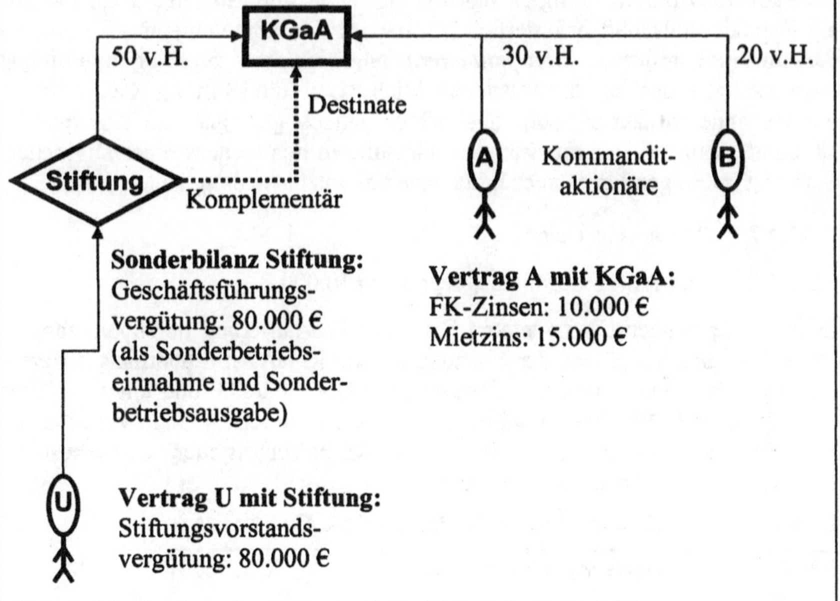

Abb. 7: Die Struktur der Stiftung & Co. KGaA im Beispielfall

Wie in Kapitel 6.3.2 und Kapitel 6.3.3 herausgearbeitet, kommt dem die Geschäfte der Komplementär-Stiftung sowie der (Stiftung & Co.) KGaA führenden Stiftungsvorstand U die Position eines fremden Dritten zu. Die Fiktion einer Mitunternehmerstellung oder lediglich einer *'mitunternehmerähnlichen'*

Stellung – bezogen auf die (Stiftung & Co.) KGaA – erstreckt sich ausschließlich auf die Komplementär-Stiftung; für den Stiftungsvorstand ist sie ausgeschlossen. Abermals stellt das von ihm vereinnahmte Geschäftsführergehalt zwingend Einkünfte aus nichtselbstständiger Tätigkeit i.S.d. § 19 Abs. 1 S. 1 Nr. 1 EStG dar.

Destinatär der Komplementär-Stiftung ist – wie bereits in Kapitel 7.2.3.2 am Beispiel der Stiftung & Co. KG erläutert – der eigentliche Unternehmensträger, hier also die (Stiftung & Co.) KGaA, welcher für die Vornahme größerer Investitionen finanzielle Mittel vonseiten der Komplementär-Stiftung zur Verfügung gestellt werden. Bei einer steuerlich günstigen Ausgestaltung der Stiftungssatzung gelingt es, die Destinate bei der (Stiftung & Co.) KGaA steuerfrei zu vereinnahmen, sodass sich auch hier eine Differenzierung zwischen dem Ausschüttungs- und Thesaurierungsfalle auf Ebene der Komplementär-Stiftung erübrigt.

Eine solche Differenzierung ist indes in Bezug auf die (Stiftung & Co.) KGaA als Kapitalgesellschaft erforderlich. Zwar wird der Komplementär-Stiftung ihr Gewinnanteil aufgrund ihrer *'mitunternehmerähnlichen'* Stellung unmittelbar zugerechnet, sodass es insoweit unerheblich ist, ob die (Stiftung & Co.) KGaA die Gewinne thesauriert oder ausschüttet, jedoch gelangen die Kommanditaktionäre A und B nur im Ausschüttungsfalle in den Genuss einer Dividende. Somit ist im Folgenden diesbezüglich eine Fallunterscheidung zu treffen.

7.2.3.4.2 Thesaurierung

7.2.3.4.2.1 Fall A: Handelsbilanzgewinn von 50.000 €

In dem hier zunächst betrachteten Falle der Thesaurierung der unternehmerischen Gewinne auf Ebene der (Stiftung & Co.) KGaA wird abermals differenziert zwischen einem Handelsbilanzgewinn i.H.v. 50.000 € und einem solchen von 1.000.000 €. Wie bereits bei der personalistischen KGaA, so ist zunächst die Belastung der Unternehmensgewinne mit Körperschaftsteuer, Gewerbesteuer und dem Solidaritätszuschlag zu ermitteln.

Ermittlung der Gewerbesteuer der (Stiftung & Co.) KGaA:

Ermittlung des Gewerbeertrages nach Steuer:	
Handelsbilanzgewinn	50.000 €

+ Hinzurechnungen[993] (50 v.H. der FK-Zinsen = 5.000 € Geschäftsführergehalt = 80.000 €[994] 50 v.H. der Mietzinsen = 7.500 €)	+ 92.500 €
= Gewerbeertrag vor Steuer	= 142.500 €
./. Endgültige Gewerbesteuer[995]	./. 23.750 €
= Gewerbeertrag nach Steuer	**= 118.750 €**
* Gewerbesteuer-Messzahl (5 v.H.)	
= Endgültiger Steuermessbetrag	**= 5.937 €**
* Hebesatz (400 v.H.)	
= Endgültige Gewerbesteuer	**= 23.750 €**

Berechnung der endgültigen Gewerbesteuer:

Ermittlung des vorläufigen Steuermessbetrages:	
Gewerbeertrag vor Steuer	142.500 €
* Gewerbesteuer-Messzahl (5 v.H.)	
= Vorläufiger Steuermessbetrag	**= 7.125 €**
* Hebesatz (400 v.H.)	
= Vorläufige Gewerbesteuer	**= 28.500 €**
÷ Divisor (1,2)[996]	
= Endgültige Gewerbesteuer	**= 23.750 €**

993 Vgl. Fn. 972.

994 Vgl. Fn. 973. Während im Falle einer Stiftung & Co. KG die Hinzurechnung der Geschäftsführungsvergütung als Sonderbetriebseinnahme durch den Abzug der Sonderbetriebsausgaben, die der Komplementär-Stiftung in identischer Höhe aufgrund der Einsetzung eines Fremdgeschäftsführers entstehen, neutralisiert wird, bleibt die Hinzurechnung nach § 8 Nr. 4 GewStG ungemindert bestehen; vgl. – in Bezug auf die GmbH & Co. KGaA – BFH v. 31.10.1990 I R 32/86, hier: S. 255. Vgl. hierzu auch die Ausführungen in Kapitel 6.3.3.2.2.

995 Vgl. nachfolgende Tabelle.

996 Da es sich auch bei einer (Stiftung & Co.) KGaA um eine Kapitalgesellschaft handelt, für die gemäß § 11 Abs. 2 Nr. 2 GewStG eine einheitliche Gewerbesteuer-Messzahl i.H.v. 5 v.H. greift, und zudem der Gewerbesteuer-Hebesatz 400 v.H. beträgt, besteht – wie im Falle einer personalistischen KGaA – alternativ die Möglichkeit, die Fünf-Sechstel-Methode zu verwenden; vgl. die Ausführungen in Kapitel 7.2.3.1.2.

Es ergeben sich somit die identischen Werte wie im Falle einer personalistischen KGaA. Durch Abzug der bei der (Stiftung & Co.) KGaA anfallenden Gewerbesteuer vom Handelsbilanzgewinn ergibt sich der Betrag, nach dem der Gewinnanspruch der Komplementär-Stiftung zu bemessen ist. Dieser beträgt 13.125 € [(50.000 € ./. 23.750 €) * 50 v.H.], der auf Ebene der (Stiftung & Co.) KGaA für Zwecke der Körperschaftsteuer und des Solidaritätszuschlages zu subtrahieren ist.[997]

Ermittlung der Körperschaftsteuer und des Solidaritätszuschlages der (Stiftung & Co.) KGaA:

Handelsbilanzgewinn	50.000 €
./. Endgültige Gewerbesteuer	./. 23.750 €
./. Gewinnanteil der Komplementär-Stiftung[998]	./. 13.125 €
= Gewinn nach Gewerbesteuer	= 13.125 €
= Zu versteuerndes Einkommen	= 13.125 €
* Steuersatz (25 v.H.)	
= Körperschaftsteuer	**= 3.281 €**
BMG Solidaritätszuschlag	= **3.281** €
* Steuersatz (5,5 v.H.)	
= Solidaritätszuschlag	**= 180 €**

Der bei der (Stiftung & Co.) KGaA verbleibende Gewinn beläuft sich nunmehr auf 9.664 € (50.000 € ./. 23.750 € ./. 13.125 ./. 3.281 € ./. 180 €). Im Folgenden ist die Steuerbelastung der Komplementär-Stiftung zu ermitteln. Hierbei ist zu bedenken, dass die Übernahme der Komplementärstellung die Tatbestandsvoraussetzungen eines wirtschaftlichen Geschäftsbetriebes erfüllt und Stiftungen insoweit gemäß § 2 Abs. 3 GewStG der Gewerbesteuerpflicht unterliegen. Die nicht auf das Grundkapital entfallenden Gewinnanteile der Komplementär-Stiftung sowie die von ihr vereinnahmte Geschäftsführungsvergütung unterliegt bereits auf der Ebene der (Stiftung & Co.) KGaA der Gewerbesteuer. Zur Vermeidung einer gewerbesteuerlichen Doppelbelastung sieht § 9 Nr. 2b GewStG als korrespondierende Vorschrift zu § 8 Nr. 4 GewStG eine entsprechende Kürzung des Gewinnes auf Ebene der Komplementär-Stiftung vor, sodass die

997 Dies resultiert aus § 9 Abs. 1 Nr. 1 KStG.

998 Eine Korrektur um die gezahlte Geschäftsführungsvergütung ist nicht erforderlich, da diese bereits in der Handelsbilanz den Gewinn gemindert hat. Die A gewährten Vergütungen, die nach § 4 Abs. 4 EStG i.V.m. § 8 Abs. 1 S. 1 KStG als Betriebsausgabe abzugsfähig sind, haben bereits ebenfalls den handelsbilanziellen Gewinn als Aufwand gemindert.

Komplementär-Stiftung – sofern sie keine weiteren Erträge erzielt – nicht mit Gewerbesteuer belastet wird. Da die an den Stiftungsvorstand gezahlte Geschäftsführungsvergütung zudem als Betriebsausgabe den Gewerbeertrag mindert, kommt es insoweit zu einem gewerbesteuerlichen Verlustvortrag gemäß § 10a GewStG.[999]

Ermittlung der Körperschaftsteuer und des Solidaritätszuschlages der Komplementär-Stiftung sowie der festzusetzenden Einkommensteuer und des Solidaritätszuschlages der Kommanditaktionäre und des Stiftungsvorstandes:

Komplementär-Stiftung:

Der Komplementär-Stiftung zugerechneter Gewinnanteil der KGaA	13.125 €
+ Sonderbilanzgewinn der Komplementär-Stiftung[1000]	+ 0 €
= Zu versteuerndes Einkommen	= 13.125 €
* Steuersatz (25 v.H.)	
= Körperschaftsteuer	**= 3.281 €**
BMG Solidaritätszuschlag	3.281 €
* Steuersatz (5,5 v.H.)	
= Solidaritätszuschlag	**= 180 €**

Da der Komplementär-Stiftung exakt die Hälfte des nach Abzug der Gewerbesteuer verbleibenden Unternehmensgewinnes zusteht, entspricht die Belastung der Komplementär-Stiftung mit Körperschaftsteuer und Solidaritätszuschlag derjenigen der (Stiftung & Co.) KGaA. Letztere thesauriert annahmegemäß ihren Gewinnanteil, sodass einzig A aufgrund der Überlassung eines Darlehens und der Wirtschaftsgüter Einkünfte aus Kapitalvermögen sowie Einkünfte aus Vermietung und Verpachtung erzielt. Es ergeben sich folglich dieselben Werte wie im Falle einer personalistischen KGaA, die ihren Gewinn vollständig thesauriert.[1001]

---

999 Vgl. hierzu die Ausführungen in Kapitel 6.3.3.2.2.

1000 Wie im Falle der Stiftung & Co. KG, so beträgt auch hier – aufgrund der *'mitunternehmerähnlichen'* Stellung der Komplementär-Stiftung – der Sonderbilanzgewinn 0 €, da der Sonderbetriebseinnahme i.H.v. 80.000 € die an den Stiftungsvorstand gezahlte Geschäftsführungsvergütung als Sonderbetriebsausgabe größengleich gegenübersteht.

1001 Vgl. Kapitel 7.2.3.3.2.1.

Kommanditaktionär A:

Einkünfte aus Kapitalvermögen:	
FK-Zinsen	10.000 €
./. Werbungskosten-Pauschbetrag	./. 51 €
./. Sparer-Freibetrag	./. 1.370 €
= Einkünfte aus Kapitalvermögen	= 8.579 €
+ Einkünfte aus Vermietung und Verpachtung	15.000 €
= Summe der Einkünfte	= 23.579 €
= Gesamtbetrag der Einkünfte	= 23.579 €
./. Sonderausgaben-Pauschbetrag	./. 36 €
= Zu versteuerndes Einkommen	= 23.543 €
Tarifliche Einkommensteuer	3.845 €
= Festzusetzende Einkommensteuer	**= 3.845 €**
BMG Solidaritätszuschlag	3.845 €
* Steuersatz (5,5 v.H.)	
= Solidaritätszuschlag	**= 211 €**

Kommanditaktionär B:

Festzusetzende Einkommensteuer	**0 €**
Solidaritätszuschlag	**0 €**

Stiftungsvorstand U:

Einkünfte aus nichtselbstständiger Arbeit:	
Bruttoarbeitslohn	80.000 €
./. Werbungskosten-Pauschbetrag	./. 920 €
= Einkünfte aus nichtselbstständiger Arbeit	= 79.080 €
= Summe der Einkünfte	= 79.080 €
= Gesamtbetrag der Einkünfte	= 79.080 €
./. Vorsorgepauschale[1002]	./. 2.974 €
./. Sonderausgaben-Pauschbetrag	./. 36 €
= Zu versteuerndes Einkommen	= 76.070 €
Tarifliche Einkommensteuer	24.035 €
= Festzusetzende Einkommensteuer	**= 24.035 €**

1002 Zur Ermittlung der Vorsorgepauschale vgl. 7.2.3.2.2.

BMG Solidaritätszuschlag	24.035 €
* Steuersatz (5,5 v.H.)	
= Solidaritätszuschlag	**= 1.321 €**

Berechnung der Gesamtsteuerbelastung und der Steuerquote:

Körperschaftsteuer der (Stiftung & Co.) KGaA	3.281 €
+ Gewerbesteuer der (Stiftung & Co.) KGaA	+ 23.750 €
+ Solidaritätszuschlag der (Stiftung & Co.) KGaA	+ 180 €
+ Körperschaftsteuer der Komplementär-Stiftung	+ 3.281 €
+ Gewerbesteuer der Komplementär-Stiftung	+ 0 €
+ Solidaritätszuschlag der Komplementär-Stiftung	+ 180 €
+ Einkommensteuer A	+ 3.845 €
+ Solidaritätszuschlag A	+ 211 €
+ Einkommensteuer B	+ 0 €
+ Solidaritätszuschlag B	+ 0 €
+ Einkommensteuer U	+ 24.035 €
+ Solidaritätszuschlag U	+ 1.321 €
= Gesamtsteuerbelastung	**= 60.084 €**
Steuerquote[1003]	**= 120,2 v.H.**

7.2.3.4.2.2 Fall B: Handelsbilanzgewinn von 1.000.000 €

Es ergeben sich die folgenden Werte:[1004]

Berechnung der Gesamtsteuerbelastung und der Steuerquote:

Körperschaftsteuer der (Stiftung & Co.) KGaA	102.239 €
+ Gewerbesteuer der (Stiftung & Co.) KGaA	+ 182.084 €
+ Solidaritätszuschlag der (Stiftung & Co.) KGaA	+ 5.623 €

1003 Unter Einbezug der übrigen Vergütungen, die der Stiftungsvorstand U vonseiten der Komplementär-Stiftung und der Kommanditaktionär A von der (Stiftung & Co.) KGaA erhalten haben, ergibt sich eine Steuerquote von 60.084 € ÷ 155.000 € = 38,8 v.H.

1004 Zur Berechnung vgl. die Ausführungen in Anhang 5.

+ Körperschaftsteuer der Komplementär-Stiftung	+ 102.239 €
+ Gewerbesteuer der Komplementär-Stiftung	+ 0 €
+ Solidaritätszuschlag der Komplementär-Stiftung	+ 5.623 €
+ Einkommensteuer A	+ 3.845 €
+ Solidaritätszuschlag A	+ 211 €
+ Einkommensteuer B	+ 0 €
+ Solidaritätszuschlag B	+ 0 €
+ Einkommensteuer U	+ 24.035 €
+ Solidaritätszuschlag U	+ 1.321 €
= Gesamtsteuerbelastung	**= 427.220 €**
Steuerquote[1005]	**= 42,7 v.H.**

7.2.3.4.3 Vollausschüttung

7.2.3.4.3.1 Fall A: Handelsbilanzgewinn von 50.000 €

Wird nun eine Vollausschüttungsfiktion unterstellt, so bleibt die Steuerbelastung der (Stiftung & Co.) KGaA sowie der Komplementär-Stiftung unverändert bestehen, da diese von den geänderten Rahmenbedingungen nicht erfasst werden. Somit ergeben sich die folgenden Werte:

Körperschaftsteuer der (Stiftung & Co.) KGaA	**3.281 €**
Gewerbesteuer der (Stiftung & Co.) KGaA	**+ 23.750 €**
Solidaritätszuschlag der (Stiftung & Co.) KGaA	**+ 180 €**
Körperschaftsteuer der Komplementär-Stiftung	**+ 3.281 €**
Gewerbesteuer der Komplementär-Stiftung	**+ 0 €**
Solidaritätszuschlag der Komplementär-Stiftung	**+ 180 €**

Der bei der (Stiftung & Co.) KGaA verbleibende Gewinn beträgt somit 9.664 € (50.000 € ./. 23.750 € ./. 13.125 ./. 3.281 € ./. 180 €). Da die (Stiftung & Co.)

1005 Unter Einbezug der übrigen Vergütungen, die vonseiten der (Stiftung & Co.) KGaA an den Kommanditaktionär A und von der Komplementär-Stiftung an den Stiftungsvorstand geleistet wurden, ergibt sich eine Steuerquote von 427.220 € ÷ 1.105.000 € = 38,7 v.H.

KGaA ihre Gewinne nun jedoch nicht thesauriert, sondern an die Kommanditaktionäre ausschüttet, ergeben sich bei der Besteuerung der Kommanditaktionäre als Dividendenempfänger Veränderungen. Wie bereits zuvor, so entfallen 60 v.H. des den Kommanditaktionären zustehenden Gewinnes auf A, während B 40 v.H. erhält.[1006] Für die von der (Stiftung & Co.) KGaA bezogenen Dividenden greift das Halbeinkünfteverfahren des § 3 Nr. 40 lit. d) EStG, sodass 50 v.H. steuerfrei sind.

Ermittlung der festzusetzenden Einkommensteuer und des Solidaritätszuschlages der Gesellschafter und des Stiftungsvorstandes:

Kommanditaktionär A:

Einkünfte aus Kapitalvermögen:	
Ausschüttungsfähiger Gewinn	9.664 €
Anteil des A (60 v.H.) = Dividende	5.798 €
Hiervon 50 v.H.	2.899 €
+ FK-Zinsen	+ 10.000 €
./. Werbungskosten-Pauschbetrag	./. 51 €
./. Sparer-Freibetrag	./. 1.370 €
= Einkünfte aus Kapitalvermögen	= 11.478 €
+ Einkünfte aus Vermietung und Verpachtung	15.000 €
= Summe der Einkünfte	= 26.478 €
= Gesamtbetrag der Einkünfte	= 26.478 €
./. Sonderausgaben-Pauschbetrag	./. 36 €
= Zu versteuerndes Einkommen	= 26.442 €
Tarifliche Einkommensteuer	4.703 €
= Festzusetzende Einkommensteuer[1007]	**= 4.703 €**
BMG Solidaritätszuschlag	4.703 €
* Steuersatz (5,5 v.H.)	
= Solidaritätszuschlag	**= 258 €**

[1006] Vgl. Fn. 984.

[1007] Eine Berücksichtigung der auf Unternehmensebene gezahlten Gewerbesteuer in Form einer Steuervergünstigung gemäß § 35 EStG ist ausgeschlossen, da es sich bei der bezogenen Dividende des A um Einkünfte aus Kapitalvermögen, nicht aber um Einkünfte aus Gewerbebetrieb handelt.

Kommanditaktionär B:

Einkünfte aus Kapitalvermögen:	
Ausschüttungsfähiger Gewinn	9.664 €
Anteil des B (40 v.H.) = Dividende	3.865 €
Hiervon 50 v.H.	1.932 €
./. Werbungskosten-Pauschbetrag	./. 51 €
./. Sparer-Freibetrag	./. 1.370 €
= Einkünfte aus Kapitalvermögen	= 511 €
= Summe der Einkünfte	= 511 €
= Gesamtbetrag der Einkünfte	= 511 €
./. Sonderausgaben-Pauschbetrag	./. 36 €
= Zu versteuerndes Einkommen	= 475 €
Tarifliche Einkommensteuer[1008]	0 €
= Festzusetzende Einkommensteuer	**= 0 €**
BMG Solidaritätszuschlag	0 €
* Steuersatz (5,5 v.H.)	
= Solidaritätszuschlag	**= 0 €**

Der Stiftungsvorstand bezieht abermals Einkünfte aus nichtselbstständiger Arbeit i.H.v. 80.000 € und wird entsprechend – wie zuvor[1009] – mit Einkommensteuer und dem Solidaritätszuschlag belastet.

Stiftungsvorstand U:

Festzusetzende Einkommensteuer	**24.035 €**
Solidaritätszuschlag	**1.321 €**

Berechnung der Gesamtsteuerbelastung und der Steuerquote:

Körperschaftsteuer der (Stiftung & Co.) KGaA	3.281 €
+ Gewerbesteuer der (Stiftung & Co.) KGaA	+ 23.750 €
+ Solidaritätszuschlag der (Stiftung & Co.) KGaA	+ 180 €

1008 Da das zu versteuernde Einkommen des Kommanditaktionärs B unterhalb des Grundfreibetrages i.H.v. 7.664 € liegt, fällt weder Einkommensteuer noch der Solidaritätszuschlag an.

1009 Vgl. Kapitel 7.2.3.4.2.1.

+ Körperschaftsteuer der Komplementär-Stiftung	+ 3.281 €
+ Gewerbesteuer der Komplementär-Stiftung	+ 0 €
+ Solidaritätszuschlag der Komplementär-Stiftung	+ 180 €
+ Einkommensteuer A	+ 4.703 €
+ Solidaritätszuschlag A	+ 258 €
+ Einkommensteuer B	+ 0 €
+ Solidaritätszuschlag B	+ 0 €
+ Einkommensteuer U	+ 24.035 €
+ Solidaritätszuschlag U	+ 1.321 €
= Gesamtsteuerbelastung	**= 60.989 €**
Steuerquote[1010]	**= 122,0 v.H.**

7.2.3.4.3.2 Fall B: Handelsbilanzgewinn von 1.000.000 €

Es ergeben sich die folgenden Werte:[1011]

Berechnung der Gesamtsteuerbelastung und der Steuerquote:

Körperschaftsteuer der (Stiftung & Co.) KGaA	102.239 €
+ Gewerbesteuer der (Stiftung & Co.) KGaA	+ 182.084 €
+ Solidaritätszuschlag der (Stiftung & Co.) KGaA	+ 5.623 €
+ Körperschaftsteuer der Komplementär-Stiftung	+ 102.239 €
+ Gewerbesteuer der Komplementär-Stiftung	+ 0 €
+ Solidaritätszuschlag der Komplementär-Stiftung	+ 5.623 €
+ Einkommensteuer A	+ 39.911 €
+ Solidaritätszuschlag A	+ 2.195 €
+ Einkommensteuer B	+ 16.766 €
+ Solidaritätszuschlag B	+ 922 €
+ Einkommensteuer U	+ 24.035 €
+ Solidaritätszuschlag U	+ 1.321 €
= Gesamtsteuerbelastung	**= 482.958 €**

1010 Unter Einbezug der übrigen Vergütungen, die vonseiten der (Stiftung & Co.) KGaA an den Kommanditaktionär A und von der Komplementär-Stiftung an den Stiftungsvorstand geleistet wurden, ergibt sich eine Steuerquote von 60.989 € ÷ 155.000 € = 39,3 v.H.

1011 Zur Berechnung vgl. die Ausführungen in Anhang 6.

Steuerquote[1012]	**= 48,3 v.H.**

7.2.4 Auswertung der Ergebnisse

7.2.4.1 Fall A: Handelsbilanzgewinn von 50.000 €

Nachdem die Besteuerung der vier Rechtsformen bzw. Rechtsformkombinationen einschließlich der an ihnen Beteiligten mithilfe einer Veranlagungssimulation aufgezeigt wurde, werden im Folgenden die Ergebnisse tabellarisch zusammengefasst, um eine Rangfolge hinsichtlich der niedrigsten Steuerbelastung zu bestimmen. Unterstellt man einen Handelsbilanzgewinn i.H.v. 50.000 €, so ergibt sich nachfolgendes Bild.

Aus der Tabelle ergeben sich zunächst einige Gemeinsamkeiten hinsichtlich der Steuerbelastung der verschiedenen Gesellschaftstypen und der an ihnen Beteiligten. Für einen Stiftungsvorstand ist es unerheblich, ob die Komplementär-Stiftung die Position des Vollhafters in einer Stiftung & Co. KG oder einer Stiftung & Co. KGaA ausübt. In jedem Falle bezieht er Einkünfte aus nichtselbstständiger Arbeit, da für ihn eine Mitunternehmerstellung oder auch nur '*mitunternehmerähnliche*' Stellung ausgeschlossen ist.[1013] Darüber hinaus ergeben sich keine Steuerbelastungsunterschiede für die Kommanditaktionäre in Abhängigkeit von der Person des Komplementärs: Für sie ist einzig die Entscheidung des Unternehmensträgers von Bedeutung, die Gewinne zu thesaurieren oder auszuschütten.[1014]

1012 Unter Einbezug der übrigen Vergütungen, die vonseiten der (Stiftung & Co.) KGaA an den Kommanditaktionär A und von der Komplementär-Stiftung an den Stiftungsvorstand geleistet wurden, ergibt sich eine Steuerquote von 482.958 € ÷ 1.105.000 € = 43,7 v.H.

1013 Eine Mitunternehmerstellung des Stiftungsvorstandes läge erst bei einer gleichzeitigen Beteiligung als Kommanditist an der (Stiftung & Co.) KG vor, jedoch ist eine solche in den hier gewählten Beispielen nicht gegeben. Zudem ist es für den Stiftungsvorstand unerheblich, ob der Unternehmensträger die Gewinne thesauriert oder an die Anteilseigner ausschüttet, da Ersterer Anspruch auf die Geschäftsführungsvergütung aufgrund eines schuldrechtlichen Vertrages hat; zur Mitunternehmerstellung des Stiftungsvorstandes vgl. Schulze zur Wiesche, Dieter, Unternehmensform, 1988, hier: S. 136.

1014 So liegt die Steuerbelastung der Kommanditaktionäre sowohl bei der personalistischen KGaA als auch der (Stiftung & Co.) KGaA bei 4.056 € respektive 4.961 €.

Fall A: Handelsbilanzgewinn 50.000 €						
	KG	Stiftung & Co. KG	KGaA (Thesaurierung)	KGaA (Vollausschüttung)	Stiftung & Co. KGaA (Thesaurierung)	Stiftung & Co. KGaA (Vollausschüttung)
Steuerbelastung Gesellschaft	17.750 €	4.482 €	27.211 €	27.211 €	27.211 €	27.211 €
Steuerbelastung Komplementär	30.014 €	6.001 €	27.261 €	27.261 €	3.461 €	3.461 €
Steuerbelastung Kommanditisten/ Kommanditaktionäre	5.211 €	8.568 €	4.056 €	4.961 €	4.056 €	4.961 €
Steuerbelastung Stiftungsvorstand	--	25.356 €	--	--	25.356 €	25.356 €
Gesamtsteuerbelastung	52.975 €	44.407 €	58.528 €	59.433 €	60.084 €	60.989 €
Steuerquote I[1015]	106,0 v.H.	88,8 v.H.	117,1 v.H.	118,9 v.H.	120,2 v.H.	122,0 v.H.
Steuerquote II	34,2 v.H.	28,6 v.H.	37,8 v.H.	38,3 v.H.	38,8 v.H.	39,3 v.H.
Rang	**2**	**1**	**3**	**4**	**5**	**6**

Mit Blick auf die hier unterstellten Kapitalgesellschaften lassen sich schließlich zwei weitere Übereinstimmungen herausarbeiten, die sich aufgrund der unmittelbaren Zurechnung der nicht auf das Grundkapital entfallenden Gewinnanteile des Komplementärs sowie dessen Geschäftsführungsvergütung und der damit verbundenen Abzugsfähigkeit beim Unternehmensträger gemäß § 9 Abs. 1 Nr. 1 KStG ergeben: Zum einen hat der Gewinnverwendungsbeschluss des Unternehmensträgers keinen Einfluss auf die Steuerbelastung des Komplementärs, mit der Folge, dass diese für die natürliche Person des Komplementärs bzw. die Komplementär-Stiftung jeweils identisch bleibt. Zum anderen führt die

[1015] Die Steuerquote I bemisst sich nach dem Verhältnis der Gesamtsteuerbelastung zum Handelsbilanzgewinn, während die Steuerquote II das Verhältnis der Gesamtsteuerbelastung zum Handelsbilanzgewinn zuzüglich der geleisteten Vergütungen ausdrückt.

Abzugsfähigkeit zu einer strikten Differenzierung zwischen der Ebene des Komplementärs auf der einen Seite und der KGaA bzw. (Stiftung & Co.) KGaA auf der anderen Seite, sodass es aus Sicht des Unternehmensträgers unerheblich ist, wer die Position des Vollhafters übernimmt. Da zudem die verbleibenden Gewinne einem einheitlichen Körperschaftsteuersatz i.H.v. 25 v.H. unterworfen werden, kommt es letztendlich zu einer konstanten Steuerbelastung des Unternehmensträgers i.H.v. 27.211 €.[1016]

Doch es sind auch gravierende Divergenzen zu verzeichnen. Es zeigt sich, dass Personengesellschaften in Form einer klassischen KG oder einer Stiftung & Co. KG den Kapitalgesellschaften in der hier unterstellten Gewinnsituation deutlich überlegen sind. Dieses Ergebnis vermag nicht zu überraschen. Es resultiert vornehmlich aus den unterschiedlichen Tarifverläufen:[1017] Während für Kapitalgesellschaften neben einer einheitlichen Gewerbesteuermesszahl i.H.v. 5 v.H. ein proportionaler Körperschaftsteuersatz i.H.v. 25 v.H. greift, werden Personengesellschaften aufgrund des Transparenzprinzips und der unmittelbaren Zurechnung der Einkünfte zu den hinter der Gesellschaft stehenden Mitunternehmern bei niedrigem Gewinn bevorzugt. Für Letztere gilt der progressive Tarifverlauf der Einkommensteuer mit einem Grundfreibetrag i.H.v. 7.664 €, die gestaffelte Gewerbesteuermesszahl und der Gewerbesteuerfreibetrag i.H.v. 24.500 €, denen bei einem geringen zu versteuernden Einkommen großes Gewicht beizumessen ist. Zudem mindert die Steuervergünstigung des § 35 EStG die tarifliche Einkommensteuer der Mitunternehmer, um eine Doppelbelastung gewerblicher Einkünfte mit Einkommensteuer und Gewerbesteuer weitgehend zu vermeiden.

Die vorstehend dargestellte Benachteiligung von Kapitalgesellschaften wird jedoch durch verschiedene Einflussfaktoren teilweise abgemildert: Im Falle einer personalistischen KGaA existiert keine strikte Trennung zwischen Gesellschafts- und Gesellschafterebene, so wie dies bei einer AG oder GmbH der Fall ist, da dem Komplementär sein nicht auf das Grundkapital entfallender Gewinnanteil und seine Geschäftsführungsvergütung für einkommen- und körperschaftsteuerliche Zwecke unmittelbar zugerechnet werden.[1018] Folglich gelten insoweit der progressive Einkommensteuertarif mit dem Grundfreibetrag sowie die Steuerermäßigung des § 35 EStG. Eine entsprechende Zurechnung erfolgt zwar auch bei einer Stiftung & Co. KGaA, allerdings ist die

---

1016 Vgl. hierzu auch Fn. 981.

1017 Zu einem ähnlichen Ergebnis kommt bereits Herzig, der die Tarifverläufe von Personengesellschaften und Kapitalgesellschaften gegenüberstellt; vgl. Herzig, Norbert, Aspekte, 2001, hier: S. 256 f.

1018 Vgl. § 9 Abs. 1 Nr. 1 KStG i.V.m. § 15 Abs. 1 S. 1 Nr. 3 EStG.

Komplementär-Stiftung ebenfalls körperschaftsteuerpflichtig, sodass sich folglich keine derartigen steuermindernden Effekte ergeben.[1019]

Darüber hinaus ist zu bedenken, dass die Vergütungen für die Übernahme der Geschäftsführung, die Hingabe eines Darlehens sowie die Überlassung von Wirtschaftsgütern bei der Ermittlung des körperschaftsteuerpflichtigen Einkommens der Kapitalgesellschaften grundsätzlich eine abzugsfähige Betriebsausgabe darstellen und bei den Empfängern entsprechend ihrer Einkunftsart zu qualifizieren sind.[1020] Somit greifen auf Ebene der natürlichen Personen bei Einkünften aus Kapitalvermögen der Pauschbetrag für Werbungskosten i.S.d. § 9a S. 1 Nr. 2 EStG und bei Einkünften aus nichtselbstständiger Arbeit neben dem Arbeitnehmer-Pauschbetrag des § 9a S. 1 Nr. 1a) EStG die Vorsorgepauschale des § 10c Abs. 2 EStG.[1021]

Die vorstehenden Erläuterungen verdeutlichen bereits, dass steuerlich vorteilhafte, aber auch steuerschädliche Faktoren nicht eindeutig zwischen den obigen Personen- und Kapitalgesellschaften verteilt sind. Dies ergibt sich unmittelbar aus der Tatsache, dass es sich überwiegend um hybride Rechtsformen und Rechtsformkombinationen handelt. Außer im Falle der klassischen KG werden stets sowohl das Körperschaftsteuerrecht als auch das Einkommensteuerrecht tangiert, sodass es zu einer Überlagerung der Steuereffekte kommt. Aufgrund der sich ergebenden Rangfolge hinsichtlich der Steuerbelastung ist jedoch zu konstatieren, dass die Stiftung & Co. KG aus steuerlicher Sicht am günstigsten ist. Bei ihr wird das Geschäftsführergehalt nicht mit Gewerbesteuer belastet, der Stiftungsvorstand ist nicht als Mitunternehmer anzusehen und erzielt folglich Einkünfte aus nichtselbstständiger Arbeit, sodass er Anspruch auf die Geltend-

---

[1019] Da die Körperschaftsteuer einen proportionalen Tarifverlauf aufweist, sind Progressionsvorteile, die bei der Einkommensteuer im Falle des Verteilens von Einkünften auf mehrere Steuerpflichtige ergeben, ausgeschlossen; zudem entfällt die Steuerermäßigung des § 35 EStG.

[1020] Aufgrund der – zum Teil hälftigen – Hinzurechnungsvorschriften des § 8 GewStG gilt dies jedoch nicht für die Gewerbesteuer; vgl. beispielhaft Fn. 972.

[1021] Die Vorsorgepauschale ist in den obigen Beispielfällen jedoch nicht bei der personalistischen KGaA zu berücksichtigen. Im Gegensatz zu einer AG oder GmbH, bei der sich die Gesellschaft stets eines fremden Dritten zur Geschäftsführung bedienen muss, wird bei einer personalistischen KGaA diese von der natürlichen Person des Komplementärs übernommen, die insoweit Einkünfte aus Gewerbebetrieb i.S.d. § 15 Abs. 1 S. 1 Nr. 3 EStG erzielt, mit der Folge, dass die Vorsorgepauschale nicht zum Ansatz gelangt. Andererseits kommt auch der Vorstand der Komplementär-Stiftung einer Stiftung & Co. KG in den Genuss der Vorsorgepauschale, da er nicht als Mitunternehmer anzusehen ist und folglich keine gewerblichen Einkünfte i.S.d. § 15 Abs. 1 S. 1 Nr. 2 EStG, sondern Einkünfte aus nichtselbstständiger Arbeit i.S.d. § 19 Abs. 1 S. 1 EStG erzielt. Eine eindeutige Zuordnung des vorteilhaften Ansatzes der Vorsorgepauschale zu den Kapitalgesellschaften ist daher ausgeschlossen.

machung der Vorsorgepauschale hat. Aufgrund des niedrigen Handelsbilanzgewinnes entfaltet die Mehrzahl der eingangs angesprochenen Vorteile einer Personengesellschaft eine überproportional große Wirkung.[1022]

Insbesondere erstgenannte Tatsache, dass das gewährte Geschäftsführergehalt im Falle der Stiftung & Co. KG nicht mit Gewerbesteuer belastet wird, führt zu der deutlichen Divergenz der Steuerquoten der hier betrachteten Personengesellschaften. Dieser Vorteil wird zwar zum Teil dadurch neutralisiert, dass sämtliche Gesellschafter der KG in den Genuss der Steuerermäßigung nach § 35 EStG gelangen, während dies bei einer Stiftung & Co. KG nur auf die Kommanditisten zutrifft, er vermag ihn jedoch nicht zu neutralisieren.[1023]

Die höchste Steuerquote weist demgegenüber die Stiftung & Co. KGaA auf. Dies resultiert zum einen aus der Tatsache, dass das Geschäftsführergehalt i.H.v. 80.000 € in der hier betrachteten Periode faktisch mit Gewerbesteuer belastet wird, da das von der Komplementär-Stiftung dem Stiftungsvorstand gewährte Entgelt lediglich als Verlustvortrag i.S.d. § 10a GewStG geltend gemacht werden kann. Erst bei positiven Einkünften der Komplementär-Stiftung über den Rahmen des nach § 9 Nr. 2b GewStG abzugsfähigen Betrages hinaus kann die Geltendmachung des an den Stiftungsvorstand gezahlten Gehaltes als Betriebsausgabe ihre Entlastungswirkung entfalten.[1024] Ein weiterer Nachteil der Stiftung & Co. KGaA, der vornehmlich gegenüber der klassischen KG, in Teilen jedoch auch der Stiftung & Co. KG sowie der personalistischen KGaA auftritt, liegt in dem vollständigen Verlust des Steuerermäßigungspotenziales nach § 35 EStG, da weder der Stiftungsvorstand noch die Kommanditaktionäre gewerbliche Einkünfte erzielen.[1025] Dass die Steuerquote der Stiftung & Co. KGaA im Thesaurierungsfalle niedriger als im Vollausschüttungsfalle ausfällt, ergibt sich aus dem Umstand, dass die Steuerbelastung der Gesellschafter bei

---

[1022] Dies sind der Grundfreibetrag, die gestaffelte Gewerbesteuermesszahl sowie der Gewerbesteuerfreibetrag. Die Wirkung des § 35 EStG hingegen bemisst sich nach dem Gewerbesteuermessbetrag, sodass hier eine proportionale Entlastungswirkung vorliegt. Allerdings kommen einzig die Kommanditisten in deren Genuss, da die Komplementär-Stiftung körperschaftsteuerpflichtig ist und somit nicht in den Anwendungsbereich des § 35 EStG fällt.

[1023] Der Vorteil, dass das Geschäftsführergehalt nicht der Gewerbesteuer unterliegt, beläuft sich näherungsweise auf 80.000 € * 5 v.H. * 400 v.H. ÷ 1,2 = 13.333 €. Er resultiert aus der Gewerbesteuerbelastung des Geschäftsführergehaltes unter Berücksichtigung der Abzugsfähigkeit der Gewerbesteuer von ihrer eigenen Bemessungsgrundlage. Weitere Unterschiede hinsichtlich der Besteuerung, die sich aus den Tabellen in Kapitel 7.2.3.1.2 sowie Kapitel 7.2.3.2.2 ergeben, mindern diesen Vorteil letztlich auf knapp 8.600 €.

[1024] Vgl. hierzu die Ausführungen in Kapitel 6.3.3.2.2.

[1025] Bei der Stiftung & Co. KG entfällt das Steuerermäßigungspotenzial für die Komplementär-Stiftung, bei der personalistischen KGaA das der Kommanditaktionäre; nur bei der klassischen KG kann es vollumfänglich genutzt werden.

Vereinnahmung von Dividenden, die als Einkünfte aus Kapitalvermögen gemäß § 20 Abs. 1 Nr. 1 EStG der Einkommensteuer unterliegen, ansteigt. Auch wenn insoweit das Halbeinkünfteverfahren des § 3 Nr. 40 lit. d) EStG greift, welches die ausgeschütteten Dividenden hälftig steuerfrei stellt, so kommt es doch zu einer partiellen Doppelbelastung mit Körperschaftsteuer auf Gesellschaftsebene und mit Einkommensteuer auf Gesellschafterebene.[1026]

Insgesamt betrachtet kommt es im Falle hybrider Rechtsformkombinationen zu teilweise gegenläufigen Effekten. Jedoch sind Kapitalgesellschaften aufgrund des Trennungsprinzips bei einem niedrigen Gewinn grundsätzlich benachteiligt, da diese auf Unternehmensebene mit einem proportionalen Steuersatz belegt werden und zudem auf Gesellschafterebene der progressiven Einkommensbesteuerung unterliegen. Ändert sich jedoch die Gewinnsituation, sodass ein deutlich höheres handelsbilanzielles Ergebnis Ausgangspunkt der Berechnung der jeweiligen Steuerbelastung ist, so ergeben sich – zum Teil gravierende – Unterschiede im Hinblick auf die Rangfolge.

7.2.4.2 Fall B: Handelsbilanzgewinn von 1.000.000 €

Unterstellt man einen Handelsbilanzgewinn i.H.v. 1.000.000 €, so ergibt sich die nachfolgend dargestellte Rangfolge. Die in Kapitel 7.2.4.1 herausgearbeiteten Gemeinsamkeiten der Besteuerung ergeben sich auch hier, wenn auch mit überwiegend anderen Werten.[1027] Dies erklärt sich durch die weiterhin identische Besteuerungssystematik, welche gewinnunabhängig ist.

[1026] Unter dem Regime des bis 2001 geltenden Vollanrechnungsverfahrens wäre diese Differenz geringer oder gar mit einem anderen Vorzeichen ausgefallen. Einbehaltene Dividenden einer Kapitalgesellschaft unterlagen einer 40-prozentigen Körperschaftsteuer, während ausgeschüttete auf Gesellschaftsebene mit Körperschaftsteuer i.H.v. 30 v.H. belastet wurden, die jedoch auf die individuelle Steuerlast der Gesellschafter anzurechnen war. Solange der Durchschnittsteuersatz der Gesellschafter unterhalb von 40 v.H. lag, wäre die Stiftung & Co. KGaA im Ausschüttungsfalle günstiger als im Thesaurierungsfalle gewesen.

[1027] Einzig das vom Vorstand einer Komplementär-Stiftung vereinnahmte Geschäftsführergehalt i.H.v. 80.000 € weist als gewinnunabhängiges Element dieselbe Höhe auf, sodass auch hier die Steuerbelastung beim Stiftungsvorstand 25.470 € beträgt.

Fall B: Handelsbilanzgewinn 1.000.000 €						
	KG	Stiftung & Co. KG	KGaA (Thesaurierung)	KGaA (Vollausschüttung)	Stiftung & Co. KGaA (Thesaurierung)	Stiftung & Co. KGaA (Vollausschüttung)
Steuerbelastung Gesellschaft	176.083 €	162.750 €	289.946 €	289.946 €	289.946 €	289.946 €
Steuerbelastung Komplementär	167.824 €	110.412 €	165.070 €	165.070 €	107.862 €	107.862 €
Steuerbelastung Kommanditisten/ Kommanditaktionäre	135.087 €	141.207 €	4.056 €	59.794 €	4.056 €	59.794 €
Steuerbelastung Stiftungsvorstand	--	25.356 €	--	--	25.356 €	25.356 €
Gesamtsteuerbelastung	478.994 €	439.725 €	459.072 €	514.810 €	427.220 €	482.958 €
Steuerquote I	47,9 v.H.	44,0 v.H.	45,9 v.H.	51,5 v.H.	42,7 v.H.	48,3 v.H.
Steuerquote II	43,3 v.H.	39,8 v.H.	41,5 v.H.	46,6 v.H.	38,7 v.H.	43,7 v.H.
Rang	**4**	**2**	**3**	**6**	**1**	**5**

Bevor die gewonnenen Daten ausgewertet und hinsichtlich der Divergenzen analysiert werden sollen, fasst die folgende Tabelle die Ergebnisse zusammen, um Veränderungen in der Steuerbelastung und der Rangfolge zu identifizieren.[1028]

[1028] Hierbei wird lediglich die Steuerquote II berücksichtigt, da die Steuerquote I einer zu hohen Verzerrung bei niedrigem Handelsbilanzgewinn unterliegt.

Zusammenfassende Übersicht						
	KG	Stiftung & Co. KG	KGaA (Thesaurierung)	KGaA (Vollausschüttung)	Stiftung & Co. KGaA (Thesaurierung)	Stiftung & Co. KGaA (Vollausschüttung)
HaBi-Gewinn 50.000 €:						
Steuerquote II	34,2 v.H.	28,6 v.H.	37,8 v.H.	38,3 v.H.	38,8 v.H.	39,3 v.H.
Rangfolge	2	1	3	4	5	6
HaBi-Gewinn 1.000.000 €:						
Steuerquote II	43,3 v.H.	39,8 v.H.	41,5 v.H.	46,6 v.H.	38,7 v.H.	43,7 v.H.
Rangfolge	4	2	3	6	1	5
Veränderung in der Steuerbelastung	**+ 9,1 v.H.**	**+ 11,2 v.H.**	**+ 3,7 v.H.**	**+ 8,3 v.H.**	**- 0,1 v.H.**	**+ 4,4 v.H.**
Veränderung in der Rangfolge	**- 2**	**- 1**	**0**	**- 2**	**+ 4**	**+ 1**

Es zeigt sich, dass die Stiftung & Co. KGaA im Falle der Vollausschüttung ihrer Gewinne zwar nur unwesentlich besser gegenüber der Ausgangssituation eines Handelsbilanzgewinnes i.H.v. 50.000 € abschneidet (Rang 5 anstelle des Ranges 6), allerdings stellt sich im Thesaurierungsfalle eine bedeutende Verbesserung ein: Nicht nur, dass sie sich von Rang 5 auf Rang 1 verbessert und damit die übrigen in den Steuerbelastungsvergleich einbezogenen Rechtsformalternativen hinter sich lässt, sie ist darüber hinaus die einzige Rechtsform, die eine niedrigere Steuerquote II bei hohem Gewinn als bei niedrigem Gewinn aufweist (Veränderung um einen zehntel Prozentpunkt). Der Grund für den verbesserten Rang ist vornehmlich in der Tatsache zu sehen, dass die über den Gewinn hinaus an die Anteilseigner gezahlten Vergütungen bei einem hohen handelsbilanziellen Ergebnis deutlich weniger stark ins Gewicht fallen. Mithin ist die Belastung der Geschäftsführungsvergütung mit Gewerbesteuer nur von nachrangiger Bedeutung.[1029] Aufgrund der Abzugsfähigkeit der Geschäftsführungsvergütung als Sonderbetriebsausgabe von der körperschaftsteuerlichen Bemessungsgrundlage der Komplementär-Stiftung wird diese de facto nicht mit Körperschaftsteuer, sondern ausschließlich auf Ebene des Stiftungsvorstandes mit Einkommensteuer – unter Berücksichtigung der Vorsorgepauschale – belastet. Im Ergebnis bedeutet dies, dass im Falle einer ihren Gewinn thesaurierenden Stiftung & Co. KGaA einzig der nach Abzug der Gewerbesteuer verbleibende Handelsbilanzgewinn mit Körperschaftsteuer belastet wird, während die an die Kommanditaktionäre und den Stiftungsvorstand geleisteten Entgelte deren persönlicher Einkommensteuer unterliegen.[1030]

Die personalistische KGaA stellt sich im Thesaurierungsfalle deutlich schlechter: Da bei ihr der Gewinnanteil und die Geschäftsführungsvergütung zwar auch dem Komplementär zugerechnet, dort aber mit der progressiven Einkommensteuer belastet werden, liegt die Gesamtsteuerbelastung dieser Rechtsformalternative über derjenigen der Stiftung & Co. KGaA.[1031] Auch die bei Letzterer entfallende Steuerermäßigung nach § 35 EStG vermag bei der personalistischen KGaA diese Benachteiligung nicht zu neutralisieren, zumal im Gegenzug die Vorsorgepauschale nicht geltend gemacht werden kann. Aufgrund der Progressivität der Einkommensteuer wird die KGaA mit einer natürlichen Person als Komplementär folglich benachteiligt.

Gleiches kann auch als Erklärung dafür herangezogen werden, dass die klassische KG bei einem hohen Gewinn bedeutend schlechter abschneidet als zuvor. Bei ihr sind neben den Einkünften des Komplementärs auch die Gewinnanteile und Sonderbetriebseinnahmen der Kommanditisten unmittelbar von der Progressivität der Einkommensteuer tangiert. Erst bei Einsetzung einer Komplementär-Stiftung können Teile des erzielten Gewinnes von der Progression ausgenommen und der proportionalen Körperschaftsteuer unterworfen werden, wodurch die Steuerquote II gemindert wird.[1032] Zudem wird die

---

[1029] Bezieht man den in der hier betrachteten Periode unwirksam bleibenden Verlustvortrag nach § 10a GewStG i.H.v. 80.000 € in die Kalkulation mit ein, so ergibt sich eine zusätzliche Gewerbesteuerersparnis i.H.v. 13.333 €, die die Steuerquote II auf (427.220 € ./. 13.333 €) ÷ 1.105.000 € = 37,5 v.H. sinken lässt; vgl. hierzu auch Fn. 1023.

[1030] Der proportional wirkende Solidaritätszuschlag soll im Folgenden vernachlässigt werden.

[1031] Der einkommensteuerliche Durchschnittsteuersatz der natürlichen Person des Komplementärs liegt in dem hier betrachteten Beispiel bei 32 v.H. (156.465 € ÷ 488.958 €) und damit deutlich über dem proportionalen Körperschaftsteuersatz der Komplementär-Stiftung i.H.v. 25 v.H. Der einkommensteuerliche Durchschnittsteuersatz des Stiftungsvorstandes beträgt hingegen ebenfalls etwa 32 v.H. (24.035 € ÷ 76.070 €), sodass sich insoweit keine Unterschiede ergeben.

[1032] Die 25-prozentige Körperschaftsteuer auf Ebene der Komplementär-Stiftung ist niedriger als der Durchschnittsteuersatz des Komplementärs einer klassischen KG, der im hier gewählten Falle 32 v.H. (159.075 € ÷ 491.922 €) beträgt.

Geschäftsführungsvergütung i.H.v. 80.000 € im Falle einer Stiftung & Co. KG nicht mit Gewerbesteuer belastet, da das dem Stiftungsvorstand gezahlte Entgelt als Sonderbetriebsausgabe die entsprechende Sonderbetriebseinnahme der Komplementär-Stiftung neutralisiert.[1033]

Der Vergleich zwischen einer klassischen KG bzw. einer Stiftung & Co. KG auf der einen Seite und einer personalistischen KGaA bzw. Stiftung & Co. KGaA auf der anderen Seite greift jedoch bislang zu kurz: Bei den beiden zuerst genannten Rechtsformalternativen gelangen die Kommanditisten jeweils unmittelbar in den Genuss ihrer Gewinnanteile, während dies bei den beiden zuletzt genannten im Thesaurierungsfalle für die Kommanditaktionäre gerade nicht der Fall ist.[1034] Folglich stellt erst die Vollausschüttungsfiktion ein vergleichbares Szenario dar.[1035]

Hierbei zeigt sich jedoch abermals die grundsätzliche Benachteiligung von Kapitalgesellschaften, da aufgrund des für diese Rechtsformen geltenden Trennungsprinzips die Gewinnanteile nicht nur auf Ebene der Gesellschaft mit der proportionalen Körperschaftsteuer belastet werden, sondern zudem auf Anteilseignerebene hälftig der progressiven Einkommensteuer unterliegen. Daher sind 50 v.H. der von den Kommanditaktionären bezogenen Dividenden einkommensteuerpflichtig, sodass sich die personalistische KGaA vom dritten auf den sechsten Rang und die Stiftung & Co. KGaA vom ersten auf den fünften Rang verschlechtert. Dass die Stiftung & Co. KGaA in beiden Szenarien besser als die KGaA abschneidet, liegt vornehmlich daran, dass der mit 50 v.H. recht hohe Gewinnanteil der Komplementär-Stiftung körperschaftsteuerpflichtig ist und damit nicht von der Progressivität der Einkommensteuer tangiert wird. Während dies im Falle eines niedrigen Handelsbilanzergebnisses nachteilig war, ergibt sich nunmehr hieraus ein Vorteil.[1036]

Zusammenfassend ist festzuhalten, dass sich die Stiftung & Co. KG sowohl unter dem Szenario eines niedrigen Handelsbilanzgewinnes als auch unter dem eines hohen Handelsbilanzgewinnes als steuerlich günstig herausstellt. Aufgrund ihrer Klassifizierung als Mitunternehmerschaft fällt das Geschäftsführergehalt aus der gewerbesteuerlichen Bemessungsgrundlage heraus, was insbesondere

---

1033 Vgl. hierzu die Ausführungen in Kapitel 7.2.3.2.1.

1034 Inwiefern die Kommanditisten ihre Gewinnanteile entnehmen oder diese im Unternehmen belassen, ist für die Besteuerung unerheblich; aufgrund des für Personengesellschaften geltenden Transparenzprinzips werden sie ihnen unmittelbar zugerechnet und mit der progressiven Einkommensteuer belastet.

1035 Der Vollausschüttungsfiktion kommt insbesondere im Falle der Stiftung & Co. KGaA große Bedeutung zu, da die Absicherung der Angehörigen des Stifters nicht über Destinate der Komplementär-Stiftung, sondern gerade über die Kommanditaktien erfolgen soll; vgl. hierzu die Ausführungen in Kapitel 7.2.3.2.1.

1036 Vgl. hierzu die Ausführungen in Kapitel 7.2.4.1.

bei einem niedrigen Gewinn die Steuerquote deutlich positiv beeinflusst. Wird ein höherer Gewinn unterstellt, so vermag die Stiftung & Co. KG vornehmlich durch die mit 25 v.H. dann im Verhältnis recht niedrige Körperschaftsteuerbelastung des Gewinnanteiles der Komplementär-Stiftung und die ausschließlich einkommensteuerliche Belastung der übrigen Gewinnanteile zu überzeugen.[1037]

Die klassische KG ist im Vergleich mit den übrigen Rechtsformalternativen nur bei niedrigem Gewinn empfehlenswert, da andernfalls die Einkommensteuerprogression vollumfänglich zum Tragen kommt. Zwar stellt die KG in diesem Steuerbelastungsvergleich die einzige Rechtsform dar, bei der das Entlastungspotenzial des § 35 EStG vollständig genutzt werden kann, doch entfallen bei ihr im Gegenzug die Pauschbeträge des § 9a EStG sowie der mögliche Ansatz einer Vorsorgepauschale, sodass es insoweit zu kompensatorischen Effekten kommt.

Für die hier analysierten Kapitalgesellschaften ergibt sich ein differenzierteres Bild: Während sowohl die personalistische KGaA als auch die Stiftung & Co. KGaA bei niedrigem Handelsbilanzergebnis gegenüber den Personengesellschaften im Nachteil sind, da sie mit der proportionalen Körperschaftsteuer i.H.v. 25 v.H. belastet werden, ist im Falle eines hohen Gewinnes – zumindest unter der Thesaurierungsfiktion – genau in dem Körperschaftsteuersatz der entscheidende Vorteil zu sehen.[1038] Der Spitzensteuersatz der Einkommensteuer i.H.v. 42 v.H., der ab einem zu versteuernden Einkommen von 52.152 € greift, führt zu einer deutlich höheren Belastung der Personengesellschaften. Erst unter der Fiktion einer Vollausschüttung der unternehmerischen Gewinne wirkt sich die einkommensteuerliche Progression auch auf die Anteilseigner der Kapitalgesellschaften aus, da die Kommanditaktionäre ihre vereinnahmten Dividenden hälftig zu versteuern haben. Aufgrund dieser partiellen Doppelbesteuerung sind sowohl die personalistische KGaA als auch die Stiftung & Co. KGaA im Ausschüttungsfalle abermals im Nachteil.

7.3 Fazit

Die Veranlagungssimulation veranschaulichte die Steuerbelastungsunterschiede, die sich in Abhängigkeit der jeweiligen Rechtsform ergeben. Hierbei traten zum Teil deutliche Divergenzen im Hinblick auf die Steuerquoten zutage: Im Falle eines niedrigen handelsbilanziellen Ergebnisses differierten diese um bis zu

---

1037 Zwar fällt auch insoweit Gewerbesteuer an, jedoch wird die Belastung mit Gewerbesteuer durch § 35 EStG abgemildert.

1038 Dieser Vorteil tritt jedoch bei der personalistischen KGaA nur abgeschwächt in Erscheinung, da es sich bei ihr um eine hybride Rechtsform handelt, deren Komplementär seine Gewinnanteile und die Geschäftsführungsvergütung unmittelbar zuzurechnen und von ihm zu versteuern sind.

10,7 Prozentpunkte, bei einem hohen Gewinn um bis zu 7,9 Prozentpunkte. Es ist allerdings explizit zu betonen, dass die erzielten Ergebnisse maßgeblich von den in Kapitel 7.2.2 getroffenen Rahmendaten der Berechnungsbeispiele abhängen. Ziel des Steuerbelastungsvergleiches war demzufolge keinesfalls die Kodifizierung allgemein gültiger Aussagen über die absolute steuerliche Vorteilhaftigkeit der hier betrachteten Rechtsformalternativen, sondern vielmehr das Aufzeigen deren genereller Besteuerung.

Um jedoch zu einer grundsätzlichen Bewertung der Rechtsformkombination einer Stiftung & Co. KGaA zu gelangen, bedarf es nicht nur eines Abstellens auf die Besteuerung dieser Rechtsformalternative; darüber hinaus ist unabdingbar die Integration deren nichtsteuerlicher Charakteristika erforderlich. Die Wahl einer ganz bestimmten Rechtsform einzig unter dem Gesichtspunkt einer Minimierung der Steuerbelastung wäre verfehlt, da beispielsweise die Gefahren möglicher Haftungsrisiken, mangelnder Eigenfinanzierungsoptionen oder auch einer nur eingeschränkten Leitungsbefugnis vernachlässigt würden. Es ist somit offensichtlich, dass eine Entscheidung für die Wahl jedweder Rechtsform nur unter Würdigung sämtlicher steuerlicher und nichtsteuerlicher Charakteristika erfolgen kann. Hierbei kommt es regelmäßig auf die individuellen Präferenzen des betroffenen Unternehmens an; Pauschalurteile in diesem Zusammenhang sind ausgeschlossen.

Die in der Überschrift des siebten Kapitels gestellte Frage, ob es sich bei der Stiftung & Co. KGaA um eine *'optimale Rechtsform'* handele, ist unter Würdigung der steuerlichen und nichtsteuerlichen Charakteristika sicherlich zu verneinen. Bereits ihre aufwendigere Struktur im Vergleich zu einer oHG oder auch GmbH dürfte einer starken Verbreitung in der Praxis entgegenstehen. So wird sich die Stiftung & Co. KGaA auf ein Nischendasein beschränken, woraus sich jedoch keinesfalls ihre Irrelevanz ableiten lässt.

In einigen wenigen und ganz spezifischen Fällen wird in der Stiftung & Co. KGaA eine ernsthaft zu erwägende Rechtsformalternative zu sehen sein. Hierbei ist vornehmlich an Familienunternehmen zu denken, bei denen keine Nachkommen für die Übernahme der Unternehmensleitung vorhanden oder geeignet sind, sodass zukünftig fremde Dritte mit der Geschäftsführung zu betrauen sind. Ebenso wie die Stiftung & Co. KG, so stellt auch die Stiftung & Co. KGaA eine Möglichkeit zur Lösung der Nachfolgeproblematik dar, mit der der bisherige Familienunternehmer eine Ausrichtung der künftigen Unternehmenspolitik nach seinen Vorstellungen und damit die Erhaltung seines *'Lebenswerkes'* dauerhaft zu gewährleisten vermag. Die Unternehmenskontinuität ist durch die Aufnahme einer rechtsfähigen Stiftung als Komplementär bestmöglich abgesichert.

Der Ausgestaltung der Stiftungssatzung wird in diesem Zusammenhang besonderes Augenmerk zu widmen sein. Der Zielkonflikt zwischen vorstehender Intention einer Festschreibung der Unternehmensausrichtung durch den Stifter und einer allzu starken Einengung der unternehmerischen Entscheidungsspielräume des in Zukunft die Geschäfte der Gesellschaft führenden Stiftungsvorstandes ist zur beiderseitigen Zufriedenheit zu lösen. Zudem spielt auch die Bestimmung der Destinatäre in der Stiftungssatzung eine entscheidende Rolle: Unter steuerlichen Gesichtspunkten erweist sich die Vermeidung einer Klassifizierung als Familienstiftung durch die Begünstigung der (Stiftung & Co.) KGaA als sinnvoll, welche mittels Antrag um Zuwendungen für die Vornahme umfangreicher Investitionen zu ersuchen hat. Wie in Kapitel 6.3.3.3 gesehen, handelt es sich bei den Destinaten der Komplementär-Stiftung um nichtsteuerbare Einkünfte der (Stiftung & Co.) KGaA, sofern eine Einzelfallprüfung des Stiftungsvorstandes bezüglich deren Gewähr zu erfolgen hat.

Die Stiftung & Co. KGaA ist der Stiftung & Co. KG im Hinblick auf den Spielraum der Eigenfinanzierung regelmäßig überlegen. Durch den Zugang Ersterer zu einem organisierten Kapitalmarkt kann dem bei Familienunternehmen häufig anzutreffenden Problem einer dünnen Eigenkapitaldecke bedeutend wirksamer begegnet werden.[1039] Die Kommanditaktionäre erhalten indes nur begrenzte Möglichkeiten der Einflussnahme, sodass die Leitungsbefugnis weitestgehend in den Händen des die Geschäfte führenden Stiftungsvorstandes verbleibt.

Aufgrund der komplexen Struktur der Stiftung & Co. KGaA kommt es zu rechtsformspezifischen Mehraufwendungen, beispielsweise wegen der Zuständigkeit der Landesstiftungsbehörde für die Überwachung der laufenden Geschäftsführung der Komplementär-Stiftung. Verglichen mit ähnlichen Rechtsformkombinationen – wie z.B. einer GmbH & Co. KGaA – fallen diese Mehrbelastungen jedoch geringer aus, da die Komplementär-Stiftung nur sehr eingeschränkt rechnungslegungs-, prüfungs- und publizitätspflichtig ist und sie darüber hinaus keine Anteilseignerrechte vermittelt, sodass regelmäßig abzuhaltende Gesellschafterversammlungen und eine aufwendige Abstimmung der Beteiligungsverhältnisse zwischen den beteiligten Rechtsformen entfallen.

Insgesamt betrachtet müssen die bei einer Stiftung & Co. KGaA auftretenden Mehrbelastungen durch materielle Vorteile, die für den Entscheider von besonderer Relevanz sind und nur mit dieser speziellen Rechtsformkombination zu erzielen sind, ausgeglichen werden. Wie die vorliegende Untersuchung

[1039] Einer Stiftung & Co. KG bieten sich hingegen vornehmlich die Aufnahme neuer Kommanditisten und die Vereinnahmung von Zustiftungen und Spenden, wenngleich letztere Option nur äußerst begrenzt gelingen dürfte, da sich die Stifter und Spender endgültig von ihrem Kapital trennen und nicht in den Genuss einer Vergütung kommen.

gezeigt hat, kann dies bei einer starken Fokussierung auf die Begrenzung der Haftungsmasse und die langfristige Absicherung der Unternehmenskontinuität gelingen. Eine *'Allzweckwaffe'* zur optimalen Begegnung aller denkbaren Herausforderungen hinsichtlich der Unternehmensstruktur stellt die Stiftung & Co. KGaA indes gewiss nicht dar.

8. Thesenförmige Zusammenfassung

- Bei einer Stiftung & Co. KGaA handelt es sich um eine kapitalistische Form der KGaA, bei der eine Stiftung die Position des persönlich haftenden Gesellschafters übernimmt.

- Eine personalistische KGaA mit einer natürlichen Person als Komplementär weist insbesondere im Bereich der Haftung und der Unternehmenskontinuität gravierende Schwächen auf, die den Erhalt des Unternehmens gefährden können: Der persönlich haftende Gesellschafter tritt in vollem Umfange mit seinem Vermögen für die Verbindlichkeiten der Gesellschaft ein, und im Falle seines Ausscheidens oder Versterbens ist die Gesellschaft aufzulösen, sofern der Gesellschaftsvertrag keine entsprechende Nachfolgeregelung vorsieht.

- Auf den ersten Blick gelingt es, diese Nachteile durch Einsetzung einer Komplementär-GmbH zu vermeiden: Fortan haftet die GmbH & Co. KGaA ausschließlich mit dem Gesellschaftsvermögen der GmbH *'unbeschränkt'*, welches jedoch de facto limitiert ist. Zudem handelt es sich bei der Komplementär-GmbH um eine juristische Person, die unabhängig vom Ausscheiden der Gesellschafter oder Geschäftsführer bestehen bleibt.

- Indes vermag es auch die Errichtung einer GmbH & Co. KGaA nicht, den Erhalt des bislang von einem Familienunternehmer geleiteten Unternehmens in dessen Sinne fortwährend zu gewährleisten. Zum einen endet die Testamentsvollstreckung spätestens nach 30 Jahren, sodass hernach der Wille des Erblassers erlischt, und zum anderen besteht die Gefahr, dass durch Pflichtteilsansprüche der Erben die Substanz des Unternehmens angegriffen wird.

- Die Gründung einer Stiftung & Co. KGaA bewirkt hingegen die Fortführung des Unternehmens im Sinne des Stifters, der bei Errichtung der Komplementär-Stiftung detailliert die künftige Unternehmenspolitik in der Stiftungssatzung fixieren kann. Allerdings sollte hierbei genügend Raum für eine spätere Anpassung der Unternehmenspolitik an geänderte wirtschaftliche Rahmenbedingungen verbleiben, damit sich die Stiftung & Co. KGaA im Zeitablauf weiterzuentwickeln vermag.

- Der Umstand, dass der eigentliche Unternehmensträger nicht die Komplementär-Stiftung, sondern die (Stiftung & Co.) KGaA ist, ist Indiz für die Überlegenheit der Stiftung & Co. KGaA gegenüber einer reinen Unternehmensträgerstiftung: Die Rechtsform *'Stiftung'* eignet sich kaum dafür, ein Unternehmen selbst zu betreiben, da die laufende Geschäftsführung regelmäßig der Aufsicht durch die jeweils zuständige Landesstiftungsbehörde unterliegt und zudem der Umfang der Eigenfinanzierung äußerst beschränkt ist. Im Falle einer Stiftung & Co. KGaA beschränkt sich die Stiftungsaufsicht auf die Geschäftsführung der Komplementär-Stiftung, umfasst jedoch nicht die am Markt tätige (Stiftung & Co.) KGaA. Darüber hinaus existiert mit der Ausgabe von Kommanditaktien die Möglichkeit, an einem organisierten Kapitalmarkt zusätzliches Eigenkapital zu beschaffen.

- Letzterer Aspekt ist auch zentraler Vorteil der Stiftung & Co. KGaA gegenüber einer Stiftung & Co. KG, welcher als Personengesellschaft vornehmlich die Aufnahme zusätzlicher Kommanditisten zur Verbreiterung der Eigenkapitalbasis offen steht. Die weitaus geringere Fungibilität von Kommanditanteilen im Vergleich mit Kommanditaktien lässt diesen Weg deutlich schwieriger erscheinen.

- Bei der Komplementär-Stiftung einer Stiftung & Co. KGaA handelt es sich regelmäßig um eine rechtsfähige Stiftung des bürgerlichen Rechts, die weder gemeinnützig noch als Familienstiftung ausgestaltet sein muss. Steuerliche Vorteile aufgrund der Verfolgung steuerbegünstigter Zwecke i.S.d. §§ 52-54 AO sind insoweit ausgeschlossen, als es sich um einen wirtschaftlichen Geschäftsbetrieb handelt. Da ein solcher bei der Übernahme der Position des Vollhafters zwingend vorliegt, greift die partielle Steuerfreiheit, die mit der Anerkennung einer Stiftung als gemeinnützig einhergeht, gerade nicht.

- Die Ausgestaltung der Komplementär-Stiftung als Familienstiftung im Sinne des Steuerrechts ist ebenfalls entbehrlich, da die Angehörigen des Stifters über die Kommanditaktien finanziell abgesichert werden können. Bei geschickter Formulierung der Stiftungssatzung können die Destinate der Komplementär-Stiftung der (Stiftung & Co.) KGaA steuerfrei zufließen, sodass die bei Familienstiftungen in Zeitabständen von 30 Jahren anfallende Erbersatzsteuer vermieden werden kann.

- Die Stiftung & Co. KGaA ist sicherlich kein *'Allzweckinstrument'*, welche für jedwedes Unternehmen als optimale Rechtsform zu empfehlen ist. Allein ihre Komplexität und die dadurch verursachten Mehraufwendungen begrenzen ihren Anwendungsbereich auf ganz spezifische Fälle, in denen der bisherige Familienunternehmer erstens eine Unternehmenskontinuität in seinem Sinne, zweitens die finanzielle Absicherung seiner Angehörigen und schließlich drittens die Gewährleistung einer ausreichenden Eigenkapitalbasis nachhaltig garantiert wissen möchte.

Anhang

Anhang 1: Zu Kapitel 7.2.3.1.3: Berechnung der Gesamtsteuerbelastung und der Steuerquote einer Kommanditgesellschaft bei einem Handelsbilanzgewinn von 1.000.000 €

Ermittlung der Gewerbesteuer:

Ermittlung des Gewerbeertrages nach Steuer:	
Gewinn vor Gewerbesteuer	1.000.000 €
+ Sonderbetriebseinnahmen (GF-Vergütung 80.000 € FK-Zinsen 10.000 € Mietzinsen 15.000 €)	+ 105.000 €
./. Freibetrag § 11 GewStG	./. 24.500 €
= Gewerbeertrag vor Steuer	= 1.080.500 €
./. Endgültige Gewerbesteuer[1040]	./. 176.083 €
= Gewerbeertrag nach Steuer	**= 904.417 €**
Ermittlung des endgültigen Steuermessbetrages:	
12.000 € * 1 v.H.	120 €
12.000 € * 2 v.H.	+ 240 €
12.000 € * 3 v.H.	+ 360 €
12.000 € * 4 v.H.	+ 480 €
Verbleibender Gewerbeertrag * 5 v.H.	+ 42.820 €
= Endgültiger Steuermessbetrag	**= 44.020 €**
* Hebesatz (400 v.H.)	
= Endgültige Gewerbesteuer	**= 176.083 €**

Berechnung der endgültigen Gewerbesteuer:

Ermittlung des vorläufigen Steuermessbetrages:	
Gewerbeertrag vor Steuer	1.080.500 €
Davon:	

1040 Vgl. nachfolgende Tabelle.

12.000 € * 1 v.H.	120 €
12.000 € * 2 v.H.	+ 240 €
12.000 € * 3 v.H.	+ 360 €
12.000 € * 4 v.H.	+ 480 €
Verbleibender Gewerbeertrag * 5 v.H.	+ 51.625 €
= Vorläufiger Steuermessbetrag	**= 52.825 €**
* Hebesatz (400 v.H.)	
= Vorläufige Gewerbesteuer	**= 211.300 €**
÷ Divisor (1,2)	
= Endgültige Gewerbesteuer	**= 176.083 €**

Der Steuerbilanzgewinn 1. Stufe der KG beträgt nunmehr 823.917 € (1.000.000 € ./. 176.083 €). Hiervon stehen laut Gesellschaftsvertrag U 50 v.H. (411.958 €), A 30 v.H. (247.175 €) und B 20 v.H. (164.783 €) zu.

Ermittlung der festzusetzenden Einkommensteuer und des Solidaritätszuschlages der Gesellschafter:

Komplementär U:

Einkünfte aus Gewerbebetrieb:	
Verteilungsfähiger Gewinn	823.917 €
Anteil des U (50 v.H.)	411.958 €
+ Sonderbilanzgewinn U (GF-Vergütung 80.000 €)	+ 80.000 €
= Einkünfte aus Gewerbebetrieb	= 491.958 €
= Summe der Einkünfte	= 491.958 €
= Gesamtbetrag der Einkünfte	= 491.958 €
./. Sonderausgaben-Pauschbetrag	./. 36 €
= Zu versteuerndes Einkommen	= 491.922 €
Tarifliche Einkommensteuer	198.693 €
./. Steuerermäßigung nach § 35 EStG[1041]	./. 39.618 €
= Festzusetzende Einkommensteuer	**= 159.075 €**
BMG Solidaritätszuschlag	159.075 €
* Steuersatz (5,5 v.H.)	

1041 44.020 € * 50 v.H. * 1,8 = 39.618 €.

= Solidaritätszuschlag	**= 8.749 €**

Kommanditist A:

Einkünfte aus Gewerbebetrieb:	
Verteilungsfähiger Gewinn	823.917 €
Anteil des A (30 v.H.)	247.175 €
+ Sonderbilanzgewinn A (FK-Zinsen 10.000 € Mietzinsen 15.000 €)	+ 25.000 €
= Einkünfte aus Gewerbebetrieb	= 272.175 €
= Summe der Einkünfte	= 272.175 €
= Gesamtbetrag der Einkünfte	= 272.175 €
./. Sonderausgaben-Pauschbetrag	./. 36 €
= Zu versteuerndes Einkommen	= 272.139 €
Tarifliche Einkommensteuer	106.384 €
./. Steuerermäßigung nach § 35 EStG[1042]	./. 23.770 €
= Festzusetzende Einkommensteuer	**= 82.614 €**
BMG Solidaritätszuschlag	82.614 €
* Steuersatz (5,5 v.H.)	
= Solidaritätszuschlag	**= 4.543 €**

Kommanditist B:

Einkünfte aus Gewerbebetrieb:	
Verteilungsfähiger Gewinn	823.917 €
Anteil des B (20 v.H.)	164.783 €
= Einkünfte aus Gewerbebetrieb	= 164.783 €
= Summe der Einkünfte	= 164.783 €
= Gesamtbetrag der Einkünfte	= 164.783 €
./. Sonderausgaben-Pauschbetrag	./. 36 €
= Zu versteuerndes Einkommen	= 164.747 €
Tarifliche Einkommensteuer	61.279 €
./. Steuerermäßigung nach § 35 EStG[1043]	./. 15.847 €

[1042] 44.020 € * 30 v.H. * 1,8 = 23.770 €.

[1043] 44.020 € * 20 v.H. * 1,8 = 15.847 €.

= Festzusetzende Einkommensteuer	**= 45.432 €**
BMG Solidaritätszuschlag	45.432 €
* Steuersatz (5,5 v.H.)	
= Solidaritätszuschlag	**= 2.498 €**

Berechnung der Gesamtsteuerbelastung und der Steuerquote:

Gewerbesteuer	176.083 €
+ Einkommensteuer U	+ 159.075 €
+ Solidaritätszuschlag U	+ 8.749 €
+ Einkommensteuer A	+ 82.614 €
+ Solidaritätszuschlag A	+ 4.543 €
+ Einkommensteuer B	+ 45.432 €
+ Solidaritätszuschlag B	+ 2.498 €
= Gesamtsteuerbelastung	**= 478.994 €**
Steuerquote[1044]	**= 47,9 v.H.**

Anhang 2: Zu Kapitel 7.2.3.2.3: Berechnung der Gesamtsteuerbelastung und der Steuerquote einer Stiftung & Co. KG bei einem Handelsbilanzgewinn von 1.000.000 €

Ermittlung der Gewerbesteuer der (Stiftung & Co.) KG:

Ermittlung des Gewerbeertrages nach Steuer:	
Gewinn vor Gewerbesteuer	1.000.000 €
+ Sonderbetriebseinnahmen (GF-Vergütung 80.000 € FK-Zinsen 10.000 € Mietzinsen 15.000 €)	+ 105.000 €
./. Sonderbetriebsausgaben (GF-Vergütung 80.000 €)	./. 80.000 €
./. Freibetrag § 11 GewStG	./. 24.500 €
= Gewerbeertrag vor Steuer	= 1.000.500 €
./. Endgültige Gewerbesteuer[1045]	./. 162.750 €

1044 Unter Einbezug der Sondervergütungen, die die Gesellschafter von der KG erhalten haben, ergibt sich eine Steuerquote von 478.994 € ÷ 1.105.000 € = 43,3 v.H.

= Gewerbeertrag nach Steuer	**= 837.750 €**
Ermittlung des endgültigen Steuermessbetrages:	
12.000 € * 1 v.H.	120 €
12.000 € * 2 v.H.	+ 240 €
12.000 € * 3 v.H.	+ 360 €
12.000 € * 4 v.H.	+ 480 €
Verbleibender Gewerbeertrag * 5 v.H.	+ 39.487 €
= Endgültiger Steuermessbetrag	**= 40.687 €**
* Hebesatz (400 v.H.)	
= Endgültige Gewerbesteuer	**= 162.750 €**

Berechnung der endgültigen Gewerbesteuer:

Ermittlung des vorläufigen Steuermessbetrages:	
Gewerbeertrag vor Steuer	1.000.500 €
Davon:	
12.000 € * 1 v.H.	120 €
12.000 € * 2 v.H.	+ 240 €
12.000 € * 3 v.H.	+ 360 €
12.000 € * 4 v.H.	+ 480 €
Verbleibender Gewerbeertrag * 5 v.H.	+ 47.625 €
= Vorläufiger Steuermessbetrag	**= 48.825 €**
* Hebesatz (400 v.H.)	
= Vorläufige Gewerbesteuer	**= 195.300 €**
÷ Divisor (1,2)	
= Endgültige Gewerbesteuer	**= 162.750 €**

Somit verbleibt ein verteilungsfähiger Steuerbilanzgewinn (1. Stufe) i.H.v. 837.250 € (1.000.000 € ./. 162.750 €), von dem auf die Komplementär-Stiftung 50 v.H. (418.625 €) entfallen, während die Kommanditisten A 30 v.H. (251.175 €) und B 20 v.H. (167.450 €) erhalten. Die Komplementär-Stiftung wird abermals mit ihrem wirtschaftlichen Geschäftsbetrieb nicht mit Gewerbe-

[1045] Vgl. nachfolgende Tabelle.

steuer, sondern nur mit Körperschaftsteuer und dem Solidaritätszuschlag belastet.

Ermittlung der Körperschaftsteuer und des Solidaritätszuschlages der Komplementär-Stiftung:

Verteilungsfähiger Gewinn	837.250 €
Anteil der Komplementär-Stiftung (50 v.H.)	418.250 €
+ Sonderbilanzgewinn der Komplementär-Stiftung[1046]	+ 0 €
= Zu versteuerndes Einkommen	= 418.250 €
* Steuersatz (25 v.H.)	
= Körperschaftsteuer	**= 104.656 €**
BMG Solidaritätszuschlag	104.656 €
* Steuersatz (5,5 v.H.)	
= Solidaritätszuschlag	**= 5.756 €**

Ermittlung der festzusetzenden Einkommensteuer und des Solidaritätszuschlages der Kommanditisten und des Stiftungsvorstandes:

Kommanditist A:

Einkünfte aus Gewerbebetrieb:	
Verteilungsfähiger Gewinn	837.250 €
Anteil des A (30 v.H.)	251.175 €
+ Sonderbilanzgewinn A (FK-Zinsen 10.000 € Mietzinsen 15.000 €)	+ 25.000 €
= Einkünfte aus Gewerbebetrieb	= 276.175 €
= Summe der Einkünfte	= 276.175 €
= Gesamtbetrag der Einkünfte	= 276.175 €
./. Sonderausgaben-Pauschbetrag	./. 36 €
= Zu versteuerndes Einkommen	= 276.139 €
Tarifliche Einkommensteuer	108.064 €
./. Steuerermäßigung nach § 35 EStG[1047]	./. 21.970 €
= Festzusetzende Einkommensteuer	**= 86.094 €**

1046 Vgl. Fn. 961.

1047 40.687 € * 30 v.H. * 1,8 = 21.970 €.

BMG Solidaritätszuschlag	86.094 €
* Steuersatz (5,5 v.H.)	
= Solidaritätszuschlag	**= 4.735 €**

Kommanditist B:

Einkünfte aus Gewerbebetrieb:	
Verteilungsfähiger Gewinn	837.250 €
Anteil des B (20 v.H.)	167.450 €
= Einkünfte aus Gewerbebetrieb	= 167.450 €
= Summe der Einkünfte	= 167.450 €
= Gesamtbetrag der Einkünfte	= 167.450 €
./. Sonderausgaben-Pauschbetrag	./. 36 €
= Zu versteuerndes Einkommen	= 167.414 €
Tarifliche Einkommensteuer	62.399 €
./. Steuerermäßigung nach § 35 EStG[1048]	./. 14.647 €
= Festzusetzende Einkommensteuer	**= 47.752 €**
BMG Solidaritätszuschlag	47.752 €
* Steuersatz (5,5 v.H.)	
= Solidaritätszuschlag	**= 2.626 €**

Stiftungsvorstand U:

Da der Stiftungsvorstand nicht am Unternehmensgewinn der (Stiftung & Co.) KG partizipiert, erhält er einzig die Geschäftsführungsvergütung, sodass sich für ihn keine Abweichungen zum vorher aufgezeigten Falle ergeben.

Festzusetzende Einkommensteuer	**= 24.035 €**
Solidaritätszuschlag	**= 1.321 €**

Berechnung der Gesamtsteuerbelastung und der Steuerquote:

Gewerbesteuer der (Stiftung & Co.) KG	162.750 €
+ Körperschaftsteuer der Komplementär-Stiftung	+ 104.656 €
+ Gewerbesteuer der Komplementär-Stiftung	+ 0 €

[1048] 40.687 € * 20 v.H. * 1,8 = 14.647 €.

+ Solidaritätszuschlag der Komplementär-Stiftung	+ 5.756 €
+ Einkommensteuer A	+ 86.094 €
+ Solidaritätszuschlag A	+ 4.735 €
+ Einkommensteuer B	+ 47.752 €
+ Solidaritätszuschlag B	+ 2.626 €
+ Einkommensteuer U	+ 24.035 €
+ Solidaritätszuschlag U	+ 1.321 €
= Gesamtsteuerbelastung	**= 439.725 €**
Steuerquote[1049]	**= 44,0 v.H.**

Anhang 3: Zu Kapitel 7.2.3.3.2.2: Berechnung der Gesamtsteuerbelastung und der Steuerquote einer Kommanditgesellschaft auf Aktien bei einem Handelsbilanzgewinn von 1.000.000 € unter Annahme einer vollständigen Gewinnthesaurierung

Ermittlung der Gewerbesteuer:

Ermittlung des Gewerbeertrages nach Steuer:	
Handelsbilanzgewinn	1.000.000 €
+ Hinzurechnungen (50 v.H. der FK-Zinsen = 5.000 € Geschäftsführergehalt = 80.000 € 50 v.H. der Mietzinsen = 7.500 €)	+ 92.500 €
= Gewerbeertrag vor Steuer	= 1.092.500 €
./. Endgültige Gewerbesteuer[1050]	./. 182.084 €
= Gewerbeertrag nach Steuer	**= 910.417 €**
* Gewerbesteuer-Messzahl (5 v.H.)	
= Endgültiger Steuermessbetrag	**= 45.520 €**
* Hebesatz (400 v.H.)	
= Endgültige Gewerbesteuer	**= 182.084 €**

1049 Unter Einbezug der übrigen Vergütungen, die die Gesellschafter von der KG und der Stiftungsvorstand von der Komplementär-Stiftung erhalten haben, ergibt sich eine Steuerquote von 439.725 € ÷ 1.105.000 € = 39,8 v.H.

1050 Vgl. nachfolgende Tabelle.

Berechnung der endgültigen Gewerbesteuer:

Ermittlung des vorläufigen Steuermessbetrages:	
Gewerbeertrag vor Steuer	1.092.500 €
* Gewerbesteuer-Messzahl (5 v.H.)	
= Vorläufiger Steuermessbetrag	**= 54.625 €**
* Hebesatz (400 v.H.)	
= Vorläufige Gewerbesteuer	**= 218.500 €**
÷ Divisor (1,2)	
= Endgültige Gewerbesteuer	**= 182.084 €**

Der Gewinnanteil des Komplementärs beträgt somit 408.958 € [(1.000.000 € ./. 182.084 €) * 50 v.H.], welcher – gemeinsam mit seiner Geschäftsführungsvergütung i.H.v. 80.000 € – bei der körperschaftsteuerlichen Gewinnermittlung der KGaA eine abzugsfähige Betriebsausgabe nach § 9 Abs. 1 Nr. 1 KStG darstellt und ihm gemäß § 15 Abs. 1 S. 1 Nr. 3 EStG zugerechnet wird.

Ermittlung der Körperschaftsteuer und des Solidaritätszuschlages:

Handelsbilanzgewinn	1.000.000 €
./. Endgültige Gewerbesteuer	./. 182.084 €
./. Gewinnanteil des Komplementärs[1051]	./. 408.958 €
= Gewinn nach Gewerbesteuer	= 408.958 €
= Zu versteuerndes Einkommen	= 408.958 €
* Steuersatz (25 v.H.)	
= Körperschaftsteuer	**= 102.239 €**
BMG Solidaritätszuschlag	= 102.239 €
* Steuersatz (5,5 v.H.)	
= Solidaritätszuschlag	**= 5.623 €**

Der verbleibende Gewinn der KGaA beläuft sich nunmehr auf 301.096 € (1.000.000 € ./. 182.084 € ./. 408.958 € ./. 102.239 € ./. 5.623 €). Die Gesellschafter A und B erhalten keine Dividende, sodass A lediglich Einkünfte aus Kapitalvermögen i.S.d. § 20 Abs. 1 Nr. 7 EStG sowie Einkünfte aus Vermietung

[1051] Abermals sind die Geschäftsführungsvergütung und die Vergütungen des A in der Ausgangsgröße bereits nicht mehr enthalten, sodass eine Korrektur an dieser Stelle entfällt; vgl. Fn. 976.

und Verpachtung i.S.d. § 21 Abs. 1 EStG erzielt. Folglich ergeben sich weder für A noch B Unterschiede im Vergleich zum Falle eines Handelsbilanzgewinnes von 50.000 €, da sie aufgrund der Gewinnthesaurierung vorerst von dem höheren Gewinn nicht tangiert werden.

Ermittlung der festzusetzenden Einkommensteuer und des Solidaritätszuschlages der Gesellschafter:

Komplementär U:

Einkünfte aus Gewerbebetrieb:	
Dem Komplementär zugerechneter Gewinnanteil der KGaA	408.958 €
+ Sonderbilanzgewinn U (GF-Vergütung 80.000 €)	+ 80.000 €
= Einkünfte aus Gewerbebetrieb	= 488.958 €
= Summe der Einkünfte	= 488.958 €
= Gesamtbetrag der Einkünfte	= 488.958 €
./. Sonderausgaben-Pauschbetrag	./. 36 €
= Zu versteuerndes Einkommen	= 488.922 €
Tarifliche Einkommensteuer	197.433 €
./. Steuerermäßigung nach § 35 EStG[1052]	./. 40.968 €
= Festzusetzende Einkommensteuer	**= 156.465 €**
BMG Solidaritätszuschlag	156.465 €
* Steuersatz (5,5 v.H.)	
= Solidaritätszuschlag	**= 8.605 €**

Kommanditaktionär A:

Festzusetzende Einkommensteuer	**3.845 €**
Solidaritätszuschlag	**211 €**

Kommanditaktionär B:

Festzusetzende Einkommensteuer	**0 €**
Solidaritätszuschlag	**0 €**

1052 45.520 € * 50 v.H. * 1,8 = 40.968 €.

Berechnung der Gesamtsteuerbelastung und der Steuerquote:

Körperschaftsteuer	102.239 €
Gewerbesteuer	+ 182.084 €
Solidaritätszuschlag	+ 5.623 €
+ Einkommensteuer U	+ 156.465 €
+ Solidaritätszuschlag U	+ 8.605 €
+ Einkommensteuer A	+ 3.845 €
+ Solidaritätszuschlag A	+ 211 €
+ Einkommensteuer B	+ 0 €
+ Solidaritätszuschlag B	+ 0 €
= Gesamtsteuerbelastung	**= 459.072 €**
Steuerquote[1053]	**= 45,9 v.H.**

Anhang 4: Zu Kapitel 7.2.3.3.3.2: Berechnung der Gesamtsteuerbelastung und der Steuerquote einer Kommanditgesellschaft auf Aktien bei einem Handelsbilanzgewinn von 1.000.000 € unter Annahme einer vollständigen Gewinnausschüttung

Auch wenn von einem Handelsbilanzgewinn i.H.v. 1.000.000 € ausgegangen wird, ergeben sich auf Unternehmensebene keine Unterschiede zum korrespondierenden Thesaurierungsfall. Folglich können hier die Werte aus Anhang 3 insoweit übernommen werden.

Körperschaftsteuer	**102.239 €**
Gewerbesteuer	**182.084 €**
Solidaritätszuschlag	**5.623 €**

Da sowohl die Belastung der Gesellschaft mit Körperschaftsteuer, Gewerbesteuer und Solidaritätszuschlag als auch der Gewinnanteil des Komplementärs unverändert bleiben, beträgt der ausschüttungsfähige Gewinn der KGaA weiterhin 301.096 € (1.000.000 ./. 182.084 € ./. 408.958 € ./. 102.239 € ./. 5.623 €).[1054] Während sich daher auch für den Vollhafter U keine Besteuerungsunterschiede

[1053] Auch hier ergibt sich die recht hohe Steuerquote vorwiegend aus der unmittelbaren Besteuerung des Gewinnanteiles des Komplementärs, während die Vergütungen, die die Gesellschafter von der KGaA erhalten haben, aufgrund des hohen Gewinnes i.H.v. 1.000.000 € nicht mehr so stark ins Gewicht fallen. Unter Einbezug dieser Vergütungen ergibt sich eine Steuerquote von 459.072 € ÷ 1.105.000 € = 41,5 v.H.

[1054] Vgl. die Ausführungen in Anhang 3.

ergeben, ist bei den Kommanditaktionären nun die vereinnahmte Dividende hälftig zu berücksichtigen.

Ermittlung der festzusetzenden Einkommensteuer und des Solidaritätszuschlages der Gesellschafter:

Komplementär U:

Festzusetzende Einkommensteuer	**156.465 €**
Solidaritätszuschlag	**8.605 €**

Kommanditaktionär A:

Einkünfte aus Kapitalvermögen:	
Ausschüttungsfähiger Gewinn	301.096 €
Anteil des A (60 v.H.) = Dividende[1055]	180.657 €
Hiervon 50 v.H.[1056]	90.328 €
+ FK-Zinsen	+ 10.000 €
./. Werbungskosten-Pauschbetrag	./. 51 €
./. Sparer-Freibetrag	./. 1.370 €
= Einkünfte aus Kapitalvermögen	= 98.907 €
+ Einkünfte aus Vermietung und Verpachtung	15.000 €
= Summe der Einkünfte	= 113.907 €
= Gesamtbetrag der Einkünfte	= 113.907 €
./. Sonderausgaben-Pauschbetrag	./. 36 €
= Zu versteuerndes Einkommen	= 113.871 €
Tarifliche Einkommensteuer	39.911 €
= Festzusetzende Einkommensteuer	**= 39.911 €**
BMG Solidaritätszuschlag	39.911 €
* Steuersatz (5,5 v.H.)	
= Solidaritätszuschlag	**= 2.195 €**

Kommanditaktionär B:

Einkünfte aus Kapitalvermögen:	
Ausschüttungsfähiger Gewinn	301.096 €
Anteil des B (40 v.H.) = Dividende[1057]	120.438 €

1055 Vgl. Fn. 984.
1056 Vgl. Fn. 983.
1057 Vgl. Fn. 984.

Hiervon 50 v.H.[1058]	60.219 €
./. Werbungskosten-Pauschbetrag	./. 51 €
./. Sparer-Freibetrag	./. 1.370 €
= Einkünfte aus Kapitalvermögen	= 58.798 €
= Summe der Einkünfte	= 58.798 €
= Gesamtbetrag der Einkünfte	= 58.798 €
./. Sonderausgaben-Pauschbetrag	./. 36 €
= Zu versteuerndes Einkommen	= 58.762 €
Tarifliche Einkommensteuer	16.766 €
= Festzusetzende Einkommensteuer[1059]	**= 16.766 €**
BMG Solidaritätszuschlag	16.766 €
* Steuersatz (5,5 v.H.)	
= Solidaritätszuschlag	**= 922 €**

Berechnung der Gesamtsteuerbelastung und der Steuerquote:

Körperschaftsteuer	102.239 €
Gewerbesteuer	+ 182.084 €
Solidaritätszuschlag	+ 5.623 €
+ Einkommensteuer U	+ 156.465 €
+ Solidaritätszuschlag U	+ 8.605 €
+ Einkommensteuer A	+ 39.911 €
+ Solidaritätszuschlag A	+ 2.195 €
+ Einkommensteuer B	+ 16.766 €
+ Solidaritätszuschlag B	+ 922 €
= Gesamtsteuerbelastung	**= 514.810 €**
Steuerquote[1060]	**= 51,5 v.H.**

1058 Vgl. Fn. 983.

1059 Auch hier ist eine Steuervergünstigung gemäß § 35 EStG ausgeschlossen; vgl. Fn. 986.

1060 Unter Einbezug der Vergütungen, die die Gesellschafter von der KGaA erhalten haben, ergibt sich eine Steuerquote von 514.810 € ÷ 1.105.000 € = 46,6 v.H.

Anhang 5: Zu Kapitel 7.2.3.4.2.2: Berechnung der Gesamtsteuerbelastung und der Steuerquote einer Stiftung & Co. KGaA bei einem Handelsbilanzgewinn von 1.000.000 € unter Annahme einer vollständigen Gewinnthesaurierung

Ermittlung der Gewerbesteuer der (Stiftung & Co.) KGaA:

Ermittlung des Gewerbeertrages nach Steuer:	
Handelsbilanzgewinn	1.000.000 €
+ Hinzurechnungen[1061] (50 v.H. der FK-Zinsen = 5.000 € Geschäftsführergehalt = 80.000 €[1062] 50 v.H. der Mietzinsen = 7.500 €)	+ 92.500 €
= Gewerbeertrag vor Steuer	= 1.092.500 €
./. Endgültige Gewerbesteuer[1063]	./. 182.084 €
= Gewerbeertrag nach Steuer	**= 910.417 €**
* Gewerbesteuer-Messzahl (5 v.H.)	
= Endgültiger Steuermessbetrag	**= 45.520 €**
* Hebesatz (400 v.H.)	
= Endgültige Gewerbesteuer	**= 182.084 €**

Berechnung der endgültigen Gewerbesteuer:

Ermittlung des vorläufigen Steuermessbetrages:	
Gewerbeertrag vor Steuer	1.092.500 €
* Gewerbesteuer-Messzahl (5 v.H.)	
= Vorläufiger Steuermessbetrag	**= 54.625 €**
* Hebesatz (400 v.H.)	
= Vorläufige Gewerbesteuer	**= 218.500 €**
÷ Divisor (1,2)	
= Endgültige Gewerbesteuer	**= 182.084 €**

1061 Vgl. Fn. 972.
1062 Vgl. Fn. 994.
1063 Vgl. nachfolgende Tabelle.

Es ergeben sich die identischen Werte wie im Falle einer personalistischen KGaA. Der Gewinnanspruch der Komplementär-Stiftung beträgt folglich 408.958 € [(1.000.000 € ./. 182.084 €) * 50 v.H.], der bei der (Stiftung & Co.) KGaA für Zwecke der Körperschaftsteuer und des Solidaritätszuschlages zu subtrahieren ist.[1064]

Ermittlung der Körperschaftsteuer und des Solidaritätszuschlages der (Stiftung & Co.) KGaA:

Handelsbilanzgewinn	1.000.000 €
./. Endgültige Gewerbesteuer	./. 182.084 €
./. Gewinnanteil der Komplementär-Stiftung[1065]	./. 408.958 €
= Gewinn nach Gewerbesteuer	= 408.958 €
= Zu versteuerndes Einkommen	= 408.958 €
* Steuersatz (25 v.H.)	
= Körperschaftsteuer	**= 102.239 €**
BMG Solidaritätszuschlag	= 102.239 €
* Steuersatz (5,5 v.H.)	
= Solidaritätszuschlag	**= 5.623 €**

Der bei der (Stiftung & Co.) KGaA zu thesaurierende Gewinn beträgt somit abermals 301.096 € (1.000.000 € ./. 182.084 € ./. 408.958 € ./. 102.239 € ./. 5.623 €). Bezüglich der Gewerbesteuerbelastung der Komplementär-Stiftung gelten die bereits oben getroffenen Aussagen:[1066] Unter den im Beispielfall getroffenen Annahmen verbleibt einzig die Möglichkeit eines gewerbesteuerlichen Verlustvortrages i.H.v. 80.000 € gemäß § 10a GewStG.

Ermittlung der Körperschaftsteuer und des Solidaritätszuschlages der Komplementär-Stiftung:

Komplementär-Stiftung:

Der Komplementär-Stiftung zugerechneter Gewinnanteil der KGaA	408.958 €
+ Sonderbilanzgewinn der Komplementär-Stiftung[1067]	+ 0 €
= Zu versteuerndes Einkommen	= 408.958 €

[1064] Dies resultiert aus § 9 Abs. 1 Nr. 1 KStG.
[1065] Vgl. Fn. 998.
[1066] Vgl. die Ausführungen in Kapitel 7.2.3.4.2.1.
[1067] Vgl. Fn. 1000.

* Steuersatz (25 v.H.)	
= Körperschaftsteuer	**= 102.239 €**
BMG Solidaritätszuschlag	102.239 €
* Steuersatz (5,5 v.H.)	
= Solidaritätszuschlag	**= 5.623 €**

Die Körperschaftsteuerbelastung der Komplementär-Stiftung ist mit derjenigen der (Stiftung & Co.) KGaA identisch, ebenso wie die Belastung durch den Solidaritätszuschlag. Die (Stiftung & Co.) KGaA thesauriert annahmegemäß ihren Gewinnanteil, sodass sich folglich die obigen Einkünfte des Stiftungsvorstandes U sowie der Kommanditaktionäre A und B ergeben, da sie nicht in den Genuss der – inzwischen jedoch höheren – Dividenden gelangen.

Ermittlung der festzusetzenden Einkommensteuer und des Solidaritätszuschlages der Kommanditaktionäre und des Stiftungsvorstandes:

Kommanditaktionär A:

Festzusetzende Einkommensteuer	**3.845 €**
Solidaritätszuschlag	**211 €**

Kommanditaktionär B:

Festzusetzende Einkommensteuer	**0 €**
Solidaritätszuschlag	**0 €**

Stiftungsvorstand U:

Festzusetzende Einkommensteuer	**24.035 €**
Solidaritätszuschlag	**1.321 €**

Berechnung der Gesamtsteuerbelastung und der Steuerquote:

Körperschaftsteuer der (Stiftung & Co.) KGaA	102.239 €
+ Gewerbesteuer der (Stiftung & Co.) KGaA	+ 182.084 €
+ Solidaritätszuschlag der (Stiftung & Co.) KGaA	+ 5.623 €
+ Körperschaftsteuer der Komplementär-Stiftung	+ 102.239 €
+ Gewerbesteuer der Komplementär-Stiftung	+ 0 €

+ Solidaritätszuschlag der Komplementär-Stiftung	+ 5.623 €
+ Einkommensteuer A	+ 3.845 €
+ Solidaritätszuschlag A	+ 211 €
+ Einkommensteuer B	+ 0 €
+ Solidaritätszuschlag B	+ 0 €
+ Einkommensteuer U	+ 24.035 €
+ Solidaritätszuschlag U	+ 1.321 €
= Gesamtsteuerbelastung	**= 427.220 €**
Steuerquote[1068]	**= 42,7 v.H.**

Anhang 6: Zu Kapitel 7.2.3.4.3.2: Berechnung der Gesamtsteuerbelastung und der Steuerquote einer Stiftung & Co. KGaA bei einem Handelsbilanzgewinn von 1.000.000 € unter Annahme einer vollständigen Gewinnausschüttung

Die nachfolgenden Werte gelten unabhängig von der betroffenen Gewinnverwendung der (Stiftung & Co.) KGaA, sodass sie aus Anhang 5 übernommen werden können:

Körperschaftsteuer der (Stiftung & Co.) KGaA	**102.239 €**
Gewerbesteuer der (Stiftung & Co.) KGaA	**+ 182.084 €**
Solidaritätszuschlag der (Stiftung & Co.) KGaA	**+ 5.623 €**
Körperschaftsteuer der Komplementär-Stiftung	**+ 102.239 €**
Gewerbesteuer der Komplementär-Stiftung	**+ 0 €**
Solidaritätszuschlag der Komplementär-Stiftung	**+ 5.623 €**

Erst auf Ebene der Kommanditaktionäre A und B ergeben sich Änderungen, da diese nun in den Genuss der Dividenden gelangen, die sie hälftig zu versteuern haben. Für den Stiftungsvorstand U fallen abermals die zuvor ermittelten Werte an.

[1068] Unter Einbezug der übrigen Vergütungen, die vonseiten der (Stiftung & Co.) KGaA an den Kommanditaktionär A und von der Komplementär-Stiftung an den Stiftungsvorstand geleistet wurden, ergibt sich eine Steuerquote von 427.220 € ÷ 1.105.000 € = 38,7 v.H.

Ermittlung der festzusetzenden Einkommensteuer und des Solidaritätszuschlages der Gesellschafter und des Stiftungsvorstandes:

Kommanditaktionär A:

Einkünfte aus Kapitalvermögen:	
Ausschüttungsfähiger Gewinn	301.096 €
Anteil des A (60 v.H.) = Dividende[1069]	180.657 €
Hiervon 50 v.H.	90.328 €
+ FK-Zinsen	+ 10.000 €
./. Werbungskosten-Pauschbetrag	./. 51 €
./. Sparer-Freibetrag	./. 1.370 €
= Einkünfte aus Kapitalvermögen	= 98.907 €
+ Einkünfte aus Vermietung und Verpachtung	15.000 €
= Summe der Einkünfte	= 113.907 €
= Gesamtbetrag der Einkünfte	= 113.907 €
./. Sonderausgaben-Pauschbetrag	./. 36 €
= Zu versteuerndes Einkommen	= 113.871 €
Tarifliche Einkommensteuer	39.911 €
= Festzusetzende Einkommensteuer[1070]	**= 39.911 €**
BMG Solidaritätszuschlag	39.911 €
* Steuersatz (5,5 v.H.)	
= Solidaritätszuschlag	**= 2.195 €**

Kommanditaktionär B:

Einkünfte aus Kapitalvermögen:	
Ausschüttungsfähiger Gewinn	301.096 €
Anteil des B (40 v.H.) = Dividende[1071]	120.438 €
Hiervon 50 v.H.	60.219 €
./. Werbungskosten-Pauschbetrag	./. 51 €
./. Sparer-Freibetrag	./. 1.370 €
= Einkünfte aus Kapitalvermögen	= 58.798 €
= Summe der Einkünfte	= 58.798 €
= Gesamtbetrag der Einkünfte	= 58.798 €

1069 Vgl. Fn. 984.
1070 Auch hier ist eine Steuervergünstigung gemäß § 35 EStG ausgeschlossen; vgl. Fn. 1007.
1071 Vgl. Fn. 984.

./. Sonderausgaben-Pauschbetrag	./. 36 €
= Zu versteuerndes Einkommen	= 58.762 €
Tarifliche Einkommensteuer	16.766 €
= Festzusetzende Einkommensteuer	**= 16.766 €**
BMG Solidaritätszuschlag	16.766 €
* Steuersatz (5,5 v.H.)	
= Solidaritätszuschlag	**= 922 €**

Stiftungsvorstand U:

Festzusetzende Einkommensteuer	**24.035 €**
Solidaritätszuschlag	**1.321 €**

Berechnung der Gesamtsteuerbelastung und der Steuerquote:

Körperschaftsteuer der (Stiftung & Co.) KGaA	102.239 €
+ Gewerbesteuer der (Stiftung & Co.) KGaA	+ 182.084 €
+ Solidaritätszuschlag der (Stiftung & Co.) KGaA	+ 5.623 €
+ Körperschaftsteuer der Komplementär-Stiftung	+ 102.239 €
+ Gewerbesteuer der Komplementär-Stiftung	+ 0 €
+ Solidaritätszuschlag der Komplementär-Stiftung	+ 5.623 €
+ Einkommensteuer A	+ 39.911 €
+ Solidaritätszuschlag A	+ 2.195 €
+ Einkommensteuer B	+ 16.766 €
+ Solidaritätszuschlag B	+ 922 €
+ Einkommensteuer U	+ 24.035 €
+ Solidaritätszuschlag U	+ 1.321 €
= Gesamtsteuerbelastung	**= 482.958 €**
Steuerquote[1072]	**= 48,3 v.H.**

[1072] Unter Einbezug der übrigen Vergütungen, die vonseiten der (Stiftung & Co.) KGaA an den Kommanditaktionär A und von der Komplementär-Stiftung an den Stiftungsvorstand geleistet wurden, ergibt sich eine Steuerquote von 482.958 € ÷ 1.105.000 € = 43,7 v.H.

Literaturverzeichnis

1. Allgemeine Literatur

A

Ammenwerth, Michael [Kommanditgesellschaft], Die Kommanditgesellschaft auf Aktien (KGaA) – Eine Rechtsformalternative für personenbezogene Unternehmen?, Diss. Univ. Münster 1996, Frankfurt am Main 1997.

Andrick, Bernd/Suerbaum, Joachim [Modernisierung], Das Gesetz zur Modernisierung des Stiftungsrechts, in: NJW 2002, S. 2905-2910.

Arbeitskreis "Unternehmensnachfolge" des IDW (Hrsg.) [Gestaltungen], Gestaltungen zur Unternehmensfortführung – Die Stiftung –, Düsseldorf 1985.

Augsten, Ursula [Besteuerung], Die laufende Besteuerung der unterschiedlichen Stiftungsarten, in: Ernst & Young et al. (Hrsg.), Stiftungen – Wirtschaftliche und rechtliche Aspekte unterschiedlicher Stiftungsformen in Deutschland, Stuttgart/Frankfurt am Main 2003, S. 28-34.

Augsten, Ursula/Schmidt, Oliver [Gründung], Gründung von Stiftungen, in: Ernst & Young et al. (Hrsg.), Stiftungen – Wirtschaftliche und rechtliche Aspekte unterschiedlicher Stiftungsformen in Deutschland, Stuttgart/Frankfurt am Main 2003, S. 17-27.

B

Bacher, Hanns [Stellung], Die Stellung des persönlich haftenden Gesellschafters einer Kommanditgesellschaft auf Aktien (KGaA) im Steuerrecht, in: DB 1985, S. 2117-2119.

Barz, Carl Hans [Ende], Das Ende der GmbH & Co. KG, in: NJW 1972, S. 465-468.

Baumann, Horst [Berufsfreiheit], Die Vereinigungs- und Berufsfreiheit der juristischen Person – Verfassungsrechtliche Aspekte zur Zulässigkeit der GmbH & Co. KGaA, in: BB 1997, S. 2281-2288.

Bayer, Wilhelm F. [Anwendungsbereich], Der Anwendungsbereich des Mitbestimmungsgesetzes, in: ZGR 1977, S. 173-194.

Bayreuther, Frank [Kapitalgesellschaft], Die Kapitalgesellschaft & Co. KGaA, in: JuS 1999, S. 651-656.

Bea, Franz Xaver [Entscheidungen], Entscheidungen des Unternehmens, in: Bea, Franz Xaver/Friedl, Birgit/Schweitzer, Marcell (Hrsg.), Allgemeine Betriebswirtschaftslehre – Bd. 1: Grundfragen, 9. Aufl., Stuttgart 2004, S. 311-420.

Behrens, Stefan/Schmitt, Rainer [Mitunternehmerschaften], § 7 Satz 2 GewStG n.F. – Neue Gewerbesteuer-Tatbestände für Mitunternehmerschaften und KGaA, in: BB 2002, S. 860-866.

Benke, Holger [Anlagepolitik], Die Anlagepolitik bei der Vermögensverwaltung gemeinnütziger Stiftungen, in: Ernst & Young et al. (Hrsg.), Stiftungen – Wirtschaftliche und rechtliche Aspekte unterschiedlicher Stiftungsformen in Deutschland, Stuttgart/Frankfurt am Main 2003, S. 54-63.

Berndt, Hans [Unternehmensnachfolge], Die Stiftung als Rechtsform zur Sicherung der Unternehmensnachfolge, in: NWB 2003, F. 18, S. 4003-4010.

Biagosch, Patrick [Kommanditgesellschaft], Die Kommanditgesellschaft auf Aktien, in: NWB 1996, F. 18, S. 3453-3460.

Binz, Mark K./Sorg, Martin H. [Ausweg], Die GmbH & Co. Kommanditgesellschaft auf Aktien – Ausweg oder Irrweg für börsenwillige Familienunternehmen?, in: BB 1988, S. 2041-2051.

Binz, Mark K./Sorg, Martin H. [Erbschaftsteuerprobleme], Aktuelle Erbschaftsteuerprobleme der Familienstiftung, in: DStR 1994, S. 229-233.

Binz, Mark K./Sorg, Martin H. [KGaA], Die KGaA mit beschränkter Haftung – quo vadis? – Eine Bestandsaufnahme am Vorabend der BGH-Entscheidung vom 24.2.1997 –, in: DB 1997, S. 313-319.

Binz, Mark K./Sorg, Martin H. [Renaissance], Die Familienstiftung – Renaissance einer Rechtsform für Familienunternehmen?, in: StbJb 1987/1988, S. 145-166.

Binz, Mark K./Sorg, Martin H. [Standardwerk], Die GmbH & Co. KG – Das Standardwerk für Familienunternehmen im Handels- und Steuerrecht, 9. Aufl., München 2003.

Boochs, Wolfgang [Besteuerung], Die Besteuerung von Stiftungen, in: NWB 1995, F. 2, S. 6397-6416.

Boochs, Wolfgang [Steuerhandbuch], Steuerhandbuch für Vereine, Verbände und Stiftungen, 3. Aufl., Neuwied et al. 2001.

Boochs, Wolfgang/Gantefuhrer, Felix [Dotierung], Dotierung und Verwendung der Mittel oder des Stiftungskapitals einer gemeinnützigen Stiftung am Beispiel einer Künstlerstiftung, in: DB 1997, S. 1840-1844.

Brandmüller, Gerhard/Lindner, Reinhold [Stiftungen], Gewerbliche Stiftungen – Unternehmensträgerstiftung, Stiftung & Co. KG, Familienstiftung, 3. Aufl., Berlin 2005.

Buchna, Johannes [Gemeinnützigkeit], Gemeinnützigkeit im Steuerrecht, 8. Aufl., Achim 2003.

Büermann, Wulf [Praxis], Die Praxis der Stiftungsbehörden, in: IDW (Hrsg.), Stiftungen: Rechnungslegung, Kapitalerhaltung, Prüfung und Besteuerung, Düsseldorf 1997, S. 23-60.

Burgard, Ulrich [Stiftungsprivatrecht], Das neue Stiftungsprivatrecht, in: NZG 2002, S. 697-702.

C

Campenhausen, Axel Frhr. von [Handbuch], §§ 1-3; 15-35, in: Seifart, Werner/ Campenhausen, Axel Frhr. von (Hrsg.), Handbuch des Stiftungsrechts, 2. Aufl., München 1999.

Carstensen, Carsten [Erhaltung], Die Erhaltung des Stiftungsvermögens, in: IDW (Hrsg.), Stiftungen: Rechnungslegung, Kapitalerhaltung, Prüfung und Besteuerung, Düsseldorf 1997, S. 61-93.

Christ, Susanne [Neugestaltung], Neugestaltung des Stiftungsprivatrechts, in: INF 2002, S. 753-756.

Claussen, Carsten P. [Perspektiven], Perspektiven für die Kommanditgesellschaft auf Aktien, in: Kübler, Friedrich et al. (Hrsg.), Festschrift für Theodor Heinsius zum 65. Geburtstag am 25. September 1991, Berlin/New York 1991, S. 61-77.

Claussen, Carsten P. [Überlegungen], Überlegungen zur Rechtsform der GmbH – Ist die KGaA eine Alternative?, in: GmbHR 1996, S. 73-80.

Crezelius, Georg [Erbersatzsteuer], Die Erbersatzsteuer im Steuersystem, in; BB 1982, S. 323-325.

Crezelius, Georg/Rawert, Peter [Gesetz], Das Gesetz zur weiteren steuerlichen Förderung von Stiftungen, in: ZEV 2000, S. 421-428.

D

Damrau, Jürgen/Wehinger, Martin [Mindeststiftungsvermögen], Übersicht zum Mindeststiftungsvermögen nach dem Recht der Bundesländer, in: ZEV 1998, S. 178 f.

Delp, Udo A. [Unternehmensform], Die Stiftung & Co. KG – Eine Unternehmensform der rechtsgestaltenden Beratungspraxis, Heidelberg 1991.

Denninger, Erhard [Eigentumsgarantie], Rückwirkungsverbot und Eigentumsgarantie bei der erbersatzsteuerlichen Behandlung von Familienstiftungen (I), in: AG 1978, S. 29-40.

Denninger, Erhard [Rückwirkungsverbot], Rückwirkungsverbot und Eigentumsgarantie bei der erbersatzsteuerlichen Behandlung von Familienstiftungen (II), in: AG 1978, S. 70-79.

Dirksen, Dirk/Möhrle, Florian [Kommanditgesellschaft], Die kapitalistische Kommanditgesellschaft auf Aktien – Rechtspraktische Folgen aus der Entscheidung des Bundesgerichtshofes vom 24. Februar 1997, ZIP 1997, 1027 –, in: ZIP 1998, S. 1377-1386.

E

Ebenroth, Carsten Thomas/Lorz, Rainer [Bestandteil], Das Unternehmertestament als Bestandteil umfassender Nachfolgeplanung – Teil I: Grundstrukturen der Unternehmensnachfolge, in: WiB 1995, S. 609-618.

Ebenroth, Carsten Thomas/Willburger, Andreas [Personengesellschaften], Mehrstöckige Personengesellschaften – Die Einführung von § 15 Abs. 1 S. 1 Nr. 2 S. 2 EStG und ihre Folgen im Personengesellschaftsrecht, in: BB 1992, S. 1043-1048.

Elschenbroich, Manfred [Kommanditgesellschaft], Die Kommanditgesellschaft auf Aktien – Rechtliche Gestaltung und wirtschaftliche Bedeutung, Wiesbaden 1959.

Elsner, Dietrich von [Gestaltungen], Zukunftsbezogene Gestaltungen bei Schenkungen und Erbschaften – Unter Berücksichtigung der Unternehmens- und Nachlass-Sicherung –, in: Stbg 2001, S. 97-109.

Esch, Günter/Baumann, Wolfgang/Schulze zur Wiesche, Dieter [Handbuch], Handbuch der Vermögensnachfolge – Bürgerlich-rechtliche und steuerliche Gestaltung der Vermögensnachfolge von Todes wegen und unter Lebenden, 6. Aufl., Berlin 2001.

Eversberg, Horst [Entwicklungen], Neuere Entwicklungen im Gemeinnützigkeitsrecht, in: IDW (Hrsg.), Stiftungen: Rechnungslegung, Kapitalerhaltung, Prüfung und Besteuerung, Düsseldorf 1997, S. 263-278.

F

Fabritius, Andreas [Vermögensbindung], Vermögensbindung in AG und GmbH – tiefgreifender Unterschied oder grundsätzliche Identität?, in: ZHR 1980, S. 628-641.

Fasselt, Martin [Beteiligungsstiftung], Die Beteiligungsstiftung, Diss. Freie Univ. Berlin 1989.

Fasselt, Theo [Familienunternehmen], Nachfolge in Familienunternehmen, Stuttgart 1992.

Felix, Günther [Pflicht], Zur Pflicht des Steuergesetzgebers, die Sonderbesteuerung der Familienstiftungen nach dem ErbStG zu sanieren, in: DStZ 1982, S. 355-358.

Fischer, Lothar [Mitbestimmungsgesetz], Die Kommanditgesellschaft auf Aktien nach dem Mitbestimmungsgesetz, Heidelberg 1982.

Fischer, Michael [Besteuerung], Die Besteuerung der KGaA und ihrer Gesellschafter – Eine steuerrechtliche Bestandsaufnahme unter Berücksichtigung des BGH-Beschlusses vom 24.2.1997 –, in: DStR 1997, S. 1519-1526.

Fischer, Peter [Grunderwerbsteuergesetz], Kommentierung zu §§ 1-4 GrEStG, in: Boruttau, Ernst Paul/Egly, Hans/Sigloch, Heinrich (Hrsg.), Grunderwerbsteuergesetz (Komm.), 13. Aufl., München 1992.

Fischer, Peter [Kommentierung], Kommentierung zu §§ 53-55, 57-66, 67a, 68 AO, in: Hübschmann, Walter et al. (Hrsg.), Abgabenordnung – Finanzgerichtsordnung (Komm.), Köln, Stand: 138. EL, April 1993.

Fitting, Karl/Wlotzke, Otfried/Wißmann, Hellmut [Mitbestimmungsgesetz], Mitbestimmungsgesetz mit Wahlordnungen (Komm.), 2. Aufl., München 1978.

Flämig, Christian [Familienstiftungen], Die Familienstiftungen unter dem Damoklesschwert der Erbersatzsteuer – Ein Beitrag zu dem Begriff der Familienstiftung im Sinne des § 1 Abs. 1 Nr. 4 ErbStG –, in: DStZ 1986, S. 11-17.

Flämig, Christian [Unternehmensnachfolge], Unternehmensnachfolge mittels stiftungshafter Gebilde, in: DB 1978, Beilage Nr. 22, S. 1-12.

Fleischmann, Michael [Anmerkungen], Rechtliche und steuerliche Anmerkungen zur Errichtung einer Stiftung, in: INF 2002, S. 419-422.

Förl, Thomas [Unternehmen], Die GmbH & Co. KGaA als abhängiges Unternehmen – Die Möglichkeiten der Einflußnahme auf die GmbH & Co. KGaA und deren Rechtsfolgen aus dem Aktienkonzernrecht, dem Konzernmitbestimmungsrecht und dem Recht der Konzernrechnungslegung, Diss. Univ. Düsseldorf 2003, Düsseldorf 2003.

Frankenheim, Andreas [Substanzbesteuerung], Die Ertrags- und Substanzbesteuerung der Kommanditgesellschaft auf Aktien mit natürlicher und nicht natürlicher Person als persönlich haftendem Gesellschafter, Diss. Univ. Würzburg 1993, Frankfurt am Main 1994.

Freundl, Fabian [Stiftung], Die Stiftung – das Gestaltungsinstrument der Unternehmensnachfolge, in: DStR 2004, S. 1509-1514.

G

Gersch, Eva-Maria [Kommentierung], Kommentierung zu §§ 1-15, 51-68 AO, in: Klein, Franz (Hrsg.), Abgabenordnung – einschließlich Steuerstrafrecht (Komm.), 7. Aufl., München 2000.

Geßler, Ernst [o.T.], o.T., in: BB 1973, S. 1080.

Glanegger, Peter [Ergänzungsbilanzen], Ergänzungsbilanzen und Gewinnfeststellung für den persönlich haftenden Gesellschafter der KGaA?, in: DStR 2004, S. 1686-1688.

Goerdeler, Reinhard [Bundesrepublik], Stiftungen in der Bundesrepublik aus heutiger Sicht, in: Kübler, Friedrich et al. (Hrsg.), Festschrift für Theodor Heinsius zum 65. Geburtstag am 25. September 1991, Berlin/ New York 1991, S. 169-182.

Goerdeler, Reinhard [Problematik], Zur Problematik der Unternehmensträgerstiftung, in: NJW 1992, S. 1487-1489.

Goerdeler, Reinhard/Ulmer, Peter [Stiftungszweck], Der Stiftungszweck in der Reform des Stiftungsrechts – zugleich Überlegungen zur Behandlung von Unternehmensstiftungen und Familienstiftungen im künftigen Stiftungsrecht, in: AG 1963, S. 292-298.

Goette, Wulf [Anmerkung], Anmerkung zu: KGaA: Zulässigkeit einer GmbH als persönlich haftende Gesellschafterin, in: DStR 1997, S. 1014 f.

Götz, Hellmut [Besonderheiten], Steuerliche Besonderheiten bei unternehmensverbundenen Stiftungen, in: NWB 2001, F. 2, S. 7533-7548.

Götz, Hellmut [Familienstiftung], Die Familienstiftung als Instrument der Unternehmensnachfolge, in: NWB 2000, F. 2, S. 7379-7388.

Götz, Hellmut [Steuerrecht], Die gemeinnützige Stiftung im Zivil- und Steuerrecht, in: NWB 2000, F. 2, S. 7321-7332.

Götz, Hellmut [Teil I], Die unternehmensverbundene Stiftung – Teil I, in: INF 1997, S. 619-624.

Götz, Hellmut [Teil II], Die unternehmensverbundene Stiftung – Teil II, in: INF 1997, S. 652-656.

Götz, Hellmut [Zivilrecht], Die gemeinnützige Stiftung im Zivil- und Steuerrecht, in: NWB 2005, F. 2, S. 8603-8618.

Gonnella, Robert/Mikic, Sanja [Einheitsgesellschaft], Die Kapitalgesellschaft & Co. KGaA als "Einheitsgesellschaft", in: AG 1998, S. 508-514.

Gosch, Dietmar [Kommanditgesellschaft], Die Kommanditgesellschaft auf Aktien und die Gewerbesteuer – Bemerkungen zum Urteil des BFH vom 31.10.1990 I R 32/86, in: FR 1991, S. 345-349.

Graf, Helmut Andreas [Kapitalgesellschaft], Die Kapitalgesellschaft & Co. KG auf Aktien: Gesichtspunkte der Unternehmensformwahl und Zulässigkeit der Gesellschaftsrechtsform, Diss. Univ. Augsburg 1991, Heidelberg 1993.

Grafmüller, Frank [Familienunternehmen], Die Kommanditgesellschaft auf Aktien als geeignete Rechtsform für börsenwillige Familienunternehmen, Diss. Univ. Stuttgart 1993, Frankfurt am Main 1994.

Grobe, Hans [Rechtsverhältnis], Zum Rechtsverhältnis des persönlich haftenden Gesellschafters einer Kommanditgesellschaft auf Aktien, in: NJW 1968, S. 1709 f.

Grunewald, Barbara/Müller, Hans-Friedrich [Entwicklung], Die Entwicklung des Gesellschaftsrechts 1995/1996, in: JZ 1997, S. 698-710.

Güroff, Georg [Kommentierung], Kommentierung zu §§ 1-3; 6; 8-12; 16-34 GewStG, in: Glanegger, Peter/Güroff, Georg (Hrsg.), Gewerbesteuergesetz (Komm.), München 2002.

H

Haas, Ulrich [Pflichtteilsanspruch], Der Pflichtteilsanspruch als Störfall der Unternehmensnachfolge, in: Deutsche Notarrechtliche Vereinigung (Hrsg.), Unternehmensnachfolge im Mittelstand, Würzburg 2001, S. 74-112.

Haase, Karsten [Vorteile], Die Vorteile der GmbH oder der GmbH & Co. KGaA in gesellschaftsrechtlicher Sicht, in: GmbHR 1997, S. 917-923.

Halasz, Christian/Kloster, Lars/Kloster, Anja [Rechtsformalternative], Die GmbH & Co. KGaA – Eine Rechtsformalternative zur GmbH & Co. KG?, in: GmbHR 2002, S. 77-92.

Haritz, Detlef [Verschmelzung], Verschmelzung einer GmbH auf eine KGaA – eine steuerrechtliche Mischumwandlung, in: DStR 1996, S. 1192 f.

Hartel, Ulrich M. [Umwandlung], Umwandlung einer GmbH & Co. KG in eine KG auf Aktien - GmbH & Co. KG auf Aktien – Idealform für börsenwillige Familienunternehmen? –, in: DB 1992, S. 2329-2335.

Heermann, Peter W. [Mitwirkungsrechte], Unentziehbare Mitwirkungsrechte der Minderheitsaktionäre bei außergewöhnlichen Geschäften in der GmbH & Co. KGaA – Ein Beitrag zum Anlegerschutz und zur richterlichen Inhaltskontrolle, in: ZGR 2000, S. 61-85.

Heigl, Anton [Unternehmensbesteuerung], Unternehmensbesteuerung – Grundriß, 2. Aufl., München 1996.

Heineke, Matthias [Anlegerschutz], Anlegerschutz in der Kommanditgesellschaft auf Aktien – Zur Erforderlichkeit von Restriktionen in der Satzungsgestaltung börsennotierter KGaA, Diss. Univ. Hamburg 2002, Münster et al. 2002.

Heinemann, Michael [Prüfung], Die Prüfung der Stiftung, in: IDW (Hrsg.), Stiftungen: Rechnungslegung, Kapitalerhaltung, Prüfung und Besteuerung, Düsseldorf 1997, S. 127-141.

Heinrichs, Helmut [Kommentierung], Kommentierung zu §§ 1-432 BGB, in: Palandt, Otto (Hrsg.), Bürgerliches Gesetzbuch (Komm.), 63. Aufl., München 2004.

Heinzelmann, Jochen [Stiftung], Die Stiftung im Konzern, Diss. Univ. Würzburg 2002, Baden-Baden 2003.

Henle, Jörg A. [Nordrhein-Westfalen], Der Entwurf eines Stiftungsgesetzes für das Land Nordrhein-Westfalen und die Familien- und Unternehmensstiftungen, in: AG 1975, S. 85-87.

Hennerkes, Brun-Hagen [Alternative], Die Stiftung & Co. – eine interessante Alternative zur GmbH & Co. –, in: StbJb 1984/1985, S. 107-127.

Hennerkes, Brun-Hagen/Binz, Mark K. [Personengesellschaft], Die "gewerblich geprägte Personengesellschaft" – Willkommensgrüße zum Inkrafttreten des sogenannten Gepräge-Gesetzes, in: BB 1985, S. 2161-2170.

Hennerkes, Brun-Hagen/Binz, Mark K./Sorg, Martin H. [Rechtsform], Die Stiftung als Rechtsform für Familienunternehmen (I), in: DB 1986, S. 2217-2221.

Hennerkes, Brun-Hagen/Binz, Mark K./Sorg, Martin H. [Stiftung], Die Stiftung als Rechtsform für Familienunternehmen (II), in: DB 1986, S. 2269-2274.

Hennerkes, Brun-Hagen/Lorz, Rainer [Roma], Roma locuta causa finita: Die GmbH & Co. KGaA ist zulässig – Zugleich Besprechung des BGH-Beschlusses vom 24.2.1997 – II ZB 11/96, DB 1997, S. 1219 ff. –, in: DB 1997, S. 1388-1394.

Hennerkes, Brun-Hagen/May, Peter [Familienunternehmen], Noch einmal: Die GmbH & Co. KG auf Aktien als Rechtsform für börsenwillige Familienunternehmen?, in: BB 1988, S. 2393-2404.

Hennerkes, Brun-Hagen/May, Peter [Rechtsform], Die GmbH & Co. KGaA – eine ideale Rechtsform für börsenwillige Familienunternehmen?, in: StbJb 1988/1989, S. 303-322.

Hennerkes, Brun-Hagen/May, Peter [Rechtsformwahl], Überlegungen zur Rechtsformwahl im Familienunternehmen (I), in: DB 1988, S. 483-489.

Hennerkes, Brun-Hagen/May, Peter [Überlegungen], Überlegungen zur Rechtsformwahl im Familienunternehmen (II), in: DB 1988, S. 537-542.

Hennerkes, Brun-Hagen/Schiffer, K. Jan [Regelung], Regelung der Unternehmensnachfolge durch Stiftungskonstruktionen?, in: BB 1992, S. 1940-1945.

Hennerkes, Brun-Hagen/Schiffer, K. Jan [Stiftungsrecht], Stiftungsrecht – Gutes tun und Vermögen sichern – privat und im Unternehmen, 3. Aufl., Frankfurt am Main 2001.

Hennerkes, Brun-Hagen/Schiffer, K. Jan/Fuchs, Marcus [Behandlung], Die unterschiedliche Behandlung der unternehmensverbundenen Familienstiftung in der Praxis der Stiftungsbehörden, in: BB 1995, S. 209-213.

Herfs, Achim [Rechtsformoptimierung], Die Kapitalgesellschaft & Co. KGaA als Rechtsformoptimierung für mittelständische Unternehmen, in: WiB 1997, S. 688-691.

Herfs, Achim [Satzung], Die Satzung der börsennotierten GmbH & Co. KGaA – Gestaltungsfreiheit und Grenzen, in: Gesellschaftsrechtliche Vereinigung (Hrsg.), Gesellschaftsrecht in der Diskussion – Jahrestagung 1998 der Gesellschaftsrechtlichen Vereinigung (VGR), Köln 1999, S. 23-55.

Herrmann, Markus [Empirisches], Empirisches zur Kapitalerhaltung, in: IDW (Hrsg.), Stiftungen: Rechnungslegung, Kapitalerhaltung, Prüfung und Besteuerung, Düsseldorf 1997, S. 143-152.

Herrmann, Markus [Unternehmenskontrolle], Funktioniert die Unternehmenskontrolle durch Stiftungen? Eine empirische Untersuchung der Performance stiftungsgetragener Unternehmen, in: zfbf 1997, S. 499-534.

Herzig, Norbert [Aspekte], Aspekte der Rechtsformwahl für mittelständische Unternehmen nach der Steuerreform, in: WPg 2001, S. 253-270.

Herzig, Norbert/Lochmann, Uwe [Steuersenkungsgesetz], Steuersenkungsgesetz: Die Steuerermäßigung für gewerbliche Einkünfte bei der Einkommensteuer in der endgültigen Regelung, in: DB 2000, S. 1728-1735.

Herzig, Norbert/Rieck, Ulrich [Problembereiche], Problembereiche bei derivativen einbringungsgeborenen Anteilen, in: DStR 1998, S. 97-105.

Hesselmann, Malte [Anmerkung], Anmerkung zu: Beschluß des Hanseatischen Oberlandesgerichts 2 W 34/68 v. 5.12.1968, in: GmbHR 1969, S. 141 f.

Hesselmann, Malte [Kommanditgesellschaft], Die kapitalistische Kommanditgesellschaft auf Aktien – GmbH & Co. KGaA und GmbH KGaA, in: BB 1989, S. 2344-2349.

Hesselmann, Malte [Zulässigkeit], GmbH & Co. Kommanditgesellschaft auf Aktien – 20 Jahre Beschluß des Hanseat. OLG Hamburg über die Zulässigkeit dieser Gesellschaftsform, in: GmbHR 1988, S. 472-477.

Hölzl, Michael [Besteuerung], Die Besteuerung der Kommanditgesellschaft auf Aktien (KGaA), Diss. Univ. München 2002, Frankfurt am Main 2003.

Hof, Hagen [Handbuch], §§ 4; 7-12; 36, in: Seifart, Werner/Campenhausen, Axel Frhr. von (Hrsg.), Handbuch des Stiftungsrechts, 2. Aufl., München 1999.

Hof, Hagen [Stiftungen], Die Vermögensausstattung von Stiftungen privaten Rechts (Teil I), in: DStR 1992, S. 1549-1552.

Hof, Hagen [Vermögensausstattung], Die Vermögensausstattung von Stiftungen privaten Rechts (Teil II), in: DStR 1992, S. 1587-1591.

Hofmeister, Ferdinand [Kommentierung], Kommentierung zu §§ 8-9 GewStG, in: Blümich, Walter (Hrsg.), Einkommensteuergesetz, Körperschaftsteuergesetz, Gewerbesteuergesetz (Komm.), München, Stand: 79. EL, August 2003.

Hommelhoff, Peter [Anlegerschutz], Anlegerschutz in der GmbH & Co. KGaA, in: Ulmer, Peter (Hrsg.), Die GmbH & Co. KGaA nach dem Beschluß BGHZ 134, 392 – Die Tragweite des Beschlusses und seine Bedeutung für die Kautelarpraxis, Heidelberg 1998, S. 9-31.

Hopt, Klaus J. [Kommentierung], Kommentierung zu §§ 1-237 HGB, in: Baumbach, Adolf/Hopt, Klaus J. (Hrsg.), Handelsgesetzbuch (Komm.), 31. Aufl., München 2003.

Hueck, Götz [Gesellschaftsrecht], Gesellschaftsrecht, 20. Aufl., München 2003.

Hueck, Götz/Fastrich, Lorenz [Kommentierung], Kommentierung zu §§ 1-34 GmbHG, in: Baumbach, Adolf/Hueck, Alfred (Hrsg.), GmbH-Gesetz (Komm.), 17. Aufl., München 2000.

Hüffer, Uwc [Aktiengesetz], Aktiengesetz (Komm.), 5. Aufl., München 2002.

Hüttemann, Rainer [Förderung], Das Gesetz zur weiteren steuerlichen Förderung von Stiftungen, in: DB 2000, S. 1584-1592.

Hüttemann, Rainer [Modernisierung], Das Gesetz zur Modernisierung des Stiftungsrechts, in: ZHR 2003, S. 35-65.

Hüttemann, Rainer/Herzog, Rainer [Steuerfragen], Steuerfragen bei gemeinnützigen nichtrechtsfähigen Stiftungen, in: DB 2004, S. 1001-1009.

I

IDW [Prüfungsstandard], IDW Prüfungsstandard: Prüfung von Stiftungen (IDW PS 740), in: WPg 2000, S. 385-391.

IDW [Rechnungslegung], IDW Stellungnahme zur Rechnungslegung: Rechnungslegung von Stiftungen (IDW RS HFA 5), in: WPg 2000, S. 391-399.

Ihrig, Hans-Christoph/Schlitt, Michael [Folgen], Die KGaA nach dem Beschluß des BGH vom 24.2.1997 – organisationsrechtliche Folgen, in: Ulmer, Peter (Hrsg.), Die GmbH & Co. KGaA nach dem Beschluß BGHZ 134, 392 – Die Tragweite des Beschlusses und seine Bedeutung für die Kautelarpraxis, Heidelberg 1998, S. 33-83.

J

Jacobs, Otto H. [Unternehmensbesteuerung], Unternehmensbesteuerung und Rechtsform – Handbuch zur Besteuerung deutscher Unternehmen, 3. Aufl., München 2002.

Jansen, Rudolf [Kommentierung], Kommentierung zu § 22 EStG, in: Herrmann, Carl/Heuer, Gerhard/Raupach, Arndt (Hrsg.), Einkommensteuer- und Körperschaftsteuergesetz (Komm.), Köln, Stand: 198. EL, März 2000.

Joens, Axel F. [Gesellschafter], Die persönlich haftenden Gesellschafter der Kommanditgesellschaft auf Aktien, Diss. Univ. Hamburg 1962.

Joost, Detlev [Mitbestimmung], Mitbestimmung in der kapitalistischen Kommanditgesellschaft auf Aktien, in: ZGR 1998, S. 334-351.

Jost, Werner F. [Kommentierung], Kommentierung zu § 9 KStG, in: Dötsch, Ewald et al. (Hrsg.), Die Körperschaftsteuer (Komm.), Stuttgart, Stand: 29. EL, Februar 1997.

Jülicher, Marc [Brennpunkte], Brennpunkte der Besteuerung der inländischen Familienstiftung im ErbStG, in: StuW 1999, S. 363-373.

Jülicher, Marc [Familienstiftung], Die Familienstiftung i. S. d. § 1 Abs. 1 Nr. 4 ErbStG – Zugleich Anmerkung zum Urteil des Hessischen Finanzgerichts vom 14.12.1993, in: StuW 1995, S. 71-79.

Jülicher, Marc [Kommentierung], Kommentierung zu § 1 ErbStG, in: Troll, Max/Gebel, Dieter/Jülicher, Marc (Hrsg.), Erbschaftsteuer- und Schenkungsteuergesetz (Komm.), München, Stand: 27. EL, Oktober 2003.

Jünger, Paul [Stellung], Zur Stellung des persönlich haftenden Gesellschafters einer KGaA im Steuerrecht, in: DB 1988, S. 1969-1973.

K

Kallmeyer, Harald [Anmerkung], Anmerkung zu: GmbH als Komplementärin einer KGaA – AktG § 278, HGB § 19, in: DZWir 1998, S. 238-240.

Kallmeyer, Harald [Familien-Aktiengesellschaft], Die börsennotierte Familien-Aktiengesellschaft, in: Forster, Karl-Heinz et al. (Hrsg.), Aktien und Bilanzrecht – Festschrift für Bruno Kropff, Düsseldorf 1997, S. 145-154.

Kallmeyer, Harald [Rechtsformalternative], Die Kommanditgesellschaft auf Aktien – eine interessante Rechtsformalternative für den Mittelstand?, in: DStR 1994, S. 977-982.

Kapp, Reinhard [Erbersatzsteuer], Die Erbersatzsteuer bei Familienstiftungen, in: BB 1982, S. 321-323.

Kellersmann, Dietrich/Schnitger, Arne [Bedenken], Europarechtliche Bedenken hinsichtlich der Besteuerung ausländischer Familienstiftungen, in: IStR 2005, S. 253-261.

Kiefer, Sascha [Anlegerschutz], Anlegerschutz durch Gesellschaftsrecht in der börsennotierten GmbH & Co. KGaA, Diss. Univ. Konstanz 2001, Osnabrück 2001.

Killinger, Wolfgang [Übergang], Der Übergang stiller Reserven in einbringungsgeborenen Anteilen – Nachfolgende Umstrukturierungsmaßnahmen im Sinne von § 21 Abs. 1 Satz 1 des Umwandlungssteuergesetzes, in: BB 1998, S. 981-984.

Klein, Franz [Familienstiftung], Die Familienstiftung in der Erbschaftsteuerreform, in: DB 1973, S. 2323 f.

Knobbe-Keuk, Brigitte [Unternehmenssteuerrecht], Bilanz- und Unternehmenssteuerrecht, 9. Aufl., Köln 1993.

Knur, Alexander [Eignung], Die Eignung der Kommanditgesellschaft auf Aktien für Familienunternehmen, in: Jakobs, Horst Heinrich et al. (Hrsg.), Festschrift für Werner Flume zum 70. Geburtstag – 12. September 1978, Köln 1978, S. 173-200.

Koch, Ulrich [Entwicklung], Die Entwicklung des Gesellschaftsrechts in den Jahren 1987/88 – Recht der juristischen Personen und Kapitalgesellschaften, Mitbestimmungsrecht, in: NJW 1989, S. 3130-3143.

Kohl, Reinhard [Stiftungskonzernrecht], Brauchen wir ein Stiftungskonzernrecht?, in: NJW 1992, S. 1922-1924.

Korezkij, Leonid [Erbschaftsteuerrecht], Familienstiftungen im neuen Erbschaftsteuerrecht – Eine Alternative zu den "klassischen" Vermögensübertragungen, in: ZEV 1999, S. 132-138.

Krebs, Hans-Joachim [Kommentierung], Kommentierung zu § 9 KStG, in: Herrmann, Carl/Heuer, Gerhard/Raupach, Arndt (Hrsg.), Einkommensteuer- und Körperschaftsteuergesetz (Komm.), Köln, Stand: 140. EL, Juni 1983.

Kußmaul, Heinz [GmbH & Co. KG], Die GmbH & Co. KG auf Aktien, in: WISU 1990, S. 492-497.

Kußmaul, Heinz [Steuerlehre], Betriebswirtschaftliche Steuerlehre, 4. Aufl., München 2006.

Kußmaul, Heinz/Blank, Oliver [Einzelunternehmen], Der Rechtsformwechsel von Einzelunternehmen und Personengesellschaften im Rahmen der Einbringung in eine Kapitalgesellschaft – Begriff, Voraussetzungen, Zeitpunkt und Folgen beim übernehmenden Rechtsträger –, in: StuB 2001, S. 218-227.

Kußmaul, Heinz/Meyering, Stephan [Besteuerung], Die Besteuerung der Stiftung: Die gemeinnützige Stiftung, in: StB 2004, S. 91-100.

Kußmaul, Heinz/Meyering, Stephan [Destinatare], Die Besteuerung der Destinatare von Stiftungen, in: ZSteu 2004, S. 41-47.

Kußmaul, Heinz/Meyering, Stephan [Einordnung], Die Besteuerung der Stiftung: Teil I: Rechtliche Einordnung, in: StB 2004, S. 6-10.

Kußmaul, Heinz/Meyering, Stephan [Familienstiftung], Die Besteuerung der Stiftung: Die Familienstiftung und die unternehmensverbundene Stiftung, in: StB 2004, S. 135-140.

Kußmaul, Heinz/Meyering, Stephan [Rechnungslegung], Die Rechnungslegung der Stiftung, in: DStR 2004, S. 371-376.

Kußmaul, Heinz/Meyering, Stephan [Stiftung], Die Besteuerung der Stiftung: Die privatnützige Stiftung, in: StB 2004, S. 56-60.

Kußmaul, Heinz/Zabel, Michael [Behandlung], Die steuerliche Behandlung der Ausgliederung der Lizenzspielerabteilung eines (Fußball-)Vereins auf eine Kapitalgesellschaft – Auswirkungen auf der Ebene des übernehmenden Rechtsträgers –, in: StuB 2003, S. 824-829.

Kußmaul, Heinz/Zabel, Michael [Unternehmensumstrukturierungen], Unternehmensumstrukturierungen im Zivil- und Steuerrecht, in: FR 2004, S. 485-493.

Kusterer, Stefan [Ergänzungsbilanz], Ergänzungsbilanz des persönlich haftenden Gesellschafters einer Kommanditgesellschaft auf Aktien – Zugleich Anmerkung zu FG München vom 10.7.2003, 5 - K - 2681/97, in: DStR 2004, S. 77-78.

Kusterer, Stefan [Überlegungen], Überlegungen zur steuerrechtlichen Behandlung der Verschmelzung einer GmbH auf eine atypisch ausgestaltete Kommanditgesellschaft auf Aktien, in: DStR 1998, S. 1412 f.

Kusterer, Stefan [Wandel], Die Kommanditgesellschaft auf Aktien im Wandel – Wechsel von körperschaftlicher zu mitunternehmerischer Sichtweise, in: FR 2003, S. 502-506.

L

Ladwig, Peter/Motte, Frank [Alternative], Die Kommanditgesellschaft auf Aktien – Eine Alternative für börsenwillige mittelständische Unternehmen? (Teil I), in: DStR 1996, S. 800-807.

Ladwig, Peter/Motte, Frank [Unternehmen], Die Kommanditgesellschaft auf Aktien – Eine Alternative für börsenwillige mittelständische Unternehmen? (Teil II), in: DStR 1996, S. 842-847.

Landwehr, Götz [Kaufmannseigenschaft], Die Kaufmannseigenschaft der Handelsgesellschafter – Bemerkungen zum Urteil des Bundesgerichtshofs vom 2.6.1966 – VII ZR 292/64, in: JZ 1967, S. 198-205.

Laule, Gerhard/Heuer, Carl-Heinz [Familienstiftungen], Familienstiftungen als Objekt der Erbschaftsteuer – Ein Beitrag zur Auslegung des § 1 Abs. 1 Nr. 4 ErbStG, in: DStZ 1987, S. 495-504.

Leisner, Walter Georg [Familienstiftung], Die mildtätige Familienstiftung, in: DB 2005, S. 2434-2436.

Lex, Peter [Mehrheitsbeteiligung], Die Mehrheitsbeteiligung einer steuerbegünstigten Körperschaft an einer Kapitalgesellschaft: Vermögensverwaltung oder wirtschaftlicher Geschäftsbetrieb?, in: DB 1997, S. 349-352.

Lex, Peter [Rechnungslegung], Rechnungslegung und Prüfung aus der Sicht der Stiftung, in: IDW (Hrsg.), Stiftungen: Rechnungslegung, Kapitalerhaltung, Prüfung und Besteuerung, Düsseldorf 1997, S. 153-163.

Lex, Peter [Stiftungen], Steuerliche Änderungen für Stiftungen und Spender durch das Gesetz zur weiteren steuerlichen Förderung von Stiftungen – Kritische Bemerkungen zu einer gutgemeinten Reform –, in: DStR 2000, S. 1939-1944.

Lieb, Manfred [Kaufmannseigenschaft], Die Kaufmannseigenschaft der Gesellschafter von KG und OHG, in: DB 1967, S. 759-763.

Löffler, Martin/Faut, Eberhard [Recht], Die moderne Stiftung- Recht und Steuern, in: BB 1974, S. 329-334.

Lorenz, Hans/Steer, Eduard [Behandlung], Die steuerliche Behandlung wirtschaftlicher Geschäftsbetriebe bei Verfolgung steuerbegünstigter Zwecke, in: DB 1983, S. 2657-2662.

Lorz, Rainer [Börse], Die GmbH & Co. KGaA und ihr Weg an die Börse, in: Gesellschaftsrechtliche Vereinigung (Hrsg.), Gesellschaftsrecht in der Diskussion – Jahrestagung 1998 der Gesellschaftsrechtlichen Vereinigung (VGR), Köln 1999, S. 57-85.

Lutter, Marcus [Anwendungsbereich], Der Anwendungsbereich des Mitbestimmungsgesetzes, in: ZGR 1977, S. 195-214.

Lutter, Marcus [Bedeutung], Die GmbH-Novelle und ihre Bedeutung für die GmbH, die GmbH & Co. KG und die Aktiengesellschaft, in: DB 1980, S. 1317-1326.

M

Märkle, Rudi W. [Verein], Der Verein im Zivil- und Steuerrecht, 10. Aufl., Stuttgart et al. 2000.

Maier, Jochen [Besteuerung], Die Besteuerung der Stiftung nach der Reform – Eine Standortbestimmung nach dem Gesetz zur weiteren steuerlichen Förderung von Stiftungen vom 14.7.2000 unter Einbeziehung steuerplanerischer Aspekte, in: BB 2001, S. 494-504.

Mainczyk, Andreas [Stiftung], Die Stiftung als Gestaltungsmöglichkeit im Rahmen der Unternehmensnachfolge, in: Stbg 2002, S. 76-85.

Mathiak, Walter [Rechtsprechung], Rechtsprechung zum Bilanzsteuerrecht, in: DStR 1989, S. 661-668.

Mattheus, Daniela [Eckpfeiler], Eckpfeiler einer stiftungsrechtlichen Publizität, in: DStR 2003, S. 254-259.

Mecking, Christoph [Förderung], Das Gesetz zur weiteren steuerlichen Förderung von Stiftungen, in: NJW 2001, S. 203-205.

Meincke, Jens Peter [Erbersatzsteuer], Erbersatzsteuer und Gleichheitssatz, in: StuW 1982, S. 169-172.

Meincke, Jens Peter [Schenkungsteuergesetz], Erbschaftsteuer- und Schenkungsteuergesetz (Komm.), 13. Aufl., München 2002.

Menzel, Arno H. [Besteuerung], Die Besteuerung der Entgelte der Kommanditgesellschaft auf Aktien (KGaA) an ihren persönlich haftenden Gesellschafter, in: StuW 1971, S. 204-214.

Menzel, Arno H. [Entgelte], Die Entgelte der Personengesellschaft und der Kommanditgesellschaft auf Aktien (KGaA) an ihre unmittelbar haftenden Gesellschafter (I), in: DStR 1972, S. 562-566.

Menzel, Arno H. [Personengesellschaft], Die Entgelte der Personengesellschaft und der Kommanditgesellschaft auf Aktien (KGaA) an ihre unmittelbar haftenden Gesellschafter (II), in: DStR 1972, S. 594-596.

Merl, Franz [Rechnungslegung], Die Rechnungslegung der Stiftung, in: IDW (Hrsg.), Stiftungen: Rechnungslegung, Kapitalerhaltung, Prüfung und Besteuerung, Düsseldorf 1997, S. 95-125.

Mertens, Hans-Joachim [Handelsgesellschaft], Die Handelsgesellschaft KGaA als Gegenstand gesellschaftsrechtlicher Diskussion und die Wissenschaft vom Gesellschaftsrecht, in; Kley, Max Dietrich et al. (Hrsg.), Festschrift für Wolfgang Ritter zum 70. Geburtstag – Steuerrecht, Steuer- und Rechtspolitik, Wirtschaftsrecht und Unternehmensverfassung, Umweltrecht, Köln 1997, S. 731-743.

Mertens, Hans-Joachim [Kommanditgesellschaft], Kommanditgesellschaft auf Aktien, in: Zöllner, Wolfgang (Hrsg.), Kölner Kommentar zum Aktiengesetz (Komm.), Köln et al. 1985.

Meyer zu Hörste, Gerhard [Familienstiftung], Zum Begriff der Familienstiftung nach dem Erbschaft- und Schenkungsteuergesetz 1974, in: BB 1974, S. 1633 f.

Milatz, Jürgen E./Kemcke, Tom/Schütz, Robert [Stiftungen], Stiftungen im Zivil- und Steuerrecht, Heidelberg 2004.

Müller, Thorsten/Schubert, Jörg [Stifterfamilie], Die Stifterfamilie und die Sicherstellung ihrer Versorgung im Rahmen einer gemeinnützigen Stiftung – Gestaltungsmöglichkeiten aus zivil- und steuerrechtlicher Sicht –, in: DStR 2000, S. 1289-1297.

Müller-Marqués Berger, Thomas [Rechnungslegung], Rechnungslegung, Risikomanagement und Wirtschaftsprüfung bei Stiftungen, in: Ernst & Young et al. (Hrsg.), Stiftungen – Wirtschaftliche und rechtliche Aspekte unterschiedlicher Stiftungsformen in Deutschland, Stuttgart/Frankfurt am Main 2003, S. 64-76.

Myßen, Michael [Änderungen], Änderungen durch das Gesetz zur weiteren steuerlichen Förderung von Stiftungen, in: NWB 2000, F. 2, S. 7429-7436.

N

Nagel, Bernhard [Wirtschaftsrecht], Wirtschaftsrecht I – Grundrechte und Einführung in das Bürgerliche Recht, 4. Aufl., München 2000.

Neuhoff, Klaus [Kommentierung], Kommentierung der §§ 80-88 BGB, in: Soergel, Hans T. (Hrsg.), Bürgerliches Gesetzbuch mit Einführungsgesetz und Nebengesetzen (Komm.), 12. Aufl., Stuttgart 1988.

Neuhoff, Klaus [Sphären], Drei, vier oder fünf steuerliche Sphären, insbesondere bei Stiftungen?, in: DStZ 2005, S. 191-196.

Niedner, Jochen/Kusterer, Stefan [Instrument], Die atypisch ausgestaltete Familien-KGaA als Instrument zur Gestaltung des Generationenwechsels in mittelständischen Unternehmen, in: DB 1997, S. 2010-2013.

Niedner, Jochen/Kusterer, Stefan [Sicht], Die atypisch ausgestaltete Familien-KGaA aus der Sicht des Kommanditaktionärs, in: DB 1997, S. 1451-1454.

Nietzer, Wolf M./Stadie, Volker [Alternative], Die Familienstiftung & Co. KG – eine Alternative für die Nachfolgeregelung bei Familienunternehmen, in: NJW 2000, S. 3457-3461.

Noll, Bernd [Erbschaftsteuerrecht], Aktuelles Beratungs-Know-how Erbschaftsteuerrecht, in: DStR 2002, S. 1699-1703.

O

Oertzen, Christian von [Renaissance], Renaissance der Familienstiftung durch die Erbschaftsteuer-Reform?, in: ZEV 1997, S. 103-105.

Orth, Manfred [Familienstiftungen], Familienstiftungen, in: Ernst & Young et al. (Hrsg.), Stiftungen – Wirtschaftliche und rechtliche Aspekte unterschiedlicher Stiftungsformen in Deutschland, Stuttgart/Frankfurt am Main 2003, S. 35-44.

Orth, Manfred [Gestaltungsaspekte], Steuerliche Gestaltungsaspekte bei unternehmensverbundenen Stiftungen, in: IDW (Hrsg.), Stiftungen: Rechnungslegung, Kapitalerhaltung, Prüfung und Besteuerung, Düsseldorf 1997, S. 223-261.

Orth, Manfred [Handbuch], §§ 37-38, in: Seifart, Werner/Campenhausen, Axel Frhr. von (Hrsg.), Handbuch des Stiftungsrechts, 2. Aufl., München 1999.

Orth, Manfred [Rechnungslegung], Zur Rechnungslegung von Stiftungen – Überlegungen aus Anlaß des IDW-Diskussionsentwurfs –, in: DB 1997, S. 1341-1351.

Orth, Manfred [Stiftungen], Stiftungen und Unternehmenssteuerreform, in: DStR 2001, S. 325-337.

o.V. [Diskussionsentwurf], Diskussionsentwurf des Instituts der Wirtschaftsprüfer: Zur Rechnungslegung und Prüfung von Stiftungen, in: IDW (Hrsg.), Stiftungen: Rechnungslegung, Kapitalerhaltung, Prüfung und Besteuerung, Düsseldorf 1997, S. 301-338.

P

Patt, Joachim [Beurteilung], Gewerbesteuerliche Beurteilung der Gewinne aus der Einbringung von Betriebsvermögen in Kapitalgesellschaften oder Personengesellschaften nach den §§ 20 und 24 UmwStG und aus der Veräußerung der einbringungsgeborenen Anteile, in: DStZ 1998, S. 156-162.

Patt, Joachim/Rasche, Ralf [Besteuerung], Besteuerung der Pensionszusage an den persönlich haftenden Gesellschafter einer KGaA nach den Grundsätzen der Mitunternehmerschaft?, in: DB 1993, S. 2400-2405.

Pflug, Hans-Joachim [Gesellschafter], Der persönlich haftende Gesellschafter in der Kommanditgesellschaft auf Aktien, in: NJW 1971, S. 345-351.

Pluskat, Sorika [Modernisierung], Auf dem Weg zur Modernisierung des deutschen Stiftungsprivatrechts: der aktuelle Regierungsentwurf als Resultat jahrelanger Reformdiskussion, in: DStR 2002, S. 915-923.

Pöllath, Reinhard [Handbuch], §§ 13-14; 39-43, in: Seifart, Werner/Campenhausen, Axel Frhr. von (Hrsg.), Handbuch des Stiftungsrechts, 2. Aufl., München 1999.

Priester, Hans-Joachim [Kommanditgesellschaft], Die Kommanditgesellschaft auf Aktien ohne natürlichen Komplementär, in: ZHR 1996, S. 250-264.

Pues, Lothar/Scheerbarth, Walter [Stiftungen], Gemeinnützige Stiftungen im Zivil- und Steuerrecht, 2. Aufl., München 2004.

R

Raiser, Thomas [Kapitalgesellschaften], Recht der Kapitalgesellschaften – Ein Handbuch für Praxis und Wissenschaft, 3. Aufl., München 2001.

Raiser, Thomas [Mitbestimmungsgesetz], Mitbestimmungsgesetz (Komm.), 4. Aufl., Berlin 2002.

Rawert, Peter [Einsatz], Der Einsatz der Stiftung zu stiftungsfremden Zwecken, in: ZEV 1999, S. 294-298.

Rawert, Peter [Genehmigungsfähigkeit], Die Genehmigungsfähigkeit der unternehmensverbundenen Stiftung, Diss. Univ. Kiel 1989, Frankfurt am Main 1990.

Rawert, Peter [Kirchmann], Kirchmann, Wittgenstein und die unternehmensverbundene Stiftung – Erwiderung auf Schiffer, ZEV 1999, 424 in diesem Heft –, in: ZEV 1999, S. 426 f.

Rawert, Peter [Kommentierung], Kommentierung zu §§ 80-88 BGB, in: Staudinger, Julius von (Hrsg.), Kommentar zum Bürgerlichen Gesetzbuch mit Einführungsgesetz und Nebengesetzen, Berlin 1995.

Rehbinder, Eckard [Mitbestimmungsurteil], Das Mitbestimmungsurteil des Bundesverfassungsgerichts aus unternehmerischer Sicht, in: ZGR 1979, S. 471-492.

Reichert, Jochem [Hauptversammlung], Die Hauptversammlung, in: Rödder, Thomas/Müller, Welf (Hrsg.), Beck'sches Handbuch der AG – mit KGaA – (Komm.), München 2004, S. 353-466.

Reichert, Jochem/Winter, Martin [Ausschließung], Die "Abberufung" und Ausschließung des geschäftsführenden Gesellschafters der Publikums-Personengesellschaft – Zugleich Besprechung der BGH-Entscheidung vom 9.11.1987 – II ZR 100/87, BB 1988 S. 159, in: BB 1988, S. 981-992.

Reuter, Dieter [Einfluß] Der Einfluß der Mitbestimmung auf das Gesellschafts- und Arbeitsrecht, in: AcP 1979, S. 509-566.

Reuter, Dieter [Kommentierung], Kommentierung zu §§ 21-89 BGB, in: Rebmann, Kurt et al. (Hrsg.), Münchener Kommentar zum Bürgerlichen Gesetzbuch, München 2001.

Reuter, Dieter [Normativsystem], Konzessions- oder Normativsystem für Stiftungen, in: Hönn, Günther et al. (Hrsg.), Festschrift für Alfons Kraft zum 70. Geburtstag, Neuwied, Kriftel 1998, S. 493-508.

Reuter, Dieter [Perpetuierung], Privatrechtliche Schranken der Perpetuierung von Unternehmen – ein Beitrag zum Problem der Gestaltungsfreiheit im Recht der Unternehmensformen, Habil. Univ. Bielefeld 1972, Frankfurt am Main 1973.

Reuter, Dieter [Probleme], Probleme der Unternehmensnachfolge – Gewerblicher Erbhof, verfaßtes Familienunternehmen, Unternehmen an sich –, in: ZGR 1991, S. 467-487.

Reuter, Dieter [Rechtsprobleme], Rechtsprobleme unternehmensbezogener Stiftungen, in: DWir 1991, S. 192-200.

Reuter, Dieter [Stiftungsabhängigkeit], Die Stiftungsabhängigkeit des Unternehmens – ein Mittel zur Lösung des Nachfolgeproblems?, in: GmbHR 1973, S. 241-250.

Reuter, Dieter/Körnig, Jürgen [Mitbestimmung], Mitbestimmung und gesellschaftsrechtliche Gestaltungsfreiheit, in: ZHR 1976, S. 494-519.

Richter, Andreas [Reform], Die Reform des Stiftungsrechts auf Landesebene, in: ZEV 2003, S. 314 f.

Ries, Gerhard [Rahmenbedingungen], Rechtliche Rahmenbedingungen, in: Schick, Stefan et al. (Hrsg.), Praxis-Handbuch Stiftungen – Chancen, Risiken, Verpflichtungen aus rechtlicher, steuerlicher und bilanzieller Sicht – Praxisbeispiele Stiftungsgestaltungen, Regensburg/Berlin 2001, S. 29-74.

Rödder, Thomas [Rechtsformwahl], Rechtsformwahl, in: Rödder, Thomas/Müller, Welf (Hrsg.), Beck'sches Handbuch der AG – mit KGaA – (Komm.), München 2004, S. 23-68.

Roolf, Willy J. [Beteiligung], Die Beteiligung einer gemeinnützigen Körperschaft an Personen- und Kapitalgesellschaften und der wirtschaftliche Geschäftsbetrieb, in: DB 1985, S. 1156-1159.

Rose, Gerd/Glorius-Rose, Cornelia [Unternehmen], Unternehmen: Rechtsformen und Verbindungen – ein Überblick aus betriebswirtschaftlicher, rechtlicher und steuerlicher Sicht, 3. Aufl., Köln 2001.

S

Sandberg, Berit [Rechnungslegung], Rechnungslegung von Stiftungen – Überlegungen zur Anwendung handelsrechtlicher Vorschriften, in: ZHR 2000, S. 155-175.

Schäfers, Bernadette/Walz, Rainer [Stiftungssteuerreform], Stiftungssteuerreform, Unternehmenssteuerreform und Reformperspektiven im Gemeinnützigkeitsrecht, in: FR 2002, S. 499-507.

Schauhoff, Stephan [Entwicklungen], Neue Entwicklungen im Stiftungs- und Stiftungssteuerrecht, in: ZEV 1999, S. 121-125.

Schauhoff, Stephan [Erläuterungen], Erläuterungen zu §§ 20 und 22 EStG, in: Schaumburg, Harald/Rödder, Thomas (Hrsg.), Unternehmenssteuerreform 2001: Gesetze, Materialien, Erläuterungen, München 2000.

Schauhoff, Stephan [Handbuch], Handbuch der Gemeinnützigkeit – Verein, Stiftung, GmbH, München 2000.

Schauhoff, Stephan [Stiftung], Gemeinnützige Stiftung und Versorgung des Stifters und seiner Nachkommen, in: DB 1996, S. 1693-1696.

Schauhoff, Stefan [Wertberichtigung], Wertberichtigung im Stiftungsvermögen – Stiftungsrecht, Gemeinnützigkeitsrecht, bilanzielle Darstellung, in: DStR 2004, S. 471-476.

Schaumburg, Harald [Rechtsform], Die KGaA als Rechtsform für den Mittelstand?, in: DStZ 1998, S. 525-544.

Schaumburg, Harald/Schulte, Christoph [Recht], Die KGaA – Recht und Steuern in der Praxis, Köln 2000.

Scheffler, Wolfram [Besteuerung], Besteuerung von Unternehmen – Band I: Ertrag-, Substanz- und Verkehrsteuern, 6. Aufl., Heidelberg 2003.

Schick, Stefan [Beteiligung], Die Beteiligung einer gemeinnützigen Körperschaft an einer GmbH und der wirtschaftliche Geschäftsbetrieb – Zugleich eine Erwiderung auf Roolf in DB 1985 S. 1156 –, in: DB 1985, S. 1812-1814.

Schick, Stefan [Grundlagen], Rechtliche und steuerliche Grundlagen der Vermögensverwaltung, in: Ernst & Young et al. (Hrsg.), Stiftungen – Wirtschaftliche und rechtliche Aspekte unterschiedlicher Stiftungsformen in Deutschland, Stuttgart/Frankfurt am Main 2003, S. 52-53.

Schick, Stefan [Körperschaft], Die Beteiligung einer steuerbegünstigten Körperschaft an Personen- und Kapitalgesellschaften, in: DB 1999, S. 1187-1191.

Schick, Stefan [Organe], Organe einer Stiftung, in: Ernst & Young et al. (Hrsg.), Stiftungen – Wirtschaftliche und rechtliche Aspekte unterschiedlicher Stiftungsformen in Deutschland, Stuttgart/Frankfurt am Main 2003, S. 45-46.

Schick, Stefan [Rahmenbedingungen], Steuerliche Rahmenbedingungen, in: Schick, Stefan et al. (Hrsg.), Praxis-Handbuch Stiftungen – Chancen, Risiken, Verpflichtungen aus rechtlicher, steuerlicher und bilanzieller Sicht – Praxisbeispiele Stiftungsgestaltungen, Regensburg/Berlin 2001, S. 75-154.

Schiffer, K. Jan [Beratungs-Know-how], Aktuelles Beratungs-Know-how Gemeinnützigkeits- und Stiftungsrecht, in: DStR 2002, S. 1206-1209.

Schiffer, K. Jan [Gemeinnützigkeitsrecht], Aktuelles Beratungs-Know-how Gemeinnützigkeits- und Stiftungsrecht, in: DStR 2003, S. 1015-1019.

Schiffer, K. Jan [Gerede], Die unternehmensverbundene Stiftung ist im Gerede – Einige Anmerkungen und Klarstellungen zu Rawert, ZEV 1999, 294, in: ZEV 1999, S. 424-426.

Schiffer, K. Jan [Stiftungsrecht], Aktuelles Beratungs-Know-how Gemeinnützigkeits- und Stiftungsrecht, in: DStR 2003, S. 14-18.

Schiffer, K. Jan [Unternehmensnachfolge], Unternehmensnachfolge und -fortführung durch Stiftungen, in: DSWR 2003, S. 24-26.

Schiffer, K. Jan/Peters, Claus J./Seifert, Klaus [Körperschaften], Gemeinnützige Körperschaften – Aktuelle Einsatzmöglichkeiten, Hinweise für die Praxis, in: DSWR 1997, S. 38-41.

Schiffer, K. Jan/Schubert, Michael von [Unternehmensnachfolger], Unternehmensnachfolger als Gründer: Einsatz unternehmensverbundener Stiftungen?, in: DB 2000, S. 437-440.

Schiffer, K. Jan/Schubert, Michael von [Verständnis], Stiftung und Unternehmensnachfolge: Verständnis und Missverständnisse – Anmerkungen und Ergänzungen zu Schwarz, BB 2001, 2381 ff., in: BB 2002, S. 265-268.

Schiffer, K. Jan/Swoboda, Christoph [Stiftungen], Stiftungen und Gemeinnützigkeit: Neue Impulse durch das neue Steuerrecht, in: StuB 2001, S. 317-322.

Schilling, Wolf Ulrich [Unternehmergeist], Die GmbH & Co. KGaA zwischen Unternehmergeist und Aktionärs- bzw. Anlegerschutz – Wirkungen des BGH-Beschlusses vom 24.2.1997, BB 1997, 1220, in: BB 1998, S. 1905-1909.

Schindler, Ambros [Auswirkungen], Auswirkungen des Gesetzes zur weiteren steuerlichen Förderung von Stiftungen, in: BB 2000, S. 2077-2080.

Schindler, Ambros [Vermögensanlage], Vermögensanlage von Stiftungen im Zielkonflikt zwischen Rendite, Risiko und Erhaltung der Leistungskraft, in: DB 2003, S. 297-302.

Schlinkert, Hans-Jürgen [Unternehmensstiftung], Unternehmensstiftung und Konzernleitung, Diss. Humboldt-Univ. Berlin 1994, Berlin/Baden-Baden 1995.

Schlütter, Egon [Behandlung], Handelsrechtliche und steuerrechtliche Behandlung der Gewinnanteile der Komplementäre einer Kommanditgesellschaft auf Aktien, in: StuW 1978, S. 295-299.

Schmidt, Karsten [Deregulierung], Deregulierung des Aktienrechts durch Denaturierung der Kommanditgesellschaft auf Aktien? – Zum (aufhaltsamen?) Aufstieg der "Kapitalgesellschaft & Co. KGaA" , in: ZHR 1996, S. 265-287.

Schmidt, Karsten [Deutschland], Brave New World: Deutschland und seine Unternehmenserben auf dem Weg in ein Stiftungs-Dorado?, in: ZHR 2002, S. 145-149.

Schmidt, Karsten [Gesamthandsgemeinschaften], Die "Kaufmannfähigkeit" von Gesamthandsgemeinschaften, in: JZ 1973, S. 299-304.

Schmidt, Karsten [Gesellschaftsrecht], Gesellschaftsrecht, 4. Aufl., Köln et al. 2002.

Schmidt, Karsten [Stiftungspraxis], Wohin steuert die Stiftungspraxis? – Eine rechtspolitische Skizze –, in: DB 1987, S. 261-263.

Schmidt, Karsten [Stiftungswesen], Stiftungswesen – Stiftungsrecht – Stiftungspolitik, Köln 1987.

Schmidt, Oliver [Erscheinungsformen], Erscheinungsformen der Stiftungen, in: Ernst & Young et al. (Hrsg.), Stiftungen – Wirtschaftliche und rechtliche Aspekte unterschiedlicher Stiftungsformen in Deutschland, Stuttgart/Frankfurt am Main 2003, S. 11-16.

Schmidt, Oliver [Vermögenszuwendung], Vermögenszuwendung und Festlegung des Stiftungszwecks bei der Errichtung unselbstständiger Stiftungen von Todes wegen, in: ZEV 2003, S. 316-319.

Schmidt, Wolfgang/Levedag, Christian [Grundprofil], Die KGaA nach dem BGH-Beschluss vom 24.2.1997: Grundprofil und Einsatzfelder einer hybriden Rechtsform, in: INF 1997, S. 749-755.

Schmincke, Andreas [Gewerbesteuerfalle], § 8 Nr. 4 GewStG: Gewerbesteuerfalle bei der Kapitalgesellschaft & Co. KGaA, in: FR 2004, S. 861-869.

Schmitt, Joachim [Kommentierung], Kommentierung zum UmwStG, in: Schmitt, Joachim/Hörtnagl, Robert/Stratz, Rolf-Christian (Hrsg.), Umwandlungsgesetz – Umwandlungssteuergesetz (Komm.), München 2001.

Schmitt, Joachim/Götz, Hellmut [Familienstiftung], Die Familienstiftung als Instrument zur Unternehmensnachfolge, in: INF 1997, S. 11-16.

Schmitz, Thorsten [Gemeindefinanzreform], Die Gemeindefinanzreform – Interkommunaler Steuerwettbewerb und der betriebliche Standortentscheidungsprozess, Diss. Univ. Marburg 2003, Frankfurt am Main 2004.

Schnitger, Arne [Formen], Stiftung: Formen, Motive zur Errichtung, Gründungsprozeß, in: StB 2001, S. 52-57.

Schürmann, Walter/Groh, Elmar [Aspekte], KGaA und GmbH & Co. KGaA – Neue Aspekte einer interessanten Gesellschaftsform, in: BB 1995, S. 684-688.

Schulte, Christoph [Wechsel], Wechsel des persönlich haftenden Gesellschafters einer KGaA ertragsteuerneutral möglich?, in: DStR 2005, S. 951-955.

Schulze zur Wiesche, Dieter [Gewinnausschüttung], Die GmbH & Co. KG und verdeckte Gewinnausschüttung, in: BB 2005, S. 1137-1143.

Schulze zur Wiesche, Dieter [Unternehmensform], Die Stiftung & Co. KG – eine attraktive Unternehmensform, in: WPg 1988, S. 128-139.

Schwarz, Günter Christian [Instrument], Die Stiftung als Instrument für die mittelständische Unternehmensnachfolge, in: BB 2001, S. 2381-2390.

Schwarz, Günter Christian [Kommentierung], Kommentierung zu §§ 21-89 BGB, in: Bamberger, Heinz Georg/Roth, Herbert (Hrsg.), Kommentar zum Bürgerlichen Gesetzbuch (Komm.), München 2003.

Schwarz, Günter Christian [Neuregelung], Zur Neuregelung des Stiftungsprivatrechts (Teil I), in: DStR 2002, S. 1718-1725.

Schwarz, Günter Christian [Stiftungsprivatrecht], Zur Neuregelung des Stiftungsprivatrechts (Teil II), in: DStR 2002, S. 1767-1773.

Schwarz, Günter Christian [Unternehmensnachfolge], Einführungsvortrag zum Recht der Unternehmensnachfolge, in: Deutsche Notarrechtliche Vereinigung (Hrsg.), Unternehmensnachfolge im Mittelstand, Würzburg 2001, S. 1-19.

Schwarz, Günter Christian [Zulässigkeit], Zur Zulässigkeit landesrechtlicher Vorschriften über die Familien- und Unternehmensstiftung, in: ZEV 2003, S. 306-313.

Schwintowski, Hans-Peter [Konzernspitze], Die Stiftung als Konzernspitze?, in: NJW 1991, S. 2736-2742.

Seifart, Werner [Vermögensverwaltung], Vermögensverwaltung bei Stiftungen, in: BB 1987, S. 1889-1896.

Semler, Johannes [Ausprägung], Die GmbH auf Aktien als Ausprägung der GmbH für das Publikum, in: Lutter, Marcus et al. (Hrsg.), Festschrift für Walter Stimpel zum 68. Geburtstag am 29. November 1985, Berlin 1985, S. 507-532.

Semler, Johannes [Kommentierung], Kommentierung zu §§ 278-290 AktG, in: Geßler, Ernst et al. (Hrsg.), Aktiengesetz (Komm.), München 1986, S. 1-221.

Sethe, Rolf [Aufsichtsratsreform], Aufsichtsratsreform mit Lücken – Die Einbeziehung der Kommanditgesellschaft auf Aktien in die gegenwärtige Reformdiskussion, in: AG 1996, S. 289-301.

Sethe, Rolf [Bewegung], Bewegung im Recht der Kommanditgesellschaft auf Aktien? – Eine Besprechung des Vorlagebeschlusses des OLG Karlsruhe vom 29. Juli 1996, ZIP 1996, 1787, in: ZIP 1996, S. 2053-2058.

Sethe, Rolf [Kapitalgesellschaft], Die personalistische Kapitalgesellschaft mit Börsenzugang – Die reformierte KGaA als Mittel zur Verbesserung der Eigenkapitalausstattung deutscher Unternehmen, Köln 1996.

Sethe, Rolf [Rechnungslegung], Die Besonderheiten der Rechnungslegung bei der KGaA, in: DB 1998, S. 1044-1048.

Söffing, Andreas/Thoma, Katrin [Beratungsaspekte], Ausgewählte Beratungsaspekte im Gemeinnützigkeits- und Stiftungsrecht, in: BB 2003, S. 1091-1093.

Sorg, Martin H. [Überlebenschance], Hat die Familienstiftung jetzt noch eine Überlebenschance?, in: BB 1983, S. 1620-1627.

Sorg, Martin H. [Wesen], Die Familienstiftung – Wesen, Probleme, Gestaltungsvorschläge für die Praxis, Baden-Baden 1984.

Steindorff, Ernst [Kommanditgesellschaft], Kommanditgesellschaft auf Aktien und Mitbestimmung, in: Flume, Werner et al. (Hrsg.), Beiträge zum Zivil- und Wirtschaftsrecht – Festschrift für Kurt Ballerstedt zum 70. Geburtstag am 24. Dezember 1975, Berlin 1975, S. 127-140.

Steinsdörfer, Erich [Motive], Die Stiftung nach deutschem Recht – Teil 1: Motive, rechtliche Grundlagen, Organisation, in: WiSt 1999, S. 316-318.

Steinsdörfer, Erich [Spendenrecht], Die Stiftung nach deutschem Recht – Teil 2: Steuerliche Auswirkungen der Stiftungserrichtung und Spendenrecht, in: WiSt 1999, S. 375-377.

Steinsdörfer, Erich [Stiftungsverwaltung], Die Stiftung nach deutschem Recht – Teil 3: Stiftungs- und steuerrechtliche Aspekte bei der Stiftungsverwaltung, in: WiSt 1999, S. 435-437.

Stengel, Arndt [Personengesellschaft], Stiftung und Personengesellschaft: Die Beteiligung einer Stiftung an einer Personengesellschaft des Handelsrechts; Diss. Univ. Trier 1991, Baden-Baden 1993.

Strahl, Martin [Gestaltungsmöglichkeiten], Einbringungsgeborene Anteile: Probleme und Gestaltungsmöglichkeiten, in: KÖSDI 2001, S. 12728-12740.

Strickrodt, Georg [Erscheinungsformen], Die Erscheinungsformen der Stiftungen des privaten und des öffentlichen Rechts, in: NJW 1962, S. 1480-1486.

Strieder, Thomas/Habel, Michael [Anmerkung], Anmerkung zu: Zulässigkeit einer GmbH & Co. KGaA – BGH, Beschluß vom 24.2.1997 – II ZB 11/96; BB 1997 S. 1220, in: BB 1997, S. 1375-1377.

Strieder, Thomas/Habel, Michael [Kommanditgesellschaft], Die Kommanditgesellschaft auf Aktien als Lösungsansatz zur Eigenkapitalproblematik bei Genossenschaften, in: BB 1995, S. 1857-1865.

Strieder, Thomas/Habel, Michael [Problematik], Zur Problematik einer Genossenschaft bzw. einer Kapitalgesellschaft als einzigem persönlich haftenden Gesellschafter einer Kommanditgesellschaft auf Aktien, in: DB 1994, S. 1557-1561.

Stuhrmann, Gerd [Kommentierung], Kommentierung zu §§ 15 und 22 EStG, in: Blümich, Walter, Einkommensteuergesetz, Körperschaftsteuergesetz, Gewerbesteuergesetz (Komm.), München, Stand: 86. EL, Mai 2005.

T

Theisen, Manuel R. [Besteuerung], Die Besteuerung der KGaA – Zugleich Besprechung des BFH-Urteils vom 21.6.1989 X R 14/88, DB 1989, S. 2203 –, in: DB 1989, S. 1291-1297.

Theisen, Manuel R. [Kommanditgesellschaft], Die Kommanditgesellschaft auf Aktien (KGaA) auf dem Prüfstand – Ein Überblick, in: DBW 1989, S. 137-183.

Thiel, Jochen [Neuordnung], Die Neuordnung des Spendenrechts, in: DB 2000, S. 392-396.

Thiel, Jochen/Eversberg, Horst [Förderung], Gesetz zur steuerlichen Förderung von Kunst, Kultur und Stiftung sowie zur Änderung steuerlicher Vorschriften, in: DB 1991, S. 118-128.

Thiel, Jochen/Eversberg, Horst [Gemeinnützigkeitsrecht], Das Vereinsförderungsgesetz und seine Auswirkungen auf das Gemeinnützigkeits- und Spendenrecht (Teil I), in: DB 1990, S. 290-295.

Thiel, Jochen/Eversberg, Horst [Spendenrecht], Das Vereinsförderungsgesetz und seine Auswirkungen auf das Gemeinnützigkeits- und Spendenrecht (Teil II), in: DB 1990, S. 344-350.

Thiel, Jochen/Eversberg, Horst [Vereinsförderungsgesetz], Das Vereinsförderungsgesetz und seine Auswirkungen auf das Gemeinnützigkeits- und Spendenrecht (Teil III), in: DB 1990, S. 395-401.

Thiel, Jochen/Eversberg, Horst/Lishaut, Ingo van/Neumann, Steffen [Umwandlungssteuer-Erlaß], Der Umwandlungssteuer-Erlaß 1998, in: GmbHR 1998, S. 397-443.

Tipke, Klaus [Kommentierung], Kommentierung zu §§ 51-68 AO, in: Tipke, Klaus/Kruse, Heinrich Wilhelm (Hrsg.), Abgabenordnung, Finanzgerichtsordnung (Komm.), Köln, Stand: 96. EL, Oktober 2001.

Toth, Geza Martin [Besteuerung], Die Besteuerung der Unternehmensträger-(Holding-)Stiftung, in: BB 1997, S. 1238-1240.

Troll, Max [Ersatzerbschaftsteuer], Ersatzerbschaftsteuer als dauernde Last, in: BB 1982, S. 1663 f.

Trops, Fritz [Stiftung], Wirtschaftliche Unternehmen innerhalb einer Stiftung – Eine Übersicht über mögliche Stiftungsstrukturen, in: AG 1970, S. 367-369.

Trops, Fritz [Unternehmensreform], Stiftungsreform oder Unternehmensreform?, in: ZRP 1971, S. 227-231.

Turner, Nikolaus [Stiftung], Die Stiftung – eine Möglichkeit zukunftsorientierter Vermögensbindung, in: DB 1995, S. 413-418.

Turner, Nikolaus/Doppstadt, Joachim [Nachfolgegestaltung], Die Stiftung – eine Möglichkeit individueller Nachfolgegestaltung, in: DStR 1996, S. 1448-1453.

U

Ubert, Guido/Hochmuth, Johannes [Erbrecht], Erbrecht: Testament, Erbvertrag, Auslegung, Anfechtung, Pflichtteil, Erbengemeinschaft, Erbschaftsteuer, 5. Aufl., Berg 2003.

Ullrich, Thomas [Unternehmensmitbestimmung], Unternehmensmitbestimmung in der kapitalistischen Kommanditgesellschaft auf Aktien, Diss. Univ. Marburg 2002, Frankfurt am Main 2002.

Ulmer, Peter [Kommentierung], Kommentierung zu §§ 1-2; 4-6; 8; 25; 27-32; 37-38 MitbestG, in: Hanau, Peter/Ulmer, Peter (Hrsg.), Mitbestimmungsgesetz (Komm.), München 1981.

V

Verstl, Jörg [Rechtsinstitut], Das Rechtsinstitut "Stiftung" – Allheilmittel für die Unternehmensnachfolgeregelung?, in: DStR 1997, S. 674-680.

Völkel, Dieter/Karg, Helmut [Umsatzsteuer], Umsatzsteuer, 13. Aufl., Stuttgart 2004.

W

Wachter, Thomas [Steuerrecht], Stiftungen – Zivil- und Steuerrecht in der Praxis, Köln 2001.

Wachter, Thomas [Veräußerungsgewinne], Steuerpflichtige Veräußerungsgewinne bei steuerbegünstigten Stiftungen, in: DStZ 2003, S. 63-68.

Wacker, Roland [Einführungsschreiben], Die §§ 20 ff. UmwStG 1995 nach dem Einführungsschreiben vom 25.3.1998 – Grundstrukturen und ausgewählte Einzelfragen, in: BB 1998, Beilage Nr. 8, S. 1-32.

Walbröl, Hans-Robert [Rechnungslegung], Rechnungslegung von Stiftungen, in: Schick, Stefan et al. (Hrsg.), Praxis-Handbuch Stiftungen – Chancen, Risiken, Verpflichtungen aus rechtlicher, steuerlicher und bilanzieller Sicht – Praxisbeispiele Stiftungsgestaltungen, Regensburg/Berlin 2001, S. 155-202.

Walter, Oskar/Golpayegani, Isabel Nazari [Rechnungslegung], Die kaufmännische Rechnungslegung bei rechtsfähigen Stiftungen des bürgerlichen Rechts, in: DStR 2000, S. 701-708.

Wassermeyer, Franz [Gewinnausschüttungen], Verdeckte Gewinnausschüttungen bei einer GmbH & Co. KG, in: GmbHR 1999, S. 18-23.

Watrin, Christoph/Middendorf, Oliver/Sievert, Elke [Probleme], Spezifische Probleme bei der GmbH & Co. KGaA als Familiengesellschaft, in: StuB 2005, S. 193-199.

Weber-Grellet, Heinrich [Unmaßgeblichkeit], Die Unmaßgeblichkeit der Maßgeblichkeit im Umwandlungsrecht, in: BB 1997, S. 653-658.

Weger, Magda/Weger, Hans-Dieter [Stiftung], Die gemeinnützige Stiftung – Hinweise zur Errichtung und zur Stiftungsarbeit, in: DSWR 1997, S. 41-45.

Wehrheim, Michael [Einkünftequalifikation], Die Einkünftequalifikation der Gesellschafter einer GmbH & Co. KGaA, in: DB 2001, S. 947 f.

Wehrheim, Michael [Steuerwirkungslehre], Einkommensteuer und Steuerwirkungslehre, 2. Aufl., Wiesbaden 2004.

Wehrheim, Michael [Unternehmensbesteuerung], Grundzüge der Unternehmensbesteuerung, München 2002.

Wehrheim, Michael/Gehrke, Matthias [Einkünftequalifikation], Die Einkünftequalifikation bei einer Stiftung & Co. KGaA, in: StuW 2005, S. 234-246.

Wehrheim, Michael/Roth, Matthias [Behandlung], Steuerliche Behandlung von Stiftungen – Gestaltungsmaßnahmen und steuerliche Anreize durch das Gesetz zur weiteren steuerlichen Förderung von Stiftungen, in: SteuerStud 2001, S. 635-639.

Weimar, Robert/Delp, Udo A. [Schutz], Die Stiftung & Co. KG – ein dauerhafter Schutz gegen Bilanzeinsicht?, in: BB 1987, S. 1707-1710.

Weimar, Robert/Delp, Udo A. [Sicht], Die Stiftung & Co. KG in rechtlicher und steuerlicher Sicht, in: INF 1987, S. 74-77.

Weimar, Robert/Geitzhaus, Georg/Delp, Udo A. [Stiftung & Co. KG], Die Stiftung & Co. KG als Rechtsform der Unternehmung, in: BB 1986, S. 1999-2010.

Weimar, Robert/Reeh, Michael [Gestaltungsformen], Rechts- und Gestaltungsformen zur Vermeidung der Register- bzw. Hauspublizität, in: DB 1988, S. 1637-1643.

Weirich, Hans-Armin [Erben], Erben und Vererben – Handbuch des Erbrechts und der vorweggenommenen Erbfolge, 3. Aufl., Herne/Berlin 1991.

Werkmüller, Maximilian A. [Familienstiftung], Steuerliche Aspekte der ausländischen Familienstiftung, in: ZEV 1999, S. 138-141.

Wernicke, Thomas [Vorstandskontrolle], Vorstandskontrolle in der Stiftung, in: ZEV 2003, S. 301-306.

Wesselbaum-Neugebauer, Claudia [Unternehmenssteuerreform], Unternehmenssteuerreform 2001: Auswirkungen der pauschalierten Gewerbesteueranrechnung auf Einzel- und Mitunternehmer in Abhängigkeit von Einkunftsart und anzuwendendem Gewerbesteuer-Hebesatz, in: DStR 2001, S. 180-188.

Westphal, Michael R. [Recht], Das Recht der Stiftung und ihre steuerlichen Besonderheiten, in: SteuerStud 2000, S. 375-377.

Westphal, Michael R. [Stiftung], Die rechtsfähige Stiftung, in: StW 2000, S. 241-243.

Wichert, Joachim [GmbH & Co. KGaA], Die GmbH & Co. KGaA nach dem Beschluß BGHZ 134, 392 – Besprechung des Beihefts 67/1998 zur ZHR, in: AG 2000, S. 268-276.

Wiesner, Georg [Enthaftung], Die Enthaftung ausgeschiedener persönlich haftender Gesellschafter einer KGaA, in: ZHR 1984, S. 56-73.

Wigand, Klaus [Gewissen], Stiftungen bürgerlichen Rechts – Gutes Gewissen garantiert, in: CM 2003, S. 184-186.

Wirth, Gerhard [Handbuch], §§ 7; 9-11, in: Riegger, Bodo/Weipert, Lutz (Hrsg.), Münchener Handbuch des Gesellschaftsrechts – Band 2: Kommanditgesellschaft, GmbH & Co. KG, Publikums-KG, Stille Gesellschaft, 2. Aufl., München 2004.

Wochner, Georg [Grundlagen], Rechtsfähige Stiftungen – Grundlagen und aktuelle Reformbestrebungen, in: BB 1999, S. 1441-1449.

Wochner, Georg [Stiftung], Die unselbständige Stiftung, in: ZEV 1999, S. 125-132.

Wöhe, Günter [Einführung], Einführung in die Allgemeine Betriebswirtschaftslehre, 21. Aufl., München 2002.

Wolsztynski, Christian/Hüsgen, Thomas [Anmerkungen], Kritische Anmerkungen zur Reform des Spenden- und des Stiftungssteuerrechts, in: BB 2000, S. 1809-1817.

Wotschofsky, Stefan/Sauter, Markus [Zeitgeist], Die kapitalistische Kommanditgesellschaft auf Aktien als Rechtsform für den Zeitgeist, in: StB 2003, S. 329-343.

Z

Zätsch, Roger/Maul, Silja [Aktie], Die Aktie, in: Rödder, Thomas/Müller, Welf (Hrsg.), Beck'sches Handbuch der AG – mit KGaA – (Komm.), München 2004, S. 241-352.

Zöllner, Wolfgang [Formbedürftigkeit], Die Formbedürftigkeit von Schiedsklauseln in OHG-Verträgen, in: DB 1964, S. 795-799.

2. Entscheidungen/Erlasse

BayObLG v. 14.07.1999, 3Z BR 11/99, in: AG 2000, S. 131 f.

BFH v. 17.12.1957 I 182/55 U, in: BFHE 66, S. 247-249.

BFH v. 22.09.1959 I 5/59 U, in: BStBl. III 1960, S. 37 f.

BFH v. 10.05.1960 I 205/59 U, in: BStBl. III 1960, S. 335-337.

BFH v. 06.02.1962 I 197/61 S, in: BStBl. III 1962, S. 190 f.

BFH v. 12.03.1964 IV 136/61 S, in: BStBl. III 1964, S. 364-366.

BFH v. 04.05.1965 I 186/64 U, in: BStBl. III 1965, S. 418 f.

BFH v. 25.11.1966 VI R 111/66, in: BStBl. III 1967, S. 178 f.

BFH v. 04.03.1970 I R 123/68, in: BStBl. II 1970, S. 470-473.

BFH v. 30.06.1971 I R 57/70, in: BStBl. II 1971, S. 753 f.

BFH v. 20.07.1971 VIII 24/65, in: BStBl. II 1972, S. 170-172.

BFH v. 03.02.1977 IV R 122/73, in: BStBl. II 1977, S. 346-348.

BFH v. 18.07.1979 I R 199/75, in: BStBl. II 1979, S. 750-754.

BFH v. 07.08.1979 VIII R 153/77, in: BStBl. II 1980, S. 181-184.

BFH v. 05.12.1979 I R 184/76, in: BStBl. II 1980, S. 119-121.

BFH v. 08.04.1981 II R 47/79, in: BStBl. II 1981, S. 581-584.

BFH v. 31.03.1982 II R 92/81, in: BStBl. II 1982, S. 424 f.

BFH v. 08.02.1984 I R 11/80, in: BStBl. II 1984, S. 381 f.

BFH v. 09.05.1984 I R 25/81, in: BStBl. II 1984, S. 726-728.

BFH v. 21.08.1985 I R 60/80, in: BStBl. II 1986, S. 88-92.

BFH v. 23.10.1985 I R 235/81, in: BStBl. II 1986, S. 72 f.

BFH v. 25.08.1987 IX R 98/82, in: BStBl. II 1988, S. 344-347.

BFH v. 27.07.1988 I R 113/84, in: BStBl. II 1989, S. 134 f.

BFH v. 21.06.1989 X R 14/88, in: BStBl. II 1989, S. 881-888.

BFH v. 31.10.1990 I R 32/86, in: BStBl. II 1991, S. 253-255.

BFH v. 13.03.1991 I R 8/88, in: BStBl. II 1992, S. 101-103.

BFH v. 27.03.1991 I R 31/89, in: BStBl. II 1992, S. 103-105.

BFH v. 25.11.1992 II R 77/90, in: BStBl. II 1993, S. 238-240.

BFH v. 14.07.1993 X R 74-75/90, in: BStBl. II 1994, S. 15-19.

BFH v. 14.09.1994 I R 78/94, in: BStBl. II 1995, S. 207-209.

BFH v. 24.07.1996 I R 35/94, in: BStBl. II 1996, S. 583-586.

BFH v. 04.12.1996 II B 116/96, in: BStBl. II 1997, S. 661 f.

BFH v. 10.12.1997 II R 25/94, in: BStBl. II 1998, S. 114-116.

BFH v. 15.07.1998 I R 156/94, in: BStBl. II 2002, S. 162-164.

BFH v. 07.08.2000 GrS 2/99, in: BStBl. II 2000, S. 632-638.

BFH v. 27.03.2001 I R 78/99, in: BStBl. II 2001, S. 449-451.

BGH v. 14.05.1952 II ZR 40/51, in: BGHZ 6, S. 113-118.

BGH v. 16.01.1957 IV ZR 221/56, in: NJW 1957, S. 708.

BGH v. 16.02.1961 III ZR 71/60, in: BGHZ 34, S. 294-299.

BGH v. 02.06.1966 VII ZR 292/64, in: BGHZ 45, S. 282-286.

BGH v. 29.03.1973 II ZR 25/70, in: DB 1973, S. 916-918.

BGH v. 26.04.1976 III ZR 21/74, in: JZ 1976, S. 715-717.

BGH v. 16.03.1981 II ZB 9/80, in: BGHZ 80, S. 353-356.

BGH v. 24.02.1986 II ZR 142/85, in: GmbHR 1986, S. 345-347.

BGH v. 22.01.1987 III ZR 26/85, in: BGHZ 99, S. 344-358.

BGH v. 01.02.1988 II ZR 75/87, in: BGHZ 103, S. 184-197.

BGH v. 25.11.1993 I ZR 281/91, in: NJW 1994, S. 786-788.

BGH v. 24.02.1997 II ZB 11/96, in: DStR 1997, S. 1012-1014.

BGH v. 29.11.2004 II ZR 364/02, in: DStR 2005, S. 432-435.

BMF v. 18.02.1998 – IV B 2 – S 2144 – 40/98, in: BStBl. I 1998, S. 212 f.

BMF v. 25.03.1998 – IV B 7 – S 1978 – 21/98, in: BStBl. I 1998, S. 268-344.

BMF v. 19.10.1998 – IV C 6 – S 0171 – 10/98, in: BStBl. I 1998, S. 1423 f.

BMF v. 06.11.1998 – IV C 6 – S 0177 – 6/98, in: BStBl. I 1998, S. 1446.

BMF v. 15.02.2002 – IV C 4 – S 0174 – 2/01, in: DStR 2002, S. 449 f.

BMF v. 15.05.2002 – IV A 5 – S 2296 a – 16/02, in: BStBl. I 2002, S. 533-539.

BVerfG v. 06.11.1962 – 2 BvR 151/60, in: BVerfGE 15, S. 46-77.

BVerfG v. 08.03.1983 – 2 BvL 27/81, in: BStBl. II 1983, S. 779-785.

BVerfG v. 15.05.1984 – 1 BvR 464/81, in: BStBl. II 1984, S. 608-614.

BVerfG v. 22.06.1995 – 2 BvR 552/91, in: BStBl. II 1995, S. 671-675.

BVerwG v. 22.09.1972 – VII C 27.71, in: JZ 1973, S. 695-698.

BVerwG v. 29.11.1990 – VII B 155/90, in: NJW 1991, S. 713.

FinMin Baden-Württemberg, Erl. v. 18.09.1997 – S 4500/2, in: DB 1997, S. 2002 f.

FinMin Niedersachsen, Erl. v. 06.12.1983 – S 3800 – 74 – 34, in: DB 1984, S. 23.

OFD Hannover v. 23.07.1998 – S 2729 – 87 – StO 214, in: FR 1998, S. 911 f.

OLG Hamburg v. 05.12.1968, 2 W 34/68, in: NJW 1969, S. 1030-1036.

OLG Hamburg v. 31.08.1994, 13 U 33/93, in: ZIP 1994, S. 1950-1953.

RFH v. 12.12.1923 III A 362/23, in: RFHE 13, S. 166-169.

RFH v. 09.07.1935 I A 37/34, in: RStBl. 1935, S. 1128-1131.

RFH v. 27.04.1937 I A 132/37, in: RStBl. 1937, S. 934.

RFH v. 24.07.1937 VIa A 1/35, in: RStBl. 1937, S. 1103.

RG v. 04.07.1922 II B 2/22, in: RGZ 105, S. 101-106.

3. Rechtsquellen

AEAO .... Anwendungserlass zur Abgabenordnung 1977 vom 15. Juli 1998, veröffentlicht in: BGBl. I 1998, S. 630, in: Steuerrichtlinien, Stand: 31.03.2005, München 2005.

AktG .... Aktiengesetz vom 6. September 1965, veröffentlicht in: BGBl. I 1965, S. 1089, in: Wirtschaftsgesetze, Stand: 15.05.2005, München 2005.

AO .... Abgabenordnung 1977, in der Fassung der Bekanntmachung vom 1. Oktober 2002, veröffentlicht in: BGBl. I 2002, S. 3866, ber. in: BGBl. I 2003, S. 61, in: Steuergesetze, Stand: 01.01.2005, München 2005.

AStG .... Gesetz über die Besteuerung bei Auslandsbeziehungen vom 8. September 1972, in der Fassung der Bekanntmachung vom 20.12.2001, veröffentlicht in: BGBl. I 2001, S. 3858, in: Steuergesetze, Stand: 01.01.2005, München 2005.

BadWürttStiftG . Stiftungsgesetz für Baden-Württemberg vom 04.10.1997, veröffentlicht in: GBl. 1977, S. 408, mit späteren Änderungen.

BayStG .... Bayerisches Stiftungsgesetz vom 19.12.2001, veröffentlicht in: GVBl. 2002, S. 10, mit späteren Änderungen.

BerlStiftG .... Berliner Stiftungsgesetz, in der Fassung vom 22.07.2003, veröffentlicht in: GVBl. 2003, S. 293, mit späteren Änderungen.

BetrVG .... Betriebsverfassungsgesetz, in der Fassung vom 25.09.2001, veröffentlicht in: BGBl. I 2001, S. 2518, auszugsweise abgedruckt unter §§ 96-97 AktG, in: Wirtschaftsgesetze, Stand: 15.05.2005, München 2005.

BetrVG 1952 ..... Betriebsverfassungsgesetz 1952 vom 11.10.1952, veröffentlicht in: BGBl. I 1952, S. 681, in: Wirtschaftsgesetze, Stand: 15.05.2005, München 2005.

BewG .... Bewertungsgesetz, in der Fassung der Bekanntmachung vom 01. Februar 1991, veröffentlicht in: BGBl. I 1991, S. 230, in: Steuergesetze, Stand: 01.01.2005, München 2005.

BGB .... Bürgerliches Gesetzbuch, in der Fassung der Bekanntmachung vom 2. Januar 2002, veröffentlicht in: BGBl. I 2002, S. 42, in: Wirtschaftsgesetze, Stand: 15.05.2005, München 2005.

BörsG .... Börsengesetz, in der Fassung der Bekanntmachung vom 21. Juni 2002, veröffentlicht in: BGBl. I 2002, S. 2010, in: Wirtschaftsgesetze, Stand: 15.05.2005, München 2005.

BörsZulV .... Verordnung über die Zulassung von Wertpapieren zum amtlichen Markt an einer Wertpapierbörse (Börsenzulassungs-Verordnung), in der Fassung der Bekanntmachung vom 09. September 1998, veröffentlicht in: BGBl. I 1998, S. 2832, in: Wirtschaftsgesetze, Stand: 15.05.2005, München 2005.

BrbgStiftG .... Stiftungsgesetz für das Land Brandenburg vom 22.04.2004, veröffentlicht in: GVBl. I 2004, S. 150, mit späteren Änderungen.

BremStiftG .... Bremisches Stiftungsgesetz vom 07.03.1989, veröffentlicht in: GVBl. 1989, S. 163, mit späteren Änderungen.

ErbStG .... Erbschaftsteuer- und Schenkungsteuergesetz, in der Fassung vom 27. Februar 1997, veröffentlicht in: BGBl. I 1997, S. 378, in: Steuergesetze, Stand: 01.01.2005, München 2005.

ErbStR .... Erbschaftsteuer-Richtlinien vom 21. Dezember 1998, in: BStBl. I 1998, Sondernummer 2, S. 2, in: Steuerrichtlinien, Stand: 31.03.2005, München 2005.

EStG .... Einkommensteuergesetz, in der Fassung der Bekanntmachung vom 19. Oktober 2002, veröffentlicht in: BGBl. I 2002, S. 4210, ber. in: BGBl. I 2003, S. 179, in: Steuergesetze, Stand: 01.01.2005, München 2005.

EStR................... Einkommensteuer-Richtlinien 2001, in der Fassung der Bekanntmachung vom 23. November 2001, veröffentlicht in: BStBl. I 2001, Sondernummer 2, BAnz. Nr. 233a, in: Steuerrichtlinien, Stand: 31.03.2005, München 2005.

GewStG .... Gewerbesteuergesetz, in der Fassung der Bekanntmachung vom 15. Oktober 2002, veröffentlicht in: BGBl. I 2002, S. 4167, in: Steuergesetze, Stand: 01.01.2005, München 2005.

GewStR............. Gewerbesteuer-Richtlinien vom 21. Dezember 1998, in: BStBl. I 1998, Sondernummer 2, S. 91, in: Steuerrichtlinien, Stand: 31.03.2005, München 2005.

GmbHG .... Gesetz betreffend die Gesellschaften mit beschränkter Haftung vom 20. April 1892, in der Fassung der Bekanntmachung vom 20. Mai 1898, veröffentlicht in: RGBl. 1898, S. 846, in: Wirtschaftsgesetze, Stand: 15.05.2005, München 2005.

GModStR........... Gesetz zur Modernisierung des Stiftungsrechts vom 15. Juli 2002, veröffentlicht in: BGBl. I 2002, S. 2634.

GrEStG .... Grunderwerbsteuergesetz, in der Fassung der Bekanntmachung vom 26. Februar 1997, veröffentlicht in: BGBl. I 1997, S. 418, ber. in: BGBl. I 1997, S. 1804, in: Steuergesetze, Stand: 01.01.2005, München 2005.

GrStG .... Grundsteuergesetz vom 07. August 1973, veröffentlicht in: BGBl. I 1973, S. 965, in: Steuergesetze, Stand: 01.01.2005, München 2005.

GrStR .... Grundsteuer-Richtlinien vom 09. Dezember 1978, veröffentlicht in: BStBl. I 1978, S. 553, in: Steuerrichtlinien, Stand: 31.03.2005, München 2005.

GstFöSt .... Gesetz zur weiteren steuerlichen Förderung von Stiftungen vom 14. Juli 2000, veröffentlicht in: BGBl. I 2000, S. 1034.

HambAGBG ...... Ausführungsgesetz zum Bürgerlichen Gesetzbuch Hamburg, in der Fassung vom 01.07.1958, veröffentlicht in: GVBl. 1958, S. 196, mit späteren Änderungen.

HessStiftG .... Hessisches Stiftungsgesetz vom 04.04.1966, veröffentlicht in: GVBl. I 1966, S. 77, mit späteren Änderungen.

HGB .... Handelsgesetzbuch vom 10. Mai 1897, veröffentlicht in: RGBl. 1897, S. 219, in: Wirtschaftsgesetze, Stand: 15.05.2005, München 2005.

HRefG .... Gesetz zur Neuregelung des Kaufmanns- und Firmenrechts und zur Änderung anderer handels- und gesellschaftsrechtlicher Vorschriften (Handelsrechtsreformgesetz) vom 22. Juni 1998, veröffentlicht in: BGBl. I 1998, S. 1474.

KapCoRiLiG ..... Gesetz zur Durchführung der Richtlinie des Rates der Europäischen Union zur Änderung der Bilanz- und der Konzernbilanzrichtlinie hinsichtlich ihres Anwendungsbereichs (90/605/EWG), zur Verbesserung der Offenlegung von Jahresabschlüssen und zur Änderung anderer handelsrechtlicher Bestimmungen (Kapitalgesellschaften- und Co-Richtlinie-Gesetz) vom 24. Februar 2000, veröffentlicht in: BGBl. I 2000, S. 154.

KStG .... Körperschaftsteuergesetz, in der Fassung der Bekanntmachung vom 15. Oktober 2002, veröffentlichet in: BGBl. I 2002, S. 4144, in: Steuergesetze, Stand: 01.01.2005, München 2005.

KStR .... Körperschaftsteuer-Richtlinien vom 15. Dezember 1995, in: BStBl. I 1996, Sondernummer 1, in: Steuerrichtlinien, Stand: 31.03.2005, München 2005.

KultStiftFöG...... Gesetz zur steuerlichen Förderung von Kunst, Kultur und Stiftungen sowie zur Änderung steuerrechtlicher Vorschriften (Kultur- und Stiftungsförderungsgesetz) vom 13. Dezember 1990, veröffentlicht in: BGBl. I 1990, S. 2775.

MecklVorPStiftG Stiftungsgesetz für das Land Mecklenburg-Vorpommern vom 24.02.1993, veröffentlicht in: GVOBl. 1993, S. 104, mit späteren Änderungen.

MitbestG............ Gesetz über die Mitbestimmung der Arbeitnehmer (Mitbestimmungsgesetz) vom 4. Mai 1976, veröffentlicht in: BGBl. I 1976, S. 1153, in: Wirtschaftsgesetze, Stand: 15.05.2005, München 2005.

NdsStiftG........... Nierdersächsisches Stiftungsgesetz vom 24.07.1968, veröffentlicht in: GVBl. 1968, S. 119, mit späteren Änderungen.

NRWStiftG........ Stiftungsgesetz für das Land Nordrhein-Westfalen vom 21.06.1977, veröffentlicht in: GVNW 1977, S. 274, mit späteren Änderungen.

PublG................ Gesetz über die Rechnungslegung von bestimmten Unternehmen und Konzernen (Publizitätsgesetz) vom 15. August 1969, veröffentlicht in: BGBl. I 1969, S. 1189, in: Wirtschaftsgesetze, Stand: 15.05.2005, München 2005.

RhPfStiftG......... Stiftungsgesetz Rheinland-Pfalz vom 19.07.2004, veröffentlicht in: GVBl. 2004, S. 385, mit späteren Änderungen.

SaarlStiftG......... Saarländisches Stiftungsgesetz vom 11.07.1984, veröffentlicht in: ABl. 1984, S. 889, mit späteren Änderungen.

SächsStiftG........ Gesetz über die Bildung und Tätigkeit von Stiftungen (Sächsisches Stiftungsgesetz) vom 13.09.1990, veröffentlicht in: GBl. DDR I 1990, S. 1483, mit späteren Änderungen.

SchlHolStiftG.... Stiftungsgesetz für das Land Schleswig-Holstein vom 02.03.2000, veröffentlicht in: GVOBl. 2000, S. 208, mit späteren Änderungen.

StÄndG 1991..... Gesetz zur Förderung von Investitionen und Schaffung von Arbeitsplätzen im Beitrittsgebiet sowie zur Änderung steuerrechtlicher und anderer Vorschriften (Steueränderungsgesetz 1991) vom 24. Juni 1991, veröffentlicht in: BGBl. I 1991, S. 1322.

StBerG 1986...... Steuerbereinigungsgesetz 1986 vom 19. Dezember 1985, veröffentlicht in: BGBl. I 1985, S. 2436.

UmwG .... Umwandlungsgesetz vom 28. Oktober 1994, veröffentlicht in: BGBl. I 1994, S. 3210, ber. BGBl. I 1995, S. 428, in: Wirtschaftsgesetze, Stand: 15.05.2005, München 2005.

UmwStG .... Umwandlungssteuergesetz 2002, in der Fassung der Bekanntmachung vom 15. Oktober 2002, veröffentlicht in: BGBl. I 2002, S. 4133, in: Steuergesetze, Stand: 01.01.2005, München 2005.

UStG .... Umsatzsteuergesetz 1999, in der Fassung der Bekanntmachung vom 09. Juni 1999, veröffentlicht in: BGBl. I 1999, S. 1270, in: Steuergesetze, Stand: 01.01.2005, München 2005.

UStR .... Umsatzsteuer-Richtlinien 2000 vom 10. Dezember 1999, veröffentlicht in: BStBl. I 1999, Sondernummer 2, in: Steuerrichtlinien, Stand: 31.03.2005, München 2005.

VAG .... Gesetz über die Beaufsichtigung der Versicherungsunternehmen (Versicherungsaufsichtsgesetz), in der Fassung der Bekanntmachung vom 17. Dezember 1992, veröffentlicht in: BGBl. I 1993, S. 2, in: Wirtschaftsgesetze, Stand: 15.05.2005, München 2005.

Schriften zum Steuer-, Rechnungs- und Finanzwesen

Herausgegeben von Prof. Dr. Michael Wehrheim

Philipps-Universität Marburg

Der Herausgeber will in dieser Schriftenreihe Forschungsarbeiten aus dem Steuer-, Rechnungs- und Finanzwesen zusammenfassen. Über den Kreis der eigenen Schüler hinaus soll originellen betriebswirtschaftlichen Arbeiten auf diesen Gebieten eine größere Verbreitung ermöglicht werden. Jüngere Wissenschaftler werden gebeten, ihre Arbeiten, insbesondere auch Dissertationen, an den Herausgeber einzusenden.

Band 1 Anja Marquardt: Ertragsbesteuerung von Unternehmen in der Europäischen Union. Erörterung von Grundsatzfragen unter besonderer Berücksichtigung der Mitgliedstaaten Deutschland und Frankreich. 2003.

Band 2 Thorsten Schmitz: Die Gemeindefinanzreform. Interkommunaler Steuerwettbewerb und der betriebliche Standortentscheidungsprozess. 2004.

Band 3 Gerrit Adrian: Tax Reconciliation im HGB- und IAS/IFRS-Konzernabschluss. 2005.

Band 4 Haiko Krause: Die Besteuerung hybrider Finanzinstrumente. 2006.

Band 5 Anette Renz: Die Besteuerung der GmbH & Co. KGaA und ihre Eignung als Rechtsform für kleine und mittelständische Unternehmen. 2006.

Band 6 Pascal Schäfer-Elmayer: Besteuerung einer in Deutschland ansässigen Holding in der Rechtsform SE (Societas Europaea). 2007.

Band 7 Matthias Gehrke: Die Stiftung & Co. KGaA im Gesellschafts- und Steuerrecht. 2007.

www.peterlang.de

MIX
Papier | Fördert gute Waldnutzung
FSC® C083411

Kolibri 360 GmbH
Ferdinand-Jühlke-Straße 7
99095 Erfurt, Deutschland
produktsicherheit@kolibri360.de

Druck:
CPI Druckdienstleistungen GmbH
im Auftrag der
Kolibri 360 GmbH
Ferdinand-Jühlke-Str. 7
99095 Erfurt